Auf den Spuren

KÖNIG LUDWIGS II.

Ein Führer
zu Schlössern und Museen
Lebens- und Erinnerungsstätten
des Märchenkönigs

Auf den Spuren

KÖNIG LUDWIGS II.

Ein Führer

zu Schlössern und Museen
Lebens- und Erinnerungsstätten
des Märchenkönigs

von

Hans F. Nöhbauer

Prestel

Zweite, vom Autor bearbeitete Auflage 1995

Die Abbildung auf dem Einband zeigt *Schloß Neuschwanstein*, das Frontispiz auf Seite 2 gibt die Marmorstatue des Königs im Georgiritterornat von Elisabet Ney 1870 wieder.

Dieser Führer enthält 348 Abbildungen, davon 115 in Farbe, 22 teils farbige Pläne und Grundrisse sowie 3 Übersichtskarten

CIP-Kurztitelaufnahme
der Deutschen Bibliothek
Nöhbauer, Hans F.:
Auf den Spuren König Ludwigs II.:
E. Führer zu Schlössern u. Musseen,
Lebens- und Erinnerungsstätten
des Märchenkönigs /
von Hans F. Nöhbauer, –
München: Prestel, 1995.

Printed in Germany
Reproduktion:
Karl Dörfel Repro GmbH München
Satz und Montage:
Fertigsatz GmbH München
Druck und Bindung:
Passavia Druckerei GmbH Passau
ISBN 3-7913-1470-X

Inhaltsverzeichnis

Vorwort

Die Französische Revolution lag nur wenig mehr als ein halbes Jahrhundert zurück, und drei Jahre später, 1848, veröffentlichte Karl Marx sein Kommunistisches Manifest – die Zeit der Könige näherte sich ihrem Ende, als am 25. August 1845 (oder vielleicht auch einige Tage später, wie man sich erzählte) im Schloß zu Nymphenburg Prinz Ludwig von Bayern, der spätere König Ludwig II. geboren wurde.

Ein entscheidendes Datum für Bayern war jener 10. Oktober 1846 – es war der sechsunddreißigste Hochzeitstag von König Ludwig I. und Königin Therese –, als Lola Montez erstmals in München tanzte. Prinz Ludwig war ein Jahr alt, und die Ereignisse, die diesem Ballettabend folgten, sollten seinem Leben eine Wendung geben, die niemand vorhersehen konnte: Mit 18 Jahren bestieg der hochgewachsene, scheue Wittelsbacher Prinz im März 1864 als neunundzwanzigster Regent und vierter König den bayerischen Thron.

Die Zeit der Könige ging zu Ende, doch hier war ein Herrscher, der sich der Zeit entgegenstellte, der die Idee des Königtums noch einmal leben wollte. Er wagte einen der kühnsten, faszinierendsten und in seinem Ende tragischsten Lebensentwürfe des 19. Jahrhunderts.

Er regierte fürwahr als »le seul vrai roi de ce siècle«, wie Paul Verlaine dichtete, als der einzige wahre König dieses Jahrhunderts.

Mit seinen Schlössern hat er sich die glanzvollen Kulissen für sein Königtum aufgebaut. So wurde er in einem anachronistischen Rollenspiel zum letzten feudalen Bauherrn der europäischen Geschichte – nach ihm begann die Epoche des Eisenbetons (der zu seiner Zeit erfunden wurde); vor dem Zeitalter der Massenproduktion führte er das Kunsthandwerk noch einmal zu einer letzten Höhe.

Das vorliegende Buch will die Stätten und damit auch die Stationen dieses königlichen Lebens vorstellen. Es liefert zur Biographie gleichsam die Topographie und stellt Orte vor, die auch Schicksal sind.

So wird hier nicht zu Schloßführungen eingeladen, in denen die Namen von Künstlern zu Girlanden geflochten werden und ein Stakkato von Jahreszahlen von der Geschichte und den Geschichten ablenkt. Es mag irritieren, daß ein Mann, der nach landläufiger Meinung so wenig gereist ist – der nie in Berlin war, der Wien nicht kannte, nicht Rom und nicht einmal seine eigenen Städte Passau oder Augsburg – an den Schauplätzen seines Lebens gesucht sein soll.

Die Welt, die sich dieser König reisend erschloß, war sicher klein – auch wenn, paradoxerweise, einer seiner engsten Vertrauten ausgerechnet der für Reisen zuständige Oberstallmeister Graf Holnstein war –, doch in den kleinen Revieren, in denen er sein Leben vor allem verbrachte, sind seine nächtlichen Fahrten in goldenen Kutschen oder Schlitten unvergessen.

Die Orte, die Ludwig II. wichtig waren, sind hier gesammelt. Dabei wurden die einzelnen Kapitel so abgefaßt, daß sie sich ohne die Vor-Kenntnis anderer Abschnitte lesen und verstehen lassen. Das freilich bedeutet, daß gelegentlich unter verschiedenen Ortsnamen dieselbe Geschichte (wenn auch mit anderen Worten und mit anderem Akzent) erzählt werden mußte.

Um die Lektüre nicht immer wieder zu unterbrechen, wurde auf Querverweise fast vollständig verzichtet – der Leser wird die Zusammenhänge mühelos finden; das Inhaltsverzeichnis und das Register weisen allemal den Weg. Durch solche Kreuz- und Querlektüre mag dieses Königs-Mosaik zu einem unterhaltsamen Lesebuch werden.

Bei den Recherchen hat sich gezeigt – worüber der Leser unterrichtet sein soll –, daß die Daten der ludovizischen Biographie häufig nicht gesichert sind. Bei vielen Ereignissen fanden sich in mehreren seriösen Darstellungen auch mehrere voneinander abweichende Daten, Zahlen oder Schreibweisen. An einem einzigen Beispiel sollen die Schwierigkeiten, mit denen der Autor konfrontiert wurde, gezeigt werden: Zahlten die schwäbischen Kaufleute für die Insel Herrenwörth im Chiemsee 300 000 oder 350 000 Gulden; hieß einer der Käufer Hackermüller oder Haggenmüller; waren auf der Insel 300 oder (was unwahrscheinlich ist) 4000 Arbeiter beschäftigt; konnte der König im Spiegelsaal mehr als 1800 oder mehr als 2000 brennende Kerzen bewundern; hat er im September oder im Oktober 1885 zum letzten Male dort geschlafen …?

Ein genaues, aus den Archiven erarbeitetes König-Ludwig-Diarium gehört, neben einer politischen Geschichte dieser Königszeit, zu den Desideraten. Diese Aufgabe konnte hier nicht geleistet werden, so reizvoll sie im Einzelfall gewesen wäre (und so viele Beiträge dazu das Buch auch enthalten mag).

Diese kleine ludovizische Ortskunde hätte wohl auch ihre handliche Form verloren, wenn jeder kleine Fund registriert worden wäre. Zum Beispiel: das im Starnberger Ruderclub verwahrte Ruder vom Nachen aus dem Münchner Wintergarten; die bei der Kgl. Priv. Schützengesellschaft zu Sendling liegende Scheibe vom Gedächtnisschießen, das anläßlich der Geburt von Prinz Ludwig am 8. September 1845 abgehalten wurde; die noch sichtbaren Spuren von Königssalons in bayerischen Bahnhöfen; usw. usf.

Während der Arbeit an diesem Buche hat der Autor direkt oder indirekt zahlreiche Informationen erhalten. Für alle Unterstützung möchte er hier danken, vor allem den Herren vom Geheimen Hausarchiv, der Schlösserverwaltung und des Wittelsbacher Ausgleichsfonds, dann Wolfgang Christlieb, Prof. h. c. Hannes Heindl, Franz Jakob Horst-Schuler (Brunnen), Dr. Franz Merta, Oberstudiendirektor Heribert Muser, Christian Pfeiffer-Belli, Jean-Marie Schlim, Albert Widemann (Leutstetten) und Dr. Theophil Wiget (Brunnen).

Vor allem will der Autor aber seinem kundigen Lektor Josef H. Biller danken. Lebten wir noch in monarchistischen Zeiten, so würde er ihn – wenn einem Bürgerlichen dergleichen möglich wäre – submissest für einen kgl. bayer. Orden vorschlagen. In Frage käme die von König Ludwig II. an seinem 27. Geburtstag, dem 25. August 1872, gestiftete Goldene Ludwigsmedaille für Wissenschaft und Kunst. Aber vielleicht wäre ein Rückgriff auf den 1837 von Ludwigs Großvater gestifteten Verdienstorden vom Heiligen Michael passender. Er war nämlich für jedermann gedacht, »sofern er sich durch Anhänglichkeit, durch Vaterlandsliebe und durch ausgezeichnet nützliches Wirken irgend einer Art die Zufriedenheit des Königs erworben hatte«. Majestät wäre mit dem neuen Ordensmitglied sicher zufrieden.

Hans F. Nöhbauer

München, im Januar 1995

Eine Apotheose König Ludwigs II.: Ausschnitt aus einem Porzellangemälde in Herrenchiemsee

Ludwig II. – oder die Poetisierung des Lebens

Eine biographische Skizze

Der Schluxenwirt von Pinswang wird lange buchstabiert haben, bis er herausfand, was ihm der König von Bayern, der auf seinem Weg von Hohenschwangau nach dem Fernstein mit seinem goldenen Wagen oft bei ihm vorbeikam, ins Gästebuch geschrieben hat: »Yo El Rey«.

Das war die stolze, selbstbewußte Formel der spanischen Herrscher: »Ich der König!« Und dies war auch Ludwigs Amt, seine Rolle – er war König, »le seul vrai roi de ce siècle«, wie der französische Dichter Paul Verlaine nach Ludwigs Tod geschrieben hat, »der letzte wahre König dieses Jahrhunderts«.

Erbprinz Ludwig im Alter von zwei Jahren.

Er war zum König geboren: Als er am 25. August 1845 im Schloß Nymphenburg zur Welt kam, baute sein Großvater Ludwig I. gerade das sogenannte Kunstausstellungsgebäude am Königsplatz, in der heute ein Teil der Antikensammlungen untergebracht ist, und das Siegestor, drei Jahre später aber, in den rebellischen Frühjahrsmonaten von 1848 – Karl Marx veröffentlichte in London im selben Jahr sein ›Kommunistisches Manifest‹ – reichte die Affäre mit der Tänzerin Lola Montez aus, den Monarchen aus der Residenz zu vertreiben.

Auf König Ludwig I. folgte König Max II., und aus dem Erbprinzen Ludwig wurde nun der Kronprinz Ludwig. Der neue König sah in der Würde vor allem die Bürde, die Aufgabe gegenüber dem Staat und dem Volke. Streng gegen sich, lehrte er auch seine Söhne, den künftigen König Ludwig und den kurz nach der Thronbesteigung geborenen Prinzen Otto, vor allem die Lasten der Pflicht. Das Essen zum Beispiel war den beiden heranwachsenden Buben so karg zugemessen, daß ihnen die Zimmermagd Liesl heimlich etwas von ihrer eigenen Mahlzeit zustecken mußte, und das Taschengeld fiel selbst bei einfachen Bürgerskindern reichlicher aus. Und doch verwaltete Ludwig seinen kleinen Etat so gewissenhaft und sparsam, daß ihm sogar noch Überschüsse verblieben. Zehn Tage nach seiner Proklamation zum König hat er diesem krämerischen Kleingeldzählen ein Ende bereitet und bestimmt: *Es ist mein Wille, daß jegliche übertriebene Sparsamkeit und Knauserei ende.* Ein Weg war damit beschritten, der zuletzt ins Elend führte.

Als der Kronprinz 1863 volljährig wurde, schenkte ihm sein Vater in einer symbolischen Geste ein Portemonnaie mit Münzen – von jedem in Bayern gültigen Geldstück ein Exemplar. Der junge Wittelsbacher, an den Umgang mit Geld kaum gewöhnt, war der Meinung, er könne mit dieser Hand gemünzten Edelmetalls ein wertvolles Medaillon für seine Mutter kaufen. Seine Barschaft reichte dafür aber längst nicht aus; der Prinz fühlte sich bloßgestellt und hat sich, so heißt es, von da an für den Wert des Geldes nicht mehr interessiert.

Sechs Monate nach dieser schmerzenden Erfahrung aber, am 10. März 1864, folgte Ludwig seinem überraschend verstorbenen Vater als König von Bayern nach. Er erbte ein Amt, für das er nicht vorbereitet war.

Im Jahr des Thronwechsels 1848: Königin Marie mit Kronprinz Ludwig und Prinz Otto.

Kronprinz Ludwig mit fünf Jahren: Wohlgefällig erkannte der Großvater, Ludwig I., seinen Hang zum Bauen im Enkel wieder.

Mit freudigem, nervösem Eifer hat er angefangen; ungeduldig wartete er jeden Morgen, daß man ihm Akten zum Studium vorlege, und mehrmals am Tage ließ er nachfragen, ob von den Ministerien keine Unterschriften verlangt würden. Und immer wieder fragte er in der frühen Regierungszeit vor Entscheidungen: *Wie hat das mein Vater gemacht?*

Das alles hat sich geändert, und der Kreis der Vertrauten, der zu ihm vorgelassen wurde und dessen Rat er einholte, wurde kleiner. Von 1883 an verkehrte er mit seinen Ministern fast nur noch über untergeordnete Lakaien. Die hohen Herren hatten ihn vielfach enttäuscht und sie sollten ihn ein paar Jahre später ja auch verraten.

Ludwig war als junger, noch nicht 19jähriger König der Welt aufgeschlossen (und extrem schüchtern) gegenübergetreten. Für seine idealistischen Vorstellungen fand er freilich kein Verständnis. Sein Versuch, das Leben zu poetisieren – einer der kühnsten Lebensentwürfe des 19. Jahrhunderts – mußte auf solche Weise scheitern.

So floh er aus seiner Zeit: Als die Völker den Weg zur Demokratie suchten, wollte er noch einmal die monarchische Idee feiern. Er war der König in einer Epoche, die für Könige keinen Platz mehr hatte. Die Regierungszeit dieses zweiten Ludwig war daher der unzeitgemäße und vergebliche Versuch, der parlamentarischen Staatsform sein Königtum entgegenzustellen. Freilich, seine Vorstellung vom religiösen Rang des Monarchen hatte mehr ästhetische denn politische Motive. Sie war weder klar erfaßt noch war sie definiert, und so wechselten auch die verschiedenen Herrschaftsmodelle einander ab oder standen unverbunden nebeneinander: die Welt der Bourbonenkönige neben der Theokratie des byzantinischen Basileus oder der Strenge des chinesischen Hofzeremoniells.

Den tiefsten Einfluß auf den Weg des Königs in die Einsamkeit und Isolation übte wohl Richard Wagner aus. Am 2. Februar 1861 hatte der junge Wittelsbacherprinz erstmals eine ›Lohengrin‹-Vorstellung besucht. Der Schwanenritter war ihm seit den Kindertagen in Hohenschwangau vertraut; sein Vater hatte den Namen der Burg sehr wörtlich genommen und seine Sommerresidenz mit Lohengrin- und Schwanenmotiven üppig dekoriert.

Doch nun, mit der Aufführung vom 2. Februar 1861, nahm das Leben des bayerischen Kronprinzen eine neue, endgültige Wendung: An jenem Abend wurde der ›Märchenkönig‹ geboren. Die Realität hatte für ihn zunehmend weniger Bedeutung. Sie wurde zur Bürde.

Ludwig II. hatte sein Amt kaum angetreten, als er seinen Kabinettssekretär Pfistermeister ausschickte, damit er den von seinen Gläubigern gejagten Komponisten des ›Lohengrin‹ finde und nach München bringe. Am 3. Mai traf der Meister in der kgl. bayer. Residenzstadt ein: *Teurer huldvoller König! Diese Tränen himmlischester Rührung sende ich Ihnen, um Ihnen zu sagen, daß nun die Wunder der Poesie wie eine göttliche Wirklichkeit in mein armes, liebebedürftiges Le-*

Die früheste Büste des Kronprinzen von Johann Halbig: Der zehnjährige Ludwig.

Die bayerische Königsfamilie um 1863: Max II. mit Marie und den Prinzen Ludwig und Otto, die beide ein herzliches Verhältnis verband, bis Otto 1875 in geistige Umnachtung fiel.

ben getreten sind! – Und dieses Leben, sein letztes Dichten und Tönen gehört nun Ihnen, mein gnadenreicher junger König: verfügen Sie darüber als über Ihr Eigentum! Im höchsten Entzücken, treu und wahr Ihr Untertan Richard Wagner.

Der den Nachgeborenen so schwer verständliche emphatisch-verzückte Ton aller künftigen, mehrere Bände füllenden Korrespondenz und dieser Lebensfreundschaft war damit intoniert; »ich aber habe ihn angestimmt«, gestand Wagner 1878 seiner Cosima.

Am Nachmittag des 4. Mai 1864 wurde der Komponist dann erstmals in der Residenz zur königlichen Audienz empfangen: *Sie sind Protestant!*, begrüßte ihn Ludwig. *Das ist recht! Immer liberal! So lieb ich's.* Von allem Anfang an war also die Politik mitbedacht; doch sein Einfluß, behauptete Wagner, sei äußerst gering gewesen: Wann immer er ein politisches Gespräch begonnen habe, hätte Ludwig in die Luft geschaut und zu pfeifen begonnen.

Bei der ersten Begegnung ging es freilich für den Musiker ums Überleben. Und der König von Bayern wollte es ihm ermöglichen. Begeistert schreibt Wagner an Eliza Wille in Mariafeld bei Zürich: *Sie wissen, daß mich der junge König von Bayern aufsuchen ließ. Heute wurde ich zu ihm geführt. Er ist leider so schön und geistvoll, seelenvoll und herrlich, daß ich fürchte, sein Leben müsse wie ein flüchtiger Göttertraum in dieser gemeinen Welt zerrinnen. Er liebt mich mit der Innigkeit und Glut der ersten Liebe: er kennt und weiß alles von mir und versteht mich wie meine Seele.*

Mit Geld und Gunst reichlich bedacht, konnte der vormalige sächsische Hofkapellmeister sein durch äußere Bedrängnisse gefährdetes Werk fortführen. Ludwig gab ihm 1864 den Auftrag, den ›Ring des Nibelungen‹ zu vollenden, er ließ 1865 ›Tristan und Isolde‹ uraufführen (in Wien hatte man die Premiere nach etwa siebzig Proben abgesagt und die Oper für unspielbar erklärt), drei Jahre später wurden am Kgl. Hoftheater auch die ›Meistersinger von Nürnberg‹ uraufgeführt,

Mit 18 Jahren bezog Ludwig die Universität; im März 1864 starb der Vater.

Als Retter in entscheidender Stunde erwies sich Ludwig II. für Richard Wagner, . . .

›Rheingold‹ und ›Walküre‹ folgten, gegen den Willen des Meisters. Und immer wieder gab es königliches Geld, um dem Freund das Komponieren (bei gutem Lebensstandard) zu ermöglichen. Geld und Bürgschaftsschreiben gingen dann auch nach Bayreuth, damit Wagner 1876 seine Festspiel-Idee verwirklichen konnte.

Der Plan war bereits im Wonnejahr der Freundschaft gefaßt worden: Hoch über dem Isarufer, so hatte der König 1864 beschlossen, sollte Gottfried Semper ein Theater schaffen, wie es in diesem Jahrhundert sonst nirgendwo in Europa gebaut wurde. Doch in München – und vor allem auch in den Ministerien – konnte man die Begeisterung des Königs für den Musiker nicht teilen; er brauche zu viel Geld, hieß es, und noch schlimmer: er, der Revolutionär von 1849, mische sich in die politischen Angelegenheiten.

Zuletzt wurde der so große Plan eines Musiktheaters nicht ausgeführt (zum immerwährenden Nachteil Münchens), und Wagner mußte am 10. Dezember 1865 die Stadt verlassen.

Der König mußte den Freund ziehen lassen, und Sempers Theater kam über die Entwürfe und ein Modell nicht hinaus – von nun an hat Ludwig II., enttäuscht und verärgert, für die Öffentlichkeit nichts mehr projektiert. Von nun an baute er nur noch für sich selbst: Linderhof zunächst, dann Neuschwanstein und Herrenchiemsee. Auf solche Weise wurde er zum letzten Herrscher der europäischen Geschichte, der in großem Stile und mit hohem Anspruch baute. Und der die Ausgaben dafür aus den eigenen Einkünften bezahlte; in den achtzehn Jahren zwischen 1869 und 1886 waren das 31220678 Mark, was jährlichen Schloß-Gebühren von etwa 1,74 Millionen Mark entsprach. (Freilich, sie hatten sich von Jahr zu Jahr erhöht: Sie betrugen 1869 rund 250000 und 1886 knapp unter 4 Millionen Mark.)

Doch die Zivilliste des bayerischen Königs, schrieben die ›Münchner Neuesten Nachrichten‹ am 22. Mai 1886, sei »größer als die in anderen konstitutionellen Staaten, im Verhältnis zur Bevölkerung« und betrage (gegenwärtig) 4231000 Mark. Auch wenn davon große Beträge abgezweigt werden mußten, wäre im Verlauf weniger Jahre zweifellos eine Sanierung möglich gewesen. Wenn die um ihre Ämter (und vor allem wohl darum) besorgten Minister ernsthafte Versuche unternommen hätten. Überdies waren durch Ludwig II. selbst noch am 24. April 1886 rigorose Sparmaßnahmen veranlaßt worden. Doch zu jener Zeit war das Schicksal des Monarchen längst entschieden: Er sollte abgesetzt werden.

Es hatte ja schon im September 1866 in einer Wiener Zeitung geheißen, die Wittelsbacher hätten einen Familienrat abgehalten, ob denn der König das ausreichende Talent habe, Bayern zu regieren; schließlich habe er

... der sich, auf der Flucht vor Gläubigern, in schier auswegloser Situation befand. Kaum zwei Monate nach seiner Thronbesteigung ließ der König den Meister durch Kabinettssekretär Pfistermeier aufspüren und nach München einladen. Mit dem Dankesschreiben Wagners (unten) begann eine jahrelange, intensive Korrespondenz und eine schwärmerische Freundschaft.

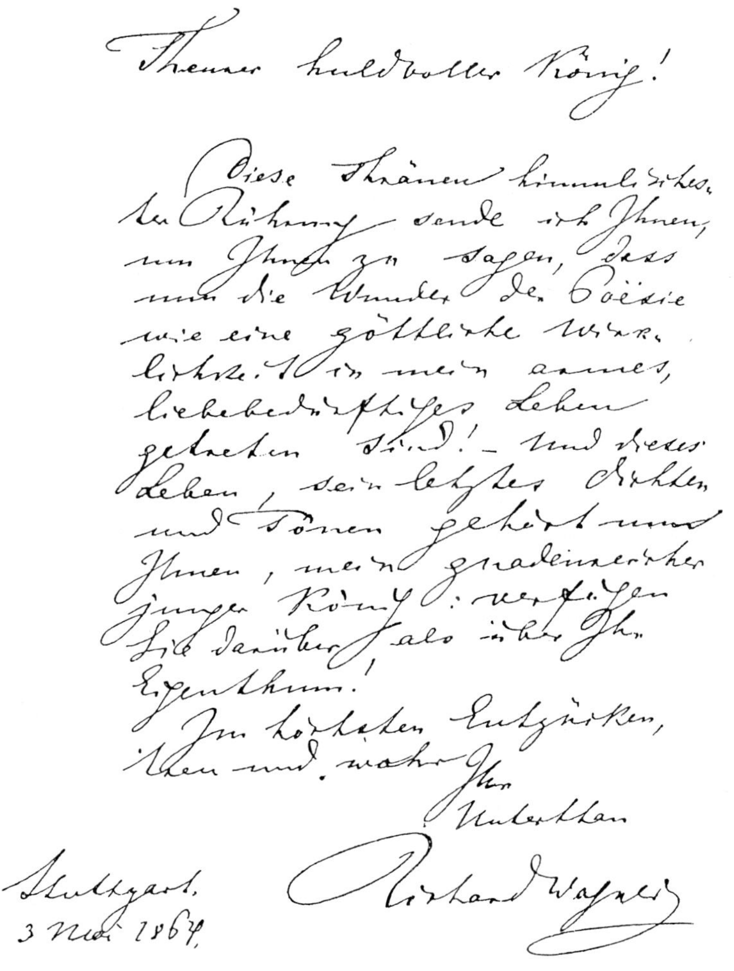

Theurer huldvoller König!

Diese Thränen himmlischester Rührung sende ich Ihnen, um Ihnen zu sagen, dass nun die Wunder der Poësie wie eine göttliche Wirklichkeit in mein armes, liebebedürftiges Leben getreten sind! – Und dieses Leben, sein letztes Dichten und Tönen gehört nun Ihnen, mein gnadenreicher junger König: verfügen Sie darüber, als über Ihr Eigenthum!

Im höchsten Entzücken, treu und wahr Ihr Unterthan

Richard Wagner

Stuttgart, 3 Mai 1864.

den vom (verlorenen) Krieg heimkehrenden Oberbefehlshaber, den alten Prinzen Carl, und das Heer nicht begrüßt.

Über die Ablösung des Königs ist auch später in Gerüchten immer wieder gemunkelt worden, und vom Münchner Erzbischof Gregor von Scherr hieß es, er habe schon vor 1870 Ludwig II. durch seinen Onkel Luitpold ersetzen wollen. Der König blieb, damals – doch es gab Kreise, die sich damit nicht abfinden wollten. So schrieb Cosima Wagner im März 1878 in ihr Tagebuch, daß von einer Vormundschaft über den König gesprochen werde, und im September 1879, »daß man das Ende des Königs als nahe bevorstehend ansieht«.

Aber hatten denn nicht auch die Vorgänger mit großem Eifer gebaut, ohne daß irgend jemand befürchtete, Bayern könne deswegen auf die Gant kommen (und was bedeuteten die fünf, zehn oder auch fünfzehn Millionen Mark königlicher Privatschulden

Ludwig verschaffte Richard Wagner ideale Arbeitsbedingungen und überhäufte ihn – zum Unmut von Kabinett und Volk – mit zahllosen Geschenken. Der Komponist revanchierte sich mit diesem – vom Beschenkten bezahlten! – Porträt (unten) von sich. Es zeigt auch den Mäzen, wozu die Büste von Caspar Clemens Zumbusch (oben) als Vorbild diente.

Die Schwärmerei für die Musik Richard Wagners war es auch, die den König mit Herzogin Sophie in Bayern zunächst zusammengeführt hat. Doch die Verlobung – am 22. Januar 1867 zur Freude des ganzen Landes verkündet – hatte keinen langen Bestand. Bald wurde Ludwig klar, daß es außer der Gleichgestimmtheit in Musikdingen mit seiner Braut keine tieferen Gemeinsamkeiten gab. Die Entlobung, am 7. Oktober 1867 offiziell bekanntgegeben, verstimmte die Verwandtschaft und enttäuschte das Volk, ließ aber den König aufatmen: »... Das düstere Bild verweht... nach Freiheit verlangte mich... Aufleben von qualvollem Alp.«

verglichen mit dem damaligen bayerischen Staatsetat in Höhe von mehr als 234 Millionen Mark).

Ludwig I. konnte sein München bauen und seine Sammlungen ausstaffieren, ohne daß man den Ruin Bayerns vorhersagte; und der König hat sehr wohl auch waghalsige finanzielle Aktivitäten entwickelt. Im Januar 1886, als Ludwig II. von seinen Schulden bedrängt wurde, erinnerte er seinen Innenminister Max von Feilitzsch daran, wie es einst so anders gewesen sei: *Unter der Regierung des Königs Ludwig I. kam es vor, daß 20 Millionen aus den Überschüssen für Seine Bauten verwendet werden konnten. Wenn ich nun das gleiche für einmal beanspruche, so muß dies, wenn mit Eifer vertreten, doch auch für mich zu ermöglichen sein.* Doch es fand sich niemand, der dazu bereit gewesen wäre.

Und hatte nicht auch Vater Max II., der nie als Bauherr ins böse Gerede gekommen ist, den Handwerkern in seinen Regierungsjahren reichliche Arbeit verschafft: Er ließ Hohenschwangau und Berg aus- und umbauen; er gab den Auftrag, eine königliche Villa in Berchtesgaden zu errichten; außerdem schuf er sich ein kleines Schlößchen auf der Roseninsel, ein gutes Dutzend Jagdhütten im Gebirge und die Königliche Villa in Regensburg; kurz vor seinem Tode ließ er außerdem mit den Bauarbeiten für ein großangelegtes Schloß samt weitläufigem Park bei Feldafing beginnen (Ludwig II. ließ den Bau einstellen und das bereits gemauerte Fundament wieder abtragen).

Es wurde schon sehr früh davon gesprochen, ob der König vielleicht geistig krank sei; zuerst unterhielt man sich darüber hinter

Besser verstanden sich Sophies Schwester, Sisi, Gemahlin des Kaisers Franz Josephs, und der König: Sie blieben sich lebenslang in Freundschaft zugetan.

vorgehaltener Hand und später sogar öffentlich in der Zeitung.

Aber war es denn nicht eher umgekehrt, hatte nicht der junge, im Umgang mit den Weltläuften unerfahrene, scheue König Anlaß, seine Umgebung für verrückt zu halten: Ihm rechnete man die Baukosten vor, während offensichtlich niemand etwas dabei fand, große Gelder für die Armee und den Krieg zu bewilligen. Am 30. Mai 1866 wurde ein Militärkredit von 31,5 Millionen Gulden (also rund 52 Millionen Mark) gefordert – und der darauf folgende Krieg ging kläglich verloren (und kostete noch einmal 30 Millionen Gulden, die an Preußen zu zahlen waren). Doch schon vier Jahre später wurden wieder 26,7 Millionen Gulden (44 Millionen Mark) für einen neuen Krieg verlangt.

Nahezu neunzig Millionen Gulden, damit die Politik mit anderen, blutigen Mitteln fortgesetzt werden konnte. Der König aber, der sein Geld für Bauten verwendete, schuf Arbeitsplätze in Gegenden, die man heute als ›strukturschwach‹ bezeichnen würde. Daß diese Absicht sehr wohl auch verfolgt wurde, darf unterstellt werden, denn schon im November 1866 wurde die Nachricht ausgegeben, der König wünsche, daß die Prinzessinnen und Prinzen des königlichen Hauses »ihre Residenz in einzelnen Schlössern bayerischer Provinzen nehmen [sollen], um so auf jene Gegenden ein regeres Leben, einen bisher nur der Hauptstadt zu Gute kommenden gewinnbringenden Verkehr zu übertragen«.

Zwei Monate nach dieser Aufforderung an die Verwandtschaft schien das Leben des Königs jene Wendung zu nehmen, die das Land erhoffte und die mit Begeisterung aufgenommen wurde: Ludwig II. verlobte sich am 22. Januar 1867 mit Sophie, einer Kusine zweiten Grades und der Schwester der österreichischen Kaiserin Elisabeth.

Der Bräutigam nannte seine Braut Elsa und sich selbst Heinrich; er war also auch in diesem Rollenspiel nach Wagners ›Lohengrin‹ der König, ›el Rey‹. Schon darin zeigte er jene Distanz, die er bis zuletzt wahrte und die im Oktober, nachdem der Hochzeitstermin mehrfach verschoben war, zur Entlobung führte: *Gott sei gedankt, nicht ging das Entsetzliche in Erfüllung! (mein Hochzeitstag sollte heute sein),* schrieb er am 29. November 1867.

Damit war freilich die letzte Hoffnung vertan, der König könne seiner Residenzstadt für mehr als nur ein paar Monate im Jahr erhalten bleiben. Zwar stiftete er 1869 noch das Goethedenkmal (das im Kriege eingeschmolzen wurde), er sorgte auch dafür, daß den Münchnern das Gärtnertheater nicht verlorenging und Gottfried Neureuther die Technische Hochschule baute – doch sein Interesse galt vornehmlich seinen eigenen Bauten im Gebirge. Fernab von seinem Volke schuf er sich die Kulissen für ein königliches Leben, in dem er freilich seinen Pflichten viel eifriger nachkam, als der Öffentlichkeit bekannt war und ihr mitgeteilt wurde.

Die Niederlage von 1866, an der ihn die geringste Schuld traf, hat Ludwig gedemütigt und souveräner Rechte beraubt. Er war hineingeboren in die Schlußphase einer lange währenden politischen Entwicklung, die über Königgrätz und den Frieden von Nikolsburg und von Prag zum 18. Januar 1871 und zur Reichsgründung im Spiegelsaal von Versailles führte. Der Wunsch, über ein selbständiges, in seinen Entscheidungen freies Bayern regieren zu können, war nicht mehr erfüllbar.

Ludwigs Kontrahenten saßen freilich nicht nur in Berlin. Im Sommer 1865, am Beginn des zweiten Regierungsjahres also, hatte sich der ›Progrès de Lyon‹ aus München berichten lassen, der zwanzigjährige König von Bayern sei »freisinniger als seine Opposition, welche er anspornt«.

Da war sicher mehr behauptet, als Ludwig in der politischen Wirklichkeit einlösen konnte und die Opposition spürte. Die kirchenfreundlichen, die ultramontanen Kreise in München werden in diesem Satz aber die Bestätigung ihrer Meinung gelesen haben. Ihnen war der junge Herr in der Tat zu freisinnig; seine tiefe Frömmigkeit konnte an diesem Urteil nichts ändern, schließlich stützte der König das (vergleichweise) liberale Kabinett Hohenlohe und bezog in der heftigen Diskussion um das päpstliche Unfehlbarkeitsdogma eine Stellung, die Rom mißfallen mußte.

Anton Memminger, der ein mehrfach aufgelegtes Buch über Ludwig II. geschrieben hat, vertrat die Ansicht, die Ultramontanen hätten dem König das Leben von Anfang an schwer gemacht und ihn zuletzt aus der Stadt vertrieben. Allerdings kam der 1846 zu Straubing geborene Memminger als Abgeordneter des Bauernbundes (von 1903 an) aus dem anderen politischen Lager. Er war in doppelter Weise Partei, doch er kannte den König: Wegen seines Engagements für die Arbeiterbewegung war Memminger in Bayern verurteilt worden. Er ging ins Exil und traf 1878 auf dem Fernstein zufällig den bayerischen Monarchen, mit dem er ein Gespräch über Eisenbahnen führte, das Ludwig als einen frühen Ökologen auswies. Etliche Jahre später wurde Memminger von König Ludwig begnadigt, er konnte wieder in die Heimat zurückkehren.

Zu jener Zeit war das Königreich Bayern längst schon ein Teil des Deutschen Kaiserreiches. Mit der Kaiserproklamation vom 18. Januar 1871 war eine Entwicklung abgeschlossen worden, in der Ludwig II. von Bayern eine entscheidende Rolle gespielt hatte. Zu den Verhandlungen war eine Delegation nach Frankreich gereist, die Vorstellungen und Wünsche des Königs durchsetzen sollte. Die 30 Millionen Gulden von 1866, meinte Ludwig, sollte Preußen jetzt wieder an Bayern zurücküberweisen und eine Landbrücke

Nicht müde wurden die Zeitgenossen, die den König erleben konnten, seine imponierende Erscheinung, seinen Charme und vor allem seine ausdruckstiefen Augen zu bewundern.

Schon zwei Jahre nach Regierungsantritt hatte sich der – trotz beliebter uniformierter Auftritte in der Öffentlichkeit – gänzlich unmilitärische König 1866 der Auseinandersetzung um die Vorherrschaft in Deutschland zu stellen: Das unzulänglich gerüstete Bayern verlor den Krieg. Die ursprünglichen Friedensbedingungen der Preußen waren unangemessen hoch, aber...

zwischen Bayern und seiner Pfalz müßte geschlagen werden. Vor allem aber wünschte der Wittelsbacher, daß die Kaiserwürde zwischen den Hohenzollern und seiner Familie von Generation zu Generation wechsle. Schon im späten September von 1870 war aber klar, daß der preußische König auf diesen Vorschlag nicht eingehen werde und daß auch die territorialen Pläne nicht verwirklicht würden.

Doch Bismarck wußte, daß sein König die Kaiserwürde nicht einfach per Deklaration annehmen wolle – er wünschte, daß man sie ihm antrage, und am liebsten würde er es sehen, wenn diese Offerte vom bayerischen König als dem Vertreter des ältesten deutschen Königshauses käme. Mit dieser Bitte fuhr Graf Holnstein, der nach Frankreich entsandte Oberstallmeister Ludwigs II., nach Bayern zurück. In der Tasche den von Bismarck aufgesetzten Brief: Der preußische Ministerpräsident hatte in ihm vor-geschrieben, wie der bayerische König seinem preußischen Kollegen die Kaiserwürde antragen solle. Ludwig II., der keine gute Chance hatte, den Brief nicht zu schreiben, lag zu Hohenschwangau mit Zahnschmerzen im Bett. Er las das Bismarcksche Schreiben und kopierte es – doch er brachte, fast beiläufig, etliche Korrekturen an, die den Rang und die Macht des Hohenzollern etwas reduzierten und die Stellung der deutschen Staaten stärkte.

Es hat hinterher geheißen, der sogenannte ›Kaiserbrief‹ sei durch Herrn von Bismarck mit Geld erkauft worden, das er den Welfen weggenommen hatte und das ihm als Repitilienfonds für Bestechungen diente. Der König von Bayern wäre einer von 103 Empfängern gewesen, die aus dieser schwarzen Kasse versorgt worden seien. Sicher ist, daß Ludwig II. vom Kanzler Bismarck unter der Hand und an den Rechnungsbüchern vorbei, großes Geld zugesteckt bekam, etwa vier Millionen Mark insgesamt; und der Spediteur der in Jahresraten bezahlten Spende, Max Graf von Holnstein, kassierte jeweils zehn Prozent.

Doch sicher scheint auch, daß diese Zahlungsanweisungen aus Berlin mit dem ›Kaiserbrief‹ nicht zusammenhingen. Sie setzten ja auch erst später ein. Wahrscheinlich war es Bismarcks Absicht, Ludwig II., der wegen des Verlustes von bayerischen Rechten an Rücktritt und Selbstmord dachte, bei Regierlaune zu halten.

Dafür aber war die Voraussetzung: Man mußte der Majestät Baugeld geben, man mußte ihm eine Möglichkeit verschaffen, an seinen Schlössern weiterzubauen.

Im Januar 1886 schrieb Ludwig seinem Finanzminister, sein Hofsekretär Gresser – der ›Schand-Gresser‹, wie er ihn nannte –, habe mitgeholfen, den »bekannten fatalen Stand der Kabinettskasse« herbeizuführen. Er »hatte sich sogar unterstanden, mir ganz falsche, schamlos lügnerische Versicherungen zu geben«. Nun, meinte der König, sollte ihm der Minister helfen, denn seit die Stockungen bei seinen Bauten eingetreten seien, wäre ihm »die Hauptlebensfreude genommen, alles andere ist gegen diese verschwindend«.

Obwohl das Schuldenloch immer tiefer wurde, schickte Ludwig II. die Maurer und die Maler nicht nach Hause, zog er seine Bestellungen von Geschnitztem und Gewebtem nicht zurück. Das Kunstgewerbe in München hatte in seinen Zeiten Konjunktur. Es erwarb sich Fertigkeiten, die es in der ganzen Welt berühmt machten. Allerdings wurde um 1870 erstmals das Wort ›Kitsch‹ verwendet; und es kam angeblich (ein genauer Beweis ist nicht zu erbringen) aus der Münchner Kunstszene. Und das ist kein Zufall.

... Bismarck, der Ludwig auch persönlich verständnisvoll gegenüberstand, bewahrte das Land vor dem Schlimmsten – und handelte sich damit das Schutz- und Trutzbündnis ein, auf Grund dessen ...

... vier Jahre später die Feinde von einst einträchtig gegen Frankreich marschierten. Der Sieg – hier der Einmarsch der Truppen in München 1871 – und die Kaiserproklamation führten zur Reichsgründung, zugleich aber zum Verlust der Souveränität Bayerns.

In besonderer Seelenverwandtschaft fanden sich die Bildhauerin Elisabet Ney (links) und Ludwig II. Lange bevor sie 1868/70 des Monarchen Büste und Statue schuf, kam sie in Berlin mit einem Künstlerkreis in Berührung, der sich dann in München wiederfinden sollte: Die Bildhauerin war eine Freundin von Cosima Liszt, die sie in einem Reliefmedaillon porträtiert (rechts oben) und bei deren Hochzeit mit dem Dirigenten Hans von Bülow (rechts unten) sie als Brautjungfer fungiert hat. Nach München berufen, sorgte Bülow für mustergültige Wagner-Aufführungen – und durch seine schnoddrige Überheblichkeit für Erbitterung in der Bevölkerung. Das Verhältnis seiner Frau Cosima zu Wagner führte zu einer allmählichen Distanzierung des Königs vom Komponisten.

War das, was König Ludwig sich in der Einsamkeit von Gebirgstälern, Bergeshöhen und Inseln bauen ließ, auch für viele Zeitgenossen und Nachgeborene auch ausschweifender, überladener Kitsch – aber wohnten übrigens die Künstler, wenn sie es sich leisten konnten, nicht in einem sehr ähnlichen Dekor? –, so hat doch das Volk diese Schlösser (die ihm ja bereits anderthalb Monate nach dem Tode des Monarchen zugänglich gemacht wurden) von Anfang an geliebt. Und heute, in der Zeit einer sogenannten Postmoderne, müßte eigentlich das Verständnis für den königlichen Eklektizismus, für diese Simultaneität der Stile wieder wachsen.

Wachsen müßte aber auch das Verständnis für diesen König, der ohne Freunde seinen Träumen von einer Welt der Schönheit lebte. Es hatte Versuche gegeben, Vertraute zu gewinnen: Richard Wagner, wohl auch die Bildhauerin Elisabet Ney (die gesagt haben soll, »mein König hatte ein Faible für mich«), später auch Kainz, dazu ein paar ältere Schauspielerinnen – doch zuletzt blieb er einsamer zurück, als er zuvor gewesen war.

Als Gründe gesucht wurden, seine Absetzung zu rechtfertigen, hat man Schauergeschichten über seinen Umgang mit seinen Untergebenen erzählt. Er habe sie mißhandelt, es soll sogar einen Toten gegeben haben in der Dienerschaft, und die zumindest latente Homophilie wird wohl ohnedies kaum bestritten.

Von all dem ist nach dem Tod des Königs gesprochen worden, die Zeugenaussagen liegen sicher im Archiv und werden, möglicherweise, bald schon herausgegeben werden, zusammen mit dem Obduktionsbefund (in dem stehen wird, daß kein Wasser in der Lunge war) und dem bekannten Hinweis auf die an Guddens Leiche diagnostizierten Würgespuren.

Hoffentlich ist das dann alles in einer wissenschaftlich genauen, die Quellen kritisch prüfenden und richtig wertenden Edition zu lesen.

Es steht also vielleicht eine Entmythologisierung König Ludwigs bevor, und es könnte sein, daß abschreckende Beispiele dessen vorgelegt werden, was der Wittelsbacher selbst seines »Zornes Dämonen« genannt hat...

Sekretär Friedrich von Ziegler, der seinen Herrn sicher sehr gut kannte, hat einmal von »unserm Iwanderl dem Schrecklichen« geschrieben, und das ist eher ein Kosewort und läßt nicht erwarten, daß es am König-Ludwig-Hofe zuging wie bei den Borgias (un)sel. Gedenkens.

Bekannt und oft gerühmt ist aber die Großzügigkeit Ludwigs II. Er, der selbst als Kind zu Weihnachten nur mit wenigen billigen Geschenken bedacht worden war, pflegte als König Weihnachtsgeschenke im Wert von 150-300 000 Mark zu machen, und die Zahl der goldenen Uhren, die er in seinen zweiundzwanzig Regierungsjahren verschenkte, wird nie mehr nachzuzählen sein, doch die Schätzungen liegen irgendwo bei dreihundert, vierhundert.

Wer so großzügig spendiert, obwohl seine Taschen längst schon leer sind und die Schuldscheine sich stapeln, gerät natürlich in den Verdacht, daß ihm das Gefühl für die Wirklichkeit entgleitet und daß er zuletzt auf gefährliche Weise den Überblick verliert. Fürst Hohenlohe befürchtete das offensichtlich schon sehr früh, lange vor den Turbulenzen in der kgl. bayer. Privatkasse. Im Juli 1870 sagte er zum preußischen Kronprinzen, König Ludwig stelle die merkwürdigste Mischung dar von vollster Unkenntnis des wirklichen Lebens bei sehr großer geistiger Befähigung. Er war also tatsächlich, wie der französische Gesandte in München, Marquis de

COSIMA VON BUELOW
GEB: V LISZT

Bald schon wurde dem König – hier in einer bisher unveröffentlichten Pastellskizze von F. A. Kaulbach – die Hauptstadt leid: Er haßte die ›Staatsfadaisen‹ und die Banalität des offiziellen Hoflebens, zog sich auf seine Schlösser und in die Berge zurück, wo er alsbald im Bauen eine neue, ihn ganz erfüllende leidenschaftliche Aufgabe fand. Seine Residenzstadt suchte er nur mehr selten auf, am ehesten noch …

Cadore, knapp vier Jahre früher gemeint hat, »mal equilibré«, was sich mit ›unausgeglichen‹ übersetzen ließe (was aber beispielsweise Gottfried von Böhm mit ›anormal‹ wiedergab).

Eine Kommission, bestehend aus den Ärzten von Gudden, Hagen, Grashey und Hubrich fällte ein anderes, sehr folgenreiches, verhängnisvolles Urteil: *Die geistigen Kräfte Seiner Majestät sind bereits dermaßen zerrüttet, daß alle und jede Einsicht fehlt, das Denken mit der Wirklichkeit im vollen Widerspruch sich befindet, das Handeln ein unfreies ist und Allerhöchstdieselben im Wahne absoluter Machtfülle, vereinsamt durch eigene Isolierung, wie ein Blinder ohne Führer am Rande des Abgrundes stehen.*

Und sie schreiben weiter: *Seine Majestät sind in sehr weit vorgeschrittenem Grade seelengestört, und zwar leiden Allerhöchstdieselben an jener Form von Geisteskrankheit, die, den Irrenärzten aus Erfahrung wohlbekannt, mit dem Namen Paranoia (Verrücktheit) bezeichnet wird. Bei dieser Form der Krankheit … ist Seine Majestät für unheilbar zu erklären und ein noch weiterer Verfall der geistigen Kräfte mit Sicherheit in Aussicht.*

Die Fahrlässigkeit, mit der hier unter dem Datum des 8. Juni 1886 über einen Menschen entschieden wurde, hat der König selbst ganz klar erkannt, als ihm Dr. von Gudden die Entmündigung mitteilte: *Wie können Sie mich für geisteskrank erklären, Sie haben*

. . . aus Anlaß des Georgiritterfestes, dessen Kapitelsitzung, Festgottesdienst, Ritterschlag und Schauessen (im Bild: 1869) er besonderen Glanz zu verleihen wußte, . . .

mich ja vorher gar nicht angesehen und untersucht? Worauf Gudden antwortete: *Majestät, das war nicht notwendig, das Aktenmaterial ist sehr reichhaltig und vollkommen beweisend, es ist geradezu erdrückend.*

Die Ferndiagnose stützte sich auf zweifelhaftes Material, und Bismarck hat später einmal in einem Gespräch gemeint, aus den Zetteln, welche die Bedienten dem Papierkorb und Klosett entnahmen und welche die Minister als Anklagematerial benutzten, könne man kein Todesurteil bestätigen.

Die Ärzte haben dieses Urteil mit dem Gutachten dennoch gefällt. Am 10. Juni – nur

. . . oder wenn ihm innerlich nahestehende Menschen zum Festbankett luden wie hier Prinz Leopold bei seiner Hochzeit mit Erzherzogin Gisela von Österreich 1873.

zwei Tage nach Ausfertigung des Kommissionsgutachtens! – wurde in München die Proklamation angeschlagen: *Im Namen Seiner Majestät des Königs. Unser Königliches Haus und Bayerns treubewährtes Volk ist nach Gottes unerforschlichem Ratschlusse von dem erschütternden Ereignis betroffen worden, daß Unser vielgeliebter Neffe, der allerdurchlauchtigste großmächtigste König und Herr, Seine Majestät König Ludwig II., an einem schweren Leiden erkrankt sind, welches Allerhöchstdieselben an der Ausübung der Regierung auf längere Zeit . . . hindert.* Luitpold, Prinz von Bayern, übernahm die Regentschaft.

Dem König in seiner Burg Neuschwanstein wurde von Vertrauten die Flucht nach Tirol nahegelegt, doch Ludwig II. fürchtete, daß dabei ein Kampf entstehen könne. *Um meine Rettung soll kein Blut vergossen werden. Ich mache meine Rechnung mit dem Himmel und dem Vogt. Man schleudert mich von der höchsten Höhe in das Nichts, man vernichtet mein Leben, man erklärt mich lebend für tot, das halte ich nicht aus. Wenn man mir die Krone aberkannt hätte, das würde ich ertragen haben. Aber daß man mir den Verstand aberkennt, mir die Freiheit nimmt und mich wie meinen Bruder behandelt, nein, das ertrage ich nicht, ich will diesem Schicksal entgehen, man treibt mich in den Tod.*

Spricht so ein Wahnsinniger? Einer, der an einem »vorgerückten Stadium geistiger Erkrankung« leidet?

Von Neuschwanstein wurde König Ludwig nach Schloß Berg gebracht, wo bereits am 10. Juni das Hoflager aufgelöst worden war. Hier hat Ludwig II. am 13. Juni 1886 unter ungeklärten Umständen – Herzschlag? Selbstmord? Mord? Unglücksfall? – den Tod gefunden.

Bismarck hat über den unglücklichen Ludwig von Bayern gesagt: *Sein königliches Bewußtsein war nicht bloße Eitelkeit, sein mehrseitiges Wissen nicht blendende Allwisserei, sein staatsmännisches Tun keine Torheit.* Die Welt werde ihr Urteil über diesen bayerischen König bedeutend ändern, wenn man nicht bloß seine Kunstschöpfungen bewundere, sondern auch einmal Einsicht in seine staatsmännische Korrespondenz nehme.

Diese Korrektur des Urteils ist freilich bis heute noch nicht erfolgt.

Während der König – links oben ein weit verbreitetes Staatsporträt aus den siebziger Jahren, links unten sein Namenszug aus dem letzten Lebensjahr – die Öffentlichkeit, die ihn nicht verstand und die er verachtete, peinlich mied, erwies er sich aufgeschlossenen Einzelpersonen gegenüber von überraschender Leutseligkeit und allen jenen, die ihm Dienste erwiesen, von großzügiger Dankbarkeit. Ludwig II. wurde so zum wohl freigebigsten und uneigennützigsten Schenker unter den Fürsten seiner Zeit. Das begann beim Seelenfreund Richard Wagner, dem er unter anderem 1866 zum 53. Geburtstag einen feingeschliffenen böhmischen Glaspokal verehrte (links), und endete beim einfachen, pflichttreuen Dorfbürgermeister von Wildenwart, dem er eine reich geschnitzte Zigarettenspitze aus Meerschaum (oben) zum fünfundzwanzigjährigen Dienstjubiläum schenkte (wobei der Kunst- und Erinnerungswert den Gebrauchswert freilich um ein Vielfaches überstieg). Am liebsten aber verteilte der König Taschenuhren, von der einfachen Sprungdeckeluhr mit eingravierter Widmung bis zur hochkarätig-edelsteinbesetzten, mit Miniaturen und Namenszug versehenen Doppeluhr-Chatelaine (ganz oben). Die Flut von Aufträgen, mit denen der König seine Kunsthandwerker überschüttete, trug entscheidend zur führenden Stellung Münchens auf diesem Gebiet in der zweiten Hälfte des 19. Jahrhunderts bei.

Schlösser und Museen
Lebens- und Erinnerungsstätten
des Märchenkönigs

Alpsee

Lohengrins Schwan. In den glücklichen Kindertagen, als Ludwig die Sommermonate mit seinen Eltern in Hohenschwangau verbrachte, wurden häufig Ausflüge an den nahegelegenen Alpsee unternommen. Dort hat man den kleinen Prinzen mit seiner Mutter und dem Bruder Otto gemalt, dort hat er gefischt und noch im Sommer 1864, als junger König, brachte er von einem Ausflug zum See einen selbstgefangenen Fisch nach Hohenschwangau mit. Er schenkte ihn seinem Kabinettssekretär Pfistermeister, damit er sich und seinem Gast, dem Publizisten Julius Fröbel, ein gutes Mittagsmahl daraus bereite.

Schon Ludwigs Vater Max war als Kronprinz dem Schwanenkult Hohenschwangaus ergeben…

…und die beiden Prinzen Ludwig und Otto wuchsen in dieser romantischen Atmosphäre auf: hier mit ihrer Mutter Marie beim Füttern der Schwäne am Alpsee

Seine schönsten, erhebendsten Stunden am Alpsee erlebte der König im darauffolgenden Jahr. Aus München hatte man einen großen, wasserfesten Bühnen-Schwan und ein Lohengrinkostüm nach Hohenschwangau gebracht, und hier wurde nun, inmitten der Allgäuer Berge, die Ankunft des Gralsritters am Ufer der Schelde inszeniert. So geschah es am 25. August 1865, am 20. Geburtstag des Königs, und diese Szene spielte man auch ein Vierteljahr später. In der Schloßchronik von Hohenschwangau heißt es darüber: *Am 21. November Abends fand prachtvolles Feuerwerk statt, von Herrn Penkmayr trefflich arrangiert. Nach dem Feuerwerk wurde die Scene der Ankunft des Schwanenritters aus Wagners Lohengrin auf dem Alpsee dargestellt. Ein großer, kunstreich nach der Natur gebildeter Schwan zog einen Kahn mit Lohengrin (Flügeladjudant Fürst Paul von Thurn und Taxis) über den Alpsee; der Schwanenritter mit Kahn und Schwan war mittelst eines elektrischen Lichtes prachtvoll beleuchtet. Während dieses Vorgangs spielte die Musik die betreffenden Piècen aus Lohengrin. Am nächstfolgenden Abende wurde diese Scene auf Allerhöchsten Befehl Seiner Majestät wiederholt.*

Der junge Ludwig gefiel sich als Petri Jünger am Alpsee und trug nicht selten zur Bereicherung der Hoftafel bei

So mußte also der Bursche des Oberleutnants von Thurn und Taxis auch am Abend

Unter dem Einfluß von Wagners ›Lohengrin‹ wurde der Alpsee zur Schelde: Zum 20. Geburtstag des Königs am 25. August 1865 wurde die Szene von der Ankunft des Schwanenritters mit Musik und Illumination hier aufgeführt. Im Hintergrund Schloß Hohenschwangau.

des 22. November in den Schwan steigen und dafür sorgen, daß der mit einem dünnen Drahtseil gezogene stolze Vogel seinen Kopf hob oder senkte und die Flügel bewegte, während der hochadelige Ritter im Silberpanzer »mit seiner hübschen Stimme« Arien des Lohengrin sang. Hinter den Büschen aber hatte der Musikmeister Johann Wilhelm Siebenkäs (der später übrigens den Münchner Schäfflertanz komponierte) die von ihm geleitete Kapelle des 1. Infanterieregiments postiert. Offensichtlich war dieses musikalische Gastspiel nicht ganz ungefährlich, denn während des Feuerwerks, so hieß es – die Angelegenheit wurde vor allem vor dem König geheimgehalten –, seien 16 Mann durch eine explodierende Rakete verletzt worden.

Der fliegende Pfauenwagen. An den von Laubwäldern gesäumten Alpsee ist König Ludwig in Vollmondnächten noch oft zurückgekehrt. Er ruderte dann auf dem einsamen See oder ließ sich vor einer an den Hang gebauten Holzhütte den Tisch decken, um dann im Lichte von vier Lampen zu speisen.

Dieses Gewässer, das ihm von früher Jugend an lieb und vertraut war, mag ihm später gelegentlich auch als ein Ort erschienen sein, der ihn aus allen Bedrängnissen befreien könnte. So schrieb er unter dem Eindruck des Krieges von 1870/71, den er nicht gewollt hatte und vor dem er nach einem Siege die Schmälerung der bayerischen wie der königlichen Souveränität befürchtete, in einem Brief: *Die kalten Fluten des Alpsees ziehen mich an.*

Bereits mehr als ein Dutzend Jahre früher, zur Zeit seiner Verlobung mit Prinzessin Sophie von Bayern hatte König Ludwig zu seinem Hofsekretär Düfflipp gemeint (was ironisch klang und doch vielleicht ein wenig ernst gemeint war): daß er »lieber in den Alpsee springe«, als zu heiraten.

Vom Alpsee ist dann auch gesprochen worden, als hinter vorgehaltener Hand und in heimlichen Vernehmungen die Argumente und die Vorwürfe gesammelt wurden, die zu einer Absetzung des Monarchen führen sollten:

Der König, so wurde erzählt, hatte den Wunsch geäußert – und das sei doch fürwahr ein Zeichen von Wahnsinn –, in einer Flugmaschine über den Alpsee zu fliegen.

In der Wirklichkeit von 1869/1870 war dieses Projekt allerdings nicht so utopisch und absurd, wie es bei flüchtigem Hinsehen scheinen mochte. Der Hofbühnen-Maschinenmeister Friedrich Carl Brandt sollte nämlich offensichtlich einen von Pfauen gezogenen Muschelwagen konstruieren, der, von einem Ballon getragen, über den Alpsee schweben konnte; etwa neunzig Jahre nach dem Ballonflug der Brüder Montgolfier ein Wunsch, der zu erfüllen gewesen wäre, und gar von einem so versierten, mit allen Bühnenzaubereien vertrauten Mechanikus wie der mit Ludwig II. ungefähr gleichaltrige Fritz Brandt einer war.

Die Wallfahrt. Früh schon reihten sich die Wittelsbacher in die fromme Schar der Pilger ein, und vom Landshuter Herzog Georg dem Reichen wird berichtet, daß er bereits 1491, im zweiten Jahr der Wallfahrt, in der **Altöttinger Kapelle** gebetet habe. Etwa achtzig Jahre später kam Herzog Albrecht V. aus München, und er, der eine selbstgefertigte Goldschmiedearbeit auf dem Altar niederlegte, begründete die Familienwallfahrt der bayerischen Herrscherfamilie.

Der Ruhm des Altöttinger Gnadenbildes muß weit über das Land hinausgereicht haben, denn im Frühjahr 1633 bat jener Graf Wilhelm Slawata, den man am 18. Mai 1618 zusammen mit zwei Standesgenossen zu Prag aus dem Fenster gestürzt hatte, man möge erlauben, daß seine in Wien verstorbene Frau Lucia Ottilie zu Füßen der Schwarzen Muttergottes beigesetzt werde. Die Bitte wurde gewährt; in einem Zinnsarg kam die Leiche der Gräfin donau- und innaufwärts nach Neuötting, von wo sie in die noch aus den karolingischen Zeiten stammende achteckige Gnadenkapelle überführt wurde. Kurfürst Maximilian hatte freilich Bedenken; in einem Brief nach Altötting meinte er, die Gesundheit der Betenden könnte durch die Tote ernsten Schaden erleiden.

Des Königs Herz. Trotz dieses Vorbehaltes gab es in der Kapelle noch siebenundzwanzig weitere Leib- oder Herzbestattungen, und darunter war auch das Herz des Kurfürsten Maximilian. Seit dem späten 18. Jahrhundert wurde es Brauch, die Herzen der verstorbenen Wittelsbacher Regenten nahe dem Gnadenbild in Urnen beizusetzen, und so fand hier auch das Herz König Ludwig II. seine letzte Ruhe, neben den Herzen der Könige Max I. Joseph, Ludwig I. und Max II., wozu noch 1921 jenes des letzten Königs Ludwig III. kam.

Der Kapellenplatz in Altötting: links die Heilige Kapelle, dahinter die Kapuzinerkirche, rechts die Stifts- und Pfarrkirche

Die Überführung der 65 Zentimeter hohen neubarocken *Herzurne* aus vergoldetem Silber fand am 16. August 1886 statt, etwa zwei Monate nach dem Tod des Monarchen.

Die Herzurne König Ludwigs II. steht in einer Nische gegenüber dem Gnadenaltar

Das Zeremoniell begann um 5.30 morgens mit einem Gottesdienst in der Hofkapelle der Münchner Residenz. Anschließend trug der Stiftsdekan Dr. von Türk das mit einem schwarzen Schleier verhüllte Herzbehältnis durch ein Spalier von 24 Hartschieren zum sechsspännigen Hofwagen, der es unter dem Geläut der Münchner Glocken und eskortiert von einer Abteilung Schwerer Reiter zum Ostbahnhof brachte, wo der Extrazug kurz nach sieben Uhr abfuhr.

Auf einem mit Krone, Szepter und königlichem Wappen geschmückten Katafalk wurde die Urne vom Bahnhof Neuötting zur Stiftskirche überführt, in der der Bischof von Passau einen Gottesdienst abhielt, ehe er sie zur vorbestimmten Stelle in der Gnadenkapelle geleitete. In der dem Marienbild gegenüberliegenden Wand wurde die Urne, in der sich die aus Zinn bestehende Herzkapsel befindet, in einer Nische aufgestellt.

Neben dem goldenen bayerischen Wappen und einer Krone schmücken zwei aus Metall getriebene Blumensträußchen dieses kostbare Gefäß. Franz Brochier und Eduard Wollenweber, die diese Urne entworfen und ausgeführt haben – Künstler, die übrigens bei der Ausstattung der Königsschlösser bereits mitgewirkt haben –, wählten für die beiden Sträußchen Alpenrosen und Edelweiß, die Lieblingsblumen des toten Monarchen.

Das große und das kleine Königshaus. Bayern war seit einigen Jahren Königreich, und ein Großteil Frankens war ihm bereits zugefallen, als es 1814 auch noch das Fürstentum Aschaffenburg erhielt und mit Aschaffenburg auch das mächtige **Schloß Johannisburg.** König Ludwig I. hat als Kronprinz zeitweise in diesem, kurz vor dem Dreißigjährigen Krieg errichteten Bau gewohnt (und wenn er später in Wut geriet, so wird überliefert, fiel er schimpfend in den Aschaffenburger Dialekt). Sehr viel später, in den 1840er Jahren, ließ er sich in Sichtweite der Johannisburg durch Friedrich Gärtner ein sehr viel kleineres Haus bauen, die königliche Villa Pompejanum. Das große königliche Schloß aber – bis zur Säkularisation die zweite Residenz der Mainzer Erzbischöfe – stand leer.

In der ersten Novemberwoche des Jahres 1866 aber erhielt der Verwalter des Schlosses aus München den Befehl, das *Königsappartement* an der Mainseite sofort »in den Stand zu setzen«, und am Abend des 17. November kam dann aus Bamberg ein Telegramm, das Seine Majestät avisierte. Der König befand sich auf seiner berühmten Frankenreise, bei der er den soeben vom Deutschen Bundeskrieg 1866 betroffenen Provinzen seinen Besuch abstattete. Vor allem in und bei Aschaffenburg hatten damals entscheidende Gefechte stattgefunden.

Mit 101 Salutschüssen begrüßte die auf der Höhe am Auhofe postierte Landwehrartillerie König Ludwig II., als er am 20. November gegen 16 Uhr mit seinem Hofzug in den Bahnhof einfuhr. Im Königssalon des Bahnhofs wurden dem Monarchen die Vertreter der Behörden vorgestellt, und Jungfrauen, die in den Landesfarben gekleidet waren, überreichten ihr Blumenbouquet. Ehe der in der Uniform eines Obersten des 1. Regiments reisende Monarch in die offene vierspännige Hofequipage stieg und, eskortiert von einer berittenen Ehrengarde, zum nahen Schloß fuhr, stimmten die drei vorm Bahnhof versammelten Aschaffenburger Gesangvereine die Nationalhymne an.

»Sieh uns o Herr versammelt hier«. Sie hatten mit ihrer Darbietung mehr Glück als jener Chor, der im Schloßhof ein abendliches Ständchen bringen wollte. Den Dirigenten des Orchesters hat die Ehre, einmal vor seinem König spielen zu dürfen, offensichtlich so sehr verwirrt, daß er den Einsatz gab, als

Die berühmte Frankenreise zu den vom 66er Krieg betroffenen Provinzen wurde zu einem Triumphzug des Königs: In Aschaffenburg weilte er vom 20. bis 24. November 1866 und wohnte im Schloß.

Als Schauplatz blutiger Kämpfe ist Aschaffenburg in die Geschichte des Deutschen Bundeskrieges eingegangen: Hier das Gefecht zwischen den verbündeten Bayern und Österreichern mit den Preußen, das sich am 14. Juli 1866 zwischen Fronhof und Herstalltor entwickelt hat.

sich die Sänger noch gar nicht aufgestellt hatten. Ihr Lied »Sieh uns o Herr versammelt hier...« wurde darum – weil sie ja in Wirklichkeit noch gar nicht versammelt waren – zu keinem sehr wohlklingenden Auftakt. Der Rest des abendlichen Ständchens, so heißt es, sei dann aber zur vollen Zufriedenheit der Majestät wie aller Mitwirkenden exekutiert worden. Ludwigs II. Aschaffenburger Programm war nicht sehr umfangreich. Der König besuchte das Städtische Krankenhaus, wo ein hessischer, ein preußischer und siebzehn österreichische Verwundete lagen (von denen jeder seinen Dukaten bekam), er fuhr sodann ins Militärhospital, wo achtzehn Bayern und ein Preuße ihre Verwundungen kurierten (und auch hier erhielt jeder Krieger seinen Dukaten).

Am 22. November machte der König einen Besuch am großherzoglichen Hof von Hessen-Darmstadt, von dem er erst spät abends zurückkehrte. Die beiden Verbündeten des jüngstvergangenen (und -verlorenen) Krieges schienen sich gut unterhalten zu haben, denn schon am darauffolgenden Mittag traf der Großherzog zum Gegenbesuch in Aschaffenburg ein. Als er abends wieder abreiste, begleitete ihn König Ludwig nach Darmstadt – der Ball, der an diesem Abend im Casino stattfinden sollte, wurde daher abgesagt. Er war auch nicht mehr nachzuholen, da die Majestät am nächsten Tag die Stadt Aschaffenburg verließ.

Das in dieser fränkischen Landschaft höchst exotisch anmutende Haus seines Großvaters hat auf Ludwig – wenn er es denn überhaupt beachtete – offensichtlich keinen Eindruck hinterlassen.

Das Pompejanum seines Großvaters Ludwig I., der in Aschaffenburg glückliche Kronprinzenjahre verlebt hat, konnte auf seinen Enkel keinen nachhaltigen Eindruck ausüben. Rechts im Hintergrund Schloß Johannisburg, in dessen Königsappartement Ludwig II. 1866 wohnte.

Bad Kissingen

Die heilenden Wasser. Seit dem 9. Jahrhundert suchte man bei den Quellen von Kissingen (das damals Chizzige hieß) Heilung von mancherlei Leiden. Weltberühmt wurde der Ort freilich erst im Sommer 1864, im Kissinger Kaiserjahr, als der gekrönte Adel angereist kam: Zar Alexander II. von Rußland mit der Zarin Maria Alexandrowna, drei Kindern und einem Hofstaat von 88 Personen, Kaiser Franz Joseph von Österreich mit Kaiserin Sisi und 58 Personen sowie König Karl I. von Württemberg mit Königin Olga und einer Entourage von 49 Personen.

König Ludwig II. von Bayern, der erst wenige Monate zuvor das Amt seines Vaters geerbt hatte, empfing das österreichische Herrscherpaar am 16. Juni im Bahnhof zu München und folgte den kaiserlichen Hoheiten bereits zwei Tage später, zusammen mit seinem Bruder Otto und 25 Personen, nach Kissingen (das übrigens erst sechs Jahre später einen Bahnanschluß bekommen solllte). Der Aufenthalt wurde im Wellschen Hause genommen. Nach fast einem Monat, am 15. Juli 1865, ist die bayerische Majestät aus Kissingen wieder abgereist.

Heiratssachen. Von Kissingen aus hatte der König durch eine Depesche an das Justizministerium eine Amnestie für die »politischen Verbrecher von 1848/49« erlassen (und dabei sicher auch an seinen Freund Richard Wagner gedacht, den ja die Dresdner Stadt-Polizei-Deputation mit einem Steckbrief vom 16. Mai 1849 gesucht hatte). Das Volk wird sich freilich sehr viel mehr für jene

Saison 1864 in Bad Kissingen: Ludwig II., begleitet von Kaiserin Elisabeth von Österreich, begrüßt das russische Zarenpaar Alexander II. und Maria Alexandrowna sowie die ihm vorübergehend als Braut zugedachte, damals knapp elfjährige Großfürstin Marie.

Spekulationen interessiert haben, die im Juni 1864 in den Zeitungen standen: Der König von Bayern, so hieß es, werde möglicherweise die in Kissingen anwesende einzige Tochter des Zaren heiraten. Das war ein Projekt, das allerdings noch Zeit hatte, da die junge Dame noch nicht einmal elf Jahre alt war.

Einen Monat später nannte eine französische Zeitung allerdings die Infantin Isabella von Spanien als mögliche künftige Braut des Bayernkönigs; sie war dreizehn Jahre alt. Da aber nun einmal öffentlich über die künftige Regentin von Bayern nachgedacht wurde, meldete sich die Wiener Presse im Dezember 1864 mit ihrer Version: Die Ausgewählte, schrieb sie, werde möglicherweise eine Tochter des Prinzen von Hohenzollern sein.

Vier Jahre später, im Sommer 1868, trafen sich die Herrschaften noch einmal bei der Kur zu Kissingen. Der Zar war mit seiner Familie gekommen, auch das österreichische Kaiser- und das württembergische Königs-

Zwei Jahre nach den glanzvollen Kaisertagen von 1864 war Bad Kissingen Kriegsschauplatz in den Auseinandersetzungen des Deutschen Bundeskrieges: Hier das Treffen der bayerischen Chevauxlegers mit preußischer Kavallerie bei Kissingen am 4. Juli 1866; ...

paar. Zwischen dem 2. und dem 10. August aber machte König Ludwig II. zusammen mit Bruder Otto Visite in dem Badeort. Und wieder – obwohl doch ein Jahr zuvor die Verlobung des Wittelsbachers mit der Prinzessin Sophie so spektakulär gelöst worden war – gab es Heiratsgerüchte. Das Dementi folgte indes sehr schnell hinterher. Am 27. August 1868 fanden Zeitungsleser in ihrer Gazette die kurios formulierte Meldung: »München 25. Aug. Die hiesigen ›Neuesten Depeschen‹ melden aus bester Quelle: Die von Darmstadt aus telegraphisch verbreitete Nachricht, die Verlobung Se.Maj. des Königs Ludwig II. mit der russischen Großfürstin Marie sei als ›sicher‹ zu betrachten ist jedenfalls ›unrichtig‹.« (Sechs Jahre später hat die Zarentochter dann Herzog Alfred von Edinburgh geheiratet.)

Kriegsfolge. Zwischen den zwei Kissinger Kaiserjahren von 1864 und 1868 mußte die bayerische Armee an der Seite Österreichs gegen Preußen marschieren. Der Krieg, den König Ludwig vermeiden wollte, ging sehr schnell verloren, die Bayern wurden zurückgetrieben, in Franken schlug man Schlachten, ein Großteil des Landes wurde besetzt (und von Preußen hinterher nur sehr ungern wieder hergegeben).

Um seine Verbundenheit mit der vom Krieg heimgesuchten Provinz zu zeigen, unternahm König Ludwig II. zwischen dem 10. November und dem 10. Dezember 1866 eine Reise durch Franken – die einzige größere Staatsreise seiner zweiundzwanzigjährigen Regierungszeit. Am Sonntag, dem 18. November war er, von Bamberg kommend, in Kissingen eingetroffen. Noch am gleichen Tag empfing er den Schweinfurter Bürgermeister Schultes und heftete ihm einen Orden an die Brust. Auf solche Weise hoffte er die enttäuschten Bürger Schweinfurts zu versöhnen. Sie hatten *große Vorbereitungen zum würdigen Empfang Sr.Maj. des Königs getroffen,* waren dann freilich *höchst überrascht, daß Se.Maj. allerhöchst, welcher mit Extrazug hier ankam, gar keinen Aufenthalt nahm, und keine der vorgehabten Ovationen zur Ausführung gebracht werden konnte.*

Die »karg zugemessene Zeit«, hieß es zunächst, habe den Aufenthalt verhindert, doch bei der Audienz von Bürgermeister Schultes bedauerte König Ludwig mehrfach, daß er »wegen plötzlich eingetretenen Unwohlseins nicht länger in Schweinfurt habe verweilen können«, daß er aber im nächsten Jahr bestimmt wieder kommen werde. (Was freilich nicht zutraf.) Unter dem 19. November wurde mitgeteilt, Majestät fühle sich unwohl und »hütet das Zimmer«. Dennoch besuchte der Wittelsbacher die bei Kissingen gelegenen Schlachtfelder und legte Blumen an den Gräbern nieder.

Am 20. November verließ Ludwig die Stadt Kissingen. In seiner Kalesche fuhr er über Hammelburg nach Gemünden, wo der Hofzug auf ihn wartete. Mit ihm reiste er über Lohr nach Aschaffenburg, wo er, von Jungfrauen und Gesangvereinen erwartet, um 16 Uhr eintraf.

... und im Kurgarten sowie unter den Arkaden der Wandelhalle von Kissingen, wo sich 1864 die große Welt ergangen hatte, war im Juli 1866 ein provisorisches Feldlazarett eingerichtet, in dem die nord- und süddeutschen Verwundeten ärztlich versorgt wurden.

Königs-Gedenken. Der Monarch hat seine wenigen Besuche in Kissingen offensichtlich in guter Erinnerung behalten, denn als ihm am 23. April 1883 das Gesuch vorgelegt wurde, die Stadt Kissingen zum Bad zu erheben, ist er der Bitte schnell gefolgt: am 24. April 1883 hat er das Dokument unterzeichnet.

Die Kissinger haben die prompte Erledigung ihrer Angelegenheit nicht eigens honoriert. Sie hatten bereits 1869 ein Denkmal König Max II. enthüllt – die Majestät zeigt der Spielbank den Rücken –, sie ehrten 1877 den Kanzler Bismarck durch ein Standbild, und 1891 bezog König Luwig I. seinen Denkmalsplatz im Kurpark. Ludwig II. aber gibt es weder in Erz noch in Stein.

Weitere zwei Jahre später waren die Folgen des Krieges überwunden: Begegnung König Ludwigs II. und seines Bruders Otto (halbrechts) 1868 mit dem Zarenpaar Alexander II. und Maria Alexandrowna (Mitte) und dem württembergischen Königspaar Karl und Olga (links davon)

Bamberg

Bei den Generälen. Der Krieg mit Preußen stand unmittelbar bevor. Am 22. Juni 1866 war die Mobilmachung der bayerischen Armee abgeschlossen, und am 23. Juni hieß es, der Schutz der in München lebenden preußischen Staatsangehörigen – dazumal offensichtlich ein noch überschaubarer Personenkreis – sei dem französischen Gesandten übertragen worden. Zwei Tage später stand dann im ›Bamberger Tagblatt‹: *Gestern Nachmittag traf die Nachricht hier ein, daß Se.Maj. König Ludwig II. heute zwischen 2 und 3 Uhr hierherkommen wird. Dem Vernehmen nach wird das Hauptquartier morgen von hier weiter gehen...*

Und nachmittags um drei Uhr ist der Extrazug, wie angekündigt, in Bamberg eingetroffen. Die Fahrt war »nach Nro. 4 der Allerhöchsten Reisevorschriften« unternommen worden, und diese Anweisung (nach der Ludwig im November desselben Jahres 1866 auch seine Frankenreise antrat) verlangte vom Zeremoniell die größtmögliche Zurückhaltung. Ein prachtvoller, offizieller Empfang fand daher in Bamberg nicht statt.

Am Bahnhof wurde Ludwig II. von seinem im Bamberger Exil lebenden Onkel, König Otto von Griechenland, gleichsam familiär begrüßt. Durch Straßen, die »mit bayerischen und deutschen Fahnen und Flaggen festlich geschmückt« waren, fuhren die beiden Majestäten zur **Neuen Residenz,** in der König Otto wohnte und das Hauptquartier untergebracht war.

Den 26. Juni verbrachte Ludwig II. mit seinen Generalen – Oberbefehlshaber: sein siebzigjähriger Großonkel Prinz Carl. Am Morgen des 27. Juni reiste er über Schweinfurt und Würzburg zurück in seine Residenzstadt. Das Hauptquartier aber wurde zunächst nach Schweinfurt und kurz danach in die Nähe der Armee verlegt. Ein Schritt, der sich als voreilig und überflüssig erwies, da sich die bayerischen Krieger bald schon in der Gegenrichtung bewegten...

Kaum verändert hat sich die Altstadt Bambergs seit den Tagen, da König Ludwig II. vor und nach dem Deutschen Bruderkrieg von 1866 in den Mauern der fränkischen Stadt weilte.

Das Königsquartier. Die Wohnung König Ottos war standesgemäß, sie war dem hohen Range angemessen – nur: Otto von Griechenland war ein Monarch a.D., die Hellenen hatten ihn, den Sohn König Ludwig I. von Bayern und Bruder des regierenden Königs Max II. von Bayern, im Jahre 1862 aus Athen vertrieben. Nun lebte er, kränkelnd, in der vormals fürstbischöflichen Residenz zu Bamberg, in einem langgestreckten, vornehm gegliederten Barockbau, den Johann Leonhard Dientzenhofer von 1695 an für Fürstbischof

Das für königlichen Besuch in der Residenz eingerichtete Appartement hatte 1866 der Onkel, der aus Griechenland vertriebene König Otto inne, so daß Ludwig II. wahrscheinlich den Oberstock des Vierzehnheiligen-Pavillons (rechts) bewohnte, den sein Vater neu eingerichtet hatte.

Lothar Franz von Schönborn schräg gegenüber dem Dom errichtet hatte.

Bamberg war, nach Bayreuth und Hof, die dritte Station auf König Ludwigs Frankenreise. Als er am 14. November 1866 eintraf, begrüßte ihn das ›Bamberger Tagblatt‹ mit einem fünfstrophigen Gedicht, das unter der Überschrift ›Wilkomm!‹ die ganze erste Seite füllte:

Auf Feld und Auen ruht das Leben,
Es schlißt zur Ruhe sich der Erden Schooß;
Als letztes Kind, die Frucht der Reben,
Das edelste – die lange Reihe schloß. –
Oed liegt die Flur – des Nebels Schauer
Erstarrt der letzten Rose Pracht,
Der farb'gen Gluth folgt Grau der Trauer,
Der frohe Tag erliegt der Nacht.
Da soll noch einmal Frühlings-Freude
Beglücken hoch das Frankenland!
Der König kommt – Dein Ludwig – heute,
Dem alle Herzen zugewandt!...

Um 15.30 Uhr fuhr der königliche Sonderzug in den Bahnhof ein. Die Garnison, deren Kommandant justament vor der Ankunft des Königs auf ein Jahr in den Ruhestand versetzt worden war, begrüßte ihren Oberbefehlshaber mit einem Salut von 101 Kanonenschüssen, alle Kirchenglocken läuteten, und das griechische Königspaar wartete am Perron.

Gemeinsam fuhr man nun zur Neuen Residenz, in der schon König Ludwigs Vater in den Kronprinzenjahren zwischen 1843 und 1845 gewohnt hatte. Man setzte sich zum Familiendiner und begab sich gegen 19 Uhr bei strömendem Regen in der königlichen Kalesche in die Stadt, um die festliche Illumination zu bewundern: den bengalisch beleuchteten Dom vor allem und die 700 von der Landwehr gestellten Fackelträger, die auf dem Domplatz aufgestellt waren. Selbst die vor Anker liegenden Schiffe waren geschmückt, und auf der Kettenbrücke waren an beiden Enden Ehrenpforten errichtet, in ihrer Mitte aber das Wappen, der Namenszug des Königs und ein Spruch:

In Lieb und Treue jubeln freudig die Gedanken
Ein Hoch dem König zu, dem Herzoge der Franken.

In der Residenz wollte der Bayernkönig zwar unter dem selben Dache wie sein Onkel, doch keinesfalls in dessen Wohnung Quartier nehmen. Schon vor der Ankunft Ludwigs II. war ein Hofoffiziant aus München mit »umfangreichem Meublement« angereist, mit dem er die für den Aufenthalt des Königs vorgesehenen Räume ausstaffierte – in üppigem Barockstil, wie Zeitgenossen berichten.

(Daß nun zu diesen Möbeln vor allem ein Bett gehörte ist anzunehmen und ist auch verständlich – für den 1,93 Meter großen König war sicher nur in den wenigsten Residenzen eine angemessene Liegestatt vorhanden.)

Viermal die Française. Am zweiten Tag seines Bamberg-Besuches, am Donnerstag, dem 15. November, ließ sich der König um 14

Uhr den hohen Adel, das Offizierskorps sowie sämtliche Staats- und Gemeindebeamten vorstellen. Um 17 Uhr fand dann in der Residenz die Hoftafel – im bürgerlichen Sprachgebrauch: das Abendessen – statt, und um 20 Uhr begab sich Ludwig zusammen mit seinem Onkel hinunter zur Regnitz, in eines der schönsten Gebäude Bambergs: in jenes prunkvolle Barockpalais, das sich der Geheime Rat Johann Ignaz Tobias Böttinger um 1722 von Johann Dientzenhofer, einem jüngeren Bruder des Residenzbaumeisters, hatte errichten lassen und das unter seinem Namen **Concordia** zu den Sehenswürdigkeiten von Bamberg gehört; ebenso

Die ›Concordia‹ am Ufer der Regnitz: Schauplatz des Hofballs am 15. November 1866

wie das vom selben Bauherrn, doch einem anderen Architekten zehn Jahr früher vollendete sogenannte ›Böttingerhaus‹.

In dem noblen Wasserschloß fand an jenem 15. November ein Ball statt: Der König *nahm an dem Tanzvergnügen lebhaften Antheil. In der Pause unterhielt sich Allerhöchstderselbe mit verschiedenen Mitgliedern der Gesellschaft in huldvollster, herzgewinnender Weise und kehrte erst kurz vor 12 Uhr nach der Residenz zurück.* Viermal, so hieß es, habe der König die Française getanzt, obwohl er – das Wetter war seit Tagen stürmisch und naßkalt – an Katarrh und Husten litt.

Am Vormittag des darauffolgenden Tages gewährte die Majestät dem Bamberger Büchsenmacher Heinlein Audienz, damit er das von ihm erfundene Hinterladergewehr vorführen könne. Ein wenig spät, wie es scheint, da ja die Preußen mit dem Hinterlader schon in den 66er-Krieg gezogen waren. Nach dieser Waffenschau ritt Ludwig um 13 Uhr auf den Exerzierplatz, wo er die Carrées der angetretenen Bamberger Garnison visi-

Im Stadttheater – hier der Zustand zu Ludwigs Zeit – hörte Ludwig den ›Troubadour‹

tierte. Der Hoftafel mit achtzig Gedecken folgte eine Aufführung des ›Troubadour‹ im überfüllten **Stadttheater.** Als Ludwig II. gegen 22 Uhr in die Residenz zurückkehrte, wollte ihm der Liederkranz noch eine Fackelserenade bringen. Der Regen hinderte die Sänger, ein längeres Programm vorzutragen – nach einem Lied schieden sie durchnäßt vom Hof der Neuen Residenz.

Ein Besuch bei dem schwerkranken Erzbischof und den im Militärkrankenhaus liegenden Soldaten sowie in verschiedenen Fabriken wurde absolviert, ehe eine Familientafel am griechischen Hof sowie ein Hofball mit 180 geladenen Gästen das Besuchsprogramm beendeten. Nach einer Messe im **Dom** reiste König Ludwig II. am 18. November von Bamberg ab.

Königs-Gedenken. Nach der Großmutter König Ludwigs II., der auch die Münchner Theresienwiese ihren Namen verdankt, wurde 1816 ein Englischer Garten benannt, der zwischen linkem und rechtem Regnitzarm auf einer Insel liegt. Hier in diesem Theresienhain errichteten die Bamberger 1910 ein von Fritz Christ entworfenes und vom Nürnberger Bildhauer Philipp Kittler geschaffenes **Ludwig-II.-Denkmal.**

Ludwigs-Denkmal von 1910 im Theresienhain.

Bayreuth

Die Markgräfin. Wilhelmine, die Schwester des Preußenkönigs Friedrich (den man schon zu Lebzeiten ›den Großen‹ nannte), hatte 1731 in das kleine, verschuldete Bayreuth geheiratet. Die Ehe war nicht glücklich, doch die vielfach begabte Markgräfin fand sich Trost – sie schrieb, sie komponierte und sie schmückte ihre Residenzstadt und ihr Land.

Zunächst, von 1736 an, erweiterte und verschönte sie das Alte Schloß sowie den Park der Eremitage; wenige Jahre später entstanden das Markgräfliche Theater und, als einer der ersten Englischen Gärten auf dem Kontinent, der Park von Sanspareil bei der Burg Zwernitz; ihren Einfluß verraten aber auch das Neue (Stadt-)Schloß aus der Zeit um 1753 und der zu ihm gehörende Hofgarten sowie das Schloß Fantaisie in Donndorf, mit dessen Bau 1758 – dem Todesjahr von Wilhelmine – begonnen wurde.

Im Sommer 1810 (und somit 35 Jahre vor der Geburt von Ludwig II.) ging die Hohenzollernzeit zu Ende: Bayreuth wurde bayerisch.

Der kleine Prinz. Das bayerische Königspaar, das zu einem sommerlichen Besuch nach Bayreuth gekommen war, wohnte draußen vor der Stadt, in der Eremitage. Einmal, so wird überliefert, als man beim Mittagsmahl in einem kleinen Kabinett zu ebener Erde saß, beobachtete der etwa siebenjährige Kronprinz Ludwig, wie der wachhabende Soldat abgelöst wurde. Auf die Frage, ob der Mann wohl schon sein Mittagessen erhalten habe, verneinte König Max II. Der Wunsch Ludwigs, dem Posten ein Stück Fleisch in sein Schilderhaus zu bringen, wurde abgelehnt, denn – so meinte Vater Max – ein Soldat auf Wache dürfe nichts annehmen. Aber er könne sich doch ganz leise heranschleichen und dem Mann das Fleisch in die Patronentasche stecken. *Dies,* schreibt Gottfried von Böhm, *wurde unter geeigneter Verständigung des Flügeladjudanten v. d. Tann erlaubt,* worauf dann auch der vierjährige Prinz Otto seinen ganzen Kuchen in die Patronentasche der Schildwache steckte.

Die Regentage von 66. Knapp anderthalb Jahrzehnte später kehrte Ludwig, inzwischen König geworden, nach Bayreuth zurück: In dieser Stadt begann er am 10. November 1866 seine Reise durch die vom Krieg heimgesuchten fränkischen Provinzen.

Zehn Stunden war der Hofzug unterwegs gewesen. Über Landshut, Regensburg und Weiden hatte die alte Maffei-Lokomotive vom Typ ›Crampton‹ den König und seine 119 Begleiter von München in die ehemalige markgräfliche Residenzstadt gebracht.

Bereits am Tag zuvor war ein Teil der Hofhaltung angekommen – 14 Offizianten mit dem Zahlmeister, das Küchenpersonal, zwei Bereiter und 22 Stallbedienstete. Und nun die Majestät. Als der Zug um 18.30 Uhr in den Bahnhof einfuhr, regnete es in Strömen. Ein Dutzend fränkischer Jungfern, gekleidet in den Landesfarben weiß und blau, erwartete den König mit einem Sonett, das Militär grüßte mit 101 Salutschüssen, und durch eine illuminierte Ehrenpforte fuhr Ludwig im offenen Wagen zum **Neuen Schloß,** wo er ohne Hut und Mantel die Huldigung der Bayreuther entgegennahm (und sich wahrscheinlich jene Erkältung zuzog, die ihn auf seiner ganzen Frankenreise plagen sollte).

Während der folgenden Bayreuther Regentage wohnte der König ein Stück außerhalb der Stadt, in der ihm seit den Kindertagen vertrauten **Eremitage,** die für diesen Besuch vorbereitet worden war: Bereits Anfang des Monats war an die Schloßverwaltungen *insbesondere in Nürnberg, Bayreuth, Bamberg, Brückenau, Würzburg und Aschaffenburg der Befehl ergangen, die Appartements in den dortigen Schlössern sofort in den Stand zu setzen.*

Am ersten Tag seines Besuches, am Sonntag, dem 11. November, nahm Ludwig II. an einer Hoftafel mit fünfzig Gästen teil und besuchte abends ein Konzert im »erstmals mit Gasflammen erleuchteten **Markgräflichen Opernhaus.** *Beamte und Militärs,* so hieß es, *waren bei diesem Empfang nicht anwesend, weil Se.Maj. nach Nr. 4 der treffenden Ordnung reisen,* die aber sah keine offiziellen Empfänge und Festlichkeiten vor. Am darauffolgenden Montag, dem letzten seiner Bayreuth-Tage, machte der bayerische König Visite bei Herzog Alexander von Württemberg, der das Schloß Fantaisie bewohnte.

Ludwig II. konnte nicht ahnen, daß sich im Frühjahr 1872 sein Freund Richard Wagner in dem vornehmen Haus einmieten und am dritten Akt der Götterdämmerung arbeiten würde.

Der Grüne Hügel. Am 22. April 1872 war der Komponist von Tribschen aus nach Bayreuth gereist, um hier, einen Monat später, an seinem 59. Geburtstag, mittags um elf – »bei strömendem Regen und verfinstertem

Beim Schmökern im Konversationslexikon kam Richard Wagner 1870 die Idee, Bayreuth als Ort für seine ›Ring‹-Aufführung und im weiteren Verlauf für seine Festspiele zu erwählen: Seit 1875 beherrscht das Festspielhaus auf dem ›Grünen Hügel‹ die Markgrafenstadt.

Himmel« – den Grundstein für das **Festspielhaus** auf dem Grünen Hügel über der Markgrafenstadt zu legen.

König Ludwig, der an diesem Bau so viel Anteil nahm (und der Wagner ja schon 1864 in München ein eigenes Theater hatte errichten wollen) nahm an dem Festakt nicht teil. Von Kochel aus sandte er einen Weihegruß, der in den Stein eingelassen wurde: *Aus tiefstem Grunde der Seele spreche ich Ihnen, teuerster Freund, zu dem für ganz Deutschland so bedeutungsvollen Tage meinen wärmsten und aufrichtigsten Glückwunsch aus. Heil und Segen zu dem großen Unternehmen im nächsten Jahre! Ich bin heute mehr denn je im Geiste mit Ihnen vereint. Ludwig.*

Beim anschließenden Festmahl brachte Wagner einen Toast auf »Bayerns herrlichen König« aus und meinte: Dem Landesfürsten für alle Wohltaten zu danken sei Pflicht derer, die sich unter seiner Regierung eines aufblühenden Wohlstandes erfreuen. Für ihn aber sei der König unendlich viel mehr gewesen als für jeden einzelnen in diesem Lande. Es ginge weit über sein Dasein hinaus und greife in das Gebiet der hohen geistigen Kultur über.

1872 fand die Grundsteinlegung zum Festspielhaus statt. Als Finanznöte die Fertigstellung gefährdeten, sprang Ludwig II. wieder ein: mit einem Kredit von 100000 Talern. Das Modell von 1888 zeigt das 1875 vollendete Festspielhaus mit dem 1881/82 errichteten ›Königsbau‹.

In seiner Bau-Kasse hat Wagner Heil und Segen freilich nicht gespürt – das Geld wurde knapp. Fürst Bismarck, dem der Komponist im Sommer 1873 seine Schrift ›Das Bühnenfestspiel in Bayreuth‹ übersandte, antwortete nicht; das Münchner Hofsekretariat lehnte ein halbes Jahr später die Übernahme einer finanziellen Garantie für Bayreuth ab, und als Wagner im Januar 1874 erwog, den Deutschen Kaiser für seine Spiele zu gewinnen, überzeugte man ihn davon, daß dies aussichtslos sei. So blieb also wieder als Retter in höchster Not König Ludwig II. von Bayern:

Im Frühjahr 1870 hatte Wagner zu Tribschen in einem Konversationslexikon vom Bayreuther Markgrafen-Theater gelesen und dabei den Eindruck gewonnen, daß dies der geeignete Ort und der rechte Rahmen sei, seinen ›Ring‹ aufzuführen. Im April des folgenden Jahres reiste er nach Bayreuth, wo er freilich fand, daß sich das Haus für seine Oper nicht eigne. Da ihm aber der Ort gefiel, nahm er sich vor, hier sein Festspielhaus zu bauen.

Schon einige Wochen zuvor, am 1. März 1871, hatte der Komponist seinem königlichen Gönner geschrieben, daß er endlich wissen wolle, wohin er gehöre und wo er seinen festen Wohnsitz nehme. Nichts, schrieb er, sei sein Besitz, er lebe wie ein Flüchtling in der Welt. ... *Ich muß dort leben, wo ich mir zugleich einen angemessenen Wirkungskreis bereitet wissen kann: dies muß im Herzen Deutschland's sein, und glücklich bin ich, diesen jetzt auserwählten Punkt in Ihrem Königreich inbegriffen gefunden zu haben.*

Bei seinen Besuchen wohnte Ludwig II. in der Neuen Eremitage der Markgräfin Wilhelmine. Die damals fehlende Kuppelbekrönung des Freundschaftstempels (Mitte) störte das Proportionsgefühl des Königs und er ließ 1880 durch Emil Kirchner dieses Projekt ausarbeiten.

Nun aber, zweieinhalb, drei Jahre nach diesem Brief, stand das so hoch begonnene Projekt vor seinem Ende, der Festspielplan drohte zu scheitern...

Doch am 25. Januar 1874 schreibt König Ludwig II. aus München an Richard Wagner: *Nein! Nein und wieder nein! So soll es nicht enden; es muß da geholfen werden! Es darf Unser Plan nicht scheitern!* Und neun Tage später Wagners Antwort an Ludwig II.: *Oh, mein huldvoller König! Blicken Sie nur auf alle deutschen Fürsten, so erkennen Sie, daß nur Sie es sind, auf welchen der deutsche Geist noch hoffend blickt!*

Obwohl König Ludwig eben erst endgültig entschieden hatte, daß im Graswangtal an der Stelle des alten Königshäuschens das Schloß Linderhof entstehen solle, wies er sein Hofsekretariat im Februar 1874 an, mit dem Bayreuther Festspiel-Verwaltungsrat einen Kreditvertrag über 100000 Taler zu schließen. Die Bauleute konnten weiterarbeiten und am 1. August 1875 den Schlußstein setzen: Für den Sommer 1876 konnte Richard Wagner die internationale Musikwelt zu den ersten Festspielen einladen.

Der heimliche Gast. Seit dem 3. Juni 1876 liefen die Proben, und wenige Tage vor dem am 6. August beginnenden dritten ›Ring‹-Durchlauf erzählte man in Bayreuth: Der König werde zu dieser Generalprobe auf den Grünen Hügel kommen, er werde eigens mit seinem Hofzug aus seiner Residenzstadt anreisen!

Und in der Nacht vom 5. zum 6. August 1876, eine Viertelstunde nach Mitternacht, traf der Zug ein; eine Strecke, für die der schnelle Courierzug dazumal sieben Stunden brauchte, hatte der Extrazug des Königs in viereinviertel Stunden zurückgelegt. Die Bayreuther haben davon freilich nichts gesehen. Sie hatten ihre Stadt umsonst beflaggt. Der Hofzug fuhr nämlich nicht zum Bahnhof, sondern hielt ein gut Stück außerhalb der Stadt bei der Bahnwärterbude Nr. 61, nahe jenem berühmten Wirtshaus, zu dem der schreibbesessene Jean Paul tagtäglich gepilgert war, um bei der Dorothea Rollwenzel zu arbeiten, zu essen und das geliebte Bier zu trinken.

Ein Mitarbeiter des ›Börsen Courier‹ war der einzige unbeteiligte Zeuge jener Nacht, und er berichtete: *Man hatte in aller Eile noch ein Stück Weg über das Feld herrichten müssen, damit die Equipage des Königs auf dem kürzesten Wege passiren könne. Eine Strecke vom Eisenbahngeleise hielt eine königliche Equipage, deren Kutscher die blaue königliche Livree trug, vor ihr ein Diener in derselben Livree zu Pferde, der ein Windlicht trug, um den dunklen Weg zu erleuchten. Richard Wagner war schon vor Mitternacht in seiner Equipage herausgekommen und ging in weißer Weste und schwarzem Frack, über den er einen hellen Sommerüberzieher gezogen hatte, von seinem befrackten Diener Georg gefolgt, wartend auf und nieder. Vom Geleise bis zum Wagen hatte man einen Teppichläufer gelegt – das war die einzige Veranstaltung zum Empfang des Königs. Es war eine herrliche Sommernacht, die Nacht vom Sonnabend zum Sonntag; so eine recht stille feierliche Nacht. Der Mond schien hell, nur hier und da von rasch ziehenden zackigen Wolken für einen Augenblick verhüllt. So wurde uns das Warten nicht schwer. Es dauerte nicht lange, denn Punkt ¼1 Uhr gaben die Bahnbediensteten die üblichen Hornsignale, einige Secunden und der Zug, aus einem Gepäckwagen, einem Waggon für die Diener und drei königlichen Salonwagen bestehend, hielt an der ›Wärterbude 61‹. Ein Kammerherr sprang heraus, öffnete entblößten Hauptes dem Könige die Wagenthüre und, während die wenigen Anwesenden ebenfalls die Hüte abnahmen, trat der König, die kräftig-volle und doch elastische Gestalt, in einen einfachen schwarzen Anzug gekleidet, zur Waggonthüre heraus, ebenfalls seinen Cylinderhut zum Gruße abnehmend. Es wurde kein Wort gesprochen, kein Hochruf erklang, kein Hurrah der wenigen Umstehenden. Zu den, trotz ihrer Gesundheit, eigenthümlich melancholisch-stillen Zügen hätte solch ein Empfang auch wenig gepaßt.*

Er hatte Wagner wohl anfänglich nicht bemerkt. Der hochstämmige König sah über die kleine Gestalt des Meisters hinweg. Dann, als Wagner an den Wagenschlag trat und seinem königlichen Freunde, Thränen der Rührung im Auge, die Hand entgegenstreckte, drückte der König sie, ohne ein Wort zu spre-

1876 wurde das Festspielhaus mit der Uraufführung der ›Ring‹-Tetralogie eröffnet (im Bild: Rheingold). Der König besuchte die Generalprobe sowie die vierte Aufführung – und entging damit dem Zusammentreffen mit seinem Onkel, dem Deutschen Kaiser Wilhelm I., und den anderen wenig geliebten preußischen Verwandten.

chen. Dann stieg der König in den harrenden Wagen ein, Wagner mit ihm, der Reitknecht mit dem Windlicht sprengte voran, die Equipage mit dem König und Wagner rasselte fort, der nahen Eremitage entgegen. Bei dem ganzen Empfange war kein Laut gesprochen, kein Wort gewechselt worden.

Bis drei Uhr morgens dauerte das Gespräch, das die beiden Männer, die sich seit acht Jahren nicht mehr gesehen hatten, in dieser Nacht führten. Für 19 Uhr war die Rheingold-Probe angesetzt, doch um 17.30 Uhr wurde der Meister ins königliche Quartier befohlen, damit er Ludwigs Wagen auf unwegsamen Seitenpfaden zum Festspielhaus lotse. Zum Hintereingang. Denn die Majestät wollte keine Menschen sehen.

»Sofort nach Eintritt des Königs in die Fürstenloge begann die Generalprobe des ›Rheingold‹«, schrieb das ›Musikalische Wochenblatt‹, und fuhr fort: *Die Ausführung sowohl des musikalischen als des scenischen Teils war eine überaus glänzende und wohlgelungene. Während der Probe, die bis ½10 Uhr währte, begann in der Stadt die Illumination... In allen Straßen herrschte fast Tageshelle, und in gehobener Stimmung, aber in größter Ordnung wogte durch dieselben eine dichtgedrängte Menge, die Rückfahrt des Königs vom Theater erwartend. Um 10 Uhr kamen seine Majestät vom Theater herab und fuhren in dem zur Auffahrt benutzten Coupé durch die Jägerstraße, Opernstraße, den Markt entlang, um über Schloßplatz, Ludwigstraße und Rennweg nach Schloß Eremitage zurückzukehren. Wo der Wagen Seiner Majestät sich zeigte, erschollen begeisterte Hochrufe aus der Menge, deren Zahl ich auf mindestens 8000 schätze, darunter gering gerechnet 2000 Fremde.*

Drei Tage später, nach der ›Siegfried‹-Probe, versteckten sich einige Künstler in einem Boskett der Eremitage. Als der König nach der Rückkehr vom Grünen Hügel im mondbeschienenen Park spazierenging, brachten sie ihm ein Ständchen. Am darauffolgenden Tag, nach Beendigung der ›Götterdämmerung‹, bestieg Ludwig II. seinen Zug und fuhr nach Hohenschwangau.

Als die Festspiele und ihr Haus am 13. August mit ›Rheingold‹ eröffnet wurden, war der König von Bayern nicht unter den Premierengästen, wohl aber, neben mancherlei anderen Fürstlichkeiten, der Deutsche Kaiser. Der aber war längst schon wieder abgereist, als Ludwig II. zum dritten und letzten ›Ring‹-Zyklus der ersten Festspiele kam: Am 26. August, um 18 Uhr, war er mit größerem Gefolge von seinem Schloß in Berg abgereist, und wieder stieg er tief in der Nacht – von Wagner erwartet – bei der Rollwenzelei aus dem Hofzug. Bei der ›Siegfried‹-Aufführung am 29. August war der Zuschauerraum be-

Mit äußerster Anspannung und heftig gestikulierend verfolgte Wagner von einem eigenen Tischchen aus die Anfang August 1875 einsetzenden Bühnenproben unter Hans Richter: Adolph von Menzel hat den Meister dabei beobachtet und festgehalten.

reits verdunkelt, das Vorspiel hatte begonnen, als der Bayreuther Bankier und Gemeinderats-Vorsitzende Friedrich Feustel Ovationen auf den König ausbrachte. Dieser Beifall, in den die Festspielgäste einstimmten, hat sich nach dem Schluß der ›Götterdämmerung‹ verstärkt wiederholt.

Die Veranstaltung war ein großer künstlerischer Erfolg, in den Kassabüchern aber standen rote Zahlen – 148000 Mark betrug das Defizit zuletzt. Wieder war es der König von Bayern, der in den folgenden Jahren dazu beitrug, Wagners Bayreuther Werk zu retten. Der im Frühjahr 1882 fertiggestellte Vorbau zum Festspielhaus – von seinem Balkon aus wird jeweils der Eröffnungs- und der Pausenruf geblasen – erhielt zu Recht den Namen **Königsbau.**

Die zweiten Festspiele auf dem Grünen Hügel, die in jenem Jahr 1882 stattfanden, hat Ludwig II. trotz der drängenden Einladung Richard Wagners nicht besucht.

Wo sein Wähnen Frieden fand. In aller Stille war Wagner im Dezember 1865 von München abgereist. Einige Monate später schrieb er an den Dirigenten Hans von Bülow: *Ich wünschte, der König gäbe mir einen Pavillon des Bayreuther Schlosses zum Ruhesitz: Nürnberg in der Nähe – Deutschland um mich herum.*

Das Geschenk hat er nicht erhalten, doch der König gab ihm Geld, damit er sich in der markgräflichen Residenzstadt seinen eigenen ›Pavillon‹ schaffen konnte: ein großbürgerliches Haus, das er in den frühen siebziger Jahren baute und das er **Villa Wahnfried** nannte.

Schon bei seinem ersten Besuch im April 1871, als er das Markgräfliche Theater besichtigte und nach einem Platz für seinen Festspielbau suchte, nahm er das Grundstück am Rennweg (der heutigen Richard-Wagner-Straße) für sein künftiges Wohnhaus »in Wunsch«. Der König in München stiftete 12000 Gulden, die Arbeit konnte beginnen, und am 28. April 1874, einen Monat vor seinem 61. Geburtstag, ist der Maestro eingezogen.

Er wollte das Haus (für das ihm Ludwig 25000 Taler gegeben hatte) ›Zum letzten Glück‹ nennen, er hat es auch sein ›Ärgersheim‹ genannt, doch zuletzt ließ er über den Eingang meißeln: *Hier wo mein Wähnen Frieden fand – Wahnfried sei dies Haus von mir benannt.*

Der König hat den Bau gefördert, doch als ihn der Hausherr 1876 während der Festspiele zu einer Soiree einlud, ließ Ludwig II. absagen.

Es wäre ihm ein unerträglicher Gedanken gewesen, so erfuhr man später, einen Abend ›unter lauter Leuten mit langen Haaren‹ zu verbringen.

Da er die Villa also nicht betrat, ist es ein treffendes Symbol, daß der König auch heute *vor* dem Hause Wahnfried steht, in einem Rosenrondell, auf einem Sockel. Das Gesicht dieser von Caspar Zumbusch geschaffenen Porträtbüste ist vom Hause abgewandt.

In einem kleinen Hain auf der Gartenseite des Hauses befinden sich die efeuumrankten Grabstätten von Richard und Cosima Wagner.

Nahebei hat man den Hund des Meisters begraben: *Hier ruht und wacht Wagners Russ.*

Einige Schritte weiter steht das kleine Tor, das von Wagners Garten in den Bayreuther Hofgarten führt – König Ludwig II. ließ dieses **Portal** errichten und schenkte es seinem Freund zum 61. Geburtstag.

Das Museum. Im Jahre 1945 wurde ein Drittel der Villa Wahnfried durch Bomben zerstört.

Auf den Tag genau neunundneunzig Jahre nach dem Einzug, am 24. April 1973, verkaufte die Familie Wagner das Haus an die Stadt Bayreuth, die es wieder aufbauen ließ und in ihm am 24. Juli 1976, zur Hundertjahrfeier der Festspiele, ein **Richard-Wagner-Museum** eröffnete.

Ständig präsent war der königliche Mäzen im Hause Richard Wagners durch sein Porträt im großen Saal: Hier ein Empfang anläßlich der zweiten Festspiele 1882, an denen Ludwig allerdings nicht teilnahm. Unter den Dargestellten (von links): Franz von Lenbach, Cosima Wagner mit Siegfried, Amalie Materna; dahinter Emil Scaria, Franz Fischer, Richard Wagner, Fritz Brandt und Hermann Levi. Am Flügel Franz Liszt, anschließend Hans Richter, Franz Betz, Albert Niemann, davor Gräfin Usedom, Gräfin Marie von Schleinitz und Paul von Joukowsky (Richter, Betz und Niewann wirkten freilich 1882 nicht mit).

Auch bei der Errichtung seines Wohnsitzes konnte Wagner auf die Hilfe des Freundes bauen: 12 000 Gulden schenkte der König zum Grundstückserwerb, 25 000 Taler zum Bau des Hauses Wahnfried. Seit 1976 ist darin das Richard-Wagner-Museum untergebracht. Vor dem Hause (früher an der Rückseite) die Büste Ludwigs von Caspar Clemens Zumbusch (1875).

In einigen Etagen und vielen Abteilungen geben die Exponate ein Bild von Wagners Leben und Werk. Einen bedeutsamen Platz in dieser Biographie nahm von 1864 an König Ludwig II. von Bayern ein. Bereits im ersten Raum, der Halle, wird ihm die Reverenz erwiesen. Den Fries unter der Galerie schmükken *Kopien* jener Fresken, die Michael Echter für den Nibelungengang der Residenz (Seite 132) geschaffen hat und die im Krieg zerstört wurden.

Neben dem Grünen, Grauen, Gelben und Olivgoldenen Raum gibt es in diesem Museum (das in seinem Kellertresor die *Originalpartituren* von ›Parsifal‹, ›Lohengrin‹, ›Fliegendem Holländer‹, ›Tristan und Isolde‹, ›Siegfried‹ und der ›Götterdämmerung‹ verwahrt) auch ein Ludwig II. gewidmetes **Blaues Königszimmer.** In ihm hängt auch jenes *Porträt,* das Friedrich Dürck 1864 gemalt und das der König Wagner zu seinem 51. Geburtstag am 22. Mai 1864 geschenkt hat. Die Augen Ludwigs II. haben übrigens einen amerikanischen Soldaten 1945 so sehr irritiert, daß er sie mit einem Messer durchstach.

Außerdem ist in dem Raum auch ein Abguß von Zumbuschs *Ludwig-Büste* aufgestellt. Gezeigt werden unter anderem aber auch ein *Bild* des 15jährigen Kronprinzen Ludwig (der in diesem Alter seine erste ›Lohengrin‹-Aufführung erlebte), ein *Dankbrief* Wagners an den König, das goldbronzierte *Hohlgußmodell* von Schloß Hohenschwangau, das Wagner von Ludwig geschenkt worden war, der *Theaterzettel* zu der vom König veranlaßten Uraufführung des ›Tristan‹, *Bilder* von Wagners Haus in der Münchner Brienner Straße (das Ludwig II. dem Komponisten überlassen hatte) und das Haus Pellet am Starnberger See (das Ludwig II. für den Komponisten gemietet hatte). Schließlich wird hier auch noch ein Abguß der *Totenmaske* des großen Gönners aufbewahrt.

Von der Bedeutung des Monarchen zeugen aber in den Räumen des Museums noch

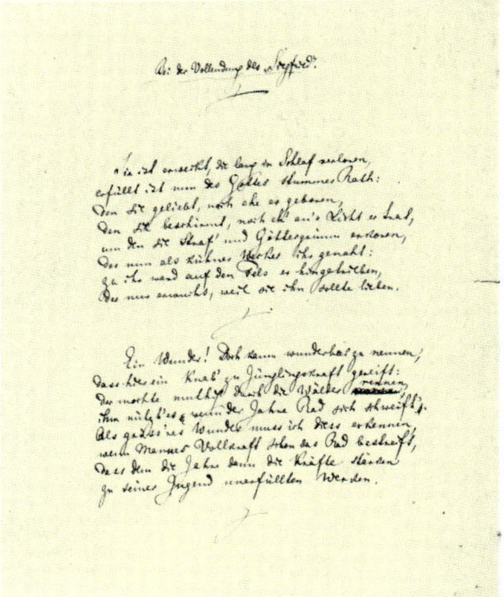

Bei der Vollendung des Siegfried.

Unter den Exponaten des Museums finden sich zahlreiche Erinnerungen und Geschenke von und an Ludwig II.: Hier das Widmungsgedicht, mit dem Wagner die 1871 vollendete Partitur des ›Siegfried‹ dem König geschenkt hat.

Dem Andenken an den großen Förderer Richard Wagners ist im Museum der ›Blaue Raum‹ gewidmet. Im Vordergrund das Modell von Hohenschwangau (siehe auch Bild gegenüber); vor dem Spiegel ein Abguß der Marmorbüste Ludwigs II. von Zumbusch von 1864, die sich im Ludwig-II.-Museum auf Herrenchiemsee befindet; in der Mitte der König in Generalsuniform, ein Gemälde von F. Dürck, das Ludwig Richard Wagner zu dessen 51. Geburtstag am 22. Mai 1864 im Hause Pellet am Starnberger See geschenkt hat.

viele Ausstellungsstücke und Dokumente: sie sind ein Beweis dafür, wie Ludwig II. über nahezu zwei Jahrzehnte, von 1864 bis 1883, für diesen Künstler eingetreten ist. Zu Recht konnte er nach Wagners Tod sagen: *Den Künstler, um welchen jetzt die ganze Welt trauert, habe ich zuerst erkannt und der Welt gerettet.*

Bild rechts: *In der Eingangshalle von Haus Wahnfried stehen auch sechs Kopien jener Operngestalten Richard Wagners, die Zumbusch für das Arbeitszimmer des Königs in Schloß Berg (S. 54) 1865–67 geschaffen hat (nur der erst nachträglich modellierte Parsifal von 1882 fehlt in Bayreuth). Lohengrin war jene Sagenfigur, die auf Ludwig von frühester Kindheit an eingewirkt und ihn für Wagners Opernwelt so empfänglich gemacht hat: Auf Hohenschwangau war der Schwanenritter im Speisesaal dargestellt; der erste Opernbesuch Ludwigs am 2. Februar 1861 galt dem ›Lohengrin‹, und die Statuette des Lohengrin war wieder die erste jenes Zyklus, den Ludwig am 13. August 1865 Zumbusch in Auftrag gegeben hat. Die Figur wurde in eben jenen Tagen fertig, da der Flügeladjutant Paul von Thurn und Taxis auf dem Alpsee den Lohengrin mimte (S. 28). Die Replik in Bayreuth ist ein Geschenk des Königs aus dem Jahre 1868.*

Bild unten: *Ein Geschenk des Königs ist auch das Hohlgußmodell von Hohenschwangau, das den Meister an glückliche gemeinsame Tage auf dem Schloß erinnerte: an den Besuch zum 19. Geburtstag des Königs 1864 oder im November 1865, da Wagner den Morgengruß aus ›Lohengrin‹ von den Türmen blasen ließ.*

Berchtesgaden

Ein Vaterhaus. Seit die Fürstpropstei Berchtesgaden 1809 an Bayern gefallen war, sind die Wittelsbacher gerne hierhergekommen. König Max I. Joseph brachte gelegentlich auch seine ausländische Verwandtschaft mit, König Ludwig I. gab 1840 die Anregung zum Bau der Königsallee, und König Max II. ging von hier aus gerne zur Jagd oder ließ sich von seinen gelehrten Freunden gelehrte Sachen erzählen: Leopold von Ranke zum Beispiel, den er so gerne an seiner Münchner Universität gehabt hätte, hielt ihm hier zwischen dem 20. September und Mitte Oktober 1854 neunzehn Vorträge ›Über die Epochen der neueren Geschichte‹. Die Familie hatte sich zwar das ehemalige Kloster als Schloß eingerichtet, doch Max II. wollte sein eigenes Haus. So kaufte er sich im Südwesten der Stadt, beim heutigen Luitpoldpark, ein Grundstück, auf dem er zwischen 1850 und 1853 durch den Architekten Ludwig Lange die **Königliche Villa** bauen ließ. An den Erkern des Haupttraktes kann man das Bauherren- und Königspaar heute noch in Medaillons dargestellt finden: dem Genius loci entsprechend in Tracht und Stopselhut.

Die gemiedene Residenz. König Ludwig ist stets zu Stätten zurückgekehrt, an denen schon sein Vater gelebt hatte. Hohenschwangau und Neuschwanstein, Linderhof und

»Das Ländlichsittliche zum Fürstlichen zu erheben« war die Absicht von Maximilian II. und seinem Architekten Ludwig Lange beim Bau der ›Königlichen Villa‹ in Berchtesgaden. Zwischen 1853 und 1863 war der junge Ludwig II. hier regelmäßig zu Sommeraufenthalten, …

Berg, selbst Nürnberg, Würzburg und Bayreuth: fast immer residierte und reiste die Majestät im Schatten ihres Vaters.

Doch Berchtesgaden ist die Ausnahme. Diesen Ort hat er in seiner Regierungszeit in auffallender Weise gemieden. Welches Geheimnis ist dahinter verborgen? Im Sommer 1867 gab es zwar kurzfristige Überlegungen, Napoleon III. bei der Rückfahrt vom Salzburger Kaisertreffen ins Schloß Berchtesgaden oder in ein Zelt am Königssee einzuladen und durch ein Diner zu ehren. Der Plan scheiterte, das Kaiserpaar reiste ohne Aufenthalt nach Frankreich zurück.

Die Frage, warum Ludwig II. in das mitten in seiner geliebten Bergwelt gelegene Berchtesgaden nicht mehr gekommen ist, hat man oft gestellt. Einmal, als kleines Kind, so heißt es, sei er spät abends bei Vollmond ohne Erlaubnis in den nahegelegenen Friedhof gegangen. Der Vater habe ihn deswegen so streng bestraft, daß ihm der Ort für alle Zeiten verleidet gewesen sei – als ein Ort tiefer Erniedrigung. Gottfried von Böhm, der bedeutendste der Königsbiographen, erzählt eine andere Geschichte: Im Sommer 1857 mißachtete der neunjährige Otto das Erstgeburtsrecht seines zwölfjährigen Bruders, er versagte ihm den Gehorsam. *Daraufhin band Ludwig ihn an Händen und Füßen, steckte*

... aber als König mied er den Rupertiwinkel geflissentlich. Hier (in einer Aquatinta-Ansicht von Beda Weinmann) Berchtesgaden mit dem Watzmann zur Jugendzeit Ludwigs II.: Die Stiftskirche verlor 1845 durch Blitz ihren Spitzhelm und erhielt erst 1864–66 ihre heutige Zweiturmfassade.

ihm einen Knebel in den Mund und wollte ihn ›hinrichten‹. Glücklicherweise kam ein Hofbeamter dazu; der Vater verhängte über den Kronprinzen eine so strenge Strafe, daß diesem der Aufenthalt in Berchtesgaden für immer verleidet wurde.

Die Berchtesgadener halten von diesen Geschichten offensichtlich nicht viel, denn 1911 setzten sie dem Wittelsbacher in der Vorhalle der Stiftskirche einen **Gedenkstein** mit der Inschrift: *Zum Gedenken / an Ludwig II. / König von / Bayern 1864-1886 / der in Berchtesgaden glückliche / Tage der Jugend / verlebte / Errichtet / im Jahre 1911.*
Die Tafel wurde leider bei der Renovierung der Stiftskirche 1964-66 abgenommen und im Schloß reponiert.

... und gut ein Jahr später legte er in Berchtesgaden den Eid auf die Verfassung ab.

In Sankt Bartholomä wurde 1862 der siebzehnjährige Ludwig in den Hubertusritterorden aufgenommen ...

Der festlichste Tag, den der junge Kronprinz in Berchtesgaden erlebt hat, dürfte der 25. August 1862 gewesen sein. An diesem Tage – Ludwig wurde 17 Jahre alt – erhielt er in Gegenwart der königlichen Familie in der Kirche von Sankt Bartholomä am Königssee den Hausritterorden des Heiligen Hubertus. Und im Jahr darauf legte er am 20. September den Eid auf die Bayerische Verfassung in Berchtesgaden ab.

Die im Maximiliansstil errichtete Königliche Villa, in der die beiden kleinen Prinzen bescheidene Zimmer hatten, war in den zwanziger Jahren eine Mittelschule, später ein Ausstellungsraum und seit 1927 mit Unterbrechungen Café und Hotel.

Berg

Der Flottenstützpunkt. Hans Friedrich Freiherr von Hörwarth hatte den Bauplatz gut gewählt: *Das Schloß ist frisch und ziemlich hoch gebaut und genießt die herrlichste Aussicht nach dem ganzen westlichen Ufer des Sees: eine Aussicht, um die man anderswo gerne Millionen bezahlen würde, wenn es möglich wäre, sie dahin zu versetzen. Auch weht hier vom Gebirge und dem See fast beständig eine kühle und gesündeste Luft, und die Einwohner, welche in Hütten umher wohnen, erreichen meist ein hohes, und nicht selten ein ganz ungewöhnliches Alter.*

Als Lorenz Westenrieder dies im Jahre 1784 in seinem Würmsee-Buch schrieb, war Hans Friedrich Hörwarth schon lange tot: 1640 hatte er das Schloß zu Berg am Ostufer des Starnberger Sees gebaut; auf einem Grund, der einmal der reichen Münchner Patrizierfamilie Ligsalz gehört hatte. Im Oktober 1676 verkaufte die Familie Hörwarth den Besitz für 30000 Gulden an den Kurfürsten Ferdinand Maria, und seither ist Schloß Berg wittelsbachischer Besitz.

Seine Glanzzeit erlebte dieses ehemalige Herrenhaus in den Max-Emanuel- und den Karl-Albrecht-Jahren, als Berg der Schauplatz barocker Feste und höfischer Jagden war. Auf Bildern des frühen 18. Jahrhunderts ist noch heute zu sehen, wie sich die kurfürstlich bairische Lustflotte mit dem venezianisch inspirierten Flaggschiff ›Bucentaur‹ vor Berg versammelt oder wie die Hirsche bei Schloß Berg rudelweise ins Wasser getrieben und gejagt werden.

Schloß Berg am Starnberger See: Die neugotische Lieblingsresidenz erweiterte König Ludwig II. mit einem Eingangsturm, den er ›Isolde‹ nannte, …

Die wittelsbachischen Herren von Berg – König Ludwig II. reiste gelegentlich sogar als ›Graf von Berg‹ – haben mancherlei Veränderungen an ihrem Besitz zu Berg vorgenommen. Max Emanuel zum Beispiel legte 1686 einen Tiergarten an, in späteren Epochen wurde der Schloßpark den Moden der Zeit entsprechend verändert, doch der große Umbau erfolgte erst unter König Max II. Er kaufte Grund hinzu und ließ das **Schloß** zwischen 1849 und 1851 durch seinen späteren Hofbauinspektor Eduard Riedel im neugotischen ›Maximiliansstil‹ umbauen; mit seinen niederen Zinnen und den vier Ecktürmen, denen Ludwig II. in seiner Regierungszeit noch einen fünften, höheren Nordturm ›Isolde‹ hinzufügte, erhielt diese kleine Residenz ihr neues Aussehen.

Der Nachbar im Hause Pellet. Am 16. April 1864, fünf Wochen nach dem Tod seines Vaters, kam Ludwig II. erstmals als König und Schloßherr an den Starnberger See. Schon wenig später mietete er in der Nachbarschaft, zu Kempfenhausen, für seinen Freund Richard Wagner (dem er eben eine jährliche Zuwendung von 4000 Gulden zugesichert hatte) das Landhaus des Gastwirts Pellet.

Vom 14. Mai bis 27. September 1864 wohnte der Komponist so in der Nähe seines Gönners, den er – wenn er nicht gerade verreist war – fast täglich besuchte. Oft zusammen mit Hans von Bülow und Karl Klindworth, die dem König (der ja während der Hoftrauer keine Konzerte besuchen durfte) Wagner-Werke vorspielten.

Am 22. Mai, dem 51. Geburtstag des Meisters, machte die Majestät eine Gegenvisite und überreichte dabei ihr für diesen Anlaß von Dürck gemaltes Porträt, das sich heute in Bayreuth befindet. Und während Ludwig in Briefen schwärmt: *Alles was Sie schaffen, ist mir so nah, so innig verwandt, geht mir so zu Herzen, daß es für mich ein geradezu paradiesischer Genuß ist,* empfängt der Komponist im Hause Pellet Logierbesuch: Cosima von Bülow, seine Geliebte (was der König

... während er das kleine Dampfschiff ›Maximilian‹, das er ebenfalls von seinem Vater, König Max II., übernommen hatte, auf den Namen ›Tristan‹ taufte: beredter Ausdruck seiner Schwärmerei für Richard Wagner und die germanische und altfranzösische Sagenwelt.

nicht weiß) und spätere Frau (was der König nicht ahnt).

Alljährlich im Frühjahr – und zwar jeweils am 11. Mai, wie die erhaltenen Unterlagen nahelegen – übersiedelte der König mit seinem Hofstaat nach Schloß Berg. Bei einem dieser Umzüge, im Mai 1876, erfuhr der Kabinettssekretär Johann August von Eisenhart, daß er seine Vertrauensstellung verloren hatte – sein Gepäck wurde nicht in den für Berg bestimmten Hofwagen eingeladen, er war nicht mehr eingeplant.

»Doppelt gibt, wer schnell gibt.« Wie hartnäckig der König auf die Einhaltung seines Zeitplanes bestand, zeigte sich am 11. Mai 1866, als er mit großem Gepäck nach Berg übersiedelte, obwohl am selben Tag zu München die Mobilmachung bekanntgegeben wurde. Und dort residierte er auch, als im Juni der Krieg ausbrach. Am 3. Juli, dem Tag von Königgrätz, notierte sich der preußenfreundliche Graf Hohenlohe, der schon wenige Monate später Vorsitzender des kgl. bayer. Ministerrates werden sollte, in sein Tagebuch: *Der König ist wieder in Berg. Die ›Bayerische Zeitung‹ verkündet, zur Verbindung mit den Ministern werde jetzt ein Telegraph errichtet zwischen Berg und München.*

Auch vier Jahre später, zu Beginn des Siebziger-Krieges, hielt sich Ludwig II. in dieser sommerlichen Residenz auf:

Der König war mit Stallmeister Hornig ins Gebirge geritten, kehrte aber auf dringendes Ansuchen seiner Ratgeber (und sehr ungern) am 15. Juli, um 20 Uhr, an den Starnberger See zurück. Um 23 Uhr empfing er den Kabinettssekretär Eisenhart im Balkonzimmer des zweiten Stockes zum Vortrag. Um 4 Uhr morgens war die Besprechung beendet und die Mobilmachung gegen Frankreich endgültig beschlossen. Zwei Stunden später kam Ministerialsekretär Graf Berchem und überbrachte den Antrag des Ministerrates auf Mobilmachung. Der König, bereits wach, lag im blauen Himmelbett, als Eisenhart mit dieser Nachricht das Schlafzimmer der Majestät betrat. Mit den Worten *Bis dat qui cito dat. Entwerfen Sie sofort den Mobilmachungsbefehl!* hat Ludwig II. die Entscheidung getroffen und bereits eine halbe Stunde später – »Doppelt gibt, wer schnell gibt« – war der Befehl unterzeichnet.

Für den Nachmittag des 16. Juli wurden der Ministerratsvorsitzende von Bray-Steinburg und Kriegsminister von Pranckh zur Audienz nach Berg geladen. Auf Pranckhs dringende Bitte, der Monarch möge in seine Hauptstadt reisen, antwortete Ludwig nur knapp: *Das tue ich nicht!*

Doch während die beiden Minister noch bei einer Brotzeit saßen, hörten sie den Wagen des Königs abfahren. *Kaum war Pranckh in die Residenz zurückgekehrt,* schreibt Gottfried von Böhm, *als sich ein Lakai bei ihm melden ließ, um ihm in Allerhöchstem Auftrag ›einen guten Abend‹ zu wünschen.*

Einladung ins Schloß. Wie es dazumal in Schloß Berg aussah, hat der badische Gesandte Robert von Mohl aufgeschrieben. Er war im Oktober 1871 zur Abschiedsaudienz an den Starnberger See beschieden worden: *...das Schloß war klein, eng und außeror-*

dentlich einfach, namentlich auch das Zimmer des Königs selbst, während seine Zimmer in der Münchener Residenz von übertriebener Pracht strotzten. Sehr wunderlich war die ganze Einrichtung des Personals. Ich wußte wohl, daß der König in Berg ganz allein im Schlosse wohne, einige wenige Diener abgerechnet, daß er keinen höheren Hofbeamten bei sich habe, nur einen Adjutanten, der aber in einem Nebengebäude wohne, und den er oft wochenlang gar nicht sehe, und den Kabinettssekretär, ebenfalls in einem Nebenhause. Doch überraschte es mich, zu finden, daß das Schloß so gänzlich unbewacht und ohne alle Ordnung und Aufsicht war. Ein Gendarm hielt sich am Eingang in den Schloßhof auf: es war aber nirgends ein Portier oder sonst ein Diener. Kein Mensch hatte einen Befehl in Beziehung auf meine Audienz; ich wußte nicht, wie ich zum König gelangen sollte. Ich suchte den Adjutanten auf, der keinen Befehl hatte, mich einzuführen und sich deshalb weigerte, mich zu melden. Endlich entschloß er sich doch, mich wenigstens in das Schloß hinüber zu führen. Hier trafen wir zum Erstaunen des Adjutanten zwei Minister, welche in einem heillos kalten Wartezimmer froren und einer Audienz harrten... Nach einiger Zeit wurde ich gerufen. Der Adjutant geleitete mich zur Treppe; weiter dürfe er nicht gehen, da er nicht befohlen sei. So kam ich dann im oberen Stock in ein kleines Vorzimmer, in welchem mir ein gewöhnlicher Lakai eine Thür öffnete, und ich stand vor dem König in seinem Arbeitszimmer.

Bengalische Beleuchtung von Schloß und Park Berg sowie Feuerwerk über dem Starnberger See beim Besuch der Zarin Maria Alexandrowna von Rußland am 26. September 1868.

Das Feuerwerk. Maria Alexandrowna, die (aus Hessen stammende) Zarin aller Reußen, mag das einige Jahre zuvor sehr viel anders gesehen und erlebt haben.

Im Sommer 1868 hatte die Zarenfamilie wieder in Kissingen gekurt und wie schon vier Jahre zuvor hatte der König von Bayern seine Aufwartung gemacht und bei der Gelegenheit der Zarin, die anschließend eine Traubenkur in Como machen wollte, eine Einladung nach Schloß Berg überbracht.

Am 26. September kam die Zarin mit ihrem Gefolge am Bahnhof von Pasing an, wo die bayerische Majestät sie erwartete und nach Starnberg geleitete. Während etwa zwei Dutzend Damen und Herren der kaiserlichen Begleitung im Starnberger Gasthof ›Am See‹ einquartiert wurden, fuhr der König mit Maria Alexandrowna und fünf Personen ihres Hofstaates auf dem Dampfer ›Tristan‹ nach Schloß Berg, das der Kaiserin während ihres kurzen Aufenthaltes überlassen wurde, während Ludwig II. in einem Nebengebäude wohnte. Nach einem Essen auf der Roseninsel – es sei das poetischste Diner ihres Lebens gewesen, soll die Zarin gesagt haben – fuhren Ludwig und seine Gäste im Kielwasser eines Dampfers, auf dem eine bayerische Regimentsmusik spielte, auf dem ›Tristan‹ zurück nach Berg. Die Herrschaften näherten sich gerade dem Schlosse, als ein Kanonenschuß abgefeuert wurde. Er war das Zeichen, auf das hin der Park in buntfarbiger bengalischer Beleuchtung erstrahlte.

Der ›Tristan‹ lief währenddessen langsam in den kleinen Hafen ein, den König Max II. im Jahre 1853 hatte anlegen lassen. Die Majestäten begaben sich ins Schloß, und als sie bald darauf den Balkon betraten, begann ein Feuerwerk, das sogar in die Literatur eingegangen ist. In seiner 1925 erschienenen ›Chronik von Flechting‹ schrieb der aus Berg

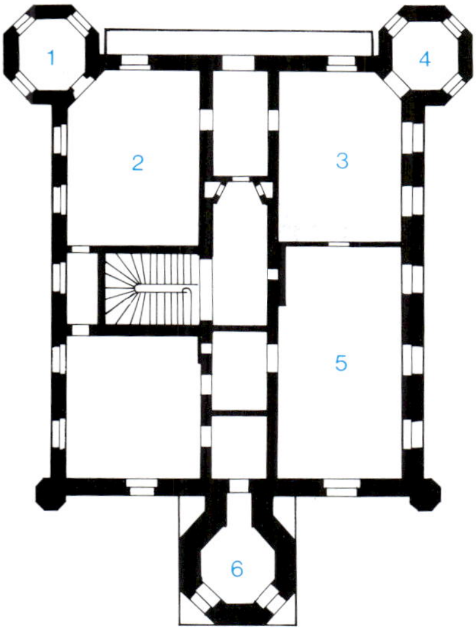

Die einstige Wohnung Ludwigs im 2. Obergeschoß: 1 Erkerzimmer, 2 Schlafzimmer, 3 Arbeitszimmer, 4 Erkerzimmer, 5 Speisezimmer und 6 Eingangsturm ›Isolde‹.

stammende Oskar Maria Graf, daß schon eine Woche vorher das Dorf voller Geschäftigkeit war, daß die Schulkinder Verschen lernten, daß der Hierlinger Daxen fahren durfte, mit denen das Dorf geschmückt werden sollte – und alle sprachen von einem Seefest, von einem gigantischen Feuerwerk auf dem See und einem Prunkfloß, von dem aus die Majestäten dem Fischerstechen zuschauen würden.

Das Seefest kam. Es war ungeheuerlich. Der ganze See war ein einziges Feuerfeld. Wie eine Märcheninsel strahlte das königliche Floß inmitten von gewiß fünfhundert flink herumirrenden, blinkenden, blumengezierten Booten. Die ganze Nacht spielten abwechselnd die besten Kapellen Partien aus Wagner-Opern und dann wieder wunderbare italienische Gondoliere-Lieder. Glänzend verlief das Fischerstechen, der Dennerdollinger-Knecht bekam vom König persönlich einen silbernen Becher…

So war das Fest in Flechting (so heißt Berg in Grafs Roman) in Erinnerung geblieben (und in der Erinnerung vielleicht ein wenig verfälscht worden).

Auf der anderen Seeseite, drüben in Possenhofen, wird man dieses glanzvolle Spektakel auch beobachtet haben.

Dort war ebenfalls eine festliche Gesellschaft versammelt, denn am 28. September – dem Tag, an dem Maria Alexandrowna wieder abreiste – heiratete die Herzogin Sophie ihren französischen Prinzen; ein Jahr zuvor war sie noch die Braut König Ludwigs II. gewesen…

Die schlichte Residenz. Als die Zarin Berg verlassen hatte, wurde der Hofphotograph Joseph Albert geholt, damit er die Zimmer im Bilde festhielt, wie sie für Maria Alexandrowna hergerichtet waren. Anschließend wurden sie wieder so restauriert, wie sie vorher gewesen waren – schlicht, behaglich, anspruchslos.

Im Gegensatz zu den Schlössern, die er sich später bauen sollte, hatte Ludwig II. die Räume in Berg kurz nach seiner Thronbesteigung in einfachem sogenannten ›Salonrokoko‹ eingerichtet, mit Bildern und Standbil-

Von Wagners Figuren umgeben war der König auch in seiner Wohnung: In Schlaf- und Arbeitszimmer hingen Gemälde mit Szenen aus dem ›Nibelungenlied‹, aus ›Lohengrin‹, ›Tristan‹ oder ›Parzival‹, wie hier das große Bild von Eduard Ille aus dem Jahre 1869.

dern aber üppig drapiert. So lieferte Eduard Ille 1865 *Bilder* zu ›Lohengrin‹ und ›Tannhäuser‹, es folgten die ›Nibelungensage‹ und ›Parzival‹. Von August und Heinrich Spieß stammen etwa aus der gleichen Zeit *Illustrationen* zu ›Tristan und Isolde‹ sowie dem ›Fliegenden Holländer‹.

Im Erdgeschoß war in den König-Ludwig-Tagen die Dienerschaft untergebracht, im ersten Stock (den einst König Max bewohnt hatte) waren die Zimmer von Königinmutter Maria, der zweite Stock aber, zu dem eine schmale Treppe hinaufführte, war die *Königswohnung* mit einem Speisesaal in Weiß und Gold sowie dem Arbeitszimmer mit Balkon und einem in Blau gehaltenen Schlafzimmer.

Das Geheimnis. Wenige Wochen nach dem Tod seines Vaters war Ludwig II. nach Berg gekommen – und hier, wo er sein Leben als König begonnen, hat er es auch geendet.

Am 12. Juni 1886, dem Pfingstsamstag, mittags gegen 12.15 Uhr, waren die drei Wagen aus Neuschwanstein in den Schloßhof zu Berg eingefahren. Voran die Kutsche mit Dr. Müller und zwei Pflegern, hinterdrein Dr. von Gudden, ein Gendarmeriehauptmann und zwei Pfleger, im mittleren Wagen aber, ganz allein: der König.

Die Zimmer des Schlosses waren vorbereitet, die Türklinken abgeschraubt, Beobachtungslöcher in die Türen gebohrt, die Fenster vergittert. Nach dem Mittagessen legte sich Ludwig II. gegen 15 Uhr nieder, und als er gegen Mitternacht erwachte, ging er in Socken und Nachthemd in seinem Zimmer auf und ab (denn man wollte ihm zu dieser, für die Wärter ungewohnten Stunde seine Kleidungsstücke nicht herausgeben). Gegen Morgen schlief die Majestät wieder ein, doch bereits am Vormittag empfing er einige Personen, darunter Dr. Gudden und dessen Schwiegersohn, Dr. Grashey. Anschließend, zwischen 11 Uhr und 12.15 Uhr, machte er an jenem Pfingstsonntag zusammen mit Gudden einen ersten Spaziergang, dem ein kur-

Auch Marmor-Statuetten der Wagnerschen Operngestalten, von Caspar Clemens Zumbusch geschaffen, umgaben den König: Die Figur des Tannhäuser (oben) aus dem Jahre 1866, von der auch Richard Wagner eine Kopie erhielt, stand einst im Arbeitszimmer (unten, rechts).

Starb mit dem König: Der Münchner Psychiater Dr. Bernhard Aloys von Gudden

zes Mittagessen, einige weitere Gespräche und am späteren Nachmittag ein zweiter Spaziergang folgten. Die zwei Wächter blieben auf ein Zeichen Guddens zurück.

Verließen der König und Dr. Gudden das Schloß um 18.30 Uhr? Oder um 18.45 Uhr? Als um 22.30 Uhr die Leichen des Königs und Dr. Guddens – nach offizieller Darstellung etwa zwanzig bis fünfundzwanzig Fuß vom Ufer entfernt im See treibend – aufgefunden werden, zeigt die Uhr des Königs sechs Minuten vor sieben, jene Dr. Guddens acht Uhr. Die beiden Leichen wurden im ersten Stock des Schlosses aufgebahrt, Dr. Gudden im ehemaligen Wohnzimmer und Ludwig II. im Schlafzimmer der Königin-Mutter.

Der letzte Gang des Königs hatte durch den Park von Schloß Berg geführt, hinab zum See. Was dort geschah, ist bis zu diesem Tage ein Geheimnis geblieben und Anlaß für vielfältige Spekulationen. Die gängige, die wohl am häufigsten vertretene Version sagt: Ludwig II. wollte fliehen. Als Dr. Gudden ihn zurückhalten wollte, sei es im Wasser zum Kampfe gekommen, in dem König und Arzt den Tod fanden. Aber die Todesgeschichte wird in vielen Varianten erzählt: Der König, ein Mann von (inzwischen nur mehr) 1,91 Metern, habe Selbstmord begehen wollen. Als Dr. Gudden ihn zurückzuhalten versuchte, sei es zu einem Kampf gekommen, dabei habe Ludwig seinen ärztlichen Betreuer so lange unter Wasser gedrückt, bis dieser tot gewesen sei; anschließend habe er Selbstmord begangen: *Es muß sich (!) also der König gewaltsam unter das Wasser getaucht haben,* schrieb der preußische Legationsrat Philipp zu Eulenburg. Oder hat einer der etwa zwanzig mit Gewehren bewaffneten Gendarmen, die im Schloßpark postiert waren, den König aus Versehen erschossen, weil er den König auf die Distanz und in dem regnerischen Spätnachmittag und zwischen all den Bäumen und Büschen nicht erkannt, weil er möglicherweise geglaubt habe, einen Eindringling vor sich zu haben, der den König entführen wolle?

Oder trifft zu, was Albert Widemann, der Vorsitzende des ›Vereins zur Wiedererrichtung eines Denkmals für König Ludwig II. von Bayern‹ vom Nachfolger des kgl. Leibfischers Jakob Lidl erfahren hat: Der König sollte entführt werden, Lidl lag mit seinem Boot in der Nähe des Ufers, in Büschen versteckt. *Wie der König nun auf seinen Kahn zugeschritten und soeben den einen Fuß bereits in den Kahn gesetzt hätte, wäre vom Ufer ein Schuß gefallen, der den König offensichtlich sogleich getötet hätte. In seiner Verzweiflung und Todesangst hätte Lidl dann den toten König ins Wasser geschoben …*

Vermutungen und Verdachte, Thesen und Theorien. Die Beweise, wenn es sie denn (noch) gibt, liegen vielleicht im Geheimen Hausarchiv in der Ludwigstraße zu München.

Zunächst ins eigene Schlafzimmer gebettet, wurde der König dann am 14. Juni 1886 im Schlafzimmer seiner Mutter aufgebahrt.

Der Park. In den kurfürstlichen, den barocken Zeiten war ein nicht sehr großer und offensichtlich auch nicht sehr kultivierter französischer Garten beim Schloß Berg angelegt worden. König Max I. Joseph hat ihn zu Beginn des 19. Jahrhunderts erweitert und im dazumal modernen englischen Stil verändert. Der Enkel, König Max II., hat dem Park dann jenes Aussehen gegeben, das er auch in den Tagen von König Ludwig II. zeigte. Robert von Mohl, der badische Gesandte, schrieb zwar über seine Abschiedsvisite in Berg: *Ich erwartete von Schloß und Garten Wunderdinge, fand mich jedoch hierin sehr getäuscht. Der Garten bestand eigentlich nur aus Wald, an dessen Fuß längs des Sees ein Weg hinzog, und aus einigen wenigen Blumenbeeten.*

Andere Schilderungen und Darstellungen liefern freilich ein anderes Bild. Danach gab es vor dem Schloß ein Bassin mit Fontäne, eine links vom Schloß gelegene, reich ausgeschmückte **Glasveranda,** in der Ludwig II. oft zu Mittag aß, einen schattigen Laubengang, der hinunterführte zur Schiffsanlegestelle, und auf einer Anhöhe den **Maurischen Kiosk.** Es handelte sich dabei um jenen Kiosk, den Franz Seitz für den ersten, 1868/69 angelegten Wintergarten auf dem

Der Maurische Kiosk aus Berg, wie er 1887 bis 1925 in der Orangerie zu Straßburg stand.

Dach des Festsaalbaues der Münchner Residenz geschaffen hatte. Der königliche Auftraggeber hatte ihn jedoch »sehr unpoetisch« gefunden und seine Transferierung in den Park von Schloß Berg befohlen. Bald nach des Königs Tod, 1887, wurde der Pavillon an das Straßburger Kunstgewerbemuseum verkauft, dem er freilich zu groß war, so daß man ihn in der Orangerie aufstellte. Im Jahre 1925 befand er sich in einem so schlechten Zustand, daß er für 800 Francs an eine Privatfirma veräußert wurde, auf deren Gelände die Kuppel noch um 1950 existiert haben soll.

Im Jahre 1876 hatte sich Ludwig II. die kleine neugotische **Königskapelle** bauen lassen, die außer ihm nur der Geistliche und der Ministrant betreten durfte; nicht einmal der Mesner, so heißt es, sei in der Sakristei geduldet worden. Der König hatte zunächst den Gottesdienst in der Dorfkirche zu Berg besucht, da er aber den Blicken der Leute entgehen wollte, die ihn anstarrten, gab er den Auftrag zum Bau dieses Gotteshauses, das ihm Wilhelm Hauschild mit Bildern ausschmückte, vor allem mit einer Darstellung der Taufe des Frankenkönigs Chlodwig (Ludwig), Ludwig IV. als Kreuzfahrer, den Heiligen Hubertus und Georg, den Schutzheiligen der bayerischen Hausritterorden.

Ein Vierteljahrhundert später entstand, entworfen von Ludwigs ehemaligem Architekten Julius Hofmann und ausgeführt von dessen Sohn Rudolf Hofmann, eine weitere Kirche, die im frühromanischen Stil konzipierte **Gedächtniskirche,** die im öffentlich zugänglichen Teil des Parks nahe der Stelle errichtet wurde, an der König Ludwig II. am 13. Juni 1886 tot aufgefunden worden ist. In die Mitte der Kuppel dieser 1896–1900 erbauten Kirche malte August Spieß die Patrona Bavariae, in die acht Felder die Patrone der acht bayerischen Diözesen, über den Arkadenbögen aber die vier bayerischen Hof- und Ordenspatrone Ludwig, Hubert, Michael und Georg. Die schlichte **Totenleuchte,** die Königinmutter Marie bereits 1886/87 ihrem toten Sohn am Ufer aufstellen ließ, wurde dabei in die Treppenanlage der Gedächtniskapelle miteinbezogen. An der Stelle, wo die

Zunächst bezeichnete ein schlichtes Fähnchen die Stelle, wo die Leiche des Königs gefunden worden war (Bild rechts). 1887 stiftete Königin Marie diese gotische Totenleuchte, ...

Seit 1919 steht ein Gedenkkreuz im See. Die Enthüllung des jetzigen Kreuzes war 1961.

Leiche des Königs gefunden wurde, im flachen Seeufer, wurde bereits 1887 ein liegendes, 1919 ein stehendes **Gedenkkreuz** errichtet, das inzwischen mehrfach erneuert worden ist.

Denkmal Nr. 6128. Nach dem Tod des Königs wurde Schloß Berg Museum: *Täglich mit Ausnahme des Samstags von acht Uhr morgens an zu besichtigen. Eintritt fünfzig Pfennige.*

Am 8. November 1939 fertigte das Landesamt für Denkmalpflege unter der Nummer 6128 ein Gutachten, in dem es heißt: *Den Hauptwert des Schlosses macht es aus, daß es seit dem Tod Ludwigs II. (1886) nicht mehr verändert worden ist, so daß die Einrichtungen einer Kulturperiode ... bis in alle Einzelheiten geblieben sind. Dazu kommt die rein historische Bedeutung des Schlosses als Stätte des tragischen Todes König Ludwigs II. Auch hier sind alle Einzelheiten in seinem Schlafzimmer unverändert ... An der Erhaltung des Schlosses besteht öffentliches Interesse.* In der frühen Besatzungszeit – Amerikaner vergaßen, den Hahn der einzigen, im zweiten Stock befindlichen Badewanne abzudrehen – hat damals das Schloß Berg schwer gelitten.

Der Bau wurde vereinfachend renoviert, die Türme wurden abgerissen. Heute ist die unscheinbare, kubische Villa Sommerresidenz des Chefs des Hauses Wittelsbach.

Die 1896 bis 1900 errichtete Votivkapelle.

... die dann in die Treppenanlage der Votivkapelle miteinbezogen wurde. Die Grundsteinlegung nahm der Prinzregent am 13. Juni 1896, dem zehnten Todestag des Königs, vor.

Berghütten und Absteigen

Fluchtpunkte eines königlichen Lebens. Der Vater ist gerne im Gebirge auf die Pirsch gegangen, und das bekannteste Bild zeigt ihn daher auch sitzend inmitten seiner Bergwelt, das Gewehr über die Knie gelegt.

Als König Max im Frühjahr 1864 starb, gehörten zu seiner Hinterlassenschaft auch neunzehn, zwischen Berchtesgaden und Hohenschwangau gelegene Pirschhäuser, die der Sohn für 30512 Gulden (was etwa 45000 Mark entspicht) sofort erwarb. Der Weg fort aus der Residenzstadt, ein Weg in die fernste Abgeschiedenheit, war damit vorgezeichnet. Die Fluchtpunkte seines königlichen Lebens waren fixiert. Das freilich konnte damals noch niemand ahnen.

Die Sommer seiner Kindheit hatte Ludwig mit den Eltern zumeist im Schloß von Hohenschwangau zugebracht, und da seine Mutter gerne Gipfel bestieg, waren Bergwanderungen üblich. Aus dem Jahre 1857 ist beispielsweise überliefert, daß der kleine Prinz Ludwig am 23. August, also zwei Tage vor seinem zwölften Geburtstag, den südlich des Schlosses gelegenen Säuling bestieg. Um halb neun Uhr vormittags war die kleine Gesellschaft aufgebrochen und viereinhalb Stunden später stand man auf dem 2038 Meter hohen Berg.

Das Bad auf der Alm. Später, als bayerischer König, liebte es Ludwig bequemer, und so ließ er sich von Franz Gmelch ein schlichtes zweirädriges Bergwägelchen bauen, das mit einem Pony bespannt wurde. Auf dem Weg zur **Hochkopfhütte** wurde das Gefährt erprobt. Wie es aussah, wenn der königliche Troß auf diesen Berg zog, hat der Hofkücheneleve Theodor Hierneis – sein Tageslohn bei solchen Touren betrug 2,16 Mark (gegenüber 1,40 Mark bei Schloßdienst) – in seinen Erinnerungen festgehalten: *Voraus etwa zwanzig kräftige Männer mit vollgepackten Körben auf dem Rücken, dann ein Mulikarren mit Bier und dem schweren Geschirr beladen und am Schluß Stabskontrolleur Zanders ... Ihm folgte die Nachhut, der jourhabende Mundkoch und meine Wenigkeit, wie Zanders auf dem Bergpony Halt suchend, das der königliche Marstall zum Hinaufreiten gestellt hatte. Oben angekommen wird gleich ein Schlachtplan entworfen: Die Träger werden losgeschickt, um Wasser von der nächsten Quelle zu holen; – man braucht viel Wasser, nicht nur für die Küche, sondern auch für den König, der sofort nach seinem Eintreffen ein warmes Bad wünscht – einer muß gleich zur nächsten Alm, um frische Milch und Rahm zu holen, andre müssen Eis*

Nicht zur Pirsch, wie sein Vater, benützte Ludwig die übernommenen elterlichen Berghütten, sondern zum Rückzug in die Einsamkeit der Alpenwelt. Der Freund Richard Wagner war darüber bei seinem Aufenthalt auf dem Hochkopf (im Bild) allerdings geteilter Meinung.

Gern besuchtes Ziel und sogar Ort einer Kabinettsitzung im Freien: Altlach am Walchensee.

oder auch Schnee herbeischaffen zur Erhaltung der mitgeschleppten Lebensmittel, zur Kühlung der Getränke und zur Bereitung des Gefrorenen. Und schon gehts los mit dem Kochen. Gleich kann ja der König nachkommen und das Essen befehlen...

Komponist, erschöpft im königlichen Bett. In dem schlichten Berghaus auf dem Hochkopf, das nach dem Tod von König Max kaum verändert worden war, ist Ludwig II. besonders gerne eingekehrt, und im Juni 1867 schrieb er an Richard Wagner, diese einfache Hütte sei ihm »werther als alle Schlösser mit ihrem Glanz und hohlen Prunk«. (Allerdings hatte er damals mit dem Bau seiner drei großen Schlösser noch nicht begonnen.)

Der Komponist wird für diese Feststellung wenig Verständnis gehabt haben. Er kannte ja den Hochkopf aus eigener leidvoller Erfahrung. Dorthin hatte ihn sein Freund Ludwig II. im August 1865 geschickt, und mit seinem Diener Franz sowie einigen Trägern war er am 9. August aufgestiegen. Als er in der hoch überm Walchensee gelegenen Hütte ankam, war die Nacht bereits angebrochen. Erschöpft und schwitzend fiel er ins kgl. Bett. Im ›Braunen Tagebuch‹, das er damals für Cosima von Bülow zu schreiben begann, klagte er, daß er auf das Mineralwasser angewiesen sei, da er hier oben keine Quelle finden könne. Dann aber fährt er fort: *Schöner Morgen, schönstes Wetter. Wanderung um die Höhe. Alle Erwartungen übertroffen: ganz unvergleichlich. Mein treues Asyl für die Zukunft ist gefunden.*

Den Satz hat er revidiert. Nach drei Tagen kam schlechtes Wetter. Wagner wurde krank, und am 21. August stieg er wieder ins Tal hinab, fuhr mit einem Nachen über den Walchensee und kehrte nach München zurück (wo er freilich ein paar Monate später seine Koffer packen und ins Exil ziehen mußte). Auf den Hochkopf ist er, so oft ihn der König auch einlud, nicht mehr zurückgekehrt.

Ganz anders als Ludwig II. Der schrieb ihm von dort aus 1867, am Tag nach Fronleichnam: *Gestern begab ich mich nach dem geräuschvoll unruhigen Treiben des Tages hierher nach dem abgeschiedenen, trauten Hochkopf, wo ich auflebe in wonniger Einsamkeit fern der Welt, die mich stets verkennt und mit der auch ich mich nie und nimmer befreunden will und kann.*

Die schlichten Residenzen. Das Haus auf dem Hochkopf war genau so erhalten geblieben, wie Vater Maximilian es verlassen hatte. Die drei Königszimmer waren mit einem grauen, kräftigen Wollteppich ausgelegt, an den Wänden hingen Jagdstiche und Familienbilder. *Im Schlafzimmer,* erinnerte sich der Kücheneleve Hierneis, *ein runder Tisch mit einer Petroleumlampe, in der einen Zimmerecke ein Kachelofen, in der anderen das simple hölzerne Bettgestell, dazu ein paar Stühle, ein geschnitztes Kruzifix – wahrlich armselig im Kontrast zu Schloß Linderhof oder Herrenchiemsee.*

Nicht sehr viel anders mag es auf den anderen Berghütten ausgesehen haben, die der Monarch – zumeist für jeweils drei Tage, wie

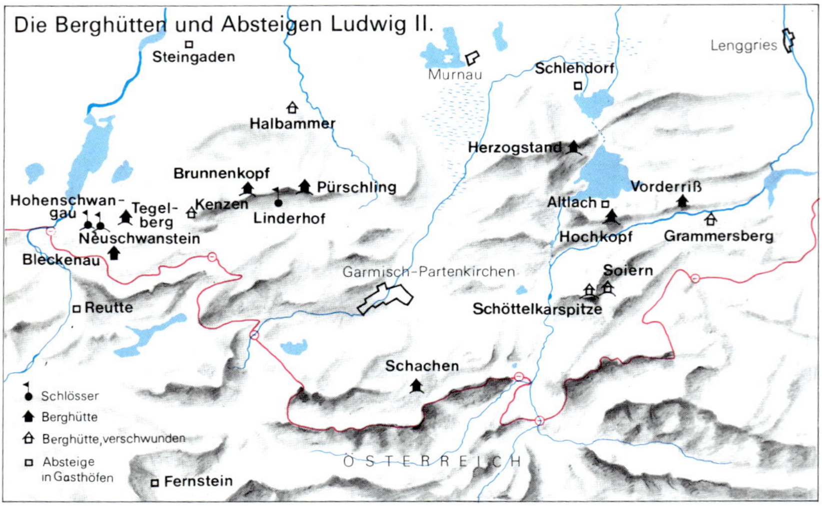

es scheint – im Sommer aufgesucht hat. So war wohl auch das Haus auf dem nordöstlich von Linderhof gelegenen, 1566 Meter hohen Pürschling, jene »herrliche **Pürschlinghütte**«, die der König im Juni 1881 auch dem Schauspieler Josef Kainz zeigte.

Von den Berghütten seines Vaters – die meisten von ihnen hat Georg Friedrich Ziebland zwischen 1852 und 1855 errichtet – hat Ludwig II. wohl ein gutes Dutzend regelmäßig besucht: das Haus am **Grammersberg** über Fall (beim heutigen Sylvensteinsee), in **Altlach** am Walchensee, in **Halbammer,** über dem **Soiernsee** und auf der nahebei gelegenen **Schöttelkarspitze,** auf dem **Brunnenkopf** und **Herzogstand** und das zwischen Linderhof und Hohenschwangau gelegene **Forsthaus Kenzen** mit seinem Wasserfall.

Als König Ludwig an einem 30. Juni hier ankam, erlebte er eine Überraschung, die ihm sein Forstmeister bereitet hat und von der Theodor Hierneis schrieb: *Während der Abwesenheit des Monarchen hat er einen reizenden Springbrunnen vor dem Försterhaus anbringen lassen, was den König so freut, daß er seinem Töchterchen eine goldene Uhr zum Geschenk macht. Eine weitere Überraschung harrt noch des Königs! Fachleute des Hoftheaters sind anwesend und haben eine festliche Beleuchtung des Wasserfalls inszeniert. In allen Farben stürzt das schäumende Wasser herab, bengalische Feuerzauber spiegelnd und sich in einem tiefen, violett leuchtenden Bassin sammelnd. Der König läßt seinen Speisetisch vor demselben aufstellen und nimmt seine Mahlzeit in stummer Bewunderung dieses unerwarteten Schauspiels ein. Erst am Morgen kann er sich davon trennen.*

»Unser König übernachtete hier.« Gerne aufgesuchte Ausflugsziele Ludwigs II. waren auch das Schweizerhäuschen, das seine Mutter in der **Bleckenau** (auch Blöckenau) besaß, etwa eine Stunde hinter Hohenschwangau, im Tal der Pöllat, sowie die Jagdhäuser **Vorderriß** (S. 200) und auf dem **Schachen** (S. 189).

Neben den Pirschhäusern waren für die bayerische Majestät an verschiedenen Orten – ähnlich wie in Fernstein und Reutte (S.63) – Zimmer bereitgestellt, so in **Steingaden,** beim Wirt in **Altlach** und beim Klosterbräu zu **Schlehdorf.** Dort zeigt ein jüngeres Fresko im Festsaal den König in seinem Galawagen vor dem Wirtshaus und darunter den Text: *Unser König Ludwig d. II. v. Bayern übernachtete hier (Königszimmer), besuchte tägl. d. hl. Messe u. bestieg seinen Lieblingsberg d. Herzogstand.*

Dem Maler Wilhelm Pfeiffer ist es zu verdanken, daß die Lage und das Aussehen vieler Berghütten bekannt sind. Als Hintergrund für seine kgl. bayer. Pferdebilder, die im Münchner Marstallmuseum (S. 150) gezeigt werden, wählte er mehrfach die im Gebirge liegenden Pirschhäuser.

Die Häuser, deren Geschichte und deren Schicksal Karin und Hannes Heindl beschrieben haben, sind zum Teil verfallen. Auch die Hütte auf dem Grammersberg, die für den Prinzregenten und Prinz Ludwig eingerichtet wurde, auch die Stall- und Küchengebäude auf dem Hochkopf (das Königshaus – nach Ludwigs Tod noch für Hofjagden verwendet – dient als Forstunterkunft). Das Haus auf dem Herzogstand aber ist heute ein vielbesuchtes Ausflugsziel. Der Deutsche Alpenverein – Sektion München hat es bereits 1887 gepachtet. Eine *Büste* auf der Felsengruppe rechts vor dem Haus soll an den königlichen Bergfreund erinnern: Die Aufstellung am 25. Mai 1986 gedenkt dabei des letzten Aufenthaltes Ludwigs am Walchensee.

Falkenstein

Ein Strohmann. Der Theatermaler Christian Jank, der für König Ludwig schon mancherlei Bilder gezeichnet hatte (beispielsweise einen romantischen Entwurf des Schlosses von Neuschwanstein), war gar nicht eigens zum Lokalaugenschein nach Pfronten gefahren. Er studierte ein graphisches Blatt, das Dominikus Quaglio in den 1830er Jahren von der Ruine Falkenstein geschaffen hatte und entwarf eine gotische Burg mit vielen Türmen und Zinnen, steil auf schroffem Fels – eine Ritterburg, wie Walt Disney sie viele Jahrzehnte später träumen mochte.

Dem Architekten Georg von Dollmann war diese Zeichnung von keinem Nutzen, denn der Bau war zwar sehr dekorativ, doch er war in dieser exponierten Lage nicht realisierbar. So zeichnete Dollmann für Ludwig II. ein neues, sehr viel schlichteres Bauwerk auf den Falkenstein: drei Zimmer im Parterre, ein Saal im ersten Stock und dazu noch einen Turm.

Dem wittelsbachischen Monarchen war dies zu wenig, schließlich hatte er ja in Linderhof, Neuschwanstein und Herrenchiemsee bereits ganz andere Maßstäbe für königliches Bauen gesetzt. Georg Baumgartner meint, dieses Spar-Projekt könnte dazu beigetragen haben, daß Dollmann am 1. September 1884 abgelöst wurde.

Die Phantasmagorie einer Ritterburg war der erste Entwurf von Christian Jank für Falkenstein. Auch die reduzierten Pläne von Max Schultze blieben unausgeführt. Nur Straße und Wasserleitung waren fertig, als der Tod des Königs die weiteren Arbeiten unterbrach.

Und so hätte Burg Falkenstein nach den vom März 1886 stammenden letzten Planungen von Julius Hofmann aussehen sollen.

Während am Zeichentisch die königliche Burg auf dem Falkenstein in den verschiedenen Varianten entworfen wurde, hatte der Bauherr Probleme – die Kasse war leer und das Ruinengrundstück in 1277 Meter Höhe war nicht in seinem Besitz. Ein Strohmann, der aus Dankbarkeit für die Tat in den Hofdienst aufgenommen wurde, übernahm im Mai 1884 die delikate Aufgabe, Falkenstein – angeblich die höchstgelegene Burgruine Deutschlands – in eigenem Namen und königlichem Auftrag zu kaufen. Knapp ein Jahr später war die Angelegenheit bereinigt und Seine Majestät als Besitzer des knapp anderthalb Tagwerk großen Falkenstein ins Grundbuch eingetragen. Kaufpreis: 500 Mark.

Pläne aus Regensburg. Ein Nachfolger für Dollmann, der nicht großzügig genug entworfen hatte, war bald gefunden. Und er, der Fürstlich Thurn- und Taxissche Oberbaurat Max Schultze, schickte denn auch einen Entwurf, der für Ludwig II. akzeptabel war – ein dreistöckiges Bauwerk mit hohem Turm. Für das Erdgeschoß waren Dienerräume und Küche vorgesehen, im ersten Stock sollte der König logieren, in Vorzimmer, Speisezimmer, Arbeitsraum und Schlafzimmer, dar-

Das geplante Schlafzimmer: Ausdruck der sakralen Würde des Königtums.

über dann, im zweiten Stock, war ein Festsaal geplant.

Das war gleichsam ein Grund-Plan, und nun kamen die vielfachen Änderungs- und Ergänzungswünsche. Schultze aber saß in Regensburg, mietete, um dieser gewaltigen Nebenarbeit nachgehen zu können, ein eigenes Falkensteinbüro, engagierte ein paar Fachleute ... und entwarf, und entwarf.

Inzwischen war bereits (im Juli 1884) die Genehmigung zum Bau einer Fahrstraße auf den Berg erteilt worden, und es war auch schon (im März 1885) mit dem Bau der Wasserleitung begonnen worden.

Der Mittelpunkt dieser Trutzburg war, wie auch in Linderhof und Herrenchiemsee, das Schlafzimmer. Schultze mußte es im byzantinischen Stil entwerfen, als großen Raum mit einer Apsis, in der das Bett stand. Die Anregungen hatte sich der König aus den verschiedensten Quellen geholt: in der Gestaltung des Zimmers war die Markuskirche zu Venedig ein Vorbild, die Madonna über dem Bett hatte ihre Entsprechung in der Hagia Sophia zu Istanbul, während die sie rahmenden Engel aus der Münchner Allerheiligenhofkirche kamen.

Zuletzt, nach allen Änderungen, sollte das Schlafzimmer ungefähr 22 Meter lang und 13 Meter breit werden, die Bettnische war mit einer Höhe von zehn Metern projektiert, die Kuppel über dem Raum aber mit 14 Metern.

Doch so eifrig auch gearbeitet wurde – Hermann Kaulbach zum Beispiel zeichnete Entwürfe für die Wandbilder im Großen Saal (Ariosts ›Rasenden Roland‹), August Spieß für das Arbeitszimmer (Szenen aus dem Ritterleben) und Josef Munsch für das Speisezimmer (Szenen der Jagd) –, die Arbeit konnte nicht beginnen, und zuletzt wäre der König schon zufrieden gewesen, wenn nur das Schlafzimmer gebaut worden wäre.

In den Bauverträgen, die der Ritter Franz von Brandl ausgehandelt und unterschrieben hatte, waren Kosten von insgesamt einer Million Mark eingesetzt. Dafür, so hatte er versprochen, wolle er als Generalunternehmer im Jahre 1885 das kleine Falkenstein bauen. An den Plänen wurden aber im Auftrag des Königs und unter Befolgung seiner detaillierten Anweisungen so viele Änderungen vorgenommen, daß der Bau zuletzt 3,5 Millionen Mark gekostet hätte. Damit war Brandls Vertrag nicht mehr zu erfüllen. Nun aber gab auch Max Schultze, der den König nie gesehen hatte, den Auftrag zurück. Am 14. September 1885 schrieb er nach München, daß er für das Projekt Falkenstein nicht mehr tätig sein werde.

Das Planen für Falkenstein wurde daraufhin Julius Hofmann übertragen, der schon in Herrenchiemsee arbeitete. Im Januar 1886 lagen seine Vorstellungen auf dem Tisch des Königs. Zur Ausführung dieser Pläne ist es nicht mehr gekommen. Ein halbes Jahr später war Ludwig II. tot.

Eugen Drollinger hatte noch den Auftrag erhalten, einen Längsschnitt des neu konzipierten Schlafzimmers zu zeichnen. Das Blatt – 71,5 : 92,5 Zentimeter – lag gerade auf dem Reißbrett des Meisters, als die Todesnachricht eintraf.

Die Burg Falkenstein war der letzte Bau, den der König noch in Auftrag gegeben hat. Das im Jahre 1884 von Max Schultze geschaffene, 1,66 Meter hohe und farbig gefaßte Holzmodell der Burg stand in Neuschwanstein, als Gudden dem Monarchen seine Internierung mitteilte.

Die **Straße** war gebaut, die **Wasserleitung** noch gelegt worden. Die seit 1803 zu Bayern gehörende Burg Falkenstein aber, die man 1646 aus Angst vor den Schweden angezündet hatte, ist Ruine geblieben.

Fernstein und Reutte

Tiroler Rokoko. Georg von Dollmann, der als Hofbaurat dem König die großen Schlösser baute (bis er 1882 abgelöst wurde), hatte im November 1872 einen vergleichsweise bescheidenen Auftrag auszuführen: Häufig schon war der König, von Hohenschwangau kommend, im Wirtshaus auf **Burg Fernstein** abgestiegen, und da sich diese Ausflüge ins Tirolische häuften, schloß Dollmann einen zunächst auf fünf Jahre angelegten Mietvertrag, der dem König – gegen eine Miete von 200 Gulden – ein Zimmer im ersten Stock reservierte. Einige Wochen später wurde auch noch ein zweites Zimmer hinzugenommen, und nun konnte der Theatermaler Christian Jank engagiert werden, daß er in einem der Räume ein Plafondgemälde im Stil der barocken Bourbonenzeit male. Die Möbel des einen Appartements waren mit blauem, die des anderen mit rotem Damast überzogen. Um den höfischen Eindruck zu verstärken, wurde auch noch ein »neuer Ofen im Rococo-Styl« installiert.

»Das Glück der Völker liegt nicht in der Menge ihrer Eisenbahnen.« Es ist dem aus Straubing stammenden Journalisten Anton Memminger schlecht bekommen, daß er ein radikaler Demokrat war – nach mehreren Presseprozessen mußte er 1873 in die Schweiz flüchten, wo er sich, offensichtlich ein Mann von mancherlei Begabung, mit dem Bahnbau beschäftigte. Dabei gewann er so großes Ansehen, daß ihm die Stadt Kempten 1878 den Auftrag erteilte, das Projekt einer Fernbahn Kempten-Füssen-Reutte-Fernpaß-Innsbruck zu studieren. Einmal hielt sich Memminger zusammen mit dem Oberingenieur Pfähler gerade am Fernstein auf, als der König in seiner Wirtshaus-Wohnung logierte. Während eines Mondscheinspaziergangs, den er mit seinem ›Hausherrn‹ in einer Nacht des Jahres 1878 an einem Waldrand unternahm, ließ König Ludwig die beiden Männer zu sich rufen, um ihnen »mit tiefer, wohllautender Stimme« zu erklären: *Ich verstehe es wohl, wenn die Herren ihr Wissen und Können zu verwerten und davon zu leben suchen, ich will Sie auch in Ihrem Bemühen nicht behindern, aber ich muß es als aussichtslos bezeichnen, denn solange ich lebe, werde ich einem von der Staatsregierung an mich gelangenden Antrag auf Ausführung des Fernbahnprojektes mein königliches Veto entgegenstellen. Eisenbahnen sind zwar nötig, so viele Eisenbahnen jedoch, wie man jetzt vorschlägt, sind kaum nötig und teilweise sogar schädlich. Auch das sehe ich ein, daß Alpenbahnen gebaut werden müssen. Aber man hat ja die Semmering-, Brenner- und Montcenisbahn. Dazu kommt die Gotthardbahn. Das reicht für lange hinaus. Ich halte dafür, daß das Glück der Völker nicht in der Menge ihrer Eisenbahnen liegt … Man soll mir die idyllische Einsamkeit und die romantische Natur, deren malerische Schönheit im Winter noch ungleich größer ist als im Sommer, nicht durch Eisenbahnen und Fabriken stören. Auch für zahllose andere Menschen, als ich einer bin, wird eine Zeit kommen, in der sie sich nach einem Lande sehnen und zu einem Fleck Erde flüchten, wo die*

Bei seinen Fahrten nach Tirol kehrte Ludwig II. wiederholt im Gasthaus auf Burg Fernstein ein: 1872/73 ließ er sich deshalb eine Absteige mit zwei Zimmern dort einrichten.

Eisenbahnplaner A. Memminger.

moderne Kultur, Technik, Habgier und Hetze noch eine friedliche Stätte, weit vom Lärm, Gewühl, Rauch und Staub der Städte übrig gelassen hat.

Damit, schreibt Memminger, empfahl sich der König und setzte seinen Spaziergang fort.

Einige Tage später sah der Bahnplaner den König noch einmal. Er hielt sich gerade im Wirtshaus zur Post in **Reutte** auf, als tief in der Nacht der elektrisch beleuchtete Schlitten des Königs vorgefahren kam. Während Ludwig ins obere Stockwerk ging, wo ständig für ihn ein Zimmer reserviert war, bat er den k.u.k. Postmeister, sofort alle Männer, die er auftreiben könne, mit Werkzeugen zum Plansee zu schicken, da dort der ihn begleitende Küchenwagen im Schnee verschüttet worden sei.

Memminger, dem der Wirt verstohlen das Königsquartier gezeigt hatte, überliefert, daß auf dem Tisch Zeitungen und Pläne für die Innenausstattung einer Burg gelegen hätten und daß über dem Tisch ein gerahmtes Gedicht hing, das mit den Zeilen endete:
Und wer den höchsten Königsthron gewann
Und keinen Freund hat ist ein armer Mann.

Die Reise ins Gebirge. Der Kücheneleve Theodor Hierneis hat aufgeschrieben, wie das war, wenn die Majestät nach Tirol gefahren ist. Am 10. Februar früh um sieben, ehe er zu Bett ging, gab der König bekannt, daß er in der folgenden Nacht zum Fernpaß fahren wolle. Dort sollte auch das Diner serviert werden. Schnell wurde nun eingepackt: Gläser, Wein, Bier, Likör, Obst, Dessert. ... und um 11 Uhr fährt der kgl. Hofschlitten, vollbeladen, ab. An Füssen vorbei, bei Weißhaus über die Grenze, in Reutte dann erster Pferdewechsel. Und weiter geht die Fahrt, nach Lermoos, Bieberwier und Nassereith, wo die Pferde neuerlich gewechselt werden. Um sieben Uhr abends dann: Ankunft im Fernstein-Wirtshaus.

Die Köche sind mit ihrer Arbeit kaum fertig, als der große, von vier Pferden gezogene Galaschlitten vorfährt. *Auf den beiden Sattelpferden sitzen zwei Reitknechte in ihrer prächtigen Rokoko-Livree, Zopfperücken und Dreispitz bilden die Kopfbedeckung. Die Köpfe der Pferde sind mit prächtigen Buschen aus Straußenfedern geschmückt.*

Nach dem Tode Ludwigs verschwand das Mobiliar des Roten und des Blauen Zimmers (im Bild), und ein späterer Brand löschte die letzten Erinnerungen an das Königsappartement.

Fürth

Ein König fragt nach dem Weg. In seiner prunkvollsten Uniform, als Marschall der bayerischen Armee, hatte sich König Ludwig am 4. Dezember 1866 von der Nürnberger Burg aus zum Ludwigsfeld begeben, um die Parade der Garnison abzunehmen und an die Fahnen das ›Militärdenkzeichen 1866‹ zu heften. Zum Schluß der Feier brachte General Stephan ein Hoch aus, in das die Soldaten besonders begeistert einstimmten, da ihnen aus Anlaß des königlichen Besuches drei Tage Extralöhnung versprochen war.

Die Jubelrufe waren kaum verklungen, als Ludwig II. sein Pferd wendete und zu aller Überraschung zusammen mit einem Adjutanten und zwei Hoflakaien nach Fürth ritt.

Später erzählte man sich in Fürth, die Majestät habe am Stadtrand zwei Mädchen nach dem Wege zum Rathaus gefragt. Es mag in Wirklichkeit ein königlicher Begleiter gewesen sein, der die Auskunft einholte, doch für die Fürther Stadtgeschichte war es die Majestät höchstselbst, die sich vom Pferd herabbeugte, und der Sohn eines der beiden Mädchen, der Rechtsanwalt Louis Alfred Nathan, hat die Erinnerung an seine Mutter, König Ludwig und den 4. Dezember 1866 besonders geehrt: Er, der seiner Heimatstadt etwa drei Millionen Mark stiftete, ließ 1908 an der Stelle, wo Ludwig II. den zwei Mädchen begegnete, an der Kreuzung von König-, Most- und Bahnhofstraße, einen **Brunnen** errichten. Das vom Bildhauer Josef Köpf geschaffene Bronzerelief zeigte die beiden Mädchen, wie sie dem König den Weg zum Rathaus zeigen. Da der Stifter des Brunnens wie seine Mutter, die Bankiersfrau Amalie Nathan, jüdischer Herkunft waren – wie etwa sechzehn Prozent ihrer Fürther Mitbürger –, hat man im unseligen Jahr 1938 das Relief entfernen lassen. Vom Brunnen blieb nur das Becken, in dem man Blumen pflanzt.

Als jüdische Stiftung mißfiel der Ludwigsbrunnen 1938 den braunen Machthabern, und heute erinnern nur klägliche Reste daran.

In der Synagoge. Bürgermeister John und Rechtsanwalt Haller werden überrascht und erschreckt gewesen sein, als gegen 16.30 Uhr plötzlich ihr fein herausgeputzter König vor ihnen stand. Sie haben sich schnell gefaßt und Ludwig II. durch ihre Stadt geführt. Der hohe Besuch hatte sich schnell herumgesprochen, und so improvisierten die Einwohner an diesem frühen Winterabend eine festliche Illumination, von allen Türmen aber läuteten die Glocken.

Von der Visite blieb dann aber doch nur der königliche Besuch in der Fürther **Hauptsynagoge** als bedeutsames Ereignis in Erinnerung. Der Rabbiner Dr. Isaak Löwi, ein Mann von 65 Jahren, der seit mehr als drei Jahrzehnten (und wegen seiner Neuerungen nicht unumstritten) der jüdischen Gemeinde vorstand, empfing den König in der Vorhalle. *Ist es in Ihrem Tempel Sitte, mit bedecktem oder entbößtem Haupt zu erscheinen?* fragte Ludwig.

Wir Juden betreten das Gotteshaus mit bedecktem Haupte, antwortete der Rabbiner, *für Eure Majestät aber gibt es hier keine Vorschrift.*

Ist es auch einem Nichtgeistlichen gestattet, die heilige Stätte zu betreten?

Für Eure Majestät gibt es in diesem Tempel keine Stätte, die nicht betreten werden dürfte.

Der zu seiner Zeit nicht unumstrittene Stadt- und Distrikts-Rabbiner Dr. Isaak Löwi begrüßte König Ludwig II. . . .

Der König wollte dann wissen, was die der Thora aufgesetzte Krone bedeute. *Drei Kronen, Eure Majestät, gibt es im Judentum,* meinte Rabbi Löwi, *die der Gelehrsamkeit, des Priester- und des Königtums. Letztere ist den Juden von großer Bedeutung, und unsere heilige Schrift lehrt, mit aller Treue und Ergebenheit dem Herrscher des Landes anzuhangen, und die unverletzliche Untertanentreue und begeisterte Ehrfurcht gegen das gekrönte Haupt des Monarchen ist unsere strenge Pflicht . . .*

. . . und führte den aufmerksamen hohen Gast durch die Fürther Hauptsynagoge.

Der Geistliche erinnerte dann an den Tod König Max II., der die Juden Bayerns tief bewegt habe. *Ihr königlicher Vater,* fuhr der Rabbiner fort, *hatte sich durch die Erteilung der Emanzipation ein bleibendes Andenken gesichert . . . Königliche Majestät! Sie sehen die heilige Lade geöffnet. Sie ist das größte Heiligtum Israels. Vor ihr spreche ich die ergebene Bitte aus: Treten Sie in die Fußstapfen Ihres Vaters, es wolle ein hochherziger Sohn das vollenden, was der höchstselige Vater begonnen!*

Lebhaft, so heißt es, habe Ludwig darauf geantwortet: *Ja, ich will und werde es tun.*

Nach etwa einer halben Stunde verließ der König die Synagoge, besuchte noch zwei »industrielle Etablissements« und fuhr um 18.30 Uhr mit dem Zug nach Nürnberg zurück, wo er eine Vorstellung des ›Fidelio‹ besuchte.

Ob die Pferde im gleichen Zug nach Nürnberg zurückreisten, ist nicht überliefert.

»Hier, unter dieser Weste . . .« Im Herbst 1891, also noch vor der Errichtung des Ludwigbrunnens, hatte die Stadt Fürth im Wirtshaus des Georg Böhner eine private und höchst dubiose Ludwig-Gedenkstätte erhalten.

Der klg. bayer. Leibgardist Hans Schamel hatte einst von einem Hoflakaien einen Anzug gekauft, der angeblich von König Ludwig getragen worden war. Hose und Jacke ließ sich Schamel auf seine eigenen Maße zurechtschneidern, die Weste aber verkaufte er im Frühjahr 1889 für zehn Mark an den Böhner Schorsch von der Bergbräu-Gaststätte. Der Weinhändler und gewesene bayerische Premierleutnant August Gemming meinte nun, dieses hehre Bekleidungsstück (von dem es inzwischen hieß, die Majestät habe es bei ihrem Gang ins Wasser getragen) sei ruhendes Kapital: Man müsse es nur der Vermögensverwaltung von König Otto anbieten, die sei sicher bereit, dafür fünfzehnhundert Mark zu zahlen. Die Handelschaft, an der der Böhner Schorsch und der Gemming Gustl verdienen wollten, kam nicht zustande, und so entschloß sich der Wirt, die Ludwigs-Weste als Trophäe in seinem Wirtshaus auszustellen, in einer von Fahnen und Königskrone gerahmten Glasvitrine. Durch ein dreistrophiges Gedicht, das unter dem Kasten hing, hatte ein Patriot diese Reliquie gefeiert:

Hier unter dieser Weste,
schlug König Ludwigs Herz,
es war das bravste, beste,
man kennt es allerwärts . . .

Die Polizei hätte das Schau-Stück gerne eingezogen, aber nachdem der Böhner Schorsch die Behauptung, Ludwig II. habe diese Weste an seinem Todestag getragen, zurückgenommen hat, konnte sie nicht eingreifen, *da gegen die Taktlosigkeit des Georg Böhner und seinen Mangel an Zartgefühl behördlich nichts zu machen ist.*

Der Böhner und der Gemming sind längst gestorben, aus der Bergbräu-Gaststätte in der Königstraße ist ein ›Wienerwald‹-Gasthaus geworden, der Verbleib der Königsweste ist unbekannt, und der entsprechende Akt mit Verkaufsangebot ist im Geheimen Hausarchiv zu München im letzten Krieg untergegangen.

Der Kreuzweg. Sibylle Meilhaus, die spätere Frau von Leonrod, bekam Post vom Kronprinzen. Im frühen Sommer 1854 schrieb ihr der neunjährige Ludwig aus Hohenschwangau, daß er, wie auch sein Bruder Otto, zusammen mit dem Grafen La Rosée täglich schöne Spaziergänge mache, Blumen pflücke, im Alpsee fische und Schmetterlinge fange (alle Tage aber auch seine Lernstunden habe, wie in München). *Am Sonntag,* heißt es in dem Brief an seine geliebte ehemalige Erzieherin, *sahen wir die Fronleichnamsprozession in Füssen.*

Eine weitere Gelegenheit zu einem Besuch in Füssen ergab sich im August 1866, als man sich eine Aufführung des Schauspiels ›Der verwunschene Prinz‹ ansah.

Am Karfreitag seines Todesjahres ist Ludwig noch einmal nach Füssen zurückgekehrt, um an den vierzehn Stationen des **Kalvarienberges** zu beten. Die Füssener hatten diesen Pilgerweg auf den Hutlersberg um die Mitte des vorigen Jahrhunderts errichtet. Er führte von der um 1683 errichteten Kirche Zu Unserer Lieben Frau am Berg und vorbei an den neugotischen Kreuzwegstationen zu den drei Kreuzen am Gipfel. Am Wege stand auch, etwa auf der Höhe der dritten und vierten Station, eine 1840 erbaute Marienkapelle mit einer Patrona Bavariae. In der Stadt Füssen, die seit dem Jahre 1803 bayerisch ist (nachdem sie bereits im 13. Jahrhundert einmal wittelsbachisch gewesen war) wurde zum 100. Todestag König Ludwigs II. im Kurhaus eine **Büste** enthüllt, die nach einer anonymen Galvanoplastik von etwa 1890 gegossen worden ist, und die große Lechbrücke in **König-Ludwig-Brücke** umbenannt. Seit langem schon hängt auch im Amtszimmer des Bürgermeisters ein 1864 gemaltes *Porträt* von Mahr, das den König in Generalsuniform zeigt. Auf solche Weise wird das Andenken eines Monarchen geehrt, der in der Nähe Füssens, auf Hohenschwangau, seine glücklichsten, auf Neuschwanstein aber im Juni 1886 seine bittersten Tage erlebt hat.

Die Erzieherin des Kronprinzen: Sibylle Meilhaus, spätere Baronin von Leonrod.

Ausgerechnet in seinem Todesjahr besuchte der König – vielleicht von dunklen Ahnungen überkommen – den Füssener Kalvarienberg zu einer privaten Karfreitagsandacht.

Herrenchiemsee

Ein Mönch namens Doddogrecus. Von den ältesten bairischen Zeiten an und dann durch viele Jahrhunderte, bis hin zur Säkularisation, hat die Insel den Mönchen gehört. Wer sie gesandt hat und wann sie kamen, ist Diskussions- und Forschungsthema für die Historiker. Sicher ist aber, daß Karl der Große 788 – dem Jahr also, in dem die agilolfingische Herrschaft zu Ende ging – die von dem Iren Doddogrecus oder Dobdacrech gegründete Kirche verschenkte; das Männerkloster kam damals in die Urkunden: *monasterium virorum nomine Kieminseo quod Doddogrecus peregrinus habuit.*

Um das Jahr 1130 kamen schließlich die Augustiner-Chorherrn, 1213 wurde das Domstift Herrenchiemsee zum selbständigen Bistum, und am 18. März 1803 wurde die Aufhebung des Stifts amtlich verfügt; der im Jahre 1814 verstorbene, aus seinem Amt verjagte Sigmund Graf von Zeil und Trauchburg war der 45. und letzte Bischof.

Nun, da die Kirche enteignet war, begann das große Schachern, das Zertrümmern und das Zerstören. Zunächst kam der mannheimische Kaufmann Carl von Lüneschloß. Er zahlte 39500 Gulden und durfte nun, zusammen mit seinem Münchner Schwager Joseph von Dietz, mit dem Abbruch beginnen. Dann kaufte sich 1818 der Münchner Großhändler Aloys von Fleckinger die etwa 650 Tagwerk große Insel mit allem Inventar. Er machte aus dem ohnedies bereits stark ramponierten Dom ein Brauhaus und verscherbelte seinen Besitz 1840 für 86000 Gulden an den elsässischen Grafen Paul von Hunoltstein, einen kgl. bayer. Rittmeister und Flügeladjutanten König Ludwigs I. von Bayern.

Nach dem Krieg von 70/71 stieß Hunoltstein, der in Frankreich Besitz hatte, die bayerische Insel ab – vier Stuttgarter Holzhändler erwarben die 219 Hektar für 350000 Gulden (was einige Jahre später, nach der Umstellung von Gulden auf Reichsmark, knapp sechshunderttausend Mark entsprach).

Die vier schwäbischen Herren Hackermüller, Schnell, Gut und Kleiber begannen geschwind, die Insel abzuholzen, schließlich war ja der Holzhandel ihr Gewerbe. Die Bevölkerung des Chiemgaus sah das mit Entsetzen und schickte eine Petition an den König, er möge die Herreninsel retten. Das gleiche Anliegen trug ihm auch der bayerische Landschaftsbeschreiber Heinrich Noë bei einer Audienz vor.

Und Ludwig II. handelte: am 26. September 1873 kaufte der Hofsekretär Lorenz von Düfflipp im Auftrag Seiner Majestät die Insel Herrenchiemsee für 350000 Gulden. Den Verkäufern war gestattet worden, noch etwa zweihundert alte Bäume zu fällen. Der könig-

Einer Chiemgauer Bürgerinitiative folgend rettete König Ludwig die Herreninsel 1873 vor der drohenden Abholzung – und verwirklichte hier sein ursprünglich für das Graswangtal bei Linderhof geplante Schloß: Hier das bayerische Versailles im Rohbau 1880.

Beim Tode des Königs 1886 war das Schloß unvollendet, und in den folgenden Jahren wurde dieser Zustand noch reduziert: 1907 wurde der Rohbau des Nordflügels (im Bild links) beseitigt, zuvor waren schon die Wasserspiele trockengelegt worden. Zwischen 1970 und 1978 wurde ein Teil der Brunnenanlagen wiederhergestellt, und...

liche Naturschützer hat ihnen aber, noch ehe sie die Axt anlegen konnten, auch dieses Recht abgekauft.

Der Bauplan. Den Erwerb der Insel hatte der König telegraphisch angeordnet: *Schließen Sie den Kauf sofort ab, das Gelände scheint entsprechend zu sein. Ludwig.*

Entsprechend welchen Vorstellungen und Plänen? Dachte Ludwig II. bereits damals an ein Inselschloß im Stil von Versailles? Der Platz hatte freilich einen für den König von Bayern wohl unvermeidlichen Nachteil – er lag in Bayern. Hinzu kam aber auch noch, daß Ludwig II., an Bergesgipfel und Gebirgstäler gewöhnt, die Landschaft des Chiemgaus nicht ästimierte. *Seine Majestät*, heißt es 1881, *seien für die hiesige Gegend sowohl als für den See nicht eingenommen und hätten für beide keine Vorliebe, die Kunst allein müsse dieses Unangenehme angenehm machen und Gegend und See vergessen machen.*

Doch nun war das ›entsprechende Gelände‹ gefunden und gekauft. Vor allem den kgl. Hofbaurat Georg Dollmann dürfte diese Nachricht interessiert haben. Seit dem Dezember 1868 hat er nämlich unter der Chiffre ›Meicost Ettal‹ für das Graswangtal, die Gegend von Linderhof, immer wieder Schlösser entworfen. Das Codewort war ein Anagramm und bedeutete: ›L'Etat c'est Moi‹, zu deutsch ›Der Staat bin ich‹ – die Losung des Sonnenkönigs Ludwig XIV. von Frankreich. Und dessen Schloß Versailles sollte Dollmann, von Ludwig II. mit vielen Anregungen versehen, nun im engen Graswangtal adaptieren. Die Planungen führten aber zu keinem rechten Ziel; vor allem die geographischen Gegebenheiten standen dem Projekt im Wege.

...inzwischen sprudeln auch der Fama- und der Fortunabrunnen wieder, deren Becken mehr als hundert Jahre begrünt waren.

Doch jetzt, da siebzehn Pläne entwickelt waren, endlich eine Lösung. Das Schloß mußte nun aber der Lage auf einer Insel angepaßt werden, und so vergingen wiederum nahezu fünf Jahre, bis schließlich am 21. Mai 1878 der Grundstein gelegt und der Bau des westlichen Traktes begonnen wurden. Programmatisch stand das Galaschlafzimmer, das Chambre de Parade (denn die Räume trugen französische Namen), am Beginn. Nach etwas mehr als einem halben Jahr war das Dach gedeckt; die Malarbeiten am Plafond konnten beginnen.

Ludwig XIV. zu Ehren. Der König hatte sich sein Versailles, wie Georg Baumgartner in seinem opulenten Band über die Königsschlösser schreibt, aus Büchern und aus Abbildungen zusammengeträumt und das Vorbild erst 1874 gesehen, als Dollmann bereits im sechsten Jahr seine ›Meicost-Ettal‹-Pläne zeichnete. Doch schon am Beginn der Schloßarbeit hatte Ludwig II. verfügt: *Das Innere soll streng im Style Ludwig XIV. hergestellt werden. Das Chiemsee-Schloß,* hatte er gesagt, *soll gewissermaßen ein Tempel des Ruhmes werden, worin ich das Andenken an König Ludwig XIV. feiern will.*

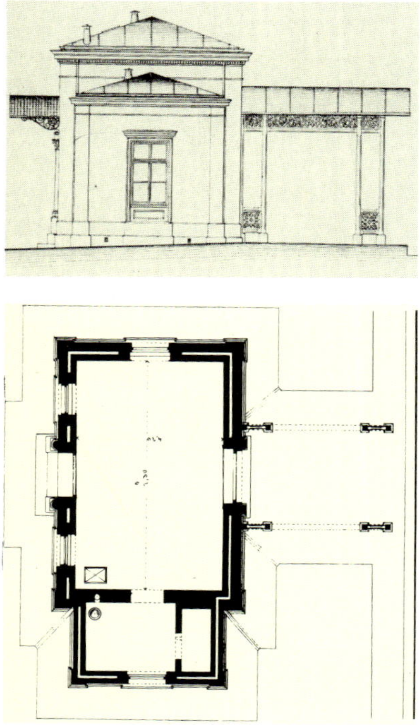

Der 1881 errichtete Königspavillon bei Bahnkilometer 85,5 zwischen Endorf und Prien.

Und er hat sich eingestimmt auf diese Feier. Sein Kabinettssekretär Friedrich von Ziegler hatte ihm körbeweise Literatur über die drei letzten französischen Könige besorgen müssen, und selbst die Bayerische Botschaft in Paris wurde als Zulieferer für Bourbonisches eingesetzt. So wurde die wittelsbachische Majestät zum dazumal wohl besten Kenner der französischen Kunst und Kultur des 18. Jahrhunderts. Lesend flüchtete er sich so in seine Traumwelt.

Die Architekten, die Maler, Vergolder, Schnitzer und Goldstickerinnen erhielten von ihm detaillierte Anweisungen. Er wachte genau darüber, daß die Pläne dem Stil und Geist der französischen Ludwigszeit entsprachen. Wie diese Entwürfe dann in die Wirklichkeit übersetzt wurden, hat ihn freilich nicht mehr interessiert: *Ich will nicht wissen, wie es gemacht wurde, ich will nur die Wirkung sehen.*

So hat er die Herreninsel, auf der sein großes Schloß – Kostenvoranschlag 6,8 Millionen Gulden – entstand, zwischen 1875 und dem Herbst 1881 (als ein großer Teil des Schlosses bereits fertiggestellt war) nicht besucht. Dann aber kam er regelmäßig jeweils vom 29. September bis zum 8. Oktober.

Der König kommt. Die Reise an den Chiemsee begann für Ludwig II. am Haidhauser, dem heutigen Ostbahnhof, und sie begann in den späteren Jahren immer nachts. *Der Hofzug,* heißt es in einer Beschreibung aus dem Jahre 1889, *langte in der Regel um Mitternacht an, und zwar wurde für den König zwischen den Stationen Endorf und Prien eine eigene Haltestelle eingerichtet (das kleine Häuschen wurde am Anfang des Jahres 1887 abgetragen) und von hier aus eine eigene Königsstraße hergestellt, die an eine Landspitze auf der Westseite des Chiemsees (zwischen Holzen und Breitbrunn) nach Urfahrn führt. Von da wurden Se. Majestät bei Fackelschein mittelst Kahn auf die Herreninsel befördert, wo dieselben an der Kapelle zu landen pflegten. Die Überfahrt geschah in einer hiezu speziell gebauten Gondel (Königsschiff genannt), welches Schiff durchaus keinem anderen Zwecke dienen durfte, als lediglich für die Fahrt des Königs. Zwei als Matrosen gekleidete Arbeiter des Königlichen Brauhauses auf Herrenwörth (der Schmied und der Büttner) hatten die Überfahrt zu bewerkstelligen.*

(Es ist nur zu verständlich, daß sich der stets ungeduldige Bauherr angesichts dieser umständlichen Verkehrsverbindungen später eine Schwebebahn vom Festland zur Insel wünschte.)

Der so sehr auf seinen Profit bedachte Herr von Fleckinger war mit dem großen Geviert des Klosterbaus verhältnismäßig behutsam umgegangen. Er ließ zwar einzelne Teile niederreißen, vom großen Rest aber versprach er sich Gewinn – er sollte als Wohngebäude genutzt werden.

Er ahnte nicht, daß ein Bewohner dieses Klosters, das man später das **Alte Schloß** nannte, der König von Bayern sein würde. Im Ostflügel mit seinem 1739 von Johann Baptist Zimmermann ausgestalteten Bibliothekssaal wurde, über eine Wendeltreppe zu erreichen, das königliche Etablissement eingerichtet: ein Arbeits-, ein Toiletten- sowie ein Schlafzimmer mit einfacher Bettstatt, Marie-Antoinette-Büste und Standuhr mit der Figur des Galileo Galilei. Außerdem standen dem König im vormaligen Augustiner-Chorherrn-Stift noch ein rot tapezierter Audienz- und ein Repräsentationssaal zur Verfügung.

In seinen eigenen, aber erst 1883 ausgestatteten Räumen von **Schloß Herrenchiemsee** – einer kleinen ›Einliegerwohnung‹ in dem prunkvollen Bau – hat er nur ein einziges Mal, nur wenige Tage lang residiert. Ein paar Mal nur hat er in dem eigenen,

Der Bauherr verfolgte genau den Arbeitsfortgang in Schloß und Park: Bei seinen nächtlichen Besuchen mußten teilweise kunstvolle Attrappen der langsam wachsenden Natur nachhelfen. Auch die leeren Fensterhöhlen des noch unvollendeten Nordflügels sollten mit Kostümpuppen der Zeit Ludwigs XIV. von Frankreich effektvoll belebt werden.

blau gehaltenen Schlafzimmer übernachtet und in dem Bett geschlafen, das einiges kleiner war als jene Bettstatt, die er für Ludwig XIV. hatte anfertigen und in einem Prunkgemach von 14 mal 12 Metern aufstellen lassen. Verglichen mit diesen 168 Quadratmetern nehmen sich die 90,25 Quadratmeter (9,5x9,5 Meter) des Ludwig-II.-Schlafzimmers fast bescheiden aus. Aber das im Haupttrakt östlich des Spiegelsaals gelegene Galaschlafzimmer war ja auch prunkvoller ausstaffiert als das Vorbild zu Versailles, in dem Ludwig XIV. sein berühmtes Bettgeh- und Aufstehzeremoniell zelebrierte.

Die potemkinsche Schloß-Schau. Die Besuche waren rar, und da sie überdies zuvor angekündigt waren, wurde die Bauleitung von ihnen nicht überrascht – sie konnte, wahrscheinlich sogar mit Wissen des Königs,

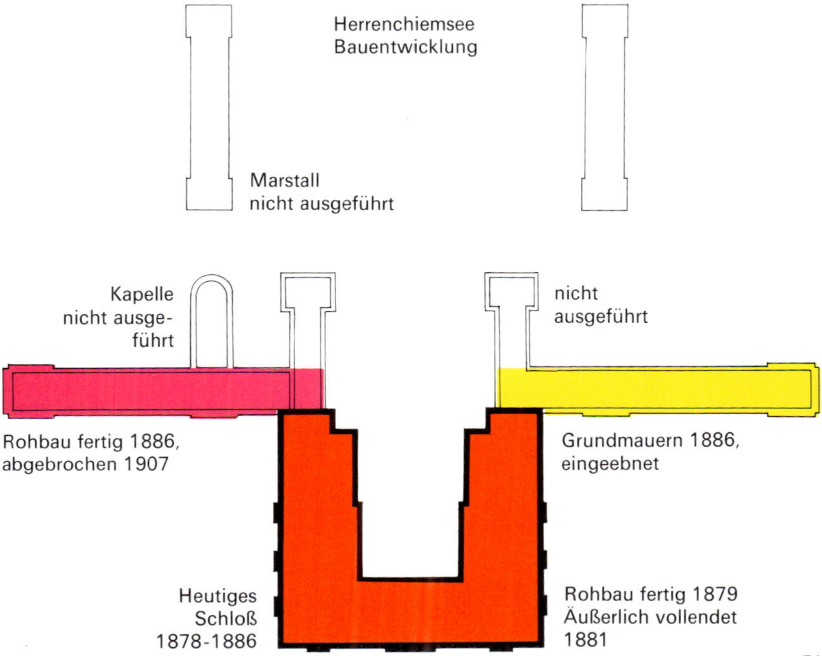

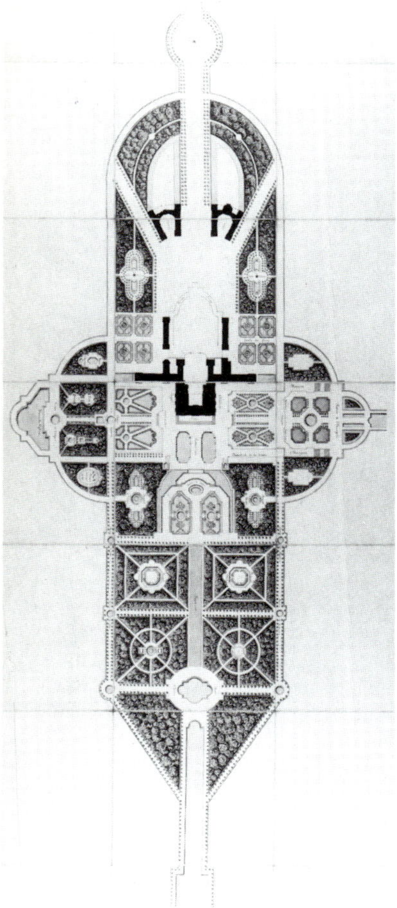

Auch der von Carl von Effner entworfene Park mit Schneisen und Kanälen wurde nur zum Teil verwirklicht, und die spätere Absenkung des Seespiegels tat ein übriges, um das Bestehende zu beeinträchtigen.

eine Schloß-Schau inszenieren und ein potemkinsches Herrenchiemsee aufbauen.

Bevor der König eintraf, kamen jeweils Waggonladungen von Blumen und Bäumen, die aufgestellt wurden, damit der Bauherr sehe, wie es dereinst auf seiner Insel aussehen werde; vor allem die bayerischen Hofgärten mußten aus ihren Beständen das dekorative Grün liefern.

Einmal wollte man Ludwig II. das Baumspalier vorführen, das später etwa vom Latonabrunnen zum See führen sollte. Ein hohes Holzgitter wurde aufgestellt und mit Weinranken und Fichtenzweigen verdeckt – die Spalierkulisse stand zur Besichtigung bereit. Auf die Frage des Königs, wie lange es dauern würde, bis die Bäume wirklich diese Höhe erreichen könnten, meinte der Hofgärtner, ungefähr neun bis zehn Jahre (und wußte doch, daß etwa doppelt so viel Zeit vergehen müßte). *Der Hofgärtner,* antwortete Ludwig II., *wird wohl mit sich handeln lassen.*

Von einem blau ausgeschlagenen Rollwagen aus, den eine kleine Lokomotive auf den Gleisen der Baubahn durch die Insel zog, betrachtete der Monarch seinen Besitz, die Bäume und sein Versailles.

Schloßbau bei Fackelschein. Wenn der Bauherr wieder abgereist war, gingen die Arbeiten mit verstärktem Eifer weiter. Bis zu dreihundert Personen waren zeitweise auf der Insel beschäftigt, und da der König ungeduldig war und immer auf Eile drängte, wurde zeitweise sogar bei Fackelschein und im Licht von Pechpfannen gearbeitet. Die Baustelle zog Leute an, und auf dem Festland, am Wege von Prien nach Stock, entstand eine kleine Arbeiterstadt; eine Reihe von langen, beheizbaren Holzhäusern, und mittendrin ein Wirtshaus, ebenfalls aus Holz.

Ludwig Thoma, dessen Mutter zwischen 1876 und 1883 das Gasthaus ›Kampenwand‹ in Prien gepachtet hatte, erinnerte sich später an diese Zeit (er selbst war etwas mehr als neun Jahre alt gewesen, als die verwitwete Mutter nach Prien zog): *Scharen von Arbeitern siedelten sich auf der Insel, aber auch auf dem nächsten Ufer an; Bauführer und Paliere mieteten sich in Prien ein, die Zufuhr des Materials brachte Fuhrleuten und Schif-*

Herrenchiemsee war vom König als Denkmalschloß für Ludwig XIV. konzipiert, und entsprechend anspruchsvoll waren seine Vorstellungen. Auch für sein eigenes, vergleichsweise bescheidenes Appartement hatte er spezielle Wünsche: So sollte sein in Weiß, Gold und Blau gehaltenes Schlafzimmer von einheitlich blauem Licht erhellt werden. Der kgl. Hoftheatermaler Otto Stöger hatte volle anderthalb Jahre damit zu tun, die Lampenkugel zu dem bläulichen Strahlen zu bringen, wie es sich der hohe Auftraggeber wünschte.

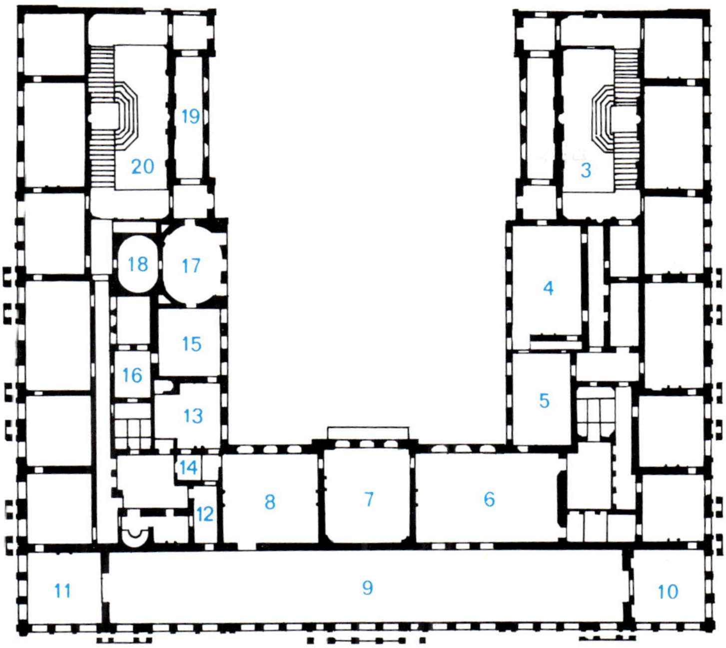

Grundriß des Obergeschosses von Schloß Herrenchiemsee mit der offiziellen Raumnumerierung

(1 Vorhalle im Erdgeschoß)
(2 Vestibül im Erdgeschoß)
(21 Durchgangsraum im Erdgeschoß)
(22 Bad im Erdgeschoß)
(23 Ankleidezimmer)

3 Prunktreppe

Paradezimmer:
4 Hartschiersaal
5 Erstes Vorzimmer
6 Zweites Vorzimmer
7 Paradeschlafzimmer
8 Beratungssaal
9 Große Spiegelgalerie
10 Friedenssaal
11 Kriegssaal

Appartement des Königs:
12 Durchgangsraum
13 Schlafzimmer
14 Kabinett
15 Arbeitszimmer
16 Blauer Salon
17 Speisezimmer
18 Porzellankabinett
19 Kleine Galerie
20 Nördliches Treppenhaus

fern gute Verdienste, und der große Mann in diesem früher so stillen Winkel war der Erbauer des Schlosses, Ritter von Brandl.

Der aber baute für Ludwig II. auch in Neuschwanstein und er half seinem königlichen Auftraggeber, wenn es in der Kasse eng wurde, gelegentlich wohl auch mit großem eigenen Geld aus.

Doch die Schloß-Beschreiber nennen ihn nur selten; der Baumeister wird vergessen oder verdrängt. Gesprochen wird von Georg Dollmann, der Herrenchiemsee entwarf und den Bau bis 1883/84 zu solcher Zufriedenheit der Majestät geleitet hat, daß ihm der persönliche Adel verliehen wurde. Am 16. Oktober 1884 aber wurde er, und niemand weiß so recht warum, von seinem Mitarbeiter Julius Hofmann abgelöst, der bisher für den Innenausbau verantwortlich gewesen war. Dessen Tätigkeit kam indes schnell an ihr Ende: Im Jahre 1885, kurz nach der traditionellen Herbstvisite des Königs, wurden die Arbeiten am Neuen Schloß Herrenchiemsee eingestellt. Das Geld war ausgegangen.

So hatte Herrenchiemsee jene Gestalt erreicht, in der es zur Zeit jährlich etwa 600000 Besucher erleben. Lediglich der Nordflügel, der im Rohbau fertig war und von dem nicht bekannt ist, wofür er bestimmt war, wurde 1907 abgebrochen, vom entsprechenden Südflügel war ohnedies erst das Fundament gelegt gewesen.

Der Untermieter. Der bayerische König hat das Schloß ohne Auftrag für eine fremde Majestät gebaut, für den dazumal bereits seit mehr als einhundertfünfzig Jahren verstorbenen König Ludwig XIV. Er selbst, der König von Bayern, war nur ein ›Untermieter‹, der sich mit ein paar Zimmern zufrieden gab. Als der Maler Eduard Schwoiser unter die olympische Personnage eines mythologischen

Deckengemäldes im Paradeschlafzimmer auch Ludwig II. schmuggeln wollte, gab der verärgerte König den Befehl, sein Porträt mit dem des Sonnenkönigs zu übermalen.

Das **Königliche Appartement** war in seinen Dimensionen – vergleichsweise – bescheiden angelegt; mit seinen fünf Zimmern (plus Kabinett) war es nicht einmal halb so lang wie der Spiegelsaal. Freilich, die Details mußten auch in diesen Privatgemächern stimmen. So wünschte sich Ludwig II. für sein in Weiß, Gold und Blau gehaltenes *Schlafzimmer* eine Lampe mit blauem Licht. Der königliche Hoftheatermaler Otto Stöger, der schon die Linderhof-Grotte illuminiert hatte, meinte, dieser Effekt sei leicht zu erzielen: Man nehme eine Kerze, stelle sie auf den knapp über zwei Meter hohen, kunstvoll geschnitzten Kerzenständer, stülpe eine blau gefärbte Glaskugel darüber und hat das gewünschte Licht. Doch der Versuch mißlang, und was der Hoftheatermaler auch unternahm – der König hatte eine andere Vorstellung von blauem Licht. *An der Kugel*, soll Stöger geseufzt haben, *werde ich noch verzweifeln.* Dazu bestehe aber doch gar kein Anlaß, ließ der Auftraggeber bestellen, er sei doch ein erfahrener Praktiker. Und tatsächlich, nach anderthalb Jahren konnte Stöger einen Erfolg vorweisen: das blaue Licht! Dem Schlafzimmer benachbart liegt das in Weiß, Rosa und Gold gehaltene, dem Andenken der Königin Marie Antoinette geweihte *Ankleidezimmer.* Zur königlichen Wohnung gehören außerdem das *Arbeitszimmer* mit einem französischen Schreibtisch, der alleine 55000 Mark gekostet hat, der *Blaue Salon,* das *Porzellankabinett* und das leicht ovale *Speisezimmer* mit dem berühmten Tischlein-deck-dich.

Achtzehnhundert Kerzen für den Sonnenkönig. Den Mittelpunkt des Schlosses bilden zwei Räume: das in Purpurrot und Gold gehaltene *Galaschlafzimmer* mit seinem 3 mal 2,60 Meter großen Bett (an dem, wie immer wieder zitiert wird, dreißig Mädchen sieben Jahre lang gearbeitet haben) und die der Versailler Galerie des Glaces nachgebildete, mit ihrer Länge von 98 Metern aber größer geratene *Spiegelgalerie.*

Dieser lange, festliche Gang läuft parallel zur Westfront des Schlosses – der Blick geht durch die hohen Fenster auf den Park – und kann durch mehr als achtzehnhundert Kerzen (auf 44 Standleuchtern und 33 Glaslüstern) erleuchtet werden. Da die rückwärtige, östliche Längswand mit Spiegeln versehen ist, wird das Licht vielfach reflektiert. Der König, so heißt es, habe sich die Wachskerzen zweiundfünfzigmal anzünden lassen, »was in fünfzehn Minuten geschehen sein mußte«.

Grandioser Höhepunkt der Paradezimmer von Schloß Herrenchiemsee ist die – fast die ganze Westseite einnehmende – Spiegelgalerie: Mit knapp 100 Metern Länge übertrifft sie ihr Vorbild in Versailles sogar noch um einiges.

Am Südende wird der Spiegelsaal von einem quadratischen *Friedens-,* im Norden von einem gleichgroßen *Kriegssaal* abgeschlossen. Zu dem für den Roi du Soleil reservierten Teil des Schlosses gehörten noch – und alles prunkvoll ausgestaltet – ein *Erstes* sowie ein *Zweites Vorzimmer,* ein *Beratungszimmer,* ein *Hartschiersaal* und, im Südtrakt, die großartige, marmorverkleidete *Prunktreppe,* die Kopie der Escalier des Ambassadeurs (die in Versailles bereits unter Ludwig XV. wieder abgebrochen worden war).

Latona und die Frösche. Das heute hufeisenförmige Schloß mit seiner Öffnung nach Osten sollte von einem Park umgeben sein. Von den zwei Achsen, die Carl von Effner geplant hatte, ist jedoch nur eine, die Ost-West-Achse, ausgeführt worden: als doppelte Lindenallee im Osten und als Parterre vor der 103 Meter langen Westfassade, also vor dem Spiegelsaal.

Zwei Bassins liegen vor dem Schloß: Ihnen hat man später das Wasser abgedreht und eine Wiese darin angelegt; ein weiteres Parterre war etwas tiefer gelegt worden, und zu ihm gehört der *Latonabrunnen:* Die griechische Göttin Latona hat Bauern, die sie verspotteten, in Frösche verwandelt – und hier hocken sie nun auf der Insel Herrenchiemsee rings um die Latona und spucken (seit 1972 wieder) in weitem Bogen Wasser.

Effners Torso eines geometrisch-strengen französischen Gartens ist umgeben von einem großzügigen Landschaftspark mit herrlichen alten Bäumen.

Geheimnis am See. Am 1. August 1886, wenige Monate nach dem Tod des Königs, wurde das Schloß zur Besichtigung freigegeben. Nun konnten die Bayern endlich sehen,

Nostalgie im Park: Kutschenfahrten zwischen Schloß und Schiffsanlegestelle.

Vielbewundert, doch kaum benutzt: Der Hebemechanismus des ›Tischlein-deck-dich‹.

was bis dahin zu schauen nur wenigen gegönnt war.

Zu denen, die schon zu Lebzeiten König Ludwigs wußten, was auf Herrenwörth entstand, gehörten der wittelsbachische Cousin des Bauherrn, Prinz Ludwig Ferdinand, und dessen Frau Maria de la Paz (die Eltern des Historikers Adalbert und der Prinzessin Pilar von Bayern). Im Mai 1883 schrieb ihnen der König: *Die beste Zeit, das bisher auf der Insel*

Das Arbeitszimmer im Appartement des Königs mit dem ›Bureau du Roi‹, einer 1884 in Paris gefertigten Kopie des Rollschreibtisches von König Ludwig XV. aus den Jahren 1760/69. ▷

Chiemsee Vollendete zu sehen, wird der September sein, denn jetzt wird am Plafond der ›Salle du conseil‹ gemalt. Aber die Gunst war an eine Bedingung geknüpft: *Dich sowie die Prinzessin ersuche ich, niemanden von der Familie davon zu erzählen, weder vorher noch nach der Besichtigung.*

Wie ihnen vorgeschlagen war, fuhren der Prinz und die Prinzessin im September auf die Insel. Der Hofsekretär Bürkel erwartete sie im Auftrag des Königs und wies ihnen im Alten Schloß die Zimmer an. Nach Einbruch der Dunkelheit wurden sie von ihrem Quartier abgeholt und zum hell erleuchteten Schloß geführt. Insgesamt blieben die Besucher vier Tage auf der Insel.

Ein paar Jahre später, der König war inzwischen gestorben, kam auch der Ippesheimer Pfarrer und freisinnige Landtagsabgeordnete Friedrich Lampert nach Herrenchiemsee. In seinem 1890 erschienenen Buch ›Ludwig II.‹ meinte er, das Schloß sei zu schnell gebaut worden und deswegen werde der ganze Märchentraum in ein paar Jahrzehnten vielleicht schon wieder zerstört sein. Der Boden sei ja sumpfig gewesen und der Schwamm schon jetzt am Werk.

Was die ersten Besucher nach des Königs Tod noch erleben konnten (s. Bild S. 69), ist seit 1972 wieder in Betrieb: der Latonabrunnen mit seinen Wasserspielen.

Dem König zum Gedenken. Die Befürchtung hat sich glücklicherweise nicht erfüllt. Herrenchiemsee strahlt hell und leuchtend wie am ersten Tag. Die Gefährdung durch Feuchtigkeit ist freilich geblieben, und so mußte zum Beispiel das im Schloß untergebrachte **König-Ludwig-II.-Museum** in den sechziger Jahren geschlossen werden, da der Bau und damit auch die Exponate Schaden genommen hatten. Der Plan, den zerstreuten künstlerischen und kunstgewerblichen Nachlaß Ludwigs II. sowie »die Gegenstände persönlicher Erinnerung an ihn« zusammenzufassen, war etwa vierzig Jahre zuvor gefallen. Nach mehrjähriger Sammelarbeit – unter anderem spendete auch der dazumal in Partenkirchen im Ruhestand lebende, achtzig Jahre alte Falkenstein-Architekt Max Schultze – konnten im Sommer 1926 in dem bis dahin nicht ausgebauten südlichen Trakt die ersten sechs Räume eröffnet werden. Dem Museum angegliedert war ein Archiv, das alles geschichtliche Material (Dokumente, Bauzeichnungen, Fotografien etc.) aufbewahrte.

Gleichsam am Beginn der großen Samm-

Das 1926 eröffnete König-Ludwig-II.-Museum – hier der einstige Architektursaal – wurde 1962 geschlossen. Inzwischen ist es neu und größer wieder eröffnet worden.

lung – versehen mit der Nummer 1 – begegnete der Museumsbesucher einem überlebensgroßen König: dem von Elisabet Ney im Jahre 1870 in Gips geschaffenen und von Friedrich Ochs dann in Marmor ausgeführten *Standbild Ludwigs II.* im Ornat des Georgi-Ritterordens. Das von Gerüchten umgebene Denkmal war ursprünglich für die Aula des Münchner Polytechnikums bestimmt, stand dann kurze Zeit im Maximilianeum, wurde zu Beginn des Jahrhunderts vor der großen Freitreppe von Linderhof aufgestellt und 1925 nach Herrenchiemsee gebracht. Seit 1968 steht es im unvollendeten, nicht verputzten nördlichen Treppenhaus des Schlosses, am Aufgang zu den privaten Gemächern. Das Modell befindet sich im ›Elisabet Ney Museum‹ in Austin (Texas).

Neben zahlreichen *Bildern* des Königs und seiner Familie wurden auch persönliche Andenken gezeigt, etwa das *Dekret,* mit dem König Ludwig I. bereits am 21. Juli 1845 – also einen Monat vor der Geburt – die Tauffeierlichkeiten festlegte, dazu das *Taufkleid* und *Kinderzeichnungen* des künftigen Königs.

In den einzelnen Abteilungen wurden bei der Eröffnung außerdem noch Exponate zu folgenden Themen gezeigt: Persönlichkeit und Leben Ludwigs II. (unter anderem *Originalpartituren* Wagners und ein *Dedikationsexemplar* der VII. Symphonie Anton Bruckners), Schloß Linderhof mit seinen Nebenbauten sowie zu Schloß Herrenchiemsee, Schloß Neuschwanstein, Schloß Falkenstein und andere Bauten. Später kamen noch Stücke hinzu, die Ludwig als Förderer des Theaters und des Kunstgewerbes zeigten. Insgesamt wurde diese Erinnerungsstätte bis zum Jahr 1931 auf zehn Säle erweitert, aber dann 1962 wegen Renovierungsmaßnahmen geschlossen.

Unter den Männern, die dieses Museum einrichteten, war einer, der noch mit dem Kö-

Die von Professor E. Eberl abgenommene und von Gipsformer Mahr gegossene Totenmaske.

nig zusammengearbeitet hatte – der bei der Museumseröffnung 68jährige Architekt Eugen Drollinger, dem einst die Fertigstellung des neuen Schlafzimmers in Linderhof übertragen war und der von 1896 an mit der Bauleitung und Restaurierung der Schlösser Ludwigs II. betraut war; diese Aufgabe hat er in den republikanischen Jahren nach 1918 beibehalten.

Zum 100. Jahrestag der Grundsteinlegung im Mai 1978 wurde ein erster Raum des Museums eröffnet, doch etwa fünf Jahre später wieder geschlossen. Das neue König-Ludwig-II.-Museum wurde schließlich 1987 im Erdgeschoß des südlichen Schloßflügels eröffnet. In zwölf Räumen werden neben Porträts zahlreiche Erinnerungsstücke wie etwa das Taufkleid, der Krönungsmantel oder die Totenmaske gezeigt. Zu den ausgestellten Gegenständen aus den Ludwigsschlössern gehören – neben Einrichtungsstücken aus nicht mehr existierenden Bauten – auch ein Raum mit dem ersten Prunkschlafzimmer aus Schloß Linderhof, das Modell für ein Festspielhaus in München sowie ausgewählte Exponate mit Gegenständen des Münchner Kunstgewerbes. Zu den Prunkstücken, die

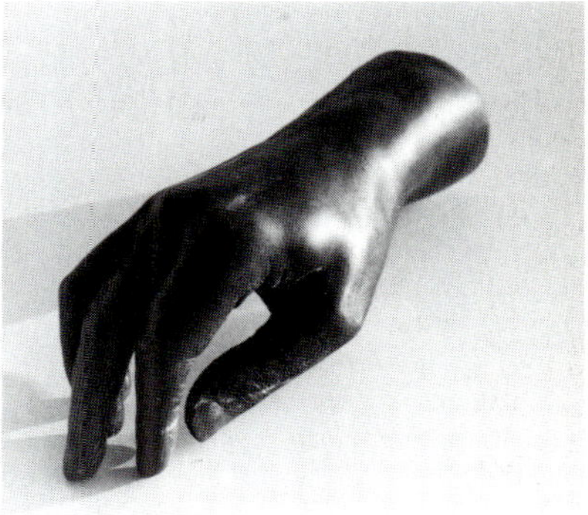

Gipsabformung der rechten Hand des Königs.

bereits bei der Teileröffnung zum 100. Todestag ausgestellt werden, gehört auch das (restaurierte) blaue Linderhof-Bett, das früher im Bayerischen Nationalmuseum aufbewahrt worden ist und zur ersten Schlafzimmerausstattung von Linderhof (siehe Abbildung auf Seite 96) gehört hatte.

Obwohl Ludwig II. kein besonderes Faible für den Chiemsee hatte, ließ er sich doch von Franz Seitz diese phantastische Prunkbarke für das Bayerische Meer entwerfen.

Hof

Der enttäuschte Bürgermeister. Die Fahrt von Bayreuth nach Hof dauerte etwa zweieinhalb Stunden. Wenn es freilich nach dem Willen des Bürgermeisters von Münchberg gegangen wäre, hätte sich die Ankunft in Bayerns nordöstlichster Stadt verzögert. Er wollte nämlich unbedingt, daß König Ludwig auch seine Stadt besuche; damit, daß der Sonderzug am 13. November 1866 nur durchfuhr, konnte er sich nicht abfinden und so forderte er die Bürger auf, trotz des stürmischen Winterwetters an den Bahnhof zu kommen und den Aufenthalt zu ertrotzen. Der Zug hielt denn auch, die Majestät winkte huldvoll ... doch nach ein paar Minuten hat der Hofzug den Bahnhof von Münchberg auch schon wieder verlassen.

In Hof warteten währenddessen die Honoratioren, um dem König, der mit 80 Begleitern, 22 Pferden und fünf Equipagen anreiste, einen großen Bahnhof zu bereiten. Der Bürgermeister hatte für den Landesherrn ein ganzes Bündel von Unterlagen mitgebracht: einen Stadtplan, Aufstellungen über das Stadtvermögen, die Stadtschulden und die Kriegslasten sowie viel statistisches Tabellenwerk über Einwohnerzahl, Wirtschaft, Bauwesen, Brandversicherung...

Durch ein Spalier jubelnder Hofer fuhr der Gast im offenen Wagen zum *Gasthof zum Goldenen Hirschen* (später wurde daraus eine Filiale der Bayerischen Vereinsbank). Die Liedertafel wollte ihm ein Ständchen bringen, doch die Bürger brachten ihre Hochrufe mit so großem Eifer und solcher Lautstärke aus, daß der Gesang unterging. Es folgten Audienzen und ein Spaziergang durch die Stadt. *Längs der Straßen,* hieß es, *waren Waldbäume angebracht. Die Stadt glich einem Garten. Durch den anhaltenden Regen war der Schmuck leider stark beeinträchtigt.*

Die ausgeborgte Hofkapelle. Die für fünf Uhr nachmittags angesetzte königliche Tafel muß man schnell abgewickelt haben, denn schon um sechs Uhr begann die Illumination – zu bestaunen war beispielsweise ein großes, leuchtendes L mit Krone –, und gegen acht Uhr fuhr Ludwig »bei anhaltenden Regengüssen« in einem nur halbverdeckten Wagen zum Festkonzert ins Gebäude der Gartengesellschaft. Ihre Musik hatten sich die Hofer übrigens im Ausland geborgt. Sie ließen nämlich die Fürstlich-Reußische Hofkapelle aus Schleiz kommen. Da der König von Sachsen den Direktor seiner Westbahn zur Begrüßung des bayerischen Monarchen nach Hof geschickt hatte, wurde diese Staatsvisite des 13./14. November beinahe zu einem internationalen Ereignis, wenn auch im Kleinformat.

Bei diesem Konzert durfte sich auch der Liederkranz, dem die Jubelrufe das Willkommensständchen verdorben hatten, mit seinem gemischten Chor vor Ludwig II. produzieren. Der aber mußte sich auch nach dem Ende des Konzerts um elf Uhr nachts noch Musik anhören: Obwohl der Regen noch immer niederprasselte, war die Landwehr mit Fackeln vor den ›Goldenen Hirschen‹ gezogen und brachte hier ein nächtliches Ständchen dar. Der König stand barhaupt auf dem Balkon und hörte geduldig zu.

Nach vierundzwanzigstündigem Aufenthalt bestieg der König am Mittwoch, dem 14. November, mittags um zwölf seinen Galazug, um nach Bamberg zu fahren. Für den Schleizer Musikdirektor Graner ließ er eine goldene Tabatière zurück, und der Violinsolist Groten erhielt eine goldene Vorstecknadel. Man hat übrigens nicht gehört, daß die Münchberger dem Zug aufgelauert und Ovationen dargebracht hätten.

Bei seinem Aufenthalt in Hof wohnte König Ludwig II. in dem einstigen Gasthof zum Goldenen Hirsch.

Hohenschwangau

Die sechs Burgen. An den Herren von Schwangau war nicht vorbeizukommen. Dort, wo seit den Römertagen die von Italien nach Augsburg führende Via Claudia Augusta aus dem Gebirge kam, besaßen sie nämlich sechs Burgen: Vorder- und Hinterschwangau (über ihren Ruinen entstand Neuschwanstein), Schwanstein (das spätere Hohenschwangau), Frauenstein, Simpertsturm und Tannenburg. Als ein den Welfen verpflichtetes Ministerialengeschlecht waren die von Swangow 1090 erstmals in Urkunden genannt worden. Den Welfen folgten 1191 die Staufer, und als schließlich Konradin – zubenannt: ›der letzte Staufer‹ – 1268 zu Neapel enthauptet wurde, fiel das Lehenrecht ans Reich – die Schwangauer waren nun reichsunmittelbar. Und sie blieben es, bis das Geschlecht 1535 mit den beiden kinderlosen Brüdern Georg und Heinrich ausstarb.

Im Jahr zuvor hatten sie ihre Burg Schwanstein an den Kaiserlichen Rat Haller von Hallerstein verkauft. Die vom Kaiser zu Saragossa ausgestellte Urkunde hatte wenig Bedeutung, da der neue Herr seinen Besitz gleich wieder weiterverkaufte an einen vermögenden Augsburger Kaufmann Johannes von Paumgartner. Seine Kaufurkunde wurde in Neapel ausgestellt.

Die Paumgartnersche Familie, die sich den Schwangauer Schwan ins Wappen setzen ließ, hat sich der Burg nicht lange erfreuen können. Bereits die Söhne des reichen Patriziers kamen auf die Gant, und so gelangte schließlich Schwanstein 1567 an den Münchner Herzog Albrecht V.

»Hohenschwangau ist ein wahres Feenschloß«, äußerte sich Ludwig I. über die romantische Neuerwerbung seines Sohnes Max (dessen Kunstauffassungen sonst so gar nicht nach seinem Geschmack waren). 22 Jahre, von 1833 bis 1855, zog sich die Restaurierung der Burg hin.

Eine große Karriere hat die Burg in den folgenden Jahrhunderten nicht gemacht, und als sie im Tiroler Krieg von 1809 schwer beschädigt wurde, sollten die ärmlichen Reste auf Abbruch verkauft werden. Zweihundert Gulden zahlte der Söldner Narziß Heiserer, kurze Zeit später legte Ludwig Fürst von Oettingen-Wallerstein noch einen Viertelhunderter zu und erwarb so das baufällige Gemäuer, das er reparieren ließ, um es aber dann aus familiären Gründen – in seiner Laufbahn gab es nach der Heirat mit einer Bürgerlichen einen scharfen Knick – an den Topographen Adolph Sommer zu verkaufen.

Der aber machte mit der Burg Schwanstein das Geschäft seines Lebens.

»Ein wahres Feenschloß!« Auf einer Fußwanderung, die er mit Bruder Otto (dem späteren König von Griechenland), dem Kasperlgrafen Pocci und dem Prinzenerzieher (und späteren Bischof von Eichstätt) Georg von Oettl im April 1829 unternahm, sah der 17jährige Kronprinz Maximilian erstmals die Burg Schwanstein. Allen, so heißt es, habe er damals vorgeschwärmt, daß er diese Gebäude kaufen und wieder aufbauen werde – und der kgl. Landkartenmacher Sommer verlangte dementsprechend 20 000 Gulden für dieses Objekt, das er selbst eben erst für wenig mehr als 1000 Gulden erworben hatte.

Drei Jahre lang verhandelte Dominik Quaglio, bis der Topograph schließlich im Oktober 1832 den Kaufvertrag unterschrieb. Immerhin, der Kronprinz zahlte ihm 7000 Gulden.

Quaglio hat die Kaufverhandlungen geführt, und er, der Hofmaler, durfte nun auch die Burg restaurieren. Im Frühjahr 1833 haben die Arbeiten begonnen, und als Quaglio 1837 starb, trat Joseph Daniel Ohlmüller, der Erbauer der Münchner Mariahilfkirche, an seine Stelle. Als 1839 auch er starb, wurden die Arbeiten durch Georg Friedrich Ziebland fortgeführt und 1855 schließlich abgeschlossen.

Seiner Frau zeigte Maximilian Hohenschwangau am 27. Oktober 1842, zwei Wochen nach der Hochzeit. Auf die Frage, ob sie sich hier wohlfühlen könne, antwortete die aus Berlin zugezogene preußische Königstochter in der Sprache ihrer Heimat: *Von den Bergen bin ich ganz weg!* Daß dies keine bloße Redewendung war, hat sie, die begeisterte Bergsteigerin, später vielfach bewiesen.

Etwa zwei Jahre später – die Bauarbeiten waren noch immer nicht abgeschlossen – machte auch Vater Ludwig I. Visite. Auch er war von der Sommerresidenz seines Sohnes begeistert: *Lieber Max,* sprach die Majestät, *Hohenschwangau ist ein wahres Feenschloß!*

König Max II. mit seiner Familie vor dem Lieblingssommersitz Hohenschwangau.

Die Prinzen im Juchhe. Obwohl die Bauarbeiten noch lange nicht abgeschlossen waren und der südwestliche Eckturm zum Beispiel erst 1838 errichtet wurde, hat Kronprinz Maximilian sein Schloß bereits 1836 zum er-

Ausblick vom Garten auf Alpsee und Allgäuer Alpen: »Von den Bergen bin ich ganz weg«, schwärmte die bayerische Kronprinzessin aus Berlin beim ersten Besuch.

stenmal bewohnt. Später hat er die neugotisch restaurierte Residenz für seine Familie aufgeteilt: im ersten Obergeschoß wohnte seine Frau Maria, das zweite Obergeschoß reservierte er für sich, im dritten Obergeschoß aber, gleichsam im Juchhe, bekamen die beiden Prinzen Ludwig und Otto ihre Zimmer angewiesen.

Die Erinnerungen an die Kindertage in Hohenschwangau, an die Ausflüge an den Alpsee (S. 28), die Wanderungen auf Berge und zum Schweizerhäuschen der Mutter in der Bleckenau waren Ludwig zeit seines Lebens wohl immer gegenwärtig, und der Wunsch, sich in die Bergwelt zurückzuziehen und fernab vom Hofe ein königliches Leben zu führen, hat hier seine Wurzeln.

In dieser sommerlichen Residenz feierte die königliche Familie am 25. August 1863

Kronprinz Ludwig (in seinem Skizzenblock: Hohenschwangau) mit seinem Bruder Otto

auch den 18. Geburtstag und damit die Mündigkeitserklärung des Kronprinzen: Früh um ½5 war Ludwig an diesem Tage aufgestanden, um im Alpsee Fische zu fangen. *Sogleich*, schrieb er seinem Großvater, *fing ich einen herrlichen Hecht von neun und einem halben Pfund. Später erhielt ich viele Beglückwünschungen und Geschenke, ein Bild aus der Allerheiligenkirche, Bilder nach den Nibelungen von Schnorr, eine Nadel mit einem Schwan, ein Buch über Faust und über die Werke von Shakespeare und andere. Es kam eine Deputation aus München, welche auch zur Tafel geladen wurde. Nachmittags fuhren wir zum Schweizerhause, abends war Beleuchtung.* Während das Schloß in bengalischem Lichte erstrahlte und die Mutter neben ihrem hochgeschossenen Sohn auf der Freitreppe stand, sang die Füssener Liedertafel.

Zehn Bläser auf den Schloßtürmen. Sieben Monate später mußte Ludwig das Erbe

1864 kam Richard Wagner auf das Schloß: Er spielte auf diesem Tafelklavier…

seines Vaters antreten. Er war nun König von Bayern und zugleich auch Herr von Hohenschwangau.

Zu seinem 19. Geburtstag kam Besuch aus München: Richard Wagner und der Bildhauer Caspar Zumbusch mit einer Wagnerbüste im Reisegepäck. Auf der Bahnreise gab es Schwierigkeiten, da es Wagner beim Wechseln des Zuges in Augsburg nicht erlaubt wurde, sein Gepäck mit in das Abteil Erster Klasse zu nehmen. Verärgert schimpfte der Komponist den Bahnhofsvorstand einen »dummen Menschen« – und zehn Monate später wurde diese Affäre in München verhandelt. Zwar bestätigte der Zeuge Zumbusch, daß das Benehmen des Beamten so barsch gewesen sei, wie er es bei seinen vielen Reisen noch auf keiner Bahn erlebt habe, doch das Gericht sah es anders: Der Komponist Richard Wagner (dessen Oper ›Tristan und Isolde‹ zehn Tage zuvor in München ur-

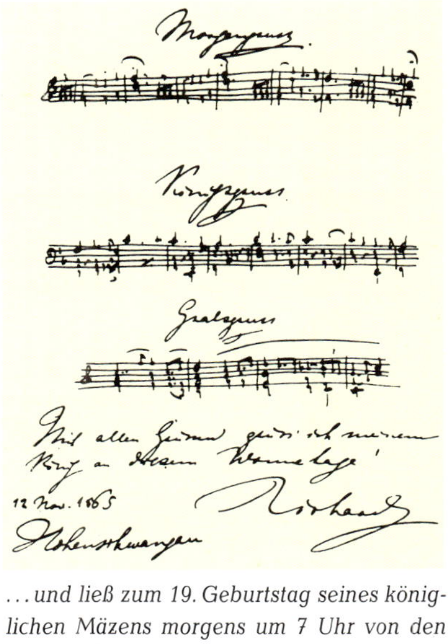

…und ließ zum 19. Geburtstag seines königlichen Mäzens morgens um 7 Uhr von den Türmen des Schlosses Motive aus Lohengrin – im Bild das Autograph des Komponisten – von zehn Bläsern aufführen.

aufgeführt worden war) wurde zu einer Strafe von 25 Gulden – etwa 43 Mark – und zur Übernahme der Verfahrenskosten verurteilt. Wagner ist trotz des Zwischenfalls am Augsburger Bahnhof wieder nach Hohenschwangau gereist (die Bahnstation dazu war Bießenhofen, und der dortige Gasthof zur Post bewahrt noch die Erinnerung an den einstigen Königssalon im Bahnhof). Zum Beispiel im November 1865. Ebenfalls in die königliche Residenz gereist waren damals zehn Hautboisten des 1. Infanterieregiments mit dem Obermusikmeister Johann Wilhelm Siebenkäs. Am Sonntag, dem 12. November, morgens um sieben Uhr, läßt Wagner die Musiker auf die Türme des Schlosses postieren und den Morgengruß aus ›Lohengrin‹ blasen. Als Wagner am 18. November abreist, schenkt ihm der König eine Uhr mit einem Schwan; wenn der Deckel geöffnet wurde, sah man Lohengrin im Nachen.

Der Umzug. Nach dem Tod des Vaters war Ludwig einen Stock tiefer gezogen, die Mutter aber war in ihren Räumen im ersten Obergeschoß geblieben. Bis in die Mitte der siebziger Jahre haben der König und seine Mutter im Sommer meist gleichzeitig im Schloß gewohnt, doch dann arrangierte man sich: Ludwig reiste nach Linderhof, wenn Königinmutter mit ihrem kleinen Hofstaat kam, die Dame aber reiste in ihr Bauernhäuschen im tirolischen Elbigenalp, wenn der Sohn seine Räume bezog.

Der biederen, braven Frau, die glücklich war, wenn sie auf einen Berg steigen oder mit ihren adeligen Begleiterinnen am Spinnrad sitzen konnte, war es nicht gegeben, den Träumereien ihres Sohnes zu folgen. Zwei Tage nach seinem zweiundzwanzigsten Geburtstag, im August 1867, schrieb Ludwig an seinen Freund Wagner, der in Tribschen am dritten Akt der ›Meistersinger‹ arbeitete: *Es ist oft zum verzweifeln: mein liebes Hohenschwangau, sonst (wenn ich allein bin) für mich der Sitz der wohltuendsten Weltabgeschiedenheit und Ruhe, sowie der höchsten, wahrsten Poesie, ist unter diesen Verhältnissen eher einem Ort der Pein vergleichbar. Die Königin liebt mich wahr und innig und so konnte ich, als guter Sohn, nicht anders, als ihrem Wunsche entsprechen, nämlich einige Zeit hier gemeinsam mit ihr zubringen, obwohl ich dem Theueren gestehen muß, daß es mich ein Opfer kostet: denn meine Mutter versteht mich ganz und gar nicht und das Leben hier ist höchst prosaisch.*

Die »höchste, wahrste Poesie« hat er offensichtlich in den Räumen gefunden, die sein Vater hatte ausschmücken lassen. So wurde auch – bis auf eine Ausnahme – nichts verändert, als Ludwig einzog. Nach wie vor präsentierten die Wände ihr für die Nachgeborenen nahezu unerträgliches üppiges Bild-Programm. In der **Königswohnung** waren dies zum Beispiel:

im Helden- oder Rittersaal die durch Moritz von Schwind gestalteten Darstellungen der Wilkenasage (in diesem Festsaal steht auch die schöne, von Elisabet Ney geschaffene *Porträtbüste* des Königs, die im Sommer 1869 in der Münchner Residenz modelliert und im Herbst desselben Jahres in Rom ausgeführt worden ist; siehe Seite 154),

im *Welfenzimmer,* der ehemaligen Bibliothek, Lindenschmits Bilder zur Geschichte Heinrichs des Löwen (unter anderem mit der Gründung Münchens),

im *Autharizimmer* die Geschichte der Brautwerbung des Langobardenkönigs Authari um die Agilolfingertochter Theodolinde, wieder entworfen von Schwind (Richard Wagner übernachtete übrigens bei seinen Besuchen nicht hier, wie oft behauptet, sondern im Prinzenbau),

im *Ritterburgen-* oder *Arbeitszimmer* (auf dessen lederbezogenem Sofa der König bei Audienzen saß) Bilder aus dem Ritterleben, von Schwind entworfen (doch wie stets: von anderen Künstlern ausgeführt),

im *Hohenstaufenzimmer,* dem Ankleideraum und Musikzimmer des Königs (mit dem *Tafelklavier* aus Ahornholz, auf dem Richard Wagner dem jungen König vorgespielt hat),

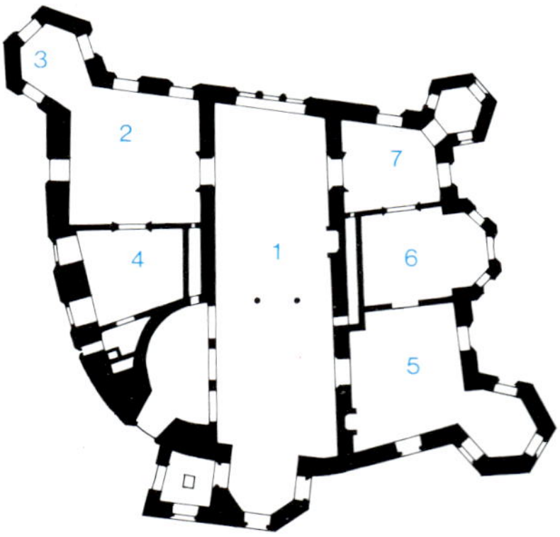

Die Wohnung König Ludwigs II. im zweiten Obergeschoß: **1** *Helden- oder Rittersaal (Festsaal),* **2** *Hohenstaufenzimmer (Ankleide- und Musikzimmer),* **3** *Hauskapelle im Löwenturm,* **4** *Tassozimmer (Schlafzimmer),* **5** *Ritterburgenzimmer (Arbeitszimmer),* **6** *Autharizimmer,* **7** *Welfenzimmer (ehem. Bibliothek).*

sechs Szenen aus der Geschichte des Kaisergeschlechtes, von Lindenschmit gemalt,

im *Tassozimmer,* dem Schlafzimmer des Königs, hatte Moritz von Schwind die Geschichte von Rinaldo und Armida dargestellt, wobei er Tassos ›Befreitem Jerusalem‹ folgte.

Das königliche Zahnweh. In diesem Raum ist – und das im wörtlichen Sinne – ein

Die ungeliebte Verwandtschaft zu Besuch: König Wilhelm von Preußen – hier in Begleitung von Ludwig II. und Königinmutter Marie – in Hohenschwangau am 25. August 1865.

bedeutsames Kapitel der bayerischen und deutschen Geschichte geschrieben worden:

Der Krieg in Frankreich war entschieden, Bismarck war nahe an seinem Ziel, das Deutsche Reich schien Wirklichkeit zu werden. Es war freilich die Frage, wie man dem preußischen König die deutsche Krone offerieren könne. Nichts, so schien es, war für den Hohenzollern ehrenvoller, als von einem Wittelsbacher die Würden anzunehmen (dessen Familie war schließlich sehr viel älter als die des Berliner Wilhelm). Doch Bayerns Ludwig hielt sich in Hohenschwangau auf und weigerte sich, da man ihm die für sein Land verlangten Garantien nicht geben wollte, nach Versailles zu reisen.

So ging denn der Berg zum Propheten. Bismarck meinte, der kgl. bayer. Oberstallmeister Graf Holnstein sollte nach Hohenschwangau fahren und den König ersuchen, seinem preußischen Vetter in einem Brief die Kaiserwürde anzutragen. Holnstein darauf: *Wissen S' was, Exzellenz, schreiben S' gleich selbst einen Brief auf, so wie er sein soll, sonst gibt es hintennach doch wieder Anstand.*

Bismarck schrieb den Brief, Holnstein setzte sich in den Zug und kam nach vier Tagen in Hohenschwangau an. Der König lag mit Zahnschmerzen im Bett und wollte zunächst Holnstein gar nicht sehen. Als er hörte, worum es sich handle, ließ er ihn ins Tassozimmer bitten, las den Briefentwurf und – kopierte ihn, freilich nicht ohne einige Änderungen anzubringen: *Allerdurchlauchtigster Großmächtiger Fürst! Freundlich lieber Bruder und Vetter! Nach dem Beitritte Süddeutschlands zum deutschen Verfassungsbündnis werden die Ew. Majestät übertragenen Präsidialrechte über alle deutschen Staaten sich erstrecken ... Ich habe mich daher an die deutschen Fürsten mit dem Vorschlage gewendet, gemeinschaftlich mit mir bei Ew. Majestät in Anregung zu bringen, daß die Ausübung der Präsidialrechte des Bundes mit Führung des Titels eines deutschen Kaiser verbunden werde ...*

Am 30. November 1870 wurde dieser ›Kaiserbrief‹ geschrieben, am 3. Dezember war Holnstein wieder in Versailles, am selben Tag überreichte Prinz Luitpold (der spätere Prinzregent) das Schreiben, und am 18. Januar 1871 wurde im Spiegelsaal des Schlosses zu Versailles – im Beisein fast aller deutschen Fürsten, für Ludwig II. war sein Bruder Otto gekommen – das Zweite Deutsche Reich proklamiert.

Der König von Bayern hatte handschriftlich den Weg dafür bereitet. Daß er in den folgenden Jahren und bis zu seinem Tod viel Geld aus Berlin bekam, insgesamt etwa vier Millionen Mark, hatte – obwohl das Gegenteil lange behauptet wurde – nichts mit dem Brief zu tun (der dann ja das teuerste Autograph der Weltgeschichte wäre): Das Geld aus dem Welfenfonds, das Bismarck bereitlegte und Herr von Holnstein in handlichen Jahresraten von Berlin abholte (mit gutem Gewinn für den Transporteur) sollte den König bei Regierlaune halten und ihn reichsfreundlich stimmen.

Ludwig II. *beließ die Räume des Schlosses so, wie er sie von seinem Vater übernommen hatte, nur das Schlafzimmer gestaltete er nach eigenem Geschmack um – und prompt ließ es Königinmutter Marie nach dem Tode ihres Sohnes wieder zurückrestaurieren. So ist diese Ansicht, die der König Richard Wagner schenkte, das einzige Bilddokument von dieser Ausstattung.*

Der Raum, in dem Ludwig II. Bismarcks Briefentwurf erhielt, war übrigens auf bizarre Weise ausgeschmückt.

Bereits im Herbst 1864 hatte der König dem Theatermaschinisten Joseph Penkmayr den Auftrag gegeben, an der einem nächtlichen Himmel nachempfundenen Zimmerdecke einen Mond zu installieren, der sich als Nachtbeleuchtung illuminieren ließe. Im darauffolgenden Jahr kam noch ein funkelnder Sternenhimmel hinzu, und zum Abschluß wurde auch noch – welch ein bizarrer Einfall! – eine Regenbogenmaschine eingebaut. In einer Zimmerecke mußte schließlich ein Felsbrunnen plätschern, den der Hofblumenfabrikant J. von Heckel mit drei künstlichen Orangenbäumen zu garnieren hatte. Nach dem Tod Ludwigs II. ließ die Königin-Mutter noch im Herbst 1886 alle Einbauten wieder demontieren und den Raum so herstellen, wie er in den Max-II.-Tagen gewesen war.

Lohengrin, Schwan und Königin Maria. Wie im zweiten, so waren die Maler auch im ersten Obergeschoß – in der Wohnung der Königin – zu ausschweifender, wändefüllender Arbeit eingeladen. Im *Schyrenzimmer,* dem Ankleideraum der Königin, hatte Wilhelm Lindenschmit Szenen aus der Geschichte der alten Wittelsbacher, die früher Schyren hießen, geschaffen. Der Maler zeigte Ludwig den Baiern beim Ampfinger Eiermahl (»Jedem Mann ein Ei...«) und beim Versöhnungstreffen mit Friedrich dem Schönen in der Burg Trausnitz im Tal; Herzog Christoph, der berühmte Steinlupfer der Münchner Residenz, ist im Wettkampf mit dem polnischen Riesen von Lublin dargestellt und Herzog Ludwig der Kelheimer bei seinem Eheschwur zu Bogen, wo drei Ritter ihn – von der künftigen Herzogin Ludmilla als heimliche Zeugen bestellt – hinter einem Vorhang belauschten. Neben einigen ande-

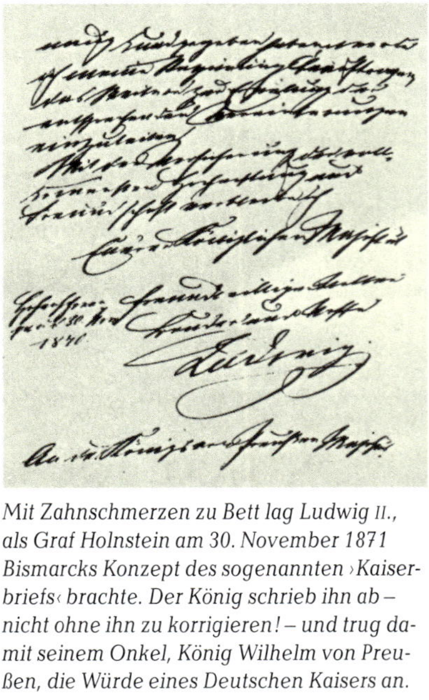

Mit Zahnschmerzen zu Bett lag Ludwig II., *als Graf Holnstein am 30. November 1871 Bismarcks Konzept des sogenannten ›Kaiserbriefs‹ brachte. Der König schrieb ihn ab – nicht ohne ihn zu korrigieren! – und trug damit seinem Onkel, König Wilhelm von Preußen, die Würde eines Deutschen Kaisers an.*

ren Darstellungen aus der wittelsbachischen Familiengeschichte hat Lindenschmit in diesem Zimmer auch jenen Mann dargestellt, der die bayerischen Zeitläufte beschrieben hat – er malte einen steif und hager an seinem Schreibpult sitzenden Aventin.

Diese 1835 entstandenen Bilder haben keinen bleibenden, nachwirkenden Eindruck bei Kronprinz Ludwig hinterlassen, denn sehr viel mehr als für seine eigene Familie interessierte er sich später für die französischen Bourbonen, die Zeitgenossen seiner Vorgänger Max Emanuel, Karl Albrecht und Max III. Joseph.

Westlich dieses mit Ahnen dekorierten Raumes lag jener *Schwanenrittersaal,* der einen entscheidenden Einfluß auf das Denken und das Leben Ludwigs gehabt hat. Der damals dreißigjährige Cornelius-Schüler Christian Ruben – später Akademiedirektor in Prag und Wien – hat die Sage vom Schwanenritter Lohengrin in Bildern nacherzählt; allerdings hat auch er, wie sein Kollege Schwind, die Entwürfe geliefert, ausgeführt haben sie dann 1835 Michael Neher und Lorenz Quaglio. Nur den Gotteskampf Lohengrins mit dem Grafen von Frankenburg malte er selbst.

Hier, im *Speisezimmer* von Hohenschwangau, ist Ludwig der Figur des Schwanenritters wohl erstmals begegnet: Er erlebte, wie der Kaiser Lohengrins Horn hört, er war dabei, als Lohengrin Abschied nahm und als er heiratete. Von Schwänen gekrönt war aber auch der silberne Tafelaufsatz, ein wasserspeiender Schwan stand im Schloßgarten, der Schwan fand sich im Wappen...

So war dem König die Figur Lohengrins bereits wohlbekannt, als er im Februar 1861 eine Aufführung der Wagneroper im Hoftheater erlebte. Es war sein erster Opernbesuch überhaupt. (Und das Schicksal wollte es, daß der letzte gemeinsame Opernbesuch mit Wagner wieder dem ›Lohengrin‹ galt!)

Von Kindheit an hatte Ludwig die Sagengestalt des Lohengrin im Speisezimmer vor Augen.

Im Vorzimmer des Schwanenrittersaales stand übrigens jener *Billardtisch,* auf dem Ludwig II. zu Weihnachten seine Geschenke auszubreiten pflegte.

Das Souper nach Mitternacht. Seit dem Mai 1869 wurde in der Nachbarschaft von Hohenschwangau gebaut – auf einem Bergrücken, der Jugend heißt, entstand die Neue Burg Hohenschwangau: das (erst seit 1886 so genannte) Schloß Neuschwanstein (S. 163).

Der Bau war noch längst nicht fertig, als Ludwig um die Mitte des Jahres 1884 einzog und zeitweise die für ihn bestimmten Räume bewohnte. Hier hielt er sich auch in der Nacht vom 9. zum 10. Juni 1886 auf, als die sogenannte ›Fangkommission‹ ausgeschickt wurde, den König abzuholen und nach Schloß Berg zu bringen.

Nachmittags um zwei Uhr hatten der Minister Friedrich August Krafft von Crailsheim, die Reichsräte von Holnstein und Törring-Jettenbach, dann der Geheime Legationsrat Dr. Rumpler und Oberstleutnant Freiherr von Washington in München den Extrazug bestiegen, der sie zu der südlich von Kempten gelegenen Station Oberdorf brachte, wo bereits die Hofwagen bereitstanden, mit denen man nach Hohenschwangau fuhr. Dort kam man um Mitternacht an – ohne die Uniformen, die, von langsamen Postpferden transportiert, hinter den hohen Herrschaften herkutschierten und erst acht Stunden später in Hohenschwangau eintrafen, als sie nicht mehr gebraucht wurden.

Gendarmen und Feuerwehr hatten nämlich die Kommission, als sie um vier Uhr früh vor den Toren Neuschwansteins erschien, bereits erwartet und sogleich verhaftet. Vor der Fahrt hinauf zur königlichen Residenz waren in Hohenschwangau vierzig Maß Bier und zehn Flaschen Champagner getrunken worden. Außerdem hatte man sich ein Souper von sieben Gängen servieren lassen. Die Speisekarte trug die Aufschrift ›Souper de Sa Majesté le Roi‹.

Ingolstadt

Zauber der Montur. Den Krieg hat der König gehaßt, alles Militärische war ihm fremd – doch Uniformen hat er offensichtlich gerne angezogen, die Bilder beweisen es: Wilhelm Tauber porträtierte ihn 1864 in einem ovalen Brustbild als General der bayerischen Armee mit dem Komturkreuz des Hubertus-Ritterordens; einige Jahre später, auf einem Bild von August Fleischmann, trug der König die Uniform des Infanterie-Leibregiments. Berühmt wurde Ferdinand Pilotys Gemälde aus dem Jahre 1865: Die bayerische Majestät mit dem Krönungsmantel (obwohl es keine bayerische Königskrönung gab!) und in der Uniform eines bayerischen Generalfeldmarschalls, mit blauem Rock, roter Schärpe, weißer Hose und hohen, schwarzen Schaftstiefeln. Und dies im wahrhaft königlichen Format von 3,34 mal 1,62 Metern. Zehn Jahre später ließ Ludwig Behringer den uniformierten König mit Federbusch auf dem Helm an der Spitze seines Generalstabs galoppieren.

Noch dekorativer und Ludwig II. auch sehr viel lieber waren freilich die Ornate der Hausorden. Als Mitglied des Georgi-Ritterordens hat Elisabet Ney die Majestät 1870 in einem zwei Meter großen Standbild dargestellt. In diesem Gewand haben ihn Friedrich Eibner und Gabriel Schachinger gemalt.

Unter den Uniformstücken, die das Bayerische Armeemuseum in Ingolstadt von ihrem Gründer besitzt, befindet sich auch die Tschapka (oben) zur Uniform eines Oberstinhabers des 2. Ulanenregiments, in der sich König Ludwig II. gerne gezeigt hat (rechts).

Schaustücke im Herzogsschloß. Einige der königlichen Militäruniformen werden in dem Schloß gezeigt, das sich der Ingolstädter Herzog Ludwig der Bärtige von 1417 an in seiner Residenzstadt errichten ließ. Der nahe der Donau gelegene gotische Bau mit seinem weithin sichtbaren Turm war im Jahre 1945 schwer beschädigt worden. Man hat den historischen Bau in der alten Form wieder errichtet und darin das in München ausgebombte **Bayerische Armeemuseum** – es war in dem Anno 1905 eingeweihten Kuppelbau am Hofgarten eingerichtet – von 1969 an untergebracht. Die Einweihung erfolgte im Frühjahr 1972.

Daß in diesem Museum neben Bilddokumenten auch König Ludwigs *Waffenrock* als Oberstinhaber des 2. Infanterie-Regiments, der *Tschako* zur Inhaberuniform des österreichischen 5. Infanterie-Regiments sowie die *Tschapka* als Oberstinhaber des 2. Ulanen-Regiments und ein russischer *Ulanen-Offizierssäbel* aus dem Besitz des Königs gezeigt werden, hat seinen guten Sinn. Denn der so friedliebende, militärisch so desinteressierte Monarch hat 1879 auf Antrag des Kriegsministers Joseph von Maillinger das Bayerische Armeemuseum gegründet. In den König-Ludwigs-Tagen waren die Schaustükke im Zeughaus an der Lothstraße ausgestellt, das bereits seit 1861 martialische Dokumente gesammelt hatte. Die offizielle Eröffnung des von Major a.D. Joseph Würdinger geleiteten Königlich Bayerischen Armeemuseums erfolgte am 25. August 1881, am 36. Geburtstag des Stifters.

Von ihm befinden sich im Depot des Armeemuseums noch eine *Generalsuniform* und eine *Inhaber-Uniform* des 1. Infanterie-Regiments.

Landshut

Der Besuch. Die Landshuter wurden überrascht. Am Sonntag, dem 22. August 1869, stand auf der dritten Seite des ›Kurier für Niederbayern‹ eine kurze Meldung: *Landshut 21. Aug. Wie wir vernehmen, wird Se. Maj. der König heute abend um 6 Uhr eintreffen.*

Nicht einmal den Landshuter Bürgermeister Dr. Gehring hatte man rechtzeitig informiert, und so mußte er telegrafisch von seinem Urlaubsort, der Insel Herrenwörth im Chiemsee (die König Ludwig vier Jahre später kaufte) zurückgerufen werden.

Einer freilich, der ›Gottschalck von Regensburg‹ signierte, war flink gewesen und hatte so schnell gereimt, daß sein sechsstrophiges Huldigungsgedicht noch in der gleichen Zeitung erscheinen konnte, in der auch die (verspätete) Ankündigung des königlichen Besuches veröffentlicht wurde. Pathetisch und (sicher unfreiwillig) frivol hatte Gottschalck begonnen:

Es bringt die alte Landeshut
Als Huldigung ihr Herz Dir dar,
Das treu durch aller Zeiten Fluth
Nur Wittelsbach zu eigen war;
Denn höher strahlt als Pracht und Glanz
Der Treue ew'ger Sternenkranz.

Es ist ein zaub'risch hehres Weib,
Die ehrenreiche Landeshut:
In hoher Schöne strahlt ihr Leib,
Stolz ist ihr Geist, kühn ist ihr Muth;
Und sie, o König! sie ist Dein –
Und wird Dir stets zu eigen sein! …

In der ehrenreichen Landeshut fand in jenen Tagen gerade die Dult statt, und in der Zeitung war angekündigt worden, daß bei dieser Gelegenheit auch die europäische Attraktion eines Riesenkindes zu besichtigen sei. Nicht weniger sensationell als dieses aus allen Fugen geratene Kind war aber der schöne, menschenscheue König, und so zogen die Landshuter am Abend des 21. August vor die **Stadtresidenz,** in der Ludwig II. während seines Aufenthaltes wohnte. Und tatsächlich: von einem Fenster des Herzogsbaues aus grüßte der Monarch die jubelnden Bürger.

Die Residenz des Junggesellen. Wie nachträglich berichtet wurde, war der König samstagnachmittags um sechs mit seinem Hofzug in Landshut angekommen. Es gab kein großes Zeremoniell, denn der König fuhr sofort in jene Residenz, die sich ein anderer wittelsbachischer Junggeselle, Herzog Ludwig X., zwischen 1536 und 1543 im Stil reiner italienischer Renaissance hatte bauen lassen.

Er hat sich des Schlosses nicht lange erfreuen können, denn schon 1545 ist er hochverschuldet gestorben. Da es seit der bayerischen Wiedervereinigung von 1506 in Landshut keinen regierenden Herzog mehr gab und Ludwig eine Sonderrolle gespielt hatte (da er vor 1506 geboren worden war), fand sich für die ›Neue Residenz‹ – so hieß sie noch in den Tagen des Königsbesuches – keine Verwendung mehr. Das Stadtschloß wurde nun durchreisenden Gästen der herzoglichen Familie angeboten, und gelegentlich logierten ungebetene Kriegsgäste hier, beispielsweise der Schwedenkönig Gustav Adolf. Erst anderthalb Jahrhunderte nach dieser Einquartierung zogen wieder Wittelsbacher ein. Kurfürst Carl Theodor überließ Herzog Wilhelm von Birkenfeld-Gelnhausen und dessen Frau Anna 1781 einige kostbar renovierte Räume des Schlosses. Obwohl der Herzog noch während seines Landshuter Aufenthaltes zum (ersten) ›Herzog in Bayern‹ ›ernannt‹ wurde, heißen die Zimmer, in denen die Großeltern des Herzogs Max in Bayern (des ›Zithermaxl‹) und Großeltern der Kaiserin Sisi lebten, noch heute die Birkenfeld-Zimmer.

In ihnen wohnte auch Prinz Ludwig, der spätere König Ludwig I., als er zwischen dem 6. Mai und 24. September in Landshut studierte; immatrikuliert als »Serenissimus Princeps ac Dominus Carolus Ludovicus utriusque Bavariae Palatinatus superioris Franconiae et Montium Dux. etc. Princeps electoralis hereditarius«. Und diese Räume bezog offensichtlich auch König Ludwig, als er für vierundzwanzig Stunden nach Landshut kam.

Der nachtumflorte Isargau. Die Huldigung der Landshuter wird nicht sehr lange gedauert haben, denn schon um acht Uhr abends fuhr König Ludwig hinauf zur **Burg Trausnitz:** *Welche Gedanken, welche Empfindungen mögen Sein edles, stolzes Herz durchwogt haben, als Er auf diesem Boden stand, als Er hinausblickte über den nachtumflorten Isargau – ins Thal hinab zu seiner in tausend Lichtern flammenden Landeshut?* fragte pathetisch ein Zeitungsschreiber.

Zwei Stunden später ist der königliche Gast bereits wieder drunten im Tal, um in seiner Residenz der Serenade beizuwohnen,

Auf der Burg seiner Ahnen über der Stadt Landshut ließ sich Ludwig II. 1870-78 ein Appartement einrichten, das er nie bewohnen sollte. Die Haupträume waren Schlafzimmer, ...

die das Musikkorps des kgl. IV. Jägerbataillons gab. Spät in jener Vollmondnacht hat der König, der nur in Begleitung von Generaladjutant von der Tann und Flügeladjutant von Sauer gereist war, seine noble Herberge verlassen, um unbeobachtet zu dem Denkmal zu gehen, das Landshut seinem Vater Maximilian II. errichtet hatte und das am 28. November 1868 enthüllt worden war. Ludwig II. hatte darin, wie er Bürgermeister Dr. Gehring damals schrieb, »eine natürlich wohltuende Bestätigung der geschichtlich durch Jahrhunderte bewährten Treue der wackeren Bürger Landshuts an Mein wittelsbachisches Fürstenbanner« gesehen. Und wahrscheinlich war er vor allem dieses Denkmals wegen wenige Tage vor seinem vierundzwanzigsten Geburtstag nach Landshut gefahren.

Ein Glas Champagner für den Stabshornisten. Der Sonntag begann mit einer Messe in der 1543 geweihten Residenzkapelle. Vom anschließenden Rundgang durch die Stadt berichteten die Chronisten, der König – »im einfachen schwarzen Civilanzug« – sei einem Geistlichen begegnet, der mit dem Allerheiligsten auf einem Versehgang gewesen sei. Die Majestät habe, wie jeder Gläubige, das Knie gebeugt. Nach zwei Stunden sei Ludwig, »gefolgt von einer dichten Menschenmenge«, wieder in die Residenz zurückgekehrt, habe den von Herrenwörth angereisten Bürgermeister empfangen und sei anschließend, gegen 15 Uhr, zur Burg gefahren, wo um 16.30 Uhr in den unteren Räumen ein Diner von 42 Gedecken stattfand. Die Musikkapelle unter dem Stabshornisten Donderer – die Musikerfamilie blüht heute noch – spielte auf Wunsch des Königs viel Wagner und ein wenig Verdi. Die Majestät war zufrieden und ließ Donderer als Zeichen allerhöchster Huld ein Glas Champagner kredenzen.

Damit war der königliche Besuch in Landshut beendet. Kurz nach 18 Uhr setzte sich der Hofzug in Bewegung: *Da war es wohl jedem, als ob ein Stück von seinem Herzen mit fortzöge mit dem König,* schrieb der ›Kurier für Niederbayern‹.

Das unbewohnte Absteigequartier. Am darauffolgenden Freitag, dem 27. August, berief sich die Zeitung auf »gutunterrichtete Kreise«, als sie meldete: *daß Se.Maj. die Absicht hege, mehrere Gemächer der Trausnitz im Charakter der Burg wieder herstellen und wohnlich einrichten zu lassen.*

Der König ließ freilich noch etwas Zeit verstreichen, bis er am 18. März 1870 dem Innenminister mitteilte, daß er beschlossen habe, *in dieser einst so herrlichen Fürstenburg, dem alten Wohnsitz meiner Ahnen, ein Absteigequartier für mich einrichten zu lassen und die Ausführung dieses Projects dem k. Kreisbaubeamten Bernhard Schmidtner in Landshut auf Rechnung Meiner Kabinettskasse zu übertragen.*

Im Jahre 1840 hatte König Ludwig I. daran gedacht, die Burg Trausnitz zu restaurieren –

... Arbeitszimmer (oben) und Audienzsaal (unten). Beim Brand der Trausnitz im Jahre 1961 ist diese Raumfolge in altdeutschem Stil bis auf einige wenige Möbelstücke untergegangen.

die hohen Kosten schreckten ihn ab. König Max II. wollte dem Staat die Landshuter Stadtresidenz überlassen, wenn man ihm dafür die Trausnitz restauriere und die dorthin führende Straße ausbessere – die Handelschaft kam nicht zustande. Dem aus Griechenland vertriebenen König Otto bot man die hochgelegene Residenz als Wohnsitz an – Otto ging nach Bamberg. Nun aber, unter Ludwig II., sollte die Burg der niederbayerischen Herzöge wieder bewohnbar gemacht werden und ein **Königsappartement** erhalten. Um die Kosten unter Kontrolle zu halten, wünschte sich der Monarch ein Vorzimmer, ein Adjutantenzimmer, ein Zimmer des Leibkammerdieners, ein Schlafzimmer, ein Arbeitszimmer und einen Audienzsaal, insgesamt mit Küche elf Räume, von denen allerdings drei unvollendet blieben.

Von 1870 bis zum Jahre 1878 wurde unter der Leitung von Bernhard Schmidtner (der allerdings bereits 1873 starb) und Georg

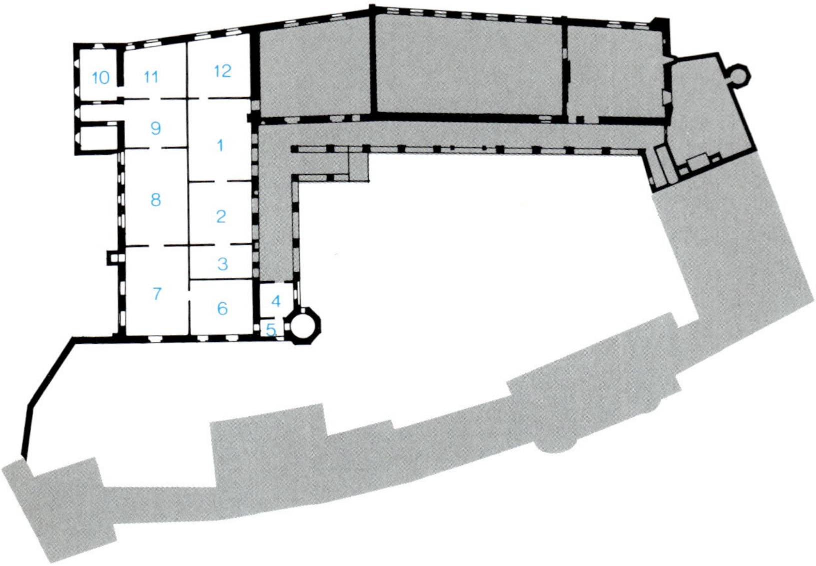

Ehemaliges Königsappartement im 2. Obergeschoß des Fürstenbaus der Burg Trausnitz über Landshut (Raumeinteilung nach 1969 teilweise verändert):
1 *Vorzimmer (heute Raum 19: Vorraum),* **2** *Adjutantenzimmer,* **3** *Kammerdienerzimmer,* **4** *Küche,* **5** *Vorplatz,* **6** *Schlafzimmer,* **7** *Arbeitszimmer,* **8** *Audienzzimmer,* **9** *Vorzimmer zum Audienzzimmer (heute Raum 20: Erster Saal der Wirkteppiche),* **10** *ursprünglich geplante Schreibstube (heute Raum 22: Kabinett im Italienischen Anbau),* **11** *Vorzimmer, urspr. als Wohnzimmer geplant (heute Raum 23: Zweiter Saal der Wirkteppiche),* **12** *Vorzimmer, urspr. als Adjutantur geplant (heute Raum 24: Dritter Saal der Wirkteppiche)*

Dollmann an dieser königlichen Wohnung im Südwestteil der Burg gebaut. Als die Räume mit schweren altdeutschen Möbeln eingerichtet wurden, stiftete die Stadt Landshut einen massiven Eichenschreibtisch ... doch die Hoffnung, daß König Ludwig nach Landshut zurückkehre, hat sich nicht erfüllt. Die Majestät hat diese Nebenresidenz nie mehr gesehen.

Nur im Bilde ist er zurückgekehrt: Für die östliche Emporenwand der **Georgskapelle,** deren Restaurierung er auch veranlaßte, stiftete der König ein *Holzrelief,* das der Münchner Schnitzer Josef Knabl schuf und das Ludwig II. im Ornat des Hubertusritters zeigt, wie ihn der Heilige Georg der Gottesmutter empfiehlt.

Die Altäre dieser zweigeschossigen, aus der ersten Hälfte des 13. Jahrhunderts stammenden Georgskapelle waren 1855 »zum Zwecke ihrer besseren Konservierung« ins Münchner Nationalmuseum gekommen; sie gehörten gleichsam zu dessen Erstausstattung. Dem Wunsch des Landshuter Archivdirektors und leidenschaftlichen Streiters der Patriotenpartei Edmund Jörg entsprechend wurden die Altäre in der Osterwoche 1869 – also vor dem königlichen Besuch, doch auf königlichen Befehl – in die Trausnitz zurückgebracht. Bei einer Restaurierung rund hundert Jahre später wurde das von Ludwig II. gestiftete *Apsisfresko* von Barth von einem übereifrigen Denkmalpfleger übermalt. Gottseidank mit löslicher Farbe: Heute erwägt man wieder seine Freilegung.

Ein Tauchsieder, dessen Stecker man auszuziehen vergessen hatte, setzte am 21. Oktober 1961 die Burg Trausnitz in Brand: Die königlichen Zimmer wurden mitsamt ihrem Mobiliar zerstört.

Ludwig veranlaßte auch die Restaurierung der altehrwürdigen Schloßkapelle: Hier sein Stifterbild in Hubertusrittertracht von 1871.

Linderhof

Das Gindhart-Häusl. Seit 1475 sollen die Linders auf dem Zehenthof des Klosters Ettal im Graswangtal gesessen sein, von ihnen bekam das Anwesen – wie das spätere Schloß – angeblich seinen Namen; andere freilich meinen, er stamme von einer alten Linde, die noch heute im Park von Linderhof stehe (aber schließlich fließt hier ja auch noch eine Linder).

In der napoleonischen Zeit scheint der damalige Besitzer dieses Anwesens, der Josef Gindhart aus Linderhof, die Lust an seinem Besitz verloren zu haben und so verkaufte er das Haus, die Wiesen, die Felder und Wälder an den bayerischen Militärfohlenhof Schwaiganger bei Murnau. Der Bruder Johann Michael mochte den Umzug in eine weniger abgelegene Gegend nicht mitmachen. Er blieb in seinem Häusl sitzen.

Dieses hat König Max, als er einmal zur Jagd im Ammerwald unterwegs war, ins Auge gestochen, und er hat es in den frühen 1850er Jahren gekauft (als der Johann Michael schon lange tot war). Der neue Besitzer ließ Friedrich Ziebland kommen, der ihm schon die Burg Hohenschwangau umgebaut hatte, und er richtete nun an Stelle des Stalls und des Heubodens ein paar Zimmer ein. Das Ganze hieß nun **Königshäuschen.**

Bei seinen Besuchen begleitete den König gelegentlich auch sein kleiner Kronprinz – so besuchte der spätere König Ludwig II. im Jahre 1860 erstmals den Ort, an dem er später seine Schloßanlage bauen sollte.

Aus dem Königshäuschen seines Vaters erwuchs Ludwigs Schloß Linderhof: Hier nach der zweiten Erweiterung 1872. Hinter dem alpinen Holzbau entfaltete sich luxuriöser Spätbarock.

Das kgl. bayer. Buchstabenspiel. Das Projekt lief unter der Chiffre ›Meicost Ettal‹, und der kgl. bayer. Hofbaurat Georg Dollmann war ausersehen, dafür die Pläne zu zeichnen: Nahe dem Königshäuschen sollte ein bayerisches Versailles entstehen. Eine architektonische Huldigung an König Ludwig XIV. von Frankreich, dessen absolutistischer Wahlspruch ›L'état c'est moi‹ – ›Der Staat bin ich‹ – in einem anagrammatischen Buchstabenspiel zum Deckwort ›Meicost Ettal‹ aufbereitet wurde.

Immer neue Entwürfe hatte der Architekt zwischen 1868 und 1870 der Majestät vorgelegt, doch für keinen dieser Pläne mochte sich der Bauherr entscheiden, und so erhielt der vierzigjährige Dollmann zuletzt, im Herbst 1870, nur einen kleinen Auftrag – er sollte für das Königshäuschen einen Anbau entwerfen. (Und erst später kam dann der königliche Befehl, ›Meicost Ettal‹ auf der Chiemseeinsel Herrenwörth zu bauen.)

Der Vater hatte sich das kleine Gindhart-Häusl gekauft und so zurechtgerichtet, daß es ihm für seine Jagdaufenthalte gute Dienste leistete. Der Sohn, dem Andenken seines Vaters allzeit treu ergeben, wollte daran zunächst wenig ändern. Er befahl 1869 nur, die Zimmer neu ausstatten und vor dem Hause einen Ziergarten anlegen zu lassen. Kaum

Die Entwicklung von Schloß Linderhof 1870-86

An das 1869/70 innen modernisierte Königshäuschen (grün) wurde 1870/71 zunächst ein Nordostflügel (gelb) mit drei Räumen angebaut.

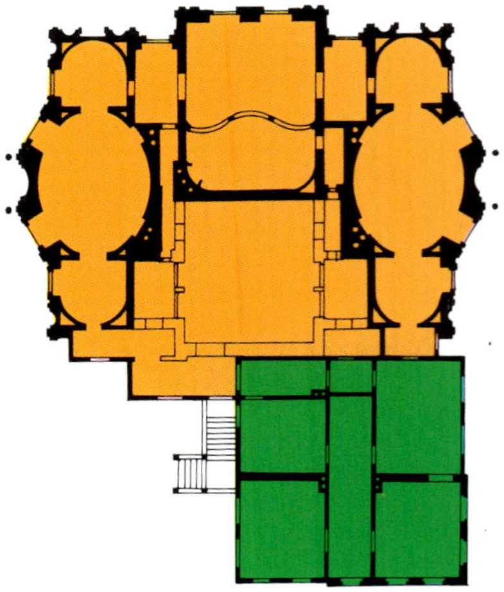

1871/72 Abbruch des eben vollendeten Flügels zugunsten einer großzügigen Erweiterung mit zwei Flügeln und einem Schlafzimmer (orange).

war jedoch diese Modernisierung abgeschlossen, dachte der König an eine Erweiterung von seinem Arbeitszimmer im ersten Stock aus nach Osten. Am 30. September 1870, während bayerische Soldaten in Frankreich kämpften und die deutschen Kabinette über die Gründung des Zweiten Kaiserreiches verhandelten – eine politische Entwicklung, die König Ludwig mit größtem Mißtrauen und Unbehagen verfolgte –, wurde dieser Anbau endgültig beschlossen und dem Architekten eine Ideenskizze vorgelegt, die ihm deutlich zeigte, wie sich der hohe Auftraggeber die Lösung wünschte. Um nach außen den ländlichen Charakter zu bewahren, plante Georg Dollmann einen Holzständerbau über einem Mauersockel. In den drei Innenräumen dagegen sollte sich französisches Rokoko entfalten, wozu man unter anderem – ungeachtet des Kriegszustandes mit Frankreich – auch Stoffe aus Lyon beschaffte.

Die Kabinettskasse wies für diese Bauarbeiten im Jahre 1870 insgesamt 31312 Gulden und 45¼ Kreuzer an. Das war wenig, gemessen an den 109764 Gulden und 2 Kreuzern, die Eduard von Riedel im gleichen Jahr an der Baustelle Neuschwanstein ausgab. Schon im darauffolgenden Jahr 1871 zahlte man im Graswangtal aber nahezu 123000 Gulden. Und die Kosten stiegen beinahe von Jahr zu Jahr: 294000 Gulden, 381000 Gulden, 213000 Gulden, 662000 Gulden... Als nach dem Tod des Königs unter die Baukostenrechnungen ein Schlußstrich gezogen wurde, addierte man für das Projekt Linderhof 8460937 Gulden bzw. Mark (und damit gut zwei Millionen mehr als für Neuschwanstein). Allerdings war inzwischen aus dem Anbau, der auf zeitgenössischen Darstellungen etwas plump und unproportioniert wirkt, ein selbständiges, ein wahrhaft königliches Schloß geworden.

Noch war dieser Annex kaum fertiggestellt, da hatte der König im Frühjahr 1871 eine neue Idee: nämlich diesen Ostflügel im Westen spiegelbildlich zu ergänzen; zwischen den jeweils drei, in einer Achse angeordneten Flügeln sollte ein freier Hof entstehen, dessen südlichen Abschluß das alte Vater-Haus, dessen nördliche Begrenzung aber ein großes Schlafzimmer bilden sollte. Und da zu allem Ende die Räume im projektierten Westflügel etwas größer dimensioniert werden sollten als im gerade fertiggewordenen Anbau, blieb nichts anderes übrig, als den jüngsten Annex wieder abzureißen und im Zusammenhang mit dem neuen Erweiterungskonzept größer wiederzuerrichten. Ende 1872 war die neue Residenz fertig: das meiste immer noch in dem kuriosen Gegensatz von Holzbau im Äußeren und raffiniertem Rokoko im Inneren, ein Zustand, der für einen anspruchsvollen König sicher nicht der endgültige sein konnte. Und so setzten denn auch schon zur selben Zeit weitere Überlegungen ein, aus diesem Konglomerat ein großes Ganzes zu schaffen.

Der letzte entscheidende Schritt dazu erfolgte am 21. Januar 1874. An diesem Tage unterschrieb König Ludwig die Abbruchgenehmigung für den Alt-Bau. Nur noch der dreiflügelige Anbau sollte erhalten bleiben, während das alte, schlichte Königshaus abgebrochen und durch einen neuen Eingangsflügel ersetzt, dabei alles nun mit Mauern ummantelt und geschmackvoll gegliedert

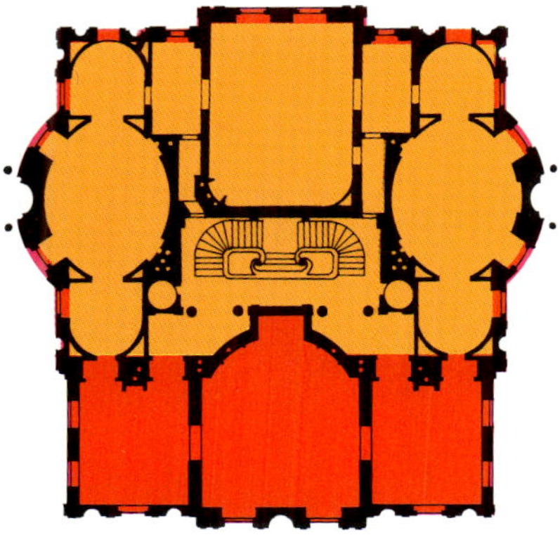

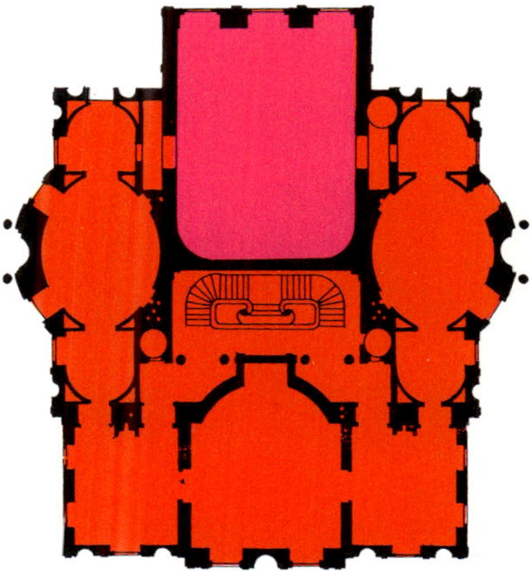

Nach Abbruch des Königshäuschens 1874 Ergänzung der Anlage bis 1876 durch Eingangstrakt (rot) und Aufführung einer allseitigen Steinfassade.

Über der Vergrößerung (weinrot) des Schlafzimmers 1885/86 starb der König. Die ehemalige Ausstattung heute im Ludwig-II.-Museum.

werden sollte. Das Königshäuschen verschwand freilich nicht: Es wurde etwa zweihundert Meter weiter westlich wieder aufgebaut. (Dort steht es, zum Teil noch ausgestattet mit den von König Ludwig in den späten sechziger Jahren angeschafften Ahornmöbeln, bis zum heutigen Tag. Der Prinzregent, der in dieser gebirgigen Gegend gerne jagte, hat in dem Haus während seiner Regentenzeit gelegentlich übernachtet.)

Die endgültige Form von **Schloß Linderhof** war also in einem komplizierten Wachstumsvorgang gefunden und festgelegt worden: Das ovale Zimmer im Ostflügel ist das *Speisezimmer*; gerahmt wird es von den zwei hufeisenförmigen Räumen, dem *Blauen* und dem *Rosa Kabinett.* Diesem Trakt entspricht im Westflügel das vom *Gelben* und vom *Lila Kabinett* gerahmte *Audienzzimmer.*

Dort aber, wo das Königshäuschen stand – an der Südseite des Schlosses – liegen über dem Vestibül das *Westliche* und das *Östliche Gobelinzimmer,* und zwischen ihnen der kostbar ausgestattete *Spiegelsaal.*

Linderhof: Der einzige Schloßbau, den der König vollenden und bewohnen konnte.

Die erste Ausstattung des 1885/86 vergrößerten und neu eingerichteten Schlafzimmers.

Zwanzig Mark für die Verpackung. In einer Nische dieses großen Südzimmers steht ein Tisch, von dem es heißt, er sei das wertvollste Möbelstück des ganzen Schlosses.

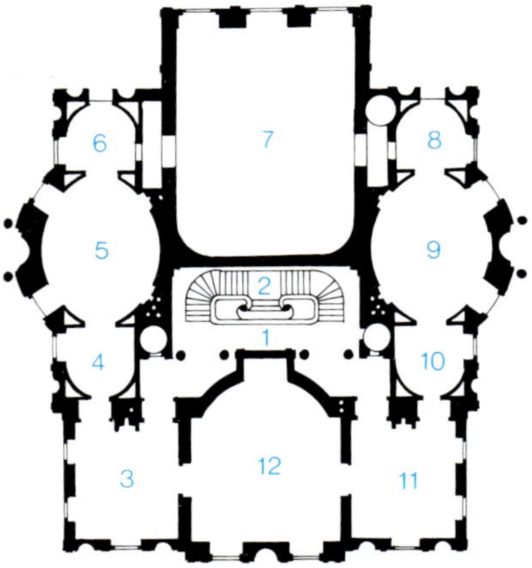

Grundriß des Hauptgeschosses von Schloß Linderhof: **1** *Vestibül,* **2** *Treppenhaus,* **3** *Westliches Gobelinzimmer,* **4** *Gelbes Kabinett,* **5** *Audienzzimmer,* **6** *Lila Kabinett,* **7** *Schlafzimmer,* **8** *Rosa Kabinett,* **9** *Speisezimmer,* **10** *Blaues Kabinett,* **11** *Östliches Gobelinzimmer,* **12** *Spiegelsaal.*

Georg Dollmann hat dazu in einem Bericht angemerkt, daß zur Herstellung der Platte »in florentiner und römischer [!] Mosaik« fünfzehn Arbeiter anderthalb Jahre arbeiten müßten, »und bewegen sich die Kosten hierfür zwischen der Summe von 25000 und 35000 Gulden«. Der Tisch aus massivem Rosenholz, auf dem diese Platte lag, war sehr viel billiger. Der Münchner Kunsttischler Grünig bekam für das Gestell mit Bronzegarnitur 3000 Mark, zu denen noch weitere 20 Mark für das Einpacken der Mosaiktischplatte kamen.

Ausgerechnet in diesem erlesen möblierten Raum soll sich ein ungewöhnlicher Unglücksfall zugetragen haben. Eines Tages, schreibt Luise von Kobell, führte der König eine gezähmte Gemse in das Zimmer. *Sie sprang auf dem Teppich aus Straußenfedern herum, und wähnte sich bei den großen Spiegelungen im großen Rudel von ihresgleichen. Ihr zierliches Hin- und Herjagen belustigte den Monarchen, da machte sie einen Satz in den Spiegel, daß es laut klirrte und die Gläser als Scherben am Boden lagen.*

Beim Linderhof wollte der bayerische König das Andenken Ludwig XIV. feiern, und im ersten Raum des Schlosses, im *Vestibül,* steht daher auch unter goldener Strahlensonne und Ludwigs XIV. Wahlspruch ›Nec Pluribus Impar‹ – ›Auch Vielen gewachsen‹ – ein bronzenes Reiterstandbild des französischen Herrschers. Die übrigen Räume erinnern freilich mehr an den Urenkel des ›Sonnenkönigs‹, an Ludwig XV. und seinen glanzvollen Hof.

Im *Speisezimmer* zum Beispiel (dessen Tischlein-deck-dich wohl die meistbestaunte Sehenswürdigkeit des ganzen Schlosses ist) hatte die einsam dinierende Majestät Blickkontakt mit Madame Dubarry, deren Pastellporträt aus dem Jahre 1872 im angrenzenden *Rosa Kabinett* hing.

Insgesamt 16 Porträts hatte sich Ludwig II. für seine vier Kabinette malen lassen: Ludwig XV. und seine Madame Pompadour, dazu die Dubarry, die Duchesse de Châteaux-

Roux und zwölf weitere Adelige aus dem Umkreis von Louis-Quinze.

Der wittelsbachische Monarch hatte diese Damen und Herren des französischen 18. Jahrhunderts aus der ihm besonders wohl vertrauten Memoirenliteratur gekannt, und er hat bei der Ausführung der Bilder, wie bei allen künstlerischen Arbeiten, die in seinem Auftrag vergeben wurden, sehr sorgfältig auf die Details geachtet. Von einem vornehmen Herrn, der auf einem Bild dem französischen König einen Hut reicht, meinte Ludwig, die Zeichnung müßte geändert werden, da der Mann aussehe, »wie wenn er Kegel schieben wollte«. Bei dem Louis-XIV-Porträt, das für eine Tasse entworfen wurde, merkte der König an, in der Ausführung sei die französische Majestät »etwas jünger zu halten«.

Aus der französischen Memoirenliteratur, die er mit so unendlichem Fleiß und nimmermüdem Interesse las, wußte der Bayernkönig auch, welche Bedeutung am Bourbonenhof dem morgendlichen ›Lever‹ beigemessen wurde. Von diesem Zeremoniell beeindruckt, machte er das *Schlafzimmer* zum größten Raum seines Schlosses; gleichsam zu dessen Mittelpunkt.

Die Begrüßung der Marie Antoinette. Wie es ursprünglich ausgesehen hat, ist nur noch auf einem 1871 entstandenen Aquarell von Angelo II. Quaglio zu sehen, denn kurz vor seinem Tod hatte Ludwig II. noch den Auftrag erteilt, das Zimmer zu erweitern. Die Möbel wie die kostbare Wandbespannung wurden entfernt und später im Bayerischen

Was sich der König zu Lebzeiten verbeten hätte, malte Heinrich Breling nach dem Tode Ludwigs II. für das ›König-Ludwig-Album‹: Der Bauherr im Arbeitszimmer von Linderhof.

Nationalmuseum in München ausgestellt; im letzten Krieg ging ein Teil der Ausstattung verloren, der Rest gelangte ins Ludwig-II.-Museum in Herrenchiemsee.

Während der Umbauarbeiten, die im Juni 1886 noch nicht beendet waren, richtete man der Majestät auf einer Liege im Spiegelsaal das Bett. Freilich, es war eigentlich kein Nachtlager, was ihm die Bediensteten bereiteten. Der König machte nämlich auch hier im Graswangtal die Nacht zum Tage. Sein Kabinettssekretär Friedrich von Ziegler hat einmal beschrieben, wie es war, wenn er nachmittags gegen zwei Uhr zum Vortrag in Linderhof ankam: *Alles war wie ausgestorben. In dem Erdgeschosse des Lustschlößchens, das außer dem Erdgeschosse nur noch ein Stockwerk hat, befindet sich ein kleines Zimmerchen mit zwei Betten für den Stallmeister und den Haushofmeister. Dieses Zimmer wurde für den Tag des Vortrags mir überlassen, da außerdem kein Raum für mich vorhanden gewesen wäre. Da Seine Majestät nicht duldete, daß Jemand sich in dem das Schloß umgebenden Garten befindet, so war ich in dieses Zimmer gebannt... Um 5 Uhr hörte ich über mir die schweren Schritte Seiner Majestät; dies war damals gewöhnlich die Stunde des Aufstehens und des ersten Frühstückes. Gleich darauf begann die Fontäne vor dem Schlosse zu springen. Seine Majestät traten vor das Schloß und betrachteten umhergehend die Fontäne und spielten mit den Schwänen. Dann bestiegen Seine Majestät die Terrasse, begrüßten die Büste der Königin Marie Antoinette und gingen zum Gipfel der Terrasse, zum Venustempel; hierauf ging der Spaziergang langsam wieder herab und in das Schloß zurück. (Dabei fiel mir immer wieder der schwere, stampfende ganz eigenthümliche Schritt seiner Majestät auf.) Hierauf ließen Seine Majestät sich einige Zeitungen, insbesondere illustrirte Zeitschriften vorlegen und nahmen ein zweites Frühstück...*

Erst um acht, neun oder gar zehn Uhr abends wurde der Kabinettssekretär dann zum Vortrag bestellt: *Nach demselben wurde manchmal das Diner eingenommen, manchmal vorher eine Spazierfahrt in der einsamen, in Nacht gehüllten Umgebung des Linderhofes unternommen. Zum Schluß war gewöhnlich Beleuchtung der Grotte oder Souper im Hundinghaus. Um 2 Uhr, 3 Uhr Morgens oder noch später gingen Seine Majestät zur Ruhe. Und diese Tagesordnung war von einer erschreckenden Regelmäßigkeit.*

Das Zweite Rokoko von Louis-Deux. Mit diesem Schloß im Ammergebirge hat sich der Bayernkönig in die Welt der Bourbonen geträumt. Doch diese in ihren Dimensionen kleine, im Stil des sogenannten ›Zweiten Rokoko‹ aber üppig ausgestattete königliche Villa ist – trotz mancher stilistischer Verwandtschaften – keine Nachahmung französischer Vorbilder wie dem ›Petit Trianon‹ von 1762. Bereits die bizarre Baugeschichte erweist, daß Linderhof eine selbständige Schöpfung des Königs ist, die aus der gegebenen architektonischen Situation heraus improvisiert wurde. Anton Heß schuf zwar aus Carrara-Marmor eine *Statuette König Ludwigs* XV. für den Schreibtisch des Spiegelsaals, Albert Gräfle malte unter anderen die *Pompadour*, das *Tischleindeckdich* war der 1699 vom französischen Hofmechanikus Loriot für Versailles gebauten Servier-Maschine nachempfunden. Doch neben solchen Huldigungen an das Dixhuitième gab es auch den von Christian Jank für die Decke des Speisezimmers entworfenen *Antiken Himmel* mit Flora, Venus, Amor, Bacchus und Psyche oder den von Eugen Drollinger und August Spieß gemalten *Sonnenwagen mit Apoll* über dem Bett. Und es gab, als glanzvolle Symbole bayerischer Herrschergewalt, das königliche *Wappen* am Thronbaldachin des Audienzzimmers. Ein bayerisches Wappen in feiner Nadelmalerei war im Münchner Atelier von Dora und Mathilde Jörrens auch für das Schlafzimmer geschaffen worden. Der König hat diesen neuen Raum aber nicht mehr betreten; er wurde erst nach seinem Tod fertiggestellt.

Während Eugen Drollinger diesen Raum neu ausgestaltete, führte eine der letzten Fahrten den König nach Linderhof: Am Abend des 10. November 1885 befand sich Ludwig II. auf dem Weg von der Vorderriß nach München, wo er seine Separatvorstellungen besuchen wollte. Plötzlich aber gab er seinem Kutscher den Befehl, zu wenden und nach Linderhof zu fahren. Der Grund, so hieß es später, sei die Verärgerung darüber gewesen, daß man ihm aus finanziellen Gründen seine privaten Theateraufführungen ausreden wollte. Von Linderhof hat sich Ludwig dann nach Neuschwanstein begeben – München hat er nicht mehr gesehen.

Nach der Entmündigung im Juni des darauffolgenden Jahres war vorgesehen, König Ludwig in seinem »geliebten, traulichen Linderhofe« zu internieren. Da aber Professor Gudden den abgesetzten Monarchen überwachen und gleichzeitig seine Tätigkeit als Direktor des Münchner Irrenhauses beibehalten wollte, wählte man das näher bei der Residenzhauptstadt gelegene königliche Schloß Berg als künftigen Aufenthaltsort der Majestät. Von hier aus, glaubte Gudden, könne er leichter seine beiden Aufgaben erfüllen. Den König hat man nicht gefragt, auf seine Wünsche wurde nicht geachtet.

◁ *Blick in das Speisezimmer von Linderhof.*

Das Mahl auf der Linde. Die Planung des Gartens hat ganz klein und sehr behutsam angefangen, doch zuletzt entstand ein Park, der auf harmonische Weise die beiden großen europäischen Gartentraditionen vereint: den abgezirkelten, strengen französischen Garten um das Schloß mit dem sorgfältig komponierten, in seiner Gestaltung aber freien englischen Garten vor allem am Hennenkopf.

Carl von Effner, dessen Vater schon für das wittelsbachische Grün verantwortlich war, legte zunächst Anfang 1872 vor dem ans Königshäuschen angebauten Westflügel ein *Parterre* im französischen Stil an, einen geometrischen Garten mit Statuen, Springbrunnen und Laubengängen inmitten der bayerischen Berglandschaft auf 942 Meter Höhe.

Noch im gleichen Jahr, im Oktober 1872 (zu einer in dieser Höhe ungünstigen Jahreszeit) kam der Auftrag, auf der Ostseite ein Pendant zu schaffen. Ebenfalls in der französischen Manier. Die Anlage konnte aber erst abgeschlossen werden, als 1874 das vom königlichen Vater ererbte Häuschen abgebrochen war. Nun entstand der Garten im Süden und im Norden.

Der *Schau- und Prunkgarten* liegt natürlich vor der Hauptfassade, im Süden, zwischen dem Schloß und einer Anhöhe, die Linderbichl heißt. Auf sie führt nach Art der italienischen Villengärten eine gegenläufige Doppeltreppe, die bei dem kleinen *Monopteros* mit der Venusstatuette endet. Inmitten des französischen Parterres entstand auf Effners Vorschlag hin ein tiefer gelegtes großes *Wasserbecken* mit einer goldglänzenden Figurengruppe und der Göttin Flora. Aus der Mitte dieses mythologischen Ensembles steigt eine 30 Meter hohe Fontäne.

Gegen alle Regeln der streng auf Symmetrie bedachten französischen Gartenkunst steht im rechten Hintergrund des Parterres, am Fuß der Treppe, eine *Linde* mit weitausladender Krone. Daß sie nicht entfernt wurde, hing wahrscheinlich mit der besonderen Beziehung König Ludwigs zu Bäumen zusammen: Es gab Bäume, die er beim Vorbeigehen streichelte, andere, die er grüßte oder vor denen er sich ehrfurchtsvoll neigte. Da er vor allem Eichen liebte und diese Bäume auch bei seinem Schloß haben wollte, wurden angeblich hunderte von machtvollen Exemplaren in tiefer gelegenenen Regionen (etwa in Weilheim) mitsamt Wurzeln ausgegraben und in Linderhof neu eingepflanzt.

◁ *Parallel zum Ausbau des Schlosses erfolgte auch die Anlage des Parks durch Carl von Effner. Inmitten der Ammergauer Berge entstand so die harmonischste und intimste Schöpfung Ludwigs II. Nur der alte Lindenbaum (oben) durfte die Symmetrie der neubarocken Gartenanlage durchbrechen, … … denn zu ihm hatte der Bauherr aus Ehrfurcht vor dem Genius loci eine besondere Beziehung. Als Individualist von ungewöhnlichem Zuschnitt ließt er sich hoch in der Königslinde eine Laube anlegen, wo er dann zu frühstücken oder bevorzugte Gäste zu empfangen pflegte, darunter auch Josef Kainz.*

Auf der Linde zu Linderhof – es ist übrigens sehr unwahrscheinlich, daß ihr, wie oft behauptet wird, das Schloß seinen Namen verdankt – ließ sich Ludwig II. einen Hochsitz bauen. Die Plattform war über eine komfortable Treppe zu erreichen, und sie war so groß, daß auf ihr dem König das Essen serviert werden konnte.

In der Nähe dieses Baumes, auf dem er sich wie ein Bub sein Nest gebaut hatte, ließ Prinzregent Luitpold 1895 die von Friedrich Ochs in Marmor ausgeführte, aber von Elisabet Ney 1869/70 modellierte Ludwigs-Statue aufstellen. Im Jahre 1926, zur Erinnerung an den vierzigsten Todestag, wurde sie nach Schloß Herrenchiemsee gebracht. Als späten Ersatz dafür ließ der von Hannes Heindl geleitete König-Ludwig-Club im Herbst 1982 am Eingang zum Linderhofer Schloßpark auf einem mehr als drei Tonnen schweren Sockel aus Brannenburger Nagelfluh einen Nachguß der berühmten *Zumbusch-Büste* des Königs aufstellen.

Auf der Rückseite des Schlosses, im Norden also, waren dem Gartenarchitekten enge Grenzen gezogen, da unmittelbar vor dem Gebäude der Berg begann. Effner löste das Problem auf eindrucksvolle Weise: Er führte über den Hennenkopf eine von Hecken gesäumte Wassertreppe, die vor dem Schlafzimmer in einem *Neptunbrunnen* endet. Das obere Ende des aus dreißig Stufen gebildeten Kataraktes – seine Achse und die Achse des königlichen Bettes sind aufeinander bezogen – bildet als Point-de-vue ein Holzpavillon. Unmittelbar vor dem Schlafzimmer hat das Parterre die Form einer aus Blumen gebildeten Bourbonen-Lilie.

Dieser geometrische Garten geht in einen *Landschaftsgarten* über. Insgesamt erreichte der von König Ludwig angelegte Park eine Größe von 50 Hektar. Als er 1878 fertig war und die Kosten addiert wurden, standen in den Büchern 2053295 Mark. Das war ein Drittel der Gesamtkosten des Linderhofer Schloßprojektes und etwa die Hälfte eines königlichen Jahreseinkommens.

Der König betet mit den Holzknechten. Der Abt von Ettal hatte 1684 im Graswangtal, in unmittelbarer Nähe zum Linderhof, eine einfache, kleine, der heiligen Anna geweihte **Kapelle** bauen lassen. König Ludwig II. hat sich hier eingefunden, wenn sonntags um elf der Pfarrer von Ettal die Messe las. Da dann auch die Holzknechte, die Bauern und die Jäger aus der Umgebung Zutritt hatten, konnten sie bei dieser Gelegenheit ihren scheuen, schönen König aus nächster Nähe sehen.

Um 1870/71, als er den Umbau des vom Vater übernommenen Jagdhäuschens plante, ließ Ludwig, der doch gerade in ver-

Projekte, die alte Kapelle 1875 durch einen Neubau zu ersetzen, blieben unausgeführt.

schwenderischem Rokoko baute, das barokke Kirchlein im Stil der Gotik renovieren: Es wurde ein Kreuzrippengewölbe eingezogen und mit Sternen bemalt. Außerdem bestellte er bei Franz Xaver Zettler vier Kirchenfenster, jedes zwei Meter hoch, mit Jesus dem Welterlöser, Maria mit dem Kind, dem Heiligen Ludwig und dem Heiligen Richard (neben seinem eigenen Schutzpatron also auch die Namenspatrone seiner Mutter Marie sowie der Freunde Richard Wagner und Richard Hornig). Die ornamentalen Entwürfe stammten übrigens von jenem Julius Hofmann, der später Georg von Dollmann ablösen sollte. Hier, so darf man annehmen, hat er erstmals für Ludwig II. gearbeitet.

Der aber dachte 1874 daran, sich auf dem Hennenkopf, als oberen Abschluß der Kaskade, eine kleine Rokokokapelle zu bauen. Das Projekt wurde schnell wieder verworfen, und nun stellte der König Überlegungen an, ob er nicht die Annakapelle abreißen und durch eine neue Barockkapelle ersetzen solle. Ferdinand Knab zeichnete 1875 die Eingangsfassade für den in seinen Dimensionen bescheidenen Zentralbau. Der Entwurf wanderte aber schließlich zu den Akten, und nach 1876 wurde die neue Linderhof-Kirche nicht mehr erwähnt. Und so steht die Sankt-Anna-Kapelle noch heute dort, wo sie vor dreihundert Jahren gebaut worden ist.

Venus mit Seeblick. Am liebsten hätte er sich hoch oben auf dem Berg, in seiner Burg Neuschwanstein, eine tiefe Höhle gebaut. Die Beschreibung hatte er im ›Tannhäuser‹ seines Freundes Richard Wagner gefunden.

In der Szenenanweisung für den ersten Akt hieß es: *Weite Grotte, welche sich im Hintergrunde durch eine Biegung nach rechts wie unabsehbar dahinzieht. Im fernsten sichtbaren Hintergrunde dehnt sich ein bläulicher See aus … Im äußersten Vordergrunde links liegt Venus auf einem Lager ausgestreckt, vor ihr halb kniend Tannhäuser, das Haupt in ihrem Schoße. Die ganze Grotte ist durch rosiges Licht erleuchtet.*

Für diese Venusgrotte war auf Neuschwanstein kein Platz. Es reichte schließlich gerade noch für eine Grotten-Kammer im dritten Obergeschoß, in unmittelbarer Nähe zu den privaten Räumen Seiner Majestät.

Der König gab den Plan aber nicht auf, und sechs Jahre später, am 15. Dezember 1875, war entschieden, daß die **Grotte** in Linderhof gebaut werde, nordöstlich des Schlosses, in einer tief ausgeschachteten Grube. Über sie sollte der Steinbau gewölbt und mit Erde zugeschüttet werden. Ein Fensterchen, so lassen die Pläne vermuten, war vorgesehen: Wenn der König es öffnete, sah er aus der bunt beleuchteten Grotte auf sein Schloß und die Berge – aus seinem künstlichen sah er auf das natürliche Paradies.

Und wieder einmal mußte schnell gearbeitet werden. Dem Gartenarchitekten Carl von Effner wurde die Gesamtleitung übertragen; Georg Dollmann war dafür verantwortlich, daß die aus Ziegelsteinen gemauerte Grottenhülle geschwind aus dem Boden wuchs, und August Dirigl mußte die Höhle am Hennenkopf so ausschmücken, wie es seine Berufsbezeichnung ›Landschaftsplastiker‹ erwarten ließ. Im April 1876 konnte er dem König im Weißen Saal der Münchner Residenz das im Modell vorführen, was in Linderhof aus Eisen- und Drahtgestellen, aus Leinwand, Zement und Gips entstand. Dazu, sagte Ludwig II., solle »viel Cristall verwendet werden, damit es recht glitzert«. Neben der zehn Meter hohen *Hauptgrotte* mit dem durch August von Heckel gemalten ›Tannhäuser bei Frau Venus‹ interessierte sich der königliche Auftraggeber vor allem für seine, dem berühmten Vorbild in Capri nachempfundene *Blaue Grotte*.

Obwohl er selbst das Original nie gesehen hat – der südlichste Punkt seiner Reisen war ja der Vierwaldstätter See –, wünschte er sich ein unverfälschtes, originales Capri-Blau. Damit ihm auch wirklich die richtige Farbe gemischt werde, schickte er seinen Vertrauten, den Stallmeister Richard Hornig, zweimal auf die italienische Insel zum Lokalaugenschein.

Der für dieses Kolorierungsproblem verantwortliche Maler Otto Stöger, dem die blaue Nachtleuchte in Herrenchiemsee noch so viel Kummer machen sollte, erfuhr hier bereits, wie schwierig es war, die Lieblingsfarbe des Königs im rechten Ton zu produzieren.

Von diesen Strapazen hat er sich erholen müssen. Als der König nun eines Tages zur Visitation kam und sehen wollte, welche Fortschritte in der Herstellung des Capriblau gemacht wurden, konnte er Stöger nirgends finden. Ein Kollege meinte schließlich, der Stöger mache blau. Sehr gut, soll darauf der König geantwortet haben (behauptet jedenfalls Luise von Kobell): »Ah, das ist recht, er soll nur so fortfahren«, nicht ahnend, daß der Meister mitnichten die Farben rührte.

Hauptattraktion des Parks von Linderhof ist die künstliche Grotte, auf deren – von einer Wellenmaschine in Bewegung gesetzten – See sich der König im Muschelkahn rudern ließ.

Für Feierschichten war aber keine Zeit, da Ludwig gefordert hatte, daß die Grotte zu seinem 32. Geburtstag fertig sein müsse – und am 25. August 1877 war sie fertig, mit all ihren ›landschaftsplastischen‹ Kreationen und technischen Raffinessen.

Die kolorierte Tropfsteinhöhle. Ehe der in Sachsen gelegene Hörselberg und die Blaue Grotte von Capri zusammenkamen, mußte großer Aufwand getrieben werden. Sieben Öfen zum Beispiel waren notwendig, damit in der verzweigten Tropfsteinhöhle die geforderte Temperatur von 15° Réaumur (gleich 20° Celsius) erreicht werde, und Siemens mußte 24 Exemplare seiner erst in den späten sechziger und frühen siebziger Jahren entwickelten Dynamomaschine liefern, die oberhalb der Höhle in einem eigens dafür gebauten *Maschinenhaus* – einem der ersten bayerischen Elekrizitätswerke! – installiert wurden. Von hier kam der Strom für die verschiedenen Apparate, beispielsweise für einen ›Regenbogen-Projections Apparat‹, für eine Wellenmaschine oder für die 24 Bogenlampen, mit denen dem königlichen Besucher buntfarbige Illuminationen geboten wurden, mal rot, dann rosa, schließlich grün und gelb und vor allem natürlich in der Lieblingsfarbe Ludwigs II.: in Blau.

Als man den König einmal darauf aufmerksam machte, daß das grelle Licht, in das er mit dem Opernglas zu schauen pflegte, seinen Augen schaden könnte, antwortete er: *Das kann bei Professoren zutreffen, bei meinen Augen ist das nicht der Fall.* Die Spitze zielte wohl auf Dr. Max Edelmann, einen Privatdozenten des Polytechnikums, der für die Beleuchtung verantwortlich war, vor der Majestät aber bald keine Gnade mehr fand.

Im Muschelboot zwischen Sachsen und Capri. In der Grotte, die geographisch so gegensätzliche Gegenden wie Sachsen und Capri unter einem Höhlendach vereinte (und auch noch das Tal von Kaschmir im Bilde zeigen sollte), mußte neben den Technikern auch ein Innenarchitekt tätig werden. Franz Seitz, der für König Ludwig häufig Möbel und Fahrzeuge entwarf, hatte den Auftrag, die Illusion durch einen *Korallenleuchter,* mehrere *Korallenstühle* sowie einen zwei Meter hohen (nicht mehr vorhandenen) *Muschelthron* (Preis: 5000 Mark) zu vervollständigen.

Die größte Attraktion war aber der aus Eichen- und Lindenholz gebaute, vergoldete und mit Schnitzereien reich verzierte *Muschelkahn* (Preis: 27 000 Mark), mit dem sich der König auf dem See herumrudern ließ, vorbei an den künstlichen Stalaktiten, an dem Tannhäuser-Bild mit den leichtgeschürzten Venusbegleiterinnen und einem künstlichen Wasserfall, der in den künstlich angelegten See plätscherte.

Unter den Gästen, die Ludwig in dieser Höhlenanlage empfing – zu ihnen gehörte der Schauspieler Josef Kainz und der Kabinettsekretär von Müller – war auch ein Lieblingspferd des Monarchen. Der Kabinettsekretär von Ziegler hat eines Tages, während er auf den Termin seines Vortrages wartete, beobachtet, wie das Pferd im Garten frei herumlief, wie es Rosen abfraß, schließlich aber eingefangen und in die Grotte geführt wurde. *Es wurde zu dem Korallen-Hochsitz ge-*

Die modernste Technik war gerade gut genug, um die präzisen Vorstellungen des Königs zu verwirklichen: Im Maschinenhaus standen Siemens-Dynamomaschinen, …

... die je nach Einstellung der Beleuchtungsapparate einmal die Blaue Grotte von Capri – deren genaue Farbe durch den Stallmeister Richard Hornig vor Ort eigens studiert worden war –, oder die von Richard Wagner im Hörselberg bei Eisenach angesiedelte, rot illuminerte Venusgrotte imaginieren konnten!

führt, von welchem aus Seine Majestät die Beleuchtung betrachtete und mußte neben dem Sitz Seiner Majestät stehen.

Luise von Kobell hat als Frau eines anderen Kabinettsekretärs, des August von Eisenhart, jahrelang in königlicher Umgebung gelebt und darüber (leider gelegentlich den Gerüchten mehr vertrauend als dem eigenen Augenschein) geschrieben. Auch über Besuche Ludwigs II. in seiner 1,2 Millionen Mark teueren Hörselberg-&-Capri-Grotte: *Der königliche Grotten-Besuch, der meist nachts stattfand, hatte etwas Programmäßiges. Zuerst fütterte der Monarch zwei aus ihrem gewöhnlichen Domizil, dem Schloßbassin, herbeigeschaffte Schwäne, hernach bestieg er mit einem Lakai einen vergoldeten und versilberten Kahn in Form einer Muschel und ließ sich auf dem durch einen unterseeischen Apparat bewegten Wasser herumrudern. Unterdessen hatten sich der Reihe nach die fünf farbigen Beleuchtungen abzulösen, jeder waren zehn Minuten zugemessen, damit der König den Anblick genügend genießen konnte. Phantastisch schimmerten Wellen, Felsenriffe, Schwäne, Rosen, das Muschelfahrzeug und der dahingleitende Märchenkönig. Wer aber hinter die Kulissen blickte, fand eine melancholische Prosa, einen abgehetzten Elektrotechniker, sieben von Arbeitern ständig geheizte Öfen...*

Die Grotte gehört heute zum Besuchsprogramm der Linderhof-Touristen. Die alten Elektromotoren sind längst schon abmontiert. Drei davon aber werden – als Denkmal der frühen bayerischen Elektrizitätsgeschichte und zur Erinnerung an den technisch so interessierten König Ludwig – im Deutschen Museum zu München aufbewahrt (aber nur einer davon ausgestellt).

Der Bankrotteur. Er war 1856 als armer Mann nach Berlin gekommen, doch ein gutes Dutzend Jahre später besaß er ein herrschaftliches Palais, die Pferderennbahn in Charlottenburg, dazu noch vielfältigen Immobilienbesitz, eine Lokomotivenfabrik, ein Hüttenwerk und das nordöstlich von Pilsen gelegene Gut Sbirow, das er 1868 vom Fürsten Colloredo-Mansfeld gekauft hatte.

Wie reich dieser Bethel Henry Strousberg wirklich war, hat niemand gewußt. Man schätzte, daß sein Vermögen mindestens zwanzig, vielleicht aber auch fünfzig Millionen betrug, und am 5. September 1869 schrieb Friedrich Engels seinem Freund Karl Marx in London: *Der größte Mann in Deutschland ist unbedingt der Strousberg. Der Kerl wird nächstens deutscher Kaiser...*

Dazu ist es nicht mehr gekommen: Dem Eisenbahnkönig Bethel Henry Strousberg (1823 als Baruch Hirsch-Straußberg im ostpreußischen Neidenburg geboren) waren die von Anfang an allzu kühn angelegten und unseriös finanzierten Geschäfte aus den Händen geglitten – um das Jahr 1870/71 fallierte das Eisenbahnprojekt in Rumänien, und einige Jahre später hat man Strousberg wegen seiner Geschäftsmethoden in Rußland verhaftet und nach Deutschland abgeschoben.

Zu jener Zeit war sein Reichtum, den er sich als Eisenbahnbauer erworben hatte, schon fast zerschmolzen; in dem Palais, das

Der Maurische Kiosk: Der einstige preußische Beitrag (nach Entwurf eines deutschen Architekten) zur Pariser Weltausstellung von 1867 steht seit 1877 im Park von Linderhof.

sich der ehemalige Wirtschaftsjournalist und Versicherungsagent zu Berlin gebaut hatte, residierte bald die Britische Botschaft, und im Frühjahr 1876 verhandelte der kgl. bayer. Hofbaurat Georg von Dollmann im Auftrag Ludwigs II. über den Ankauf eines maurischen Kioskes, den sich Strousberg im Park seines böhmischen Gutes Sbirow hatte aufstellen lassen.

Kurios ist die weniger bekannte Vorgeschichte dieses Pavillons: Denn Strousberg war keineswegs der unmittelbare Auftraggeber. Dieser **Maurische Kiosk** stand nämlich – ähnlich wie später das ebenfalls von Ludwig II. erworbene Marokkanische Haus – zunächst auf der Pariser Weltausstellung von 1867. Nicht als Schaustück irgendeines orientalischen Fürstentums, sondern als offizieller Beitrag Preußens: entworfen von dem Architekten Carl von Diebitsch, der sich aufs Maurische bestens verstand und der deshalb – zumal in einer Zeit, da alle Welt islamisches kopierte – ein solch exotisches Bauwerk als geeigneten Ausdruck preußischer Selbstdarstellung ansah.

Und schon damals hat Ludwig II. bei seinem Besuch der Weltausstellung diesen Kiosk gesehen – und soll nur durch seinen Großvater dem die maurische Liebhaberei seines Enkels suspekt war, vom Kauf abgehalten worden sein. Man kann sich gut vorstellen, mit welchen hoffnungsfrohen Gefühlen der Märchenkönig die Nachricht vom Falliment des Eisenbahnkönigs aufgenommen haben muß: rückte doch der verhinderte Erwerb von 1867 nun 1876 in greifbare Nähe.

Die Besprechungen über den Ankauf mußten bereits mit dem Gläubiger geführt werden, mit der Allgemeinen Österreichischen Bodencreditbank zu Wien. Und sie bestimmte auch den Preis, der für dieses exotische Stück aus der Konkursmasse zu bezahlen war: Der Maurische Kiosk kostete 10000 österreichische Gulden. Ende Mai 1876 wurde der Kaufvertrag unterschrieben.

Haus auf Rädern. Die Demontage konnte nun beginnen. Zuerst mußten die Zinkgußplatten abgenommen werden, die dem Kiosk sein orientalisches Aussehen gaben, darunter kam ein simpler Holzbau zum Vorschein, der ohne große Mühen zerlegt werden konnte. Die einzelnen Teile wurden sodann verpackt, in Eisenbahnwaggons verladen und nach Weilheim geschickt, wo sie auf Pferdefuhrwerke umgeladen und nach Linderhof verfrachtet wurden.

Am Hennenkopf, etwa auf der Höhe der zur gleichen Zeit gebauten Grotte, wurde das Fundament gemauert, auf dem der Kiosk mit seiner goldenen Mittelkuppel und den ebenfalls golden schimmernden kleinen Minarettürmen an den vier Ecken wieder aufgestellt wurde.

Dem König war die Ausstattung, die er vom bankrotten Eisenbahnkönig miterworben hatte, zu schlicht, und so bestellte er sich neue Beleuchtungskörper, einen Marmorbrunnen für die Mitte des Zimmers – ähnlich wie auch im türkischen Zimmer auf dem Schachen – und einen luxuriösen, in Paris geschaffenen Pfauenthron, der in einer Thronnische aufgestellt wurde, die dem strousbergschen Kiosk in Linderhof hinzugefügt wurde. Die in Paris aus emailliertem Bronzeguß gefertigten drei Pfauen mit ihren großen, bunten Rädern gehören wohl zu den meistphotographierten Einrichtungsgegenständen von Linderhof.

Ende 1877 waren der Aufbau und die Ausstattung des Maurischen Kioskes abgeschlossen, und nun sollte der Gartenarchitekt Carl von Effner sehen, daß er die Umgebung so gestalte, wie es einem orientalischen Baue zustehe, mit Palmen, Orangenbäumen und Rosen ... mitten im bayerischen Gebirge. Zumindest auf einem Aquarell, das Heinrich Breling 1881 gemalt hat, ist dies gelungen.

Das meist photographierte Motiv in Linderhof: Der Pfauenthron im Maurischen Kiosk. Er gehörte nicht zum ursprünglichen Bestand des 1876 aus dem Schloßpark von Sbirow in Böhmen erworbenen Bauwerks, sondern wurde von Ludwig II. im Rahmen einer weitgehenden Neuausstattung nach dem Entwurf von Franz Seitz 1877 in Paris in Auftrag gegeben und in emailliertem Bronzeguß ausgeführt. ▷

»Wes Herd dies auch sei ...«: die Hundinghütte. Die Bauleute mußten Richard Wagners Anweisungen wörtlich nehmen. Die von ihm gelieferten Beschreibungen der Bühnenbilder waren verbindlich. Neuschwanstein war beispielsweise dem zweiten Akt des ›Lohengrin‹ nachempfunden: *In der Burg von Antwerpen. Im Hintergrund der Palas (Ritterhaus), links im Vordergrund die Kemenate* [Frauenwohnung, nur das von Wagner vorgesehene Münster fehlt]; die Grotte zu Linderhof entsprach der ersten Szene des Tannhäuser, dem Hörselberg.

Dem ersten Akt der ›Walküre‹ aber hat Wagner diese Beschreibung des Szenenbildes vorangestellt: *Das Innere eines Wohnraums. In der Mitte steht der Stamm einer mächtigen Esche, dessen stark erhabene Wurzeln sich weithin in den Erdboden verlieren; von seinem Wipfel ist der Baum durch ein gezimmertes Dach geschieden, welches so durchschnitten ist, daß der Stamm und die nach allen Seiten hin sich ausstreckenden Äste durch genau entsprechende Öffnungen hindurchgehen; von dem belaubten Wipfel wird angenommen, daß er sich über dieses Dach ausbreitet ...*

Unter der Kreuzspitze, nahe der Ammerquelle, wurde aus Rundbalken diese germanische Behausung nachgebaut; rund um eine Eiche, in der jenes Schwert Nothung steckte, das Siegmund zum Entzücken Sieglindes »mit einem gewaltigen Zuck« herrauszieht (um anschließend, gleichsam zwischen dem ersten und zweiten Akt, mit seiner Braut und Schwester Sieglinde den Siegfried zu zeugen).

Wie Siegmund einst in die Hütte des dunklen Basses Hunding, des Ehegesponses der Sieglinde, so flüchtete König Ludwig hierher, in die südwestlich von Linderhof tief in einem Gebirgstal versteckte Holzhütte. Neben ihr war ein kleiner Weiher angelegt, auf dem – die Illusion zu vervollständigen – ein plumper Einbaum in den Wellen schaukelte.

Bereits im Juni 1842 hatte Richard Wagner im Libretto seiner ›Walküre‹ die Hundinghütte beschrieben, doch erst achtzehn Jahre später, als gegen den Willen des Komponisten die Oper am Kgl. Hof- und Nationaltheater uraufgeführt wurde, sah König Ludwig diese schlichte Behausung in der Bühnenwirklichkeit; *erfunden und ausgeführt von dem K. Hoftheatermaler Herrn Jank*, wie der Theaterzettel auswies.

Im Jahre der ersten Bayreuther Festspiele, 1876 also, ließ sich König Ludwig tief drinnen im Ammerwald seine **Hundinghütte** bauen, und Luise von Kobell berichtet, daß die Majestät *bisweilen stundenlang einsam darin saß, in irgendeine Lektüre vertieft, deren Inhalt im schärfsten Gegensatz zu dem urwüchsigen Bärenhäutertum stand, das ihn umgab. Oder er ergötzte sich an den lebenden Bildern, die ein auf sein Geheiß inszeniertes Metgelage im altgermanischen Stile darbot.*

So mag es gewesen sein, doch auf Luise von Kobell ist nicht immer Verlaß. So behauptet sie auch, die Hundinghütte »wäre unweit der Blauen Grotte« nachbildet worden. In Wirklichkeit lag sie freilich weitab vom Schloß, nahe der österreichischen Grenze, und dort ist sie am 18. Dezember 1884 abgebrannt. Sie wurde sofort wieder aufgebaut, doch 1945 hat ein Förster, der fürchtete, die vielen Touristen könnten sein Revier stören, sie angezündet. Ein Teil des Mobiliars war freilich erhalten geblieben und im Ludwig-II.-Museum verwahrt wurden. Im Sommer 1990 wurde die Hundinghütte für eine knappe Million Mark an neuem, näher beim Schloß gelegenen Platze wieder aufgebaut.

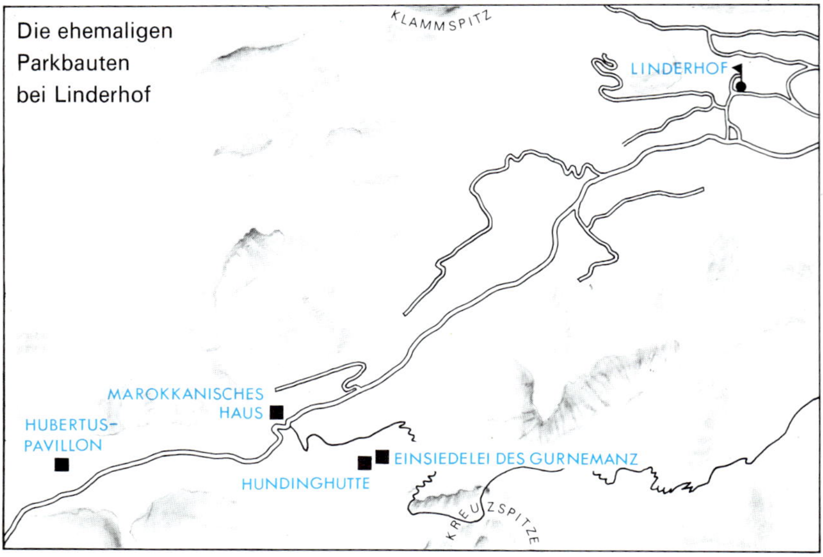

Für viele Kunstunternehmungen Ludwigs standen Motive aus den Opern Richard Wagners Pate, so auch für die Hundinghütte, die im Jahr der ersten Bayreuther Festspiele 1876 im Ammerwald errichtet und genau nach der Beschreibung Wagners im ersten Akt der Walküre ausgestattet wurde. Nach zwei Bränden 1884 und 1945 wurde sie 1990 neu errichtet.

»Hier bist du an geweihtem Ort.« Die Tage auf dem Hochkopf verliefen unerquicklich, und so hat Richard Wagner die kgl. Berghütte nach einer Woche gerne wieder verlassen. Da war es tröstlich, daß er einige Tage nach seiner Rückkehr vom Berge, am 26. August 1865, in sein eben begonnenes ›Braunes Buch‹ schreiben konnte: *Wie wunderbar! – der König verlangt sehnlich vom Parzival zu hören.*

Und der König hat noch oft davon gehört. Als aber dann der so sehnlich und so lange erwartete ›Parsifal‹ am 26. Juli 1882 in Bayreuth uraufgeführt wurde, blieb König Ludwig dem Ereignis fern, da er der Verpflichtung entgehen wollte, die zur Premiere angereisten Fürsten begrüßen zu müssen.

Der Komponist schickte darauf seinem hohen Gönner (den er früher gelegentlich Parzival genannt hatte) zum 37. Geburtstag den gereimten Gruß:

Verschmähtest du des Grales Labe,
Sie war mein alles dir zu Gabe ...

Der König hat die Labe nicht verschmäht und das ›Bühnenweihefestspiel‹ nach Wag-

Auch die – inzwischen seit 1945 ebenfalls verschwundene – Einsiedelei des Gurnemanz wurde nach einer Bühnenvorschrift Wagners aus dem dritten Akt des Parsifal 1877 errichtet.

ners Tod zwischen 1884 und 1885 in sechs Separatvorstellungen erlebt.

Schon im Sommer 1877, als Wagner gerade die Urschrift der Dichtung vollendet und die Schreibweise von ›Parzival‹ in ›Parsifal‹ geändert hatte, war im Auftrag des Monarchen in einer Waldlichtung seitab von Linderhof die **Einsiedelei des Gurnemanz** aus dem dritten ›Parsifal‹-Akt gebaut worden. Im August jenes Jahres teilte Ludwig seinem Freunde Wagner mit, daß er sich »eine Einsiedlerhütte, an einen Felsen angelehnt«, errichten ließ. Sie gliche derjenigen »von Gurnemanz, nahe einer Wiese, die im nächsten Jahre zur blumigen Au sich verschönen wird«, hieß es in dem Brief. *Eine Quelle fließt dicht dabei, alles mahnt mich dort an jenen feierlich ernsten Karfreitagsmorgen Ihres wonnevollen ›Parsifal‹, der mit überwältigender Macht mir bis in die tiefste Seele drang und Tränen der heiligst reinsten Rührung mir ins Auge treten ließ, mir, der wahrlich das Weinen nicht gewohnt ist. Dort auf geweihter Stätte höre ich ahnungsvoll schon die Silberposaunen aus der Gralsburg erschallen . . .*

Das »nachgespielte Vorspiel« des Lohengrin – so nannte Wagner den ›Parsifal‹ im Juni 1877 – begibt sich im nördlichen Spanien, dort mochte es im Frühling blühen. Doch wie sollte sich König Ludwigs Wunsch erfüllen, daß die Wiese vor seiner Einsiedelei zur blumigen Au erblühe – seine Gurnemanzhütte lag im bayerischen Gebirge, auf etwa elfhundert Meter Höhe.

Ein König kann der Natur nicht befehlen, doch er kann ihr nachhelfen, und so wurden vor jedem Besuch der Majestät »mit Blumen reichlich versehene Rasenstücke« an klimatisch begünstigter Stelle ausgegraben und vor der Gurnemanzhütte wieder eingesetzt.

Die Blumen sind lange schon verblüht, und die Einsiedelei mit ihrem Glockentürmchen ist seit 1945 verfallen und verschwunden.

Haussuche auf der Weltausstellung. Der preußisch-böhmisch-orientalische Kiosk im Park von Linderhof war eben bezogen worden, als Herr von Dollmann bereits wieder einen neuen Reiseauftrag bekam. Er sollte sich auf der Pariser Weltausstellung von 1878 umsehen, ob er nicht Geeignetes für Seine Majestät finde. Sie interessierte sich für die Architektur des Islam und der buddhistischen Welt, und der Hofarchitekt wurde gebeten, Photos zu beschaffen und genauen Bericht zu erstatten.

Der Baumeister wußte, in welche Richtung die Vorstellungen des Königs gingen, da er ja schon seit etwa vier Jahren immer wieder neue Entwürfe über arabische Architekturthemen zeichnen mußte. Mit dem Ankauf des Strousberg-Kiosks im Frühjahr 1876 wurde auch dieses Projekt bei den vielen abgelegten Akten und Plänen deponiert. Zumeist handelte es sich dabei um Bourbonisches, Orientalisches, Indisches, doch in der Zeit um 1868 soll es (nach Lampert) sogar den Plan eines Moskowitischen Schlosses in der

Gegend von Linderhof gegeben haben. Gerüchte liefen um, dieser Bau sei als Hochzeitsgeschenk des Königs für die russische Großfürstin Maria gedacht, die er in Bad Kissingen kennengelernt habe und die er heiraten wolle…

Inzwischen hatte Ludwig II. ganz andere Bau-Vorstellungen, und Georg von Dollmann wurde auf der 24 Hektar großen Fläche der Weltausstellung fündig: das Haus, in dem marokkanische Stoffe verkauft wurden, gefiel dem König. Im September ging im Auftrag Seiner Majestät die Nachricht an die Seine, daß *das maroccanische Haus das beste, und das Geeignetste ist, und soll dasselbe sehr bald angekauft werden, damit es nicht von Jemand anderen angekauft wird.* Das Haus, heißt es, versehe nach Ansicht des Königs vollkommen seinen Zweck, da er darin ja nur gelegentlich einige Stunden ungestört lesen wolle. Reiche Stoffe und Teppiche müßten freilich noch dazukommen, denn die Beschreibung lasse vermuten, daß es ein recht einfaches Haus sei.

Marokkanisch unter der Kreuzspitze. Für 25000 Francs wurde der marokkanische Verkaufsstand kgl. bayer. Eigentum, und nun, da der Kauf getan, mußte es wieder einmal schnell gehen. Der Schreinermeister Franz Greinwald reiste nach Paris, und am 8. November begann der Abbruch – 32 Tagesschichten à 10 Mark wurden berechnet –, bereits am 25. November kamen die Einzelteile in Linderhof an, und noch im Dezember wurde das **Marokkanische Haus** aufgestellt. In der Nähe der Hundinghütte, nicht weit von der österreichischen Grenze, von wo der lange Aufstieg zur Kreuzspitze beginnt.

Natürlich wurde das Haus wieder prunkvoller, als es von seinem Erbauer gedacht war, außerdem wurden die Fenster stabiler gesetzt, der Kamin gemauert (schließlich befand man sich ja mitten im dazumal unwegigen Gebirge), und ein neuer Anstrich der Räume in den Farben Rot, Blau und Gold gab dem marokkanischen Haus ein verändertes Aussehen.

Der Speisenplan des Königs war seinen Quartieren angepaßt, und vom vormaligen Hofkoch Hierneis weiß man, daß er im Marokkanischen Haus abwechselnd Pyramidenbowle und Veilchenbowle zubereiten ließ, *die eine, in der Ananasgeschmack vor-*

Auf das Marokkanische Haus hatte der König wohl schon vor Beginn der Weltausstellung ein Auge geworfen, denn in den Vorberichten war besonders hervorgehoben worden, daß das Gebäude zerlegbar sei und somit nach der Ausstellung für eine neue Verwendung zur Verfügung stünde. Es wurde 1878 in Linderhof aufgestellt, bald schon nach des Königs Tod veräußert nach Oberammergau, wo es zurückgekauft wurde. Nach der Restaurierung fand es in der Nähe des Schlosses einen neuen Platz.

Der Amalienburg im Park von Nymphenburg nachempfunden war der Hubertuspavillon. Er war schon weit gediehen, als der König starb, und das bis dahin Errichtete wurde abgetragen.

herrschend war, wurde mit Datteltörtchen gereicht, zur Veilchenbowle – sie wurde aus getrockneten Veilchenwurzeln bereitet, die einige Stunden in französischem Sekt eingeweicht, ein merkwürdig starkes Aroma verbreiteten – gab es Petits fours, die dann mit kandierten Veilchenblüten belegt waren. (In der Hundinghütte, in wagnerisch-germanischer Umwelt, wo mitten im Zimmer die mächtige Eiche steht, aß die Majestät am einfachen Holztisch. *Da stehen dann Hörner mit Met gefüllt, silberne Hirsche oder Rehe enthalten die Sahne zum Mokka, und kleine Eulen dienen als Salzgefäße und Pfefferstreuer.)* Der Plan, dem Marokkanischen Haus einen Saal anzubauen, wurde bald verworfen.

Nach dem Tod des Königs wurde das Haus verkauft. Für 200 Mark ging es nach Oberammergau, wo es in einem Garten langsam verfiel. Inzwischen hat man das Haus (ca. 64 m^2) zurückgekauft, sorgfältig restauriert und an neuem, näher beim Schloß gelegenen Standort aufgebaut. Die Wiederherstellung erforderte allerdings besondere Mühe, da das Marokkanische Haus ursprünglich nur Teil eines größeren orientalischen Ensembles war, in dem die Stände der Türkei, Ägyptens, Tunis' und Marokkos untergebracht waren. Und so paßte auch so manches nicht aufeinander und zueinander, was sich noch bei der jüngsten Restaurierung bemerkbar machte.

François Cuvilliés' Sel. Erbe. Herrenchiemsee war noch im Bau, in Neuschwanstein standen die Maurergerüste, die Pläne von Falkenstein lagen auf dem Zeichentisch – und am Heiligen Abend des Jahres 1884 kam nun der Befehl: Seine Majestät wünsche einen Pavillonbau im Ammerwald, südlich von Schloß Linderhof. Als Vorbild habe die gerade einhundertfünfzig Jahre alte Amalienburg in Nymphenburg zu dienen. »Ein ganz kleines Gebäude« soll es werden: ein kreisförmiger Mittelsaal, links und rechts gerahmt von je einem hufeisenförmigen Zimmer, und ein einziger Eingang.

So ähnlich hatte es ja auch beim nahen Schloß angefangen, auch dort war ein von zwei Räumen gerahmter Mittelsaal vorgesehen gewesen, und zuletzt war dann ein ganzes Schloß daraus geworden. Er hatte seinen Architekten Julius Hofmann bereits im Dezember wissen lassen, wie er den eleganten Nymphenburger Cuvilliésbau seinen Bedürfnissen und Wünschen anpassen wolle, doch je weiter die Planungen vorankamen, desto häufiger kamen die königlichen Änderungswünsche. Im späten Oktober 1884 sollte der **Hubertuspavillon** fertig sein, die Details wurden festgelegt – das Speisezimmer sollte in rotem Samt gehalten werden, für das Lesezimmer sollte blauer Samt genommen werden und das Schlafzimmer wünschte sich der Auftraggeber in rosa Moiré. Der Eifer, mit dem tief drinnen im Walde gearbeitet wurde, hätte es vielleicht möglich gemacht, den Rokokobau bis zum vorgegebenen Termin fertigzustellen. Da jedoch die Pläne immer wieder umgezeichnet wurden, während die Handwerker bereits am Werk waren, mußten – wann immer die Entwürfe retouchiert wurden – auch die bereits gemauerten Wände abgerissen werden. So vergingen die Monate, und an eine Fertigstellung bis zum Herbst 1885 konnte nicht mehr gedacht werden. Der Hubertuspavillon, verlangte der König dann, sollte nunmehr im August 1886 fertiggestellt sein; offensichtlich wollte er ihn zu seinem 41. Geburtstag beziehen. Doch im August 1886 war Ludwig II. tot.

Die bereits fertiggestellten Teile des Hubertuspavillons – die Deckengemälde waren bereits vollendet! – wurden niedergerissen, die Steine verkauft.

Bauprojekte

Die provisorische Venus. Das große Semper-Theater in München ist nicht gebaut worden; und es war nicht zuletzt Wagner selbst gewesen, der von dem ursprünglich begeistert aufgenommenen Projekt dann aus mancherlei Überlegungen Abstand genommen hatte. Während sich der Meister nun in Bayreuth seinen Traum erfüllte und doch dort größer baute, als er es sich anfangs vorgestellt hatte, plante Ludwig II. seinen eigenen Theaterbau. Nicht mehr in München, sondern drinnen in den Bergen.

Nach einigen Vorarbeiten entwarf Georg Dollmann 1873 ein Haus, das wohl Erinnerungen an das Münchner Cuvilliéstheater erweckte – auch wenn es nur einen Logenrang hatte – und das nördlich der (damals erst in Entwicklung befindlichen) ›Königlichen Villa‹ stehen und durch zwei Kolonnadengänge mit ihm verbunden sein sollte. Diese Lage hinterm Schlafzimmer, wo das Gelände stark ansteigt, war ungünstig. Da sich also das Projekt im Norden nicht realisieren ließ, zeichnete Dollmann ein **Theater** für die Südseite. Für jenen Lindenbichl also, wo seit 1876/77 der *Monopteros* steht.

Dieses Rundtempelchen mit der von Johann Hautmann geschaffenen Venus-Statue aus Carrara-Marmor war als Provisorium gedacht. Sie sollte die Anhöhe schmücken, bis die Majestät wieder Hand auf großes Geld legen und den Theaterbau realisieren konnte. Man würde das Tempelchen mühelos wieder abtragen können.

Dazu ist es nicht gekommen, das Geld war nie mehr so reichlich vorhanden. Dennoch wurden die Pläne weitergesponnen, der Hofmaler Ferdinand Knab malte ein Bildchen, das zeigen sollte, wie es einmal aussehen würde auf dem Lindenbichl, und Dollmann entwarf eine Fassade, auf der das Linderhof-Theater wie eine kleine Grand Opéra aussah. Und er berechnete auch, daß das alles für 325676 Gulden zu haben und in zweieinhalb Jahren zu bauen wäre. Sogar die Beleuchtung des Etablissements wurde schon entworfen; 150 Flammen sollten brennen und mit Ölgas wären sie zu speisen (allerdings wird der Auftraggeber erschrocken sein, als man ihm sagte, daß stündlich mehr als fünftausend Liter Ölgas verbraucht würden, daß man dafür 13150 Mark zahlen und überdies ein eigenes Ölheizwerk bauen müsse).

Im Jahre 1878 muß der König den Eindruck gewonnen haben, daß er in absehbarer Zeit nicht mehr über das Geld verfügen werde, um das Theater zu errichten. Die Planungen wurden daher endgültig eingestellt. Auf der Insel Herrenwörth freilich war im Mai 1878 der Grundstein für das Schloß Herrenchiemsee gelegt worden.

Träume von der Alhambra. Während 1874 in Linderhof die Axt an das alte Gindhart-Häuschen gelegt wurde, um Platz für den Abschluß des Rokokoschlosses zu schaffen, machte sich der König bereits Gedanken, wie das große Gelände ringsum – denn er hatte inzwischen viel Land dazu gekauft – mit Bauten zu schmücken sei.

Das seit 1873 laufende Theaterprojekt mußte 1878 wegen Geldmangel aufgegeben werden. Der Bau hätte an jener Stelle zu stehen kommen sollen, wo sich jetzt der Monopteros befindet.

Schon 1869 – also noch vor Beginn des Ausbaus von Linderhof! – hatte sich Ludwig von Georg Dollmann dieses Byzantinische Schloß für das Graswangtal entwerfen lassen, ...

Gedacht war ein architektonisches Kontrastprogramm. Nach dem Triumph des Neo-Rokoko sollte im Park nun Maurisches entstehen. Die Baukultur der Araber war entdeckt, und König Ludwig wollte ihr in seinem Gebirgswald hinter Ettal huldigen. So wurde zum Beispiel 1874 ein **Maurischer Pavillon** mit Kuppel und vier kleinen Ecktürmchen, von Georg Dollmann 1874 entworfen.

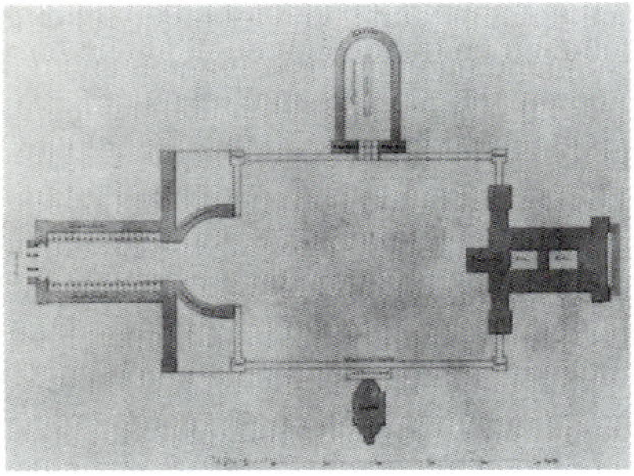

... dessen weitläufige Anlage (hier der Grundriß) ebensowenig zur Ausführung gelangte ...

Wie so oft im Leben Ludwigs II. folgte auch hier der Planung kein Bauauftrag. Dennoch mußte ihm Dollmann vier Jahre später ein neues Gebäude entwerfen, für das die Alhambra zu Granada als stilistisches Vorbild empfohlen wurde. So entstand, akribisch gezeichnet, eine **Kubba mit Hof,** ein pavillonartiger Bau mit üppigem maurischen Schmuck und einer Thronnische.

Es gab allerdings gute Gründe, warum die Bauten zuletzt nicht realisiert wurden: die Majestät hatte sich in beiden Fällen anders orientiert. Sie entschied sich für Präfabriziertes, für orientalische Fertighäuser.

Ludwig Basileus. Schließlich wurde das Schloß Linderhof zu einer Huldigung an das Geschlecht der Bourbonen, ihrer Mätressen und ihres Hofes. Angefangen hatte das königliche Planen im Graswangtal allerdings ganz anders.

Der junge Monarch, noch keine fünfundzwanzig Jahre alt, hatte sich in die Herrschafts- und Kulturgeschichte von Byzanz hineingelesen; er studierte, soweit die Literatur das zuließ, die Architektur des Kaiserpalastes und das Hofzeremoniell, und gab dann Anfang 1869 seinem Architekten Georg Dollmann den Auftrag, eine Palastanlage im byzantinischen Stil zu entwerfen, das **Byzantinische Schloß.**

Der Meister plante groß. Er zeichnete eine Anlage von imposanten Ausmaßen, eine Schloßanlage, die in einer parkartigen Gartenanlage stehen sollte. Dem König, der dazumal noch kaum Erfahrungen im Bauen hatte, gefiel's, und der einzige Einwand, den er hatte: die Gebäude seien noch nicht großartig genug.

Dem Auftraggeber konnte geholfen werden. Auf dem Papier entstand ein domartiges Schloß, das *Basilika* genannt wurde (vom griechischen Basileus = König), ein *Hippodrom* (weil es zu einem byzantinischen Schloß gehörte, nicht weil Ludwig II. zu einem Kampf der Wagen und Gesänge laden wollte), eine *Kirche* und etliche weitere Gebäude. Wieder, wie später auch in Neuschwanstein, achtete der König darauf, daß vor allem der *Thronsaal* groß und würdig gestaltet werde.

Am 15. Juni 1869 wurde der Majestät die Rechnung präsentiert, und dieser sehr detaillierte Kostenvoranschlag, in dem sogar wohlweislich zehn Prozent »für unvorhergesehene Fälle« eingesetzt waren, lautete auf eine Gesamtsumme von 4089100 Gulden. Zählte man die »für Meublement und Tapisserie« vorgesehenen 200000 Gulden hinzu, so mußte Ludwig II. aus seiner Privatkasse 4289100 Gulden bereitstellen. Das aber war sehr viel mehr als sein Nettojahreseinkommen.

Im Jahr 1870 hat Dollmann den letzten Entwurf für die Byzantinische Schloßanlage gezeichnet. Im Herbst desselben Jahres aber gab der König den Auftrag, das Königshäuschen durch einen kleinen Anbau zu erweitern – der Bau von Schloß Linderhof begann.

Ausblick verboten. Statt des Byzantinischen entstand im Graswangtal ein Rokoko-Schloß, doch nach seinen Bauten im Stil des französischen Absolutismus und der deutschen Gotik, nach Linderhof, Herrenchiemsee und Neuschwanstein kehrte König Ludwig am Ende seines kurzen Lebens in einem wahren Projekte-Rausch auch wieder zur Architektur von Byzanz und damit zu seinen frühesten Planungen zurück.

Wahrscheinlich noch vor dem Chinesischen Schloß am Plansee ließ er sich Anfang 1885 vom Dollmann-Nachfolger Julius Hofmann für die Gegend von Linderhof ein neues **Byzantinisches Schloß** entwerfen. Der erhaltene Aufriß der Seitenansicht zeigt, daß sich Ludwig eine sehr kompakte Anlage wünschte. Entworfen wurde ein Bau, der an ein stilistisch etwas aufwendig geratenes, exotisch anmutendes Zeughaus denken läßt und der vor allem bei der Kirche ein wenig an die hundert Jahre später moderne Postmoderne erinnert.

Der Vierecksbau mit Turm und der ihm gegenüberliegenden, der Hagia Sophia nachempfundenen Kirche, mit Thronsaal und Herrenhaus ist nicht mehr begonnen worden. Geblieben sind ein paar Grundrisse und eine kolorierte Ansicht – Zeugnisse eines Königs, der am Ende der monarchistischen Zeit seinem Amt noch einmal priesterliche Würde zurückgeben wollte.

Beherrschend an diesem Plan: der große viereckige Turm, der zugleich der mit einer Vorhalle versehene Haupteingang ist. Ein eigener Eingang wird für die Diener projektiert, »damit selbe in keine Berührung mit der Allerhöchsten Herrschaft kommen«. Deutet man dies noch als ein Zeichen dafür, daß Ludwig II. in dieser späten Zeit mit Menschen möglichst wenig und am besten gar keine Berührung mehr haben wollte, so zeugt ein anderes Detail von einer auffallenden Geringschätzung seiner Mitmenschen: In den Raum für die Dienerschaft und in der Küche wurden die Fenster so hoch angesetzt, daß man nicht in den Hof sehen konnte.

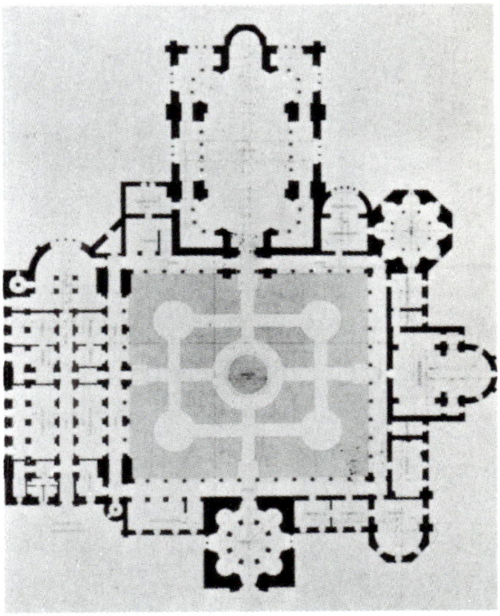

... wie das zweite Byzantinische Schloßprojekt (oben Grundriß), das der König noch gegen Ende seines Lebens im Jahre 1885 Julius Hofmann zur Planung in Auftrag gegeben hat.

Das Hoflager im Grünen. Der König hat seine Residenzstadt nicht geliebt. Schon am 18. April 1864, also nur fünf Wochen nach dem Tod seines Vaters, hat er sie verlassen und sein Hoflager in Schloß Berg am Starnberger See aufgeschlagen; erst im Herbst ist er wieder nach München zurückgekehrt. Von den insgesamt 296 Tagen seines ersten Regierungsjahres hat Ludwig II. nur 68 in seiner Hauptstadt zugebracht.

Daran hat sich auch später nichts geändert, und Gottfried Böhm, der verläßliche, kundige Ludwig-Biograph meinte, daß der König zuletzt nur noch drei Monate eines Jahres in seiner Residenz gelebt habe, ansonsten aber in einem genau festgelegten Turnus zwischen seinen Schlössern und Berghütten gependelt sei. Auch offizielle Verpflichtungen hat er schließlich abgesagt. So nahm er im August 1875 auf dem Münchner Marsfeld zum letzten Mal eine **Parade** seiner Soldaten ab (und angeblich war dies auch sein letzter größerer öffentlicher Auftritt), einige Monate später, im Februar 1876, hielt er auch die letzte *Hoftafel* ab – der Weg in die Einsamkeit war endgültig eingeschlagen.

In den frühen Regierungsjahren hatte das Volk zwar selten, doch immer wieder einmal Gelegenheit, seinen jungen König zu sehen. So beim Begräbnis von Max II. oder bei der **Fronleichnamsprozession,** als er, vielbewundert, hinter dem Allerheiligsten herging.

Für diesen alljährlich wiederkehrenden festlichen Anlaß hatte sich Ludwig II. im Jahre 1878 vom Hofwagenfabrikanten Johann Michael Mayer einen eigenen *Fronleichnamswagen* bauen lassen, den er dann aber doch nicht benutzte. (In ihm fuhren dann die Monarchen, wenn der Tag gekommen war, zur Eröffnung des Landtags.)

Es gab freilich auch weniger feierliche Auftritte. So ließ sich der 23jährige Ludwig am 8. Februar 1869, nachmittags um halb drei, zusammen mit seinem Bruder Otto mit dem Hofwagen zum Marienplatz und zu der lauten und lustigen, doch auch recht frischen Gaudi des *Metzgersprunges* fahren. Dieser alte Münchner Brauch, bei dem die Metzgergesellen in den Fischbrunnen geworfen und dadurch freigesprochen wurden, muß der jugendlichen Majestät gefallen haben, denn er kam nun bereits zum zweiten Mal. Im Jahr vorher war er noch auf Distanz geblieben und hatte das Spektakel aus dem Fenster des Schneidermeisters Hardy verfolgt.

In jenen frühen Regierungsjahren besuchte König Ludwig auch noch gelegentlich Bäl-

Trotz übersteigerter Vorstellung von der hohen Würde des Königtums (links ein Motiv aus dem Marstallmuseum) ging Ludwig II. den Kontakten mit dem Volk nicht immer aus dem Wege, selbst wenn es dabei etwas derb herging wie beim Metzgersprung (oben) oder beim Oktoberfest

le in dem von seinem Großvater Ludwig I. erbauten Odeon. So ist die Erinnerung einer Dame schriftlich überliefert: *Im Winter 1870 erschien der König auf einem Offiziersball im Odeon ... Er sprach einen Moment mit mir, fragte nach meinem Vater usw. Doch war seine Art zu reden nicht angenehm; er kniff die Lippen zusammen – man sagte wegen der schadhaften Zähne – und es war schwer zu erraten, was er meinte. Im ganzen war er auf dem Balle wortkarg und wenig leutselig.*

Tausend Gulden für die Brautpaare. Zu den wenigen öffentlichen Veranstaltungen, die er gelegentlich besuchte, gehörte das **Oktoberfest.** Am 2. Oktober 1864 ist er eigens aus Schloß Berg gekommen, um mit diesem Wiesnbesuch das Ende der Hoftrauer anzuzeigen:

Um ein Uhr nachmittags traf er ein, mit einem Salut begrüßt. Er verteilte Preise an die Sieger des traditionellen Pferderennens – mit einem solchen Rennen bei der Hochzeit seiner Großeltern 1810 hatte ja die Wiesntradition begonnen – und begrüßte die vielen Delegationen, die im Königszelt ihre Aufwartung machten: die Mitglieder des Diplomatischen Corps, die Staatsminister, eine Abordnung des Magistrats und das Generalcomité des Landwirtschaftlichen Vereins. Um vier Uhr verließ Ludwig zusammen mit seinem Bruder Otto, diesem geliebten, treuen Begleiter der frühen Königsjahre, sowie mit Prinz Adalbert den Festplatz und besuchte abends, erstmals seit dem Tod von König Max, das Hoftheater.

In späteren Jahren ist Ludwig II. dann nur noch gelegentlich auf die Wiesn gekommen, insgesamt fünf Mal in seinen einundzwanzig Regierungsjahren. Doch die Frage, ob er das Fest besuche oder nicht, hat die Nerven des Hofstabes und der Veranstalter stets stark strapaziert, da die Visite an-, dann aber wieder abgesagt wurde und schließlich – vielleicht – doch noch stattfand. Am 3. Oktober 1869 beispielsweise hat er zweimal zu- und dreimal abgesagt, und als das Diplomatische Corps bereits ausgeladen und die Landwehrkavallerie heimgeschickt war, fuhr Seine Majestät vierspännig vor. Zwei Jahre später kam die Absage telegraphisch an den Bürgermeister und wurde damit begründet, daß der Bruder justament am vorgesehenen Besuchstag sein Namensfest feiere. Eine andere Feier, fünf Oktoberfeste früher, war entfallen. Im Fasching des Jahres 1867 hatte sich Ludwig II. überraschend und überstürzt mit der Prinzessin Sophie in Bayern verlobt. Im Sommer, dann im Herbst sollte die Hochzeit sein: Zehn Brautpaare sollten aus diesem Anlaß beim Oktoberfest von den bayerischen Kreisen und einigen Städten mit je tausend Gulden beschenkt werden. Doch die königliche Trauung fand nicht statt, und am 10. Oktober wurde gar das Verlöbnis gelöst. Die zwanzig Brautleute haben dennoch ihr Geld bekommen. Auf Befehl Seiner Majestät wurde es ihnen von der Kabinettskasse ausbezahlt. Schließlich sollten die jungen Leute nicht darunter leiden, daß es sich ihr König anders überlegt hatte. Die vom Magistrat der Stadt München in Auftrag gegebene *Preisfahne* zu Ehren der Herzogin (und künftigen Königin) Sophie – mit einem S (wie Sophie) und einer Krone im Mittelteil – war damit überflüssig geworden. Sie wurde aufbewahrt und gehörte dann 1874 zum Gründungs-Fonds des Münchner Stadtmuseums.

Wegen Entlobung nicht vergeben: Oktoberfest-Preisfahne 1867 mit Initiale der Braut.

In jenem Jahr 1874, knapp zwölf Jahre vor seinem Tod, besuchte Ludwig das Oktoberfest zum letzten Mal. Damals gab er im Königszelt den Bayern bekannt, daß seine Mutter, die preußische Prinzessin Maria, am 12. Oktober in der Pfarrkirche von Waltenhofen am Forggensee zur katholischen Kirche übergetreten sei. Hinfort hat Ludwig II. das Münchner Oktoberfest gemieden, doch noch 1880 ließ er sich – eine der vielen Paradoxien in seinem Leben – in der Hofwagenfabrik Mayer einen *Oktoberfest-Phaeton* bauen, einen Wagen, der vom Sattel aus zu fahren war. Freilich, er war eigentlich von Anfang an, was er heute ist – ein Museumsstück.

Der goldene Käfig. Wenn er schon in München sein mußte, so wollte er wenigstens von der Stadt und von den Menschen möglichst wenig sehen. Abends um sechs verließ er zwar gelegentlich den königlichen Käfig seiner Residenz, doch dann fuhr er »im geschlossenen Wagen, von Gendarmen umringt, im schnellsten Tempo in die entlegendsten Gegenden des Englischen Gartens«.

Dem Polizeipräsidenten von München, einem Freiherrn von Feilitzsch, haben diese Kutschenfahrten Glück gebracht. Weil er während dieser Exkursionen den **Englischen Garten** so gut bewachen ließ, ernannte ihn der König zum Präsidenten der Regierung von Oberbayern. Der Maler Hans Fechner erinnerte sich daran, daß der bayerische Monarch bei diesen kleinen Ausflügen die Residenz immer sehr spät erst verlassen habe: *Auf mich machte es immer einen bizarren, unheimlichen Eindruck, wenn der König des Nachts gespensterhaft durch den Englischen Garten fuhr. Vorher wurden da die paar verspäteten Fußgänger gebeten, den Fahrweg zu verlassen, weil der menschenscheue Herrscher niemandem begegnen wollte. Man suchte natürlich Deckung hinter den Bäumen, und dem einen oder anderen Neugierigen mag es dort wohl manchmal gelungen sein, des Königs einsames, bleiches Antlitz hinter den dicken Scheiben des Galawagens aufleuchten zu sehen. Ob es zutraf, weiß ich nicht, aber die Leute, die ihn gesehen hatten, behaupteten, die Scheiben seien als Vergrößerungsgläser geschliffen, und des Königs Haupt habe riesengroß, übermenschlich ausgesehen.* Doch was war hier selbst beobachtet, was war Gerücht?

Wie sehr König Ludwig II. die Hauptstadt, in der seine Familie seit sechshundert Jahren regierte, verachtet und gehaßt hat, ist in Briefen nachzulesen. Er nannte die Stadt mehrfach (so auch im Oktober 1870 gegenüber seiner Mutter) »das unselige München« oder auch »die unselige Stadt«. Er klagte Wagner von Nürnberg aus über den Münchner Plebs

Die imponierende Gestalt des Königs und sein jugendlicher Charme ließen die Herzen der Untertanen höher schlagen, wenn sich der Monarch – freilich selten genug – in der Öffentlichkeit zeigte: Hier bei der Prozession anläßlich der 400-Jahr-Feier der Frauenkirche 1868. Zu ihrer Restaurierung und neugotischen Ausstattung hatte er die Pfeilerfiguren gestiftet.

(und erwog sogar für kurze Zeit, seine Residenz auf die Nürnberger Burg zu verlegen). Im Januar 1877 schrieb er dem Grafen Dürckheim-Montmartin, seinem späteren Flügeladjutanten, von dem »goldenen Käfig«, in den er eingesperrt sei, und er fuhr dann fort: *Kaum kann ich das Heranrücken jener seligen Tage im Mai erwarten, um die verhaßte, unselige Stadt auf lange Zeit zu verlassen, an welche mich nichts fesselt, die ich mit unüberwindlichem Widerwillen bewohne.*

Doch das hohe Amt verlangte von ihm, daß er sich trotz aller tiefen Abneigung zumindest gelegentlich zeige und offizielle Aufgaben wahrnehme. Verlaß war freilich nicht. So beteiligte er sich zwar am 9. Februar 1868 am Pontifikalamt und bei der großen Prozession, mit der das katholische München den 400. Jahrestag der Grundsteinlegung der **Frauenkirche** feierte. Als aber etwas mehr als drei Wochen später sein Großvater Ludwig I. in der Kirche von Sankt Bonifaz beigesetzt wurde, ließ sich der König mit Krankheit entschuldigen.

Daß er zum Domjubiläum persönlich erschienen war, hing vielleicht damit zusammen, daß er – wenn man seiner Mutter glaubt – in seiner Kindheit diese Kirche besonders geliebt hat: Der kleine Prinz, der sich gerne biblische Geschichten erzählen ließ, »hatte eine Vorliebe für die Frauenkirche in München, kostümierte sich gern als Klosterfrau, zeigte Freude am Theaterspielen, liebte Bilder u. dergl.«

Das Siegestor und keine Folgen. Der Großvater schuf die Ludwigs-, der Vater die Maximilians- und der Nachfolger die Prinzregentenstraße. Er aber, König Ludwig II., der sich um Thron und Leben baute, hatte für die Bauleute in München keine Aufträge zu vergeben. Die Stadt ist durch ihn nicht geprägt worden.

Dabei hat er bereits als Kind in München architektonisch gearbeitet. Ludwig I. schrieb darüber seinem Sohn Otto auf dem griechischen Throne: *Bei der Christbescherung 1852 bekam Ludwig von mir das Siegesthor aus Baustein-Hölzern; zu bauen liebt er; vorzüglich, überraschend, mit gutem Geschmack sah ich Gebäude von ihm ausgeführt. Ich erkenne auffallende Ähnlichkeit im künftigen Ludwig II. mit dem politisch-todten Ludwig I.*

Für München hat diese Ähnlichkeit getrogen. Für die Gemäldesammlungen, die seine Ahnen in Jahrhunderten zusammengetragen und die unter Großvater Ludwig I. noch einen so reichen Zuwachs (und die Gebäude der Alten und der Neuen Pinakothek) erhalten hatten, kaufte er in seiner langen Regierungszeit (außer Schwinds ›Symphonie‹, aus dem Nachlaß seines Onkels, König Otto von Griechenland) nur ein einziges wichtiges Bild, die von Anselm Feuerbach im Jahre 1870 gemalte ›Medea‹. Von dem Motiv schuf der Meister zwar fünf Versionen, doch die Münchner Fassung gilt als die schönste.

Daß diese Medea in Haltung, Ausdruck und Kostüm, das Bild aber in seiner Komposition einer kolorierten Skizze gleicht, die Michael Echter 1865 für die Uraufführung von ›Tristan und Isolde‹ am Münchner Hof- und Nationaltheater schuf, könnte erklären, warum Ludwig II. ausgerechnet dieses Bild gekauft hat.

Noch größer – 4,85 mal 7,11 Meter – ist das Historienbild ›Thusnelda im Triumphzug des Germanicus‹ von 1873, mit dem der König ebenfalls verbunden ist: Er hat es Karl Theodor von Piloty 1869 in Auftrag gegeben, um ihn damit in München zu halten (und einen Ruf nach Berlin ablehnen zu lassen).

Auch als Bauherr hat sich Ludwig II. in München kaum engagiert. Zu den wenigen größeren öffentlichen Bauten, die während seiner Regierungszeit in der Hauptstadt entstanden, gehört jene von Gottfried Neureuther geschaffene **Polytechnische Schule,** die am 6. August 1877 in Technische Hochschule umbenannt wurde (und seit 1970 Technische Universität heißt).

Am 26. Februar 1865 hatte der Architekt dem König den ersten Entwurf vorgelegt, und als er etwa ein Jahr später einen abgeänderten Plan einreichte, monierte Ludwig II. (der doch bald danach schon seine Schlösser so üppig schmücken sollte): *Die entworfene Fassade finde ich reicher, als es mir angemessen erscheint. Baurat Neureuther soll deshalb eine weniger gezierte Fassade, die mir seiner Zeit vorzulegen ist, entwerfen.*

Das Bildnis des Königs an der Amtskette des Rektors der Technischen Universität.

Das Studium, zu dem sich Kronprinz Ludwig im November 1863 an der Universität München auf einem eigenen Schmuckblatt im Matrikelbuch einschrieb, war von kurzer Dauer. Bereits im März des folgenden Jahres hatte er die Nachfolge des Vaters anzutreten, und aus dem Studenten der Alma Mater Monacensis wurde deren Schirmherr.

Neureuther entwarf in gewünschter Weise. Am 30. Juni 1866 konnte für den im Stil der Renaissance gestalteten Bau an der Gabelsberger- und Theresienstraße der Grundstein gelegt werden, und am 19. Dezember 1868 versammelten sich die Honoratioren zur Einweihung. Hoch über dem Haupteingang, kaum noch zu lesen, stand in goldenen Buchstaben die Huldigung an den König: LVDOVICO II REGE BAVARIAE AERE PVBLICO EXRTVCTVM.

Für die Aula dieser Hochschule war das 2,05 Meter hohe *Standbild* des Königs bestimmt, das die Bildhauerin Elisabet Ney im Jahre 1870 in Gips modellierte und das der Berliner Bildhauer Friedrich Ochs dann in Marmor ausgeführt hat. Statt im Polytechnicum wurde die Skulptur zunächst im Maximilianeum aufgestellt, von wo sie 1895 nach Linderhof und 1926 nach Herrenchiemsee gebracht wurde.

Student und Schirmherr. Während also Ludwig II. auf Anordnung Seiner Kgl. Hoheit des Prinzregenten zunächst aufs Isarhochufer und dann in die Berge reiste, hat der König in der Münchner **Universität** – als Büste unter Büsten – noch immer seinen angestammten Platz: In der Nische der 1909 entstandenen Aula, unter einem Mosaik des Sonnengottes Helios und seiner mythologischen Begleitung, ist er vereint mit seiner Verwandtschaft, mit Urgroßvater Max I. Joseph, Großvater Ludwig, Vater Max, Bruder Otto, Onkel Luitpold und Vetter Ludwig (III.).

Ein reicher niederbayerischer Herzog hat die Universität 1472 zu Ingolstadt gegründet; König Ludwig I. hat sie am Anfang seiner Regierungszeit von Landshut (wo sie kurze Zeit untergebracht war) nach München geholt, und dessen Enkel Ludwig war einer ihrer Studenten. Es ist freilich nicht viel daraus geworden, da kurz nach der Immatrikulation im November 1863 der königliche Vater starb – aus dem Studenten des ersten Semesters wurde über Nacht der Schirmherr der Universität.

In der kurzen Studienzeit hat er unter anderem beim Philosophen Steininger und beim berühmten Chemiker Justus von Liebig Vorlesungen gehört, auch bei dem ihm bereits bekannten noch recht jungen Theologen Johann Nepomuk Huber (mit dem Rom nicht zurechtkam, weshalb man ihm die Vorlesungen vor Theologiestudenten verbot). Ein anderer Lehrer des Kronprinzen war der Physiker Philipp von Jolly, der im sogenannten Aula- oder Jollyturm nichts Geringeres unternahm, als die Erdenschwere zu messen. Zu der Zeit war aber sein vormaliger Student Ludwig von Bayern schon mehr als anderthalb Jahrzehnte lang König. Dieser Würde hatte man bereits im Hörsaal zu huldigen. Von allen Prinzen, die bei Jolly eingeschrieben waren, beanspruchte nur der Kronprinz einen abgesonderten Platz.

Die Stiftung. Der kgl. bayer. Erbfall hat dem Universitätsstudium des Kronprinzen

Ludwig ein jähes Ende bereitet. Was ihm versagt blieb, hat er anderen ermöglicht. Am 20. August 1876, zwischen den beiden Bayreuther Festspielbesuchen, genehmigte Ludwig II. zu Linderhof die noch von seinem Vater festgelegte Stiftung des Maximilianeums: *Beseelt von dem Wunsche, Seinem Volke ein dauerndes Denkmal landesväterlicher Liebe zu hinterlassen und durchdrungen von der Überzeugung, daß die Förderung der Jugendbildung, insbesondere soweit sie für den Dienst des Vaterlandes geschickt macht, für das öffentliche Wohl den nachhaltigsten und segensreichsten Erfolg verspreche, haben Unseres in Gott ruhenden Herrn Vaters König Maximilian II. Majestät die Errichtung einer Anstalt beschlossen, welche bestimmt ist, die Erlangung der zur Lösung der höheren Aufgaben des Staatsdienstes erforderlichen wissenschaftlichen und geistigen Ausbildung zu erleichtern.*

Die Einlösung des beseelten Wunsches hat lange auf sich warten lassen. Beim Tod Max II. war aber erst der Rohbau fertiggestellt, und da der Architekt Friedrich Bürklein zunächst geisteskrank wurde und schließlich starb, verzögerte sich die Fertigstellung bis zum Jahre 1874. Dann erst konnte Ludwig II. der Stiftung überweisen: *I. Das hiefür nach Anordnung Unseres Herrn Vaters erbaute, am östlichen Ende der neuen Maximiliansstraße in Unserer Haupt- und Residenzstadt München gelegene Gebäude nebst Zugehör;*
II. die gesamte Mobiliareinrichtung des Stiftungsgebäudes...; III. ein in der Codicillar-Verfügung Seiner Majestät des Königs Maximilian II. *vom 16. April 1860 ausgesetztes, verzinslich anzulegendes Kapital von 800000 Gulden (= 1 371 428 Mark 57 Pfg.).*

Jeweils 26 Studenten – ausgewählt aus den besten Abiturienten Bayerns – haben da-

An der Königslaube des Neuen Rathauses: Ludwig II. als Großprior des Georgi-Ritterordens nach Modell von Heinrich Waderé.

mit Kost und Logis (sowie, wenn's angebracht ist, auch ein Zugeld) gefunden. Seit dem Jahre 1949 teilen sich die jungen Akademiker das Haus in bester Münchner Lage mit einem Untermieter, der gerne die Rautenfahne vom Giebel wehen läßt – mit dem Bayerischen Landtag. Dessen erste Sitzung nach dem Kriege fand übrigens am 16. Dezember 1949 unter den Augen Seiner Majestät König Ludwigs II. in der Aula der Münchner Universität statt.

6000 Aktien für gute Unterhaltung. Wie den begabtesten Söhnen seines Landes (die Töchter wurden vor der Stiftung erst mehr als hundert Jahre später gleichberechtigt), so hat König Ludwig mit dem Gärtnerplatz-Theater auch den einfachen Leuten seiner Residenzstadt geholfen.

Das Münchner Vorstadt- und Volkstheater war eine harmlose Gaudi mit den Figuren des Hanswurst und des Lipperl. Es müßte doch möglich sein, den Bürgern auch anspruchsvolleres Vergnügen zu bereiten, sagten sich einige Herren (und vielleicht, dachten sie, läßt sich daraus auch noch Gewinn ziehen). Dem Gedanken folgte die Tat, und im Juni 1863 gründeten sie das ›Actien-Volkstheater‹. Mit 6000 Aktien à 100 Gulden wurde das Unternehmen begonnen, und am 25. August 1864 – dem 19. Geburtstag Ludwigs II. und dem ersten, den er als König feierte – wurde auf dem Eichthalanger in der Isarvorstadt der Grundstein gelegt.

Daß man gerade diesen Tag wählte, den der König zusammen mit Wagner in Hohenschwangau verbrachte, hatte seinen guten Sinn, da sich der Architekt Franz Michael Reifenstuel das Münchner Hoftheater zum Vorbild nahm.

Durch Pacht und schließlich Kauf rettete Ludwig II. das Theater am Gärtnerplatz vor dem drohenden Bankrott.

Bereits am 4. November 1865 konnte zur feierlichen Eröffnung geladen werden: zu Offenbach und einem Stück mit dem Titel ›Was wir wollen‹. Sicher haben die Verantwortlichen gewußt, was *sie* wollten, doch wußten sie auch, was sich das Publikum wünschte? Nach viereinhalb turbulenten, katastrophengebeutelten Jahren war man jedenfalls am Ende, und im Juni 1870 war man, um die Versteigerung abzuwenden, auf die Allerhöchste Huld angewiesen. Und Ludwig II., der einige Jahre zuvor mit seiner Semperoper so deprimierend gescheitert war, pachtete das Theater, im März 1872 hat er es gekauft und aus seiner Zivilliste bezahlt. Es hieß nun ›Königliches Hoftheater am Gärtnerplatz‹ und war gerettet.

Aktenzeichen V a 317 III/42-1803. Nach seinem Tode hat man Ludwig II., den Luise von Kobell schon vor der Jahrhundertwende einen Märchenkönig nannte, auf mancherlei Weise gehuldigt. Am **Neuen Rathaus,** dessen Grundstein am 22. Geburtstag Ludwigs II. gelegt wurde, steht der von Heinrich Waderé modellierte König zusammen mit 42 männlichen Mitgliedern seiner Familie am Erker der Hauptfassade. Als Rechtsaußen am Balkon des ersten Stocks. Kein *Ludwig-Standbild* wird – unbeabsichtigt – häufiger betrachtet und öfter photographiert, doch keines ist auch weniger bekannt, da sich der auf einem kleinen Söckelchen unter kleinem Dächelchen stehende zweite Ludwig unter all den sandsteingrauen Herzögen, Kurfürsten und Königen verliert.

Das bekannteste **Ludwig-Denkmal** aber kann nicht mehr besichtigt werden. Es war 1910 auf der neuerbauten *Corneliusbrücke* unter einem gewaltigen, von Hans Grässel entworfenen Über-Bau von 11 Metern Höhe aufgestellt worden: Ferdinand von Miller ließ den König im Krönungsornat von seinem Throne herniedersteigen, und das war, wie sich zeigen sollte, eine sehr symbolträchtige Geste. Im Mai 1942 wurde auf Anordnung des Reichsministeriums des Innern – Aktenzeichen V a 317 III/42-1803 – die 3,40 Meter hohe Königsstatue, von der ohnehin niemand so recht gewußt hat, warum sie ausgerechnet hier aufgestellt war – (weil man befunden hatte, die Brücke sei zu schlicht geraten, meint Christoph Hackelsberger in seinem Buch über die Münchner Brücken) – von ihrem Platz entfernt und zum Einschmelzen nach Hamburg gebracht.

Der königliche *Kopf* hat den Krieg überlebt und steht heute auf einem Sockel im Nationaltheater, die Denkmalsanlage aber wurde 1970 gegen den vielfachen Protest von

Modell des 1910 von Hans Grässel auf der Corneliusbrücke errichteten und 1970 unnötiger Weise entfernten Ludwig-Denkmals. Von der Bronzefigur, die Ferdinand von Miller entworfen und gegossen hatte (oben eine Kleinkopie), ließ der Zweite Weltkrieg nur den Kopf übrig, der heute im Durchgang zum Nationaltheater aufgestellt ist.

Königstreuen abgetragen. Ein *Abguß* steht seit 1973, auf einer Marmorstele, an seinem Brücken-Platz.

Ein im Jahre 1899 gegründeter ›Verein zur Erbauung eines Monuments für Weiland Seine Majestät König Ludwig II. e. V.‹ hat den Auftrag erteilt und die erforderlichen 185000 Mark gesammelt. Mit dem Monument errichtete er aber auch, genau besehen, ein Denkmal im Denkmal. Zur Erinnerung an die Gründung des Deutschen Reiches in Ludwigs Regierungsjahren (so reichstreu dachten die kgl. bayer. Patrioten vor dem Ersten Weltkrieg) war an der Nordseite ein Bronzerelief angebracht worden, das die Heimkehr der bayerischen Truppen am 16. Juli 1871 und deren Begrüßung durch Ludwig II. vor dem Denkmal Ludwigs I. in der Ludwigstraße zeigte.

Da der bayerische König der großdeutschen Kriegsindustrie geopfert war und keine offizielle Stelle sich um die Wiederkehr eines Ludwigstandbildes an den angestammten Platz bemühte, wurde am 70. Todestag des Königs, dem 13. Juni 1956, an seinem Geburtsort, dem Schloß Nymphenburg, ein Komitee gebildet, das Staat und Stadt auf den leeren Platz der Isarbrücke hinweisen sollte. Als sich kein Erfolg einstellte, wurde im November 1957 das Anliegen im Registergericht protokolliert, es wurde nämlich gegründet: der ›Verein für die Wiedererrichtung eines Denkmals für König Ludwig II. von Bayern e. V.‹

Seine Bemühungen, in der Mittelnische unterhalb des Friedensengels eine Ludwigs-Plastik von Fritz Behn aufzustellen, sind gescheitert. Von der Plastik, die zwischen dem 2. und 9. Juli 1959 als Modell an dem vorgesehenen Standort aufgestellt war, ist im *Behn-Museum zu Trossingen* nur der Kopf erhalten.

Großmächtig dagegen, auf einem gewaltigen Steinsockel, steht der König seit 1967 in den *Maximiliansanlagen* zwischen Maximilianeum und Friedensengel. Vier Bronzereliefs zeigen: das von Semper entworfene Festhaus sowie die drei Königsschlösser von Linderhof, Neuschwanstein und Herrenchiemsee.

»Ich sehe die Straße gekrönt vom Prachtbau…« Der Platz für das von Toni Rückel geschaffene **Denkmal** war gut gewählt: *Wo Bayerns König Ludwig für Richard Wagners Werke nach Gottfried Sempers Plänen zum Ruhme der ganzen Menschheit den Festbau schaffen wollte, setzt sich das Volk sein Denkmal. A.D. MCMLXVII.*

Die Geschichte von **Sempers Festbau-Projekt** läßt sich vor allem aus den Briefen des Königs an Wagner protokollieren:

Am frühen Nachmittag des 4. Mai 1864 empfängt der noch nicht 19jährige Ludwig II. den von Schulden gejagten Komponisten des ›Lohengrin‹ in seiner Residenz.

Am 26. November 1864, acht Tage vor der Münchner Erstaufführung des ›Fliegenden Holländer‹, schreibt er ihm ein königlich-apodiktisches: *Ich habe den Entschluß gefaßt, ein großes, steinernes Theater erbauen zu lassen, damit die Aufführung des ›Ringes des Nibelungen‹ eine vollkommene werde: dieses unvergleichliche Werk muß einen würdigen Raum für seine Darstellung erhalten.*

Der Komponist empfiehlt ihm seinen noch aus den Dresdner Revolutionstagen bekannten Architekten Gottfried Semper (obwohl er sich für seinen ›Ring‹ ursprünglich ein provisorisches Holztheater gewünscht hatte).

Am 27. Dezember 1864 reist Semper von Zürich nach München, am 29. Dezember wird er vom König in Audienz empfangen.

Anfang September 1865 kommt der Baumeister wieder in die Stadt, um den geeigneten Platz auszusuchen. Gefunden wird das Isarhochufer zwischen Maximilianeum (im Bau) und Friedensengel (damals von niemandem vorausgeahnt).

Am 13. September nennt der König seinem Komponisten den Platz, an dem das Theater entstehen soll und schreibt dabei eine widersprüchliche Vision nieder: *Ich sehe die Straße gekrönt vom Prachtbau der Zukunft; es strömt das Volk zur Vorführung der Nibelungen … O die blinde Menge, die die Bedeutung dieses Werkes nicht faßt.*

Vier Monate später dann ein überraschend skeptischer Brief: *Öfters besuche ich die Hö-*

Das Ludwig-Denkmal in den Maximiliansanlagen steht seit 1967 an einer jener Stellen, …

... die als Standort für den Festbau Richard Wagners in München in Aussicht genommen waren. Das Projekt (oben im Modell), vielleicht der genialste Theaterentwurf des 19. Jahrhunderts, wäre ein großartiger Point-de-vue auf dem Isarhochufer geworden.

hen an der Isar; da will es mir das Herz zerschneiden, wenn ich denken soll, daß der ersehnte Bau nie dort aufgeführt werden soll.

Noch bastelt Semper in Zürich an seinem Modell, Ende 1866 wird es fertig sein und am 11. Juni 1867 im Erdgeschoß des Festsaalbaus der Residenz dem König vorgestellt. Zwei Stunden widmet die Majestät diesem Holzmodell und seinem Schöpfer. Am darauffolgenden Tag wird eine neuerliche Audienz gewährt. Man spricht über den Bauplatz und die zum Theater führende Straße. Semper berichtet Wagner darüber: *Allerhöchstsie schienen sich für denjenigen Plan zu entscheiden, der (nach Deiner ersten Idee) in der Verlängerung der Brienner Straße durch den Hofgarten und an der Nordseite der Residenz vorbei durch die Annenvorstadt hindurchgeführt, dann die beiden Isarufer mit der Brücke verbindet und endlich auf der östlichen Höhe jenseit der Isar mit dem Festbaue abschließt.*

Sechs Jahre, meint der Architekt, werde die Fertigstellung dauern, und die geschätzten Kosten für den Bau wären mit 2568299 Gulden anzusetzen; zusammen mit der Straße, der Brücke und allem, was heutigentags Infrastruktur heißt, seien Kosten von 5 Millionen Gulden zu erwarten. Auch der in Aussicht genommene Bauplatz wechselt: einmal südlich vom Maximilianeum, einmal nördlich davon (dort, wo heute das Denkmal von Toni Rückel steht), dann wieder am Hofgarten an der Stelle des späteren Armeemuseums.

Der Baubeginn wird auf 1868 angesetzt, doch auf dem Gelände, das Neureuther für das Theater adaptieren soll, verstreicht der Termin, die Semperoper, dieser größte und vielleicht auch genialste Theaterentwurf des 19. Jahrhunderts, wird nicht entstehen.

Die Münchner, so heißt es später, hätten das Projekt verhindert und dadurch den König aus der Stadt vertrieben; die Vorbereitungen der Königshochzeit hätten die Kasse überstrapaziert, meinen (wenig überzeugend) andere; Wagner selbst habe das Interesse verloren, und ohnedies wäre ihm ja ein Holzeinbau im Glaspalast (der freilich vom Handelsministerium und von der Obersten Baubehörde abgelehnt wurde) lieber gewesen als das Steintheater.

Was immer der Grund war – Semper schaltete im März 1868 einen Rechtsanwalt ein, damit er sein Honorar bekomme. Für Modell und Pläne zahlte man ihm schließlich 32592 Gulden. Die Pläne erbat sich Richard Wagner 1871 – übrigens recht energisch – für seinen Bayreuther Theaterbau. Das Holzmodell wurde in München aufbewahrt – und verloren. (Es ist allerdings in einer Kopie von 1927 überliefert geblieben. Ebenso wie ein von Semper selbst bemaltes Modell für den Theatereinbau im Münchner Glaspalast.)

Mochte der König ein Theater planen und ein anderes Theater vor dem Konkurs retten, mochte er das Maximilianeum zu Ende und die Technische Hochschule neu bauen lassen – wichtig waren für ihn in München eigentlich nur zwei Bauten: das Schloß zu Nymphenburg, in dem er geboren wurde, und die Residenz, in der er bei seinen bald schon recht seltenen Aufenthalten wohnte.

Mutmaßungen über eine kgl. Geburt. Die Eltern haben das freudige Ereignis protokolliert. Vater Max, Kronprinz von Bayern, teilte es seinem kgl. preuß. Schwager Adalbert mit: *Diese Zeilen sollen Dir die frohe Botschaft bringen, daß der Herr unsere teuere Marie mit einem holden, starken Knäblein gesegnet hat...*

Und Mutter Marie schrieb in der Familienchronik: *Ludwig Friedrich Wilhelm wurde am Montag, den 25. August früh 12½ Uhr zu Nymphenburg geboren über dem Schlafzimmer, in welchem Max Josef I. starb. König Ludwig I., der dabei war, war hocherfreut, den Enkel an seinem Geburtstage und in derselben Stunde, in welcher er einst geboren ward, geboren werden zu sehen. Außer Max und seinen Eltern waren Tante von Leuchtenberg, Onkel und Tante Eduard im Zimmer. König Ludwig I. umarmte einige Personen des Hofes vor Freude. 101 Kanonenschuß verkündeten in München die Geburt.*

Später erzählte man sich hinter vorgehaltener Hand, daß der Knabe Ludwig Friedrich Wilhelm in Wirklichkeit schon ein paar Tage früher in **Schloß Nymphenburg** angekommen sei, daß sich aber der Hof mit allen seinen Bediensteten verschworen habe, das Geheimnis zu wahren – der königliche Prinz sollte erst am 25. August offiziell geboren werden, dem königlichen Großvater zur Freude.

Und anders als die Mutter, hat man die Geburts-Geschichte fürs Volk aufgeschrieben: Mit der Uhr in der Hand soll Ludwig I. am 24. August 1845 in Nymphenburg gesessen sein, und zufrieden habe er zugesehen, wie der Zeiger immer weiter gegen Mitternacht rückte. Der 25. August brach an, sein 59. Geburtstag. Und zur gleichen Stunde wie er selbst, wurde nun auch sein Enkel geboren, der künftige König von Bayern.

Das *Geburtszimmer* im Obergeschoß des ersten südlichen Pavillons wird heute als Raum 20 im Rahmen der Führungslinie durch Schloß Nymphenburg noch gezeigt. Der Raum wurde 1959/60 »nach dem alten Vorbild« erneuert, wobei freilich die Farbigkeit viel zu fahl ausgefallen ist, wenn man das schöne Zimmerbild von Friedrich Ziebland von 1820 und seinem selten klassizistischen Grün zum Vergleich heranzieht. Allerdings zeigt diese Ansicht den Zustand zur Zeit der Stiefgroßmutter Ludwigs II., nämlich der Königin Caroline. Bestimmt hat aber Kronprinzessin Marie das Schlafzimmer ihrer Sommerresidenz zumindest mit zusätzlichen Möbeln moderneren – in diesem Falle also historisierenden – Stils nach ihrem Geschmack ausgestaltet, wie ähnliche Zimmerbilder aus der Münchner oder Bamberger Residenz belegen. Leider aber hat sich von diesem Zustand kein Bilddokument erhalten, so daß das Geburtszimmer Ludwigs II. heute sicher einen zu musealsterilen Eindruck gibt.

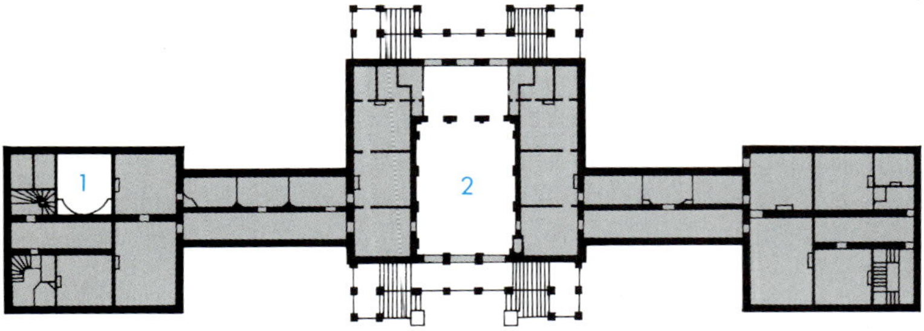

Erstes Obergeschoß von Schloß Nymphenburg: **1** *Schlafzimmer der Kronprinzessin und späteren Königin Marie: Geburtszimmer Ludwigs II.,* **2** *Steinerner Saal: Ort der Taufe Ludwigs.*

Die Taufe. *Ein ewig Rätsel bleiben will ich mir und anderen,* schrieb Ludwig in seinen königlichen Zeiten, und mit der Geburt war ohne sein Zutun der Anfang gemacht.

Aber auch seine Taufe hatte ein ungewöhnliches Vorspiel. In den ersten Tagen seines Lebens – den Tagen, in denen die Geburt geheimgehalten wurde? – hieß der Neugeborene Prinz Otto. Dann aber besann man sich in der königlichen Familie anders, und da der Knabe ohnedies am Ludwigstag geboren war, erfüllte man einen Herzenswunsch des Großvaters und nannte den künftigen Thronerben Ludwig.

Als der 84jährige Münchner Erzbischof Lothar Karl Anselm von Gebsattel am 26. August, nachmittags um zwei, im *Steinernen Saal* die Taufe vornahm, war viel hoher Adel versammelt, darunter der König und die Königin von Preußen. Taufpaten waren die Großeltern väterlicherseits, König Ludwig I. und Königin Therese, die Taufkerze hielt Prinz Adalbert, ein Bruder von Kronprinz Max.

Dieser Taufzeremonie maß Ludwig II. später in seinem Leben große Bedeutung bei, denn durch sie fühlte er sich dem hoch verehrten Sonnenkönig verbunden, da dieser –

Im ersten Stock des südlichen Pavillons von Schloß Nymphenburg, hinter dem vierten bis sechsten Fenster, liegt das Zimmer, in dem Prinz Ludwig am 25. August 1845 zur Welt kam.

vertreten durch Ludwig XVI. – der Taufpate seines Taufpaten Ludwig I. von Bayern gewesen war.

Wie bei der Geburt (und wie so oft in den Darstellungen von König Ludwigs Leben) widersprechen sich auch hier die Zeugen. Während in einer 1864 protokollierten, sehr detailseligen Beschreibung der Taufe dem König und seiner Therese die Patenrolle zugeschrieben wird, notierte sich's Kronprinzessin Marie ganz anders: *Adalbert, Maxens jüngster Bruder, hielt die Taufkerze. König Ludwig I. hielt das Kind. Der König von Preußen und König Otto von Griechenland waren Pathen, letzterer abwesend...*

Welche Rolle der kgl. bayer. Großvater aber auch immer gespielt haben mag – wenige Tage nach der Taufe reiste er ab nach Aschaffenburg, wo er am 7. September den Neugeborenen auf seine Art bedichtete:

Sei mir willkommen mein Enkel
Du dessen Name der meine...
Wenn ich schon lange nicht mehr lebe,
Möge ich, der andere Ludwig, in Dir fortleben:
Sink' ich ins Meer der Ewigkeit hin,
Erheb' Dich als Herrscher.
Aber es herrscht nur der,
Welcher sich selbst beherrscht.

Das Geburtszimmer Ludwigs: Es stammt noch aus den Zeiten der Königin Caroline und war für Kronprinzessin Marie sicher noch mit modischen Accessoires bereichert worden.

Otto sollte der Kronprinz zuerst heißen wie der Onkel, damals noch König der Hellenen. Doch dann einigte man sich, dem Großvater zuliebe, auf Ludwig. Am 26. August 1845 fand im Steinernen Saal (im Bild) die Taufe statt. Großvater Ludwig I. hielt den Täufling, ...

Der Tischnachbar. Ehe er zu herrschen begann, ist Ludwig am 16. und 17. August 1863 in Nymphenburg mit dem preußischen Ministerpräsidenten zusammengetroffen; als Tischnachbar bei mehreren Mahlzeiten. *Ich hatte den Eindruck,* schrieb Bismarck 1894 in seinen ›Gedanken und Erinnerungen‹, *daß er mit seinen Gedanken nicht bei der Tafel war und sich nur ab und zu seiner Absicht erinnerte, mit mir eine Unterhaltung zu führen, die aus dem Gebiete der üblichen Hofgespräche nicht herausging. Gleichwohl glaubte ich in dem, was er sagte, eine begabte Lebhaftigkeit und einen von seiner Zukunft erfüllten Sinn zu erkennen. In den Pausen des Gesprächs blickte er über seine Frau Mutter hinweg an die Decke und leerte ab und zu hastig sein Champagnerglas ... Der Eindruck, den er mir machte, war ein sympathischer, obschon ich mir mit einiger Verdrießlichkeit sagen mußte, daß mein Bestreben, ihn als Tischnachbar angenehm zu unterhalten, unfruchtbar blieb. Es war dies das einzige Mal, daß ich den König von Angesicht gesehen habe.*

In seinen zweiundzwanzig Regierungsjahren hat König Ludwig das Anno 1664 durch Kurfürst Ferdinand Maria erbaute, von Max Emanuel und Karl Albrecht später umgebaute und erweiterte Schloß Nymphenburg nicht sonderlich geschätzt. Er ließ Verwandte in diesem barocken Bau logieren und schuf sich seine eigenen Residenzen in den Bergen.

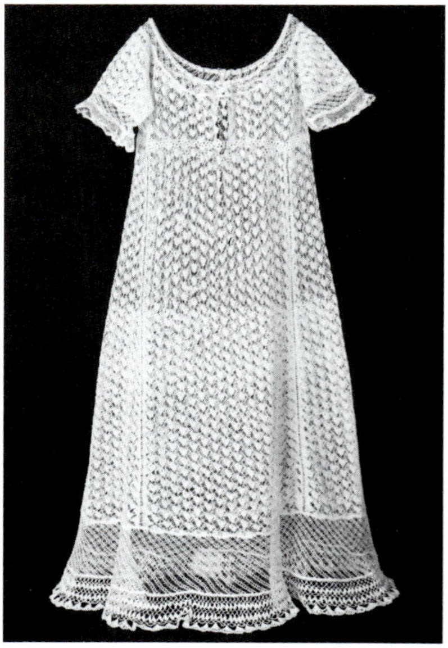

... dessen Taufkleid noch erhalten ist und im König-Ludwig-II.-Museum aufbewahrt wird.

Zum 99. Todestag von König Ludwig II. wurde im Schloßcafé ›Palmengarten‹ des Nymphenburger Parks durch Prinzessin Pilar von Bayern eine vom König-Ludwig-Club gestiftete Bronzebüste des Monarchen enthüllt. Es handelte sich dabei um den Nachguß einer von Johannes Hautmann im Jahre 1864 geschaffenen Bronzebüste.

Die Residenz

Zwei Könige halten die Kerzen. Der Alte Hof, wittelsbachische Residenz seit etwa 1255, lag eingeengt zwischen den Häusern der gelegentlich recht rebellischen Münchner Bürger. Anno 1385 gingen die Herzöge daher auf Distanz. Sie zogen hinaus in den Nordosten und dort, bei ihrer Neuveste, hatten sie Platz zum Bauen. Und sie haben ihn genutzt. Jahrhundertelang.

Den Anfang machte Albrecht V., als er sich 1569 seitab von seiner Burg das Antiquarium schuf. Sein Sohn Wilhelm V. baute bereits bis zur Residenzstraße (und endete, nach bürgerlichem Verständnis, im Konkurs). Der im Umgang mit Geld sehr viel geschicktere Sohn Maximilian I. hat das Werk im großen Stile weitergeführt, unter anderem durch das Gebäudekarree rings um den Kaiserhof.

Folgende wittelsbachische Generationen haben neugebaut, ausgebaut, umgebaut, und keiner war darin so eifrig wie König Ludwig I., der vor allem durch den Königsbau am Max-Joseph-Platz der Residenz eine eindrucksvolle Schauseite hinzufügte. Seinem Beispiel sind die Erben nicht mehr gefolgt. Aus der Zeit des Prinzregenten ist zwar die Schatzkammer erhalten, doch von den wenigen Veränderungen, die Max II. und Ludwig II. hatten vornehmen lassen, ist nichts erhalten.

In seiner Kronprinzenzeit wohnte der spätere König Max II. mit seiner kleinen Familie auch in einem Palais, das sich Ludwig I. 1812 durch Karl von Fischer am Karolinenplatz 4 hatte bauen lassen. Dieses sogenannte **Kronprinzenpalais,** in dem Ludwig seine früheste Kindheit verlebte, wurde um die Mitte des 19. Jahrhunderts durch Kauf zum Palais Toerring-Jettenbach und ist heute – nach der Kriegszerstörung verändert wiederaufgebaut – Sitz der Staatlichen Lotterieverwaltung.

Für das Spätjahr 1848 war der Umzug in das neue Haus geplant, das sich Max in seinem neugotischen Stil an der Brienner Straße 50 hatte schaffen lassen. Doch noch ehe die Maurer und Handwerke abzogen, hatten die Märzunruhen und Lola Montez die Verhältnisse in Bayern auf den Kopf gestellt, und statt des Bauherrn mußte König Ludwig I. (sehr gegen seinen Willen) in das Wittelsbacher Palais umsiedeln, dessen Stil ihm höchst zuwider war.

König Max II. aber zog mit seiner hochschwangeren Frau und dem zweieinhalbjährigen Sohn Ludwig in den Königsbau der **Residenz.** Und im *Festsaalbau an der Nordseite* fand am 29. April als wohl erste große Feierlichkeit der neuen Königszeit im **Thronsaal** die Taufe des etwas zu früh zur Welt gekommenen Prinzen Otto statt. Bei dieser Gelegenheit hatte der kleine Ludwig seinen ersten öffentlichen Auftritt – ebenso wie sein dreijähriger Vetter Ludwig (der spätere König Ludwig III.) durfte er die Taufkerze halten.

Aber auch im Nordwestflügel der Residenz, in den Oberen Hofgartenzimmern mit Blick auf den Hofgarten, hat sich Maximilian in der ehemaligen Wohnung seines Großvaters, König Max I. Joseph, eingerichtet; den Kindern, so heißt es, sind im selben Stock die

Seine Privatwohnung hatte sich der König im 3. Obergeschoß des Nordwestpavillons der Residenz eingerichtet. Auf diesem Bild einer nächtlichen Huldigung vor der Feldherrnhalle 1870 erscheint Ludwig II. gerade am Fenster des Speisezimmers.

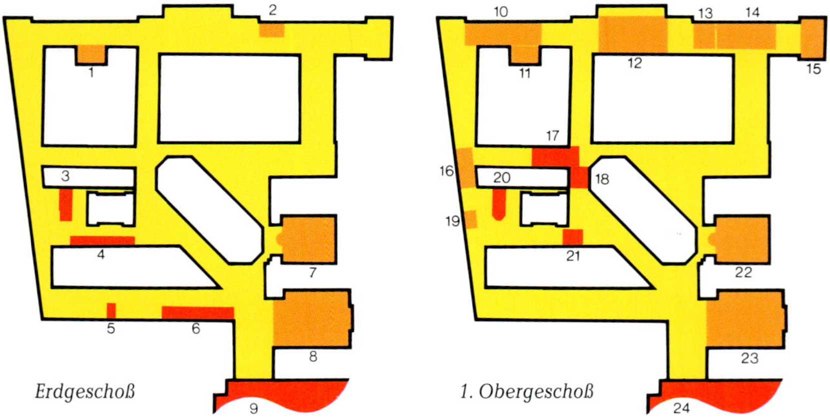

Grundrisse der Münchner Residenz im Vorkriegszustand

In Rot: erhaltene Räume
In Orange: untergegangene Räu

Erdgeschoß

1 *Ehem. Unterbau des Wintergartens*
2 *Ehem. Dritter Odyssee-Saal: Atelier der Elisabet Ney, (heute Garderobe des Herkulessaals)*
3 *Hofkapelle: Ort der Georgiritter-Zeremonien und der Aufbahrung*
4 *Ahnengalerie mit Porträt Ludwigs II.*
5 *›Saal der Klage‹ mit Porträt Ludwigs II.*
6 *Schatzkammer mit Orden und Schmuckstücken Ludwigs II.*
7 *Ehem. Allerheiligen-Hofkirche: Ort der Hofgottesdienste*
8 *Residenztheater: Ort von Separatvorstellungen (heute im Apothekentrakt eingebaut)*
9 *Hof- und Nationaltheater: Ort von Separatvorstellungen*

1. Obergeschoß

10 *Ehem. Untere Hofgartenzimmer: Wohnung der zukünftigen Königin*
11 *Ehem. Unterbau des Wintergartens*
12 *Ehem. Thronsaal: Ort der Thronrede*
13 *Ehem. Saal Karls des Großen: Ort der Hoftafeln*
14 *Ehem. Ballsaal: Ort von Hofbällen und Banketten*
15 *Ehem. Schlachtensaal: Ort von Banketten und des Landtagsempfangs*
16 *Ehem. Hartschiersaal: Ort der Fußwaschung 1864*
17 *Alter Herkulessaal: Ort der Fußwaschung 1865*
18 *Georgirittersaal (Georgssaal): Ort der Georgiritter-Festbankette*
19 *Ehem. Sitzungssaal der Staatsratszimmer: Ort der Eidesleistung*
20 *Hofkapelle*
21 *Inneres Audienzzimmer der Reichen Zimmer: Ort der Kapitelsitzungen des Georgiritterordens*
22 *Ehem. Allerheiligen-Hofkirche*
23 *Residenztheater*
24 *Hof- und Nationaltheater*

2. Obergeschoß

25 *Ehem. Nibelungengang: Zugang zur Wohnung Ludwigs II.*
26 *Hans-Steininger-Treppe*
27 *Ehem. Obere Hofgartenzimmer (Kronprinzenzimmer): Wohnung von Kronprinz Maximilian und Kinderzimmer der Prinzen Ludwig und Otto*
28 *Ehem. Unterbau des Wintergartens*

3. Obergeschoß

29 *Ehem. Wohnung Ludwigs II. (vgl. auch Detailplan auf Seite 136)*
30 *Ehem. Wintergarten Ludwigs II.*

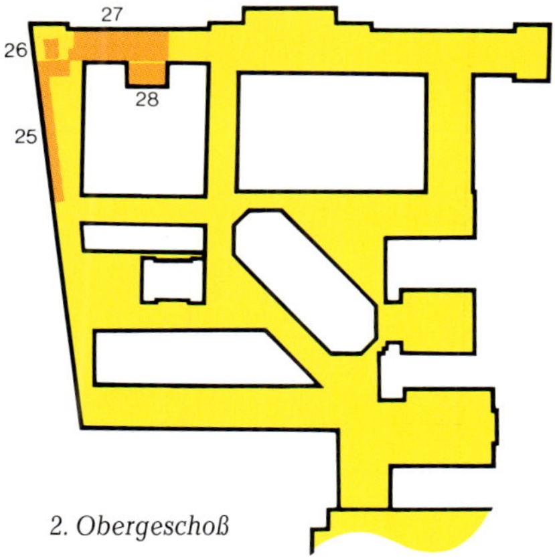

2. Obergeschoß

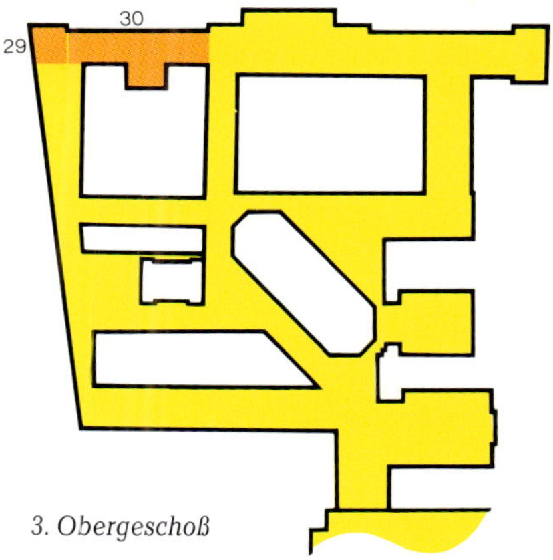

3. Obergeschoß

sehr bescheiden eingerichteten **Prinzenzimmer** bereitet worden.

Es ist freilich schwierig, die Räume heute noch genau zu lokalisieren. Anders als bei Zinshäusern, wo Namensschilder an die Wohnungstüren geschraubt werden und in den Karteien genau erfaßt ist, daß die Hubers drei Zimmer mit Kammer und Bad im zweiten Stock links bewohnen und Meiers im Parterre rechts zwei Zimmer und Kammer gemietet haben, füllen die Hohen Herrschaften in ihrem Palast keinen Meldebogen aus. Wo sie genau wohnen wird eher beiläufig überliefert und läßt sich später nur durch Einbauten, Mobiliar, Bilder und Inventarlisten ermitteln. Nachträglich wird diese Suche nach den vormals königlichen Räumen dadurch erschwert, daß Umbauten, Kriegszerstörungen und Wiederaufbau die Raumdisposition der Residenz sehr verändert haben.

Verwirrung im eigenen Haus. In der riesigen Anlage mit ihren Abmessungen von rund 200 mal 240 Metern – vor dem Kriege waren mehr als 150 Räume für die Besichtigung freigegeben (und das war nur der kleinere Teil) – haben sich offensichtlich auch die Besucher nicht immer genau ausgekannt. So schreibt Ludwig I., wie er seinen Enkel im Mai 1864 erstmals in dessen Wohnung besucht habe, wie er hinaufgestiegen sei »in die nämlichen Gemächer, in denen ich zu meinem Vater, dem König, jetzt zu meinem Enkel, den ebenfalls regierenden König, der auch den oberen Eckpavillon [bewohnt], den ich gebaut, aber [wo ich] zum ersten Mal heute war«. Hier brachte der königliche Pensionär sichtlich das zweite Obergeschoß mit den oberen Hofgartenzimmern und das dritte Obergeschoß im Eckturm etwas durcheinander.

Sicher ist, daß der erste König oben im Juchhe seiner Residenz gehaust hat. Der ehemalige Archivrat Karl Ritter von Lang wurde dort etwa 1811, 1812 zur Audienz empfangen: *früh um 6 Uhr in den königlichen Zimmern, die sich drei Treppen hoch unterm Dach befanden … Im Vorzimmer befand sich, in Ermangelung des diensttuenden Kammerherrn, der erst später herbeikam, ein großer Affe, der mich ziemlich geringschätzend anblickte, und dann eifrig in seinem Geschäft des Flöhsuchens fortfuhr.*

In den Jahrzehnten, die seit Langs Besuch vergangen waren, hatte Ludwig I. den Königsbau errichtet. Er wurde nun die Wohnung des Herrschers; hier lebte bis 1848 Ludwig mit seiner Therese, hierher zog Max mit seiner Maria. Der Kronprinz aber blieb auf Distanz. Er zog, nachdem er die Kindheit in den schon erwähnten Prinzenzimmern verbracht hatte, gleich nebenan eine Treppe höher in den von Ludwig I. aufgestockten Nordwestpavillon (und dies erklärt, warum sowohl Max I. Joseph wie Ludwig II. im selben Teil der Residenz unterm Dach und trotzdem auf verschiedenen Etagen wohnen konnten).

Statt in den repräsentativeren Königsbau umzuziehen, blieb Ludwig II. auch als König in seiner Kronprinzenwohnung im dritten Obergeschoß. Hier, mit Blick auf Theatinerkirche und Hofgarten, bewohnte die junge bayerische Majestät eine Fünfzimmerwohnung mit Vorraum.

Am 10. März 1864 war der Vater gestorben, und schon am 28. März legte Baurat von Riedel dem König einen Kostenvoranschlag für die neue Ausstattung der bis dahin bescheiden möblierten **Königswohnung** vor. Dabei scheint es dem jungen Herrscher vor allem darum gegangen zu sein, den Zugang zu seinen Räumen, der bisher gleichsam über die Hintertreppe geführt hatte und recht verwinkelt war, königlicher zu gestalten: *Ich beabsichtige den oberen Zugang zu meiner jetzigen Wohnung in anständiger Weise herzustellen,* schrieb Ludwig Zwei. Doch für Ludwig Eins, den bis zur Knickrigkeit Sparsamen (wenn es um Privates ging), war das offen-

Nur Kopien haben sich erhalten von jenen 30 Szenen aus dem ›Ring des Nibelungen‹, die der König im neuen Zugang zu seiner Wohnung malen ließ: hier der Raub des Goldes durch Alberich (Rheingold, 1. Szene).

sichtlich nicht der rechte bayerische Regier-Stil: *Von unten bis oben hat er die Treppe von Marmorstufen machen lassen, die früher Holz ... wo sonst Gemächer, einen Gang.*

Dieser Gang – der sogenannte ›Theatiner Neu‹ im zweiten Stock an der Residenzstraße – war mehr als dreißig Meter lang und gab dem König Gelegenheit, sich von Michael Echter figurenreich den ›Ring des Nibelungen‹ in Bildern erzählen zu lassen.

Im Mai 1864 war Richard Wagner zur ersten Audienz in der Residenz empfangen worden, im November begann Echter damit, den **Nibelungengang** auszumalen. Als die dreißig Fresken nach Wagners Dichtung in den Flächen zwischen den vierzehn Fenstern an der Residenzstraße und an der gegenüberliegenden Wand entstanden, hatte der Meister sein Werk für 30000 Gulden (also gut 50000 Mark) zwar bereits an Ludwig II. verkauft, doch komponiert war erst ein Teil.

Französische Möbel für das Fräulein Braut. Im Frühjahr 1867 wurden die Handwerker und Innenarchitekten für einen neuen Umbau engagiert, denn Ludwig II. hatte sich verlobt und wünschte nun, daß die zwischen Residenzstraße und (heutigem) Herkulessaal gelegenen unteren Hofgartenzimmer, in denen Bayerns erste Königin Caroline gewohnt hatte, für die künftige Königin Sophie ausgestattet werden. Ursprünglich waren hier der Kaiser- und Vierschimmelsaal gewesen. Doch für Repräsentatives hatte Kurfürst Max IV. Joseph, als er 1799 nach München kam, wenig Bedarf. Und seine Gemahlin fand ohnedies, daß das Mobiliar, die ganze Einrichtung nicht sonderlich geschmackvoll seien. So ließ der neue Herr, den Napoleon wenige Jahre später zum König machte, in die Säle kurzerhand eine Zwischendecke

Rasch hergerichtet und dann doch nicht gebraucht wurde das Appartement für die künftige Königin nach der Verlobung mit Herzogin Sophie 1867. Nur Zarin Maria Alexandrowna wohnte hier 1868 bei ihrem Besuch.

einziehen – die Hofgartenzimmer waren geschaffen.

Im Krieg wurden neben der Königswohnung im Dachgeschoß und dem buntkolorierten Nibelungengang auch die Königinnenwohnung in den Hofgartenzimmern zerstört. Beim Wiederaufbau ist man weit in die Vergangenheit zurückgegangen und hat den Ur-Zustand wiederhergestellt. So können seit August 1985 die von der bayerischen Staatsregierung zu festlichem Empfang geladenen Gäste im Kaisersaal flanieren, ihren Sekt trinken, die Häppchen speisen und Small Talk pflegen. Und vielleicht daran denken, daß hier die Königin Sophie hätte wohnen sollen.

Freilich, in den 1860er Jahren war dieses Ambiente bescheidener, und so wurden 1867

Im ›Styl Louis XIV.‹ reicher ausstatten ließ sich Ludwig II. 1867-69 seine Wohnung nach der geplatzten Verlobung: Hier das Schlafzimmer mit der nachträglich eingebauten Balustrade.

auf Befehl des Königs das Empfangszimmer, der Audienzraum und das Schlafzimmer neu dekoriert, der Hofmarschall Graf Castell aber mußte nach Paris reisen, um Möbel einzukaufen, wie man sie in Fontainebleau hatte. Denn auch diese Räume sollten im Bourbonenstil eingerichtet werden. Die Ausgaben haben sich zuletzt nicht gelohnt, da Bayern in Ludwigs Tagen keine Königin bekam.

Während im zweiten Geschoß noch die Hochzeitsvorbereitungen im Gange waren, vergab der junge Hausherr auch für seine – nach der Zählung Ludwigs I. – hundertzehn Staffeln über Grund gelegene **Königswohnung** neue Aufträge.

Er wünschte sich die Räume aufwendiger ausgestattet. Der erste Entwurf, den man ihm vorlegte, mißfiel. Er war zu einfach, zu bieder, zu phantasielos und hatte nichts von jenem sonnenköniglichen Glanze, der später Linderhof und Herrenchiemsee leuchten ließ. Er habe sich überzeugt, schrieb Ludwig II., *daß Riedel gar keinen Begriff hat von dem prunkvollen, erhabenen Styl, wie er zur Zeit Ludwig XIV. der herrschende war, und der bei der Herstellung meiner Gemächer der einzig maßgebende sein soll.* So wurden an Riedels Stelle Franz und Rolf Seitz sowie Lorenz Gedon engagiert, die auch später viele Aufträge für den König ausführen sollten. Damals muß zusammen mit viel kostbarem Mobiliar und teueren Stoffen auch jene Balustrade für das Schlafzimmer geschaffen worden sein, die später oft abgebildet wurde.

Es scheint, daß die Arbeiten 1869 abgeschlossen waren, da der König im Dezember diesen Jahres wünschte, daß die neu ausgestattete Wohnung photographiert werde.

Laute Musik bei Karl dem Großen. Der Schauplatz des königlichen Lebens und der königlichen Arbeit war, nach den nicht sehr zahlreichen Zeugnissen zu urteilen, der Nordflügel der Residenz; der von Klenze zwischen 1832 und 1842 errichtete *Festsaalbau* mit dem Thronsaal (an der Stelle des heutigen Herkulessaals), in dem die zwölf überlebensgroßen, von Schwanthaler entworfenen wittelsbachischen Herrscher standen, dann dem Saal Karls des Großen, dem daran anschließenden Ballsaal sowie dem Schlachtensaal an der äußersten Nordostecke.

Im **Thronsaal** hielt der junge König bei seinem Regierungsantritt im März 1864 die *Proklamation* (sowie am 17. Januar 1870 die *Thronrede* bei der Eröffnung der neugewählten Kammer). *Die Vereidigung* des jungen Königs dagegen fand am 11. März 1864 in dem an der Residenzstraße auf der Höhe des Grottenhofes gelegenen Sitzungssaal der **Staatsratszimmer** statt. Doch dann zog sich die Majestät in ihren Wohnflügel zurück, auch wenn zum Beispiel unmittelbar vor dem Abmarsch der bayerischen Truppen in den 70er Krieg ein Familienessen mit dem preußischen Kronprinzen Friedrich im Königsbau stattfand. Aber das könnte ein Zeichen dafür gewesen sein, wie wenig Ludwig II. den Krieg und den preußischen Eifer goutierte.

Der Sieg im darauffolgenden Jahr wurde dann allerdings durch ein Essen – stilgerecht – im **Schlachtensaal** gefeiert. Unter vierzehn Bildern von bayerischen (!) Siegen, bei Brieg und Breslau, bei Brienne, Bar sur Aube, Arcis sur Aube, Saarbrücken und so weiter. Vielleicht war auch dies Symbolik.

In diesen Saal hatte der König etliche Jahre zuvor, am 8. April 1865, die Mitglieder des bayerischen Landtags geladen. Daß die jeweils zur Galatafel gebetenen Offiziere in

Ludwig II. 1864 im sogen. Krönungsornat.

diesem mit roten Stuckmarmorplatten verkleideten Raum ihrem König gegenübertraten, mochte einen Sinn ergeben. In dieser Bildergalerie konnten sie sich vergangener Taten brüsten und Mut fassen für künftige. Aber die 134 biederen Abgeordneten werden

Trotz Krönungsinsignien gab es in Bayern keine Königskrönung: Die Thronbesteigung eines neuen Herrschers – und auch Ludwigs II. – erfolgte durch die Proklamation, die im einstigen Thronsaal (im Bild) im Festsaalbau der Residenz erfolgte ...

von dem Wandschmuck seltsam berührt gewesen sein. Doch ihr König blieb von drei Uhr nachmittags bis halb acht Uhr abends in ihrer Mitte, und da es eine solche Begegnung in der bayerischen Geschichte bis dahin nicht gegeben hatte, wird der gute Wille, den Ludwig durch diese Zusammenkunft bewies, über martialische Peinlichkeiten hinweggeholfen haben. Allerdings wiederholte sich dieser Empfang nicht mehr, und später gewährte der König nicht einmal dem Parlamentspräsidium eine Audienz.

Kriegerische Szenen konnten auch die jeweils vierzig, fünfzig Gäste der *Hoftafel* im

Saal Karls des Großen betrachten, da unter den Bildern, die Julius Schnorr von Carolsfeld gemalt hat, viele Schlachtenszenen waren. Bei diesen Zusammenkünften mußten die Münchner Militärkapellen spielen – bis zu 29 Nummern in den etwa drei Stunden, die man beisammen war –, und da dem König die Tischgespräche (und wohl auch ein Großteil seiner Gäste) zuwider waren, mußten die Musiker mit voller Kraft blasen und auf die Pauken hauen, um die Unterhaltung zu erschweren oder gar unmöglich zu machen. Um den Blicken der Mitspeisenden auszuweichen, war befohlen, als Tischschmuck riesige Blumenarrangements aufzustellen. Die letzte dieser Hoftafeln soll eineinviertel Jahre vor Ludwigs Tod stattgefunden haben.

Die schmale Gestalt hinter Palmen. Wenn Ludwig seine Sekretäre zum Vortrag empfing, wenn er Akten studierte und Erlasse oder Ernennungsurkunden unterschrieb, hielt er sich in seiner knapp dreihundert Quadratmeter großen Wohnung auf. Vornehmlich natürlich im **Arbeitszimmer,** in dem vier flügelschwingende silberne Schwäne den schwarzlackierten Schreibtisch trugen. Auf ihm lag noch in den dreißiger Jahren ein Kalender jenes Jahres 1885, in dem sich der König zum letztenmal in seiner Residenz aufhielt. In dem Zimmer stand auch jener Prunkschrank, in dem die handschriftlichen Partituren Wagners aufbewahrt wurden. Neben dem Schreibtisch muß mindestens zeitweise ein Beistelltisch gestanden haben, da überliefert ist, daß sich der König auf ihm sein Essen servieren ließ, während der Sekretär ihm Vortrag hielt.

Der eindrucksvollste Raum der Wohnung war aber sicher das aus der Zusammenlegung eines Lakaien- und Schlafzimmers entstandene prunkvolle, neubarock ausgestattete **Audienzzimmer** mit dem Thronsessel. An der Wand hing ein für diesen Raum sinnfälliges Gemälde: ›Die Jungfrau von Orléans vor König Karl VI.‹

Wie es zuging, wenn Majestät einen Gast empfing, ist in einem Bericht festgehalten, den der Schauspieler und spätere kgl. bayer. Generalintendant Ernst von Possart gab: *Ich verbeuge mich, rücke meinen Frack zusammen – nun, mit Gott! Da stehe ich im Audienzsaal ... Ich sehe mich um; ein breiter dreifenstriger Raum, mit lichtblauen Tapeten bekleidet, in seiner Mitte ein Rondell von mächtigen Palmen. Bange Sekunden verstreichen; nichts unterbricht die Stille. Da bewegen sich die Zweige der Palmen; ich schrecke auf, und eine weit das Menschenmaß überragende schlanke Erscheinung wendet sich, aus dem Grün tretend, langsam feierlich auf mich zu. Mir stockt der Atem. Als ich nach tiefer Verbeugung mich aufrichte, steht die majestätische Gestalt dicht vor mir; ich muß den Kopf in den Nacken werfen, um ihr ins Antlitz schauen zu können. Aber mein Blick vermag nichts mehr zu unterscheiden, denn zwei mächtige stahlgraue Augen von dunklen Wimpern umrahmt, senken sich forschend in die meinigen und halten sie gefesselt.*

... und durch die Vereidigung des neuen Königs im Audienzsaal (im Bild) der – ebenfalls im letzten Krieg zerstörten – Staatsratszimmer im Westtrakt der Residenz.

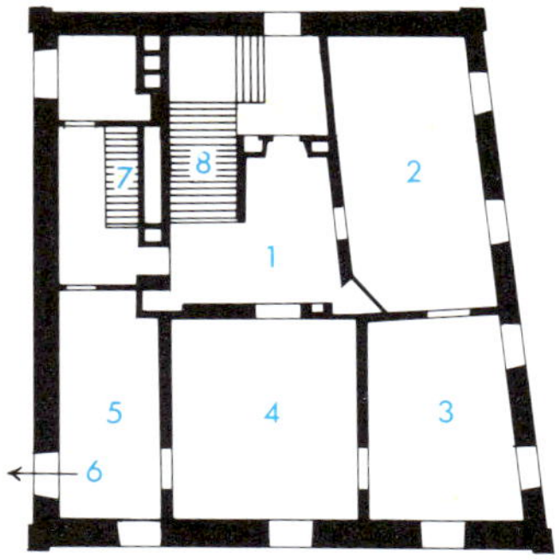

Die Wohnung König Ludwigs II. *im 3. Obergeschoß des Nordwestpavillons der Münchner Residenz:* **1** *Vorraum,* **2** *Audienzzimmer,* **3** *Speisezimmer,* **4** *Schlafzimmer,* **5** *Arbeitszimmer,* **6** *Ausgang zum Wintergarten,* **7** *Treppe zum Nibelungengang im 2. Obergeschoß und zur Wohnung der Königin,* **8** *Hans-Steininger-Treppe zum 1. Obergeschoß*

Diese Begegnung hat offensichtlich in dem Audienzsaal stattgefunden, der in den Hofgartenzimmern eingerichtet war – das Audienzzimmer in der Wohnung wäre wohl zu klein gewesen, um die schützenden, schirmenden Palmen aufzustellen.

Das verspätete Geburtstagsständchen. Es mag sein, daß zu den Gründen, deretwegen Ludwig II. so sehr an seiner Etagenwohnung hing, auch die schöne Aussicht gehört hat. Der Blick ging hier in die Weite. Um allerdings in den nahen **Kaiserhof** schauen zu können, mußte man einen Stock tiefer gehen. Am trüben und kalten 5. Oktober 1864 hatte Richard Wagner auf ihm die vereinigten Musikcorps von drei Infanterieregimentern versammelt, die unter Leitung des vierzigjährigen Obermusikmeisters Johann Wilhelm Siebenkäs dem König ein verspätetes Geburtstagsständchen brachten:

Eigentlich sollte der für 80 Militärmusiker komponierte *Huldigungsmarsch* bereits zum 25. August in Hohenschwangau uraufgeführt werden. Da aber die Königinmutter erkrankte und man offensichtlich befürchtete, die vielen Bläser und Trommler könnten die Rekonvaleszenz der Hohen Frau verzögern, wurde die ungewöhnliche Wagner-Premiere abgesagt.

Dem König muß dieses laute Ständchen gefallen haben, denn er empfing Wagner am übernächsten Tag zu einer Audienz und gab ihm – als vielleicht etwas merkwürdige Reaktion auf die Huldigung – den offiziellen Befehl, den ›Ring‹ fertig zu komponieren. Und wiederum eine Woche später konnte der Meister in das ihm vom König überlassene Haus Brienner Straße 15 einziehen.

Weil aber die Aufführung im Kaiserhof so schön war, hat man sie am 12. Juli 1865 vorm König und dreißig, vierzig handverlesenen Gästen im Residenztheater wiederholt und ein Potpourri aus Wagneropern angehängt. Dirigiert wurden diese Werke vom Komponisten.

*Die Königswohnung – hier das Audienzzimmer mit dem Thron – ist im letzten Krieg zerstört worden. Erhalten haben sich jedoch die Möbel, die heute im König-Ludwig-*II.*-Museum in Herrenchiemsee verwahrt sind.*

Die Geschichte eines Pavillons. Der Wunsch war alt. Schon der Großvater hatte sich, zu Leo von Klenzes Kummer, im Frühjahr 1826 auf dem soeben fertiggestellten Königsbau einen Wintergarten gewünscht. Das Projekt zerschlug sich, und es verging noch mehr als ein Vierteljahrhundert, bis man hoch über München auf dem Dach der Residenz unter Bäumen wandeln und dem Gesang von Nachtigallen und Kanarienvögeln lauschen konnte.

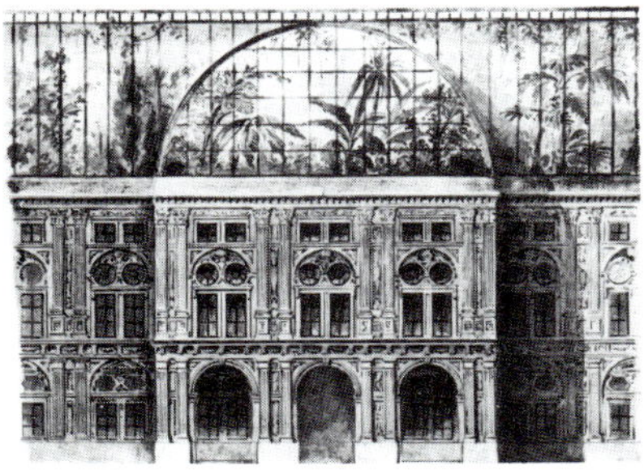

Zum Bau des Wintergartens 1869–71 mußte eigens ein Vorbau im Kaiserhof errichtet werden, um ein Fundament für den 13 m langen Querflügel zu gewinnen.

Was Ludwig I. nicht zuletzt aus technischen Gründen versagt geblieben ist, konnte sein Sohn verwirklichen. Schon 1846, noch ehe in England das ›Victoria Regia Lily House‹ und das ›Palm House‹ von Kew Gardens gebaut wurden (die ersten bedeutenden, aus Glas und Eisen konstruierten Gewächshäuser), hat Bayerns Kronprinz Max mit Wilhelm von Humboldt darüber korrespondiert, doch erst im Herbst 1849 wurden konkrete Pläne entwickelt, und ab 1851 konnte in dem Winkel zwischen Königsbau und Residenztheater und gegen die Allerheiligenhofkirche hin über Arkaden der Wintergarten errichtet werden (und beinahe wäre dabei das eben erst restaurierte Cuvilliéstheater zu Schaden gekommen).

Dem Sohne Ludwig in seiner Dachwohnung lag dieser aus Glas und Eisen gefertigte, 62 Meter lange, 33 Meter breite und 8 Meter hohe künstliche Garten zu weit ab. Hatte König Max aus seinem Arbeitszimmer ins Grüne treten können, so mußte Ludwig II. vorher die Residenz in ihrer vollen Diagonale durchqueren. Dabei waren doch die Verhältnisse in seinem Appartement so günstig, da ja vor der Wohnung, gleich einer riesigen Terrasse, das flache Dach des Festsaalbaus lag.

Ein bescheidenes Gärtchen sollte es nach König Ludwigs Wunsch werden, keine dreißig Quadratmeter groß, nichts weiter als »ein etwas vergrößerter, verglaster Pavillon«. So war es im Mai 1867, am Beginn seines vierten Königsjahres, protokolliert worden. Doch wieder einmal kamen die Ideen und die Wünsche während des Planens, und im Februar des darauffolgenden Jahres wurden die Herren Voit (der Erbauer des väterlichen, 1924 abgebrochenen Wintergartens), Neureuther und Riedel gebeten, größer zu denken und einen **Wintergarten** von etwa 110 Quadratmetern zu entwerfen. Nach drei Jahren, im Frühjahr 1871, war das – auch noch während der Erstellung mehrfach erweiterte – Bauwerk fertig: eine freitragende, aus

Elf Jahre nach des Königs Tod, 1897, erfolgte der Abbau des Wintergartens (Bild), angeblich wegen Baufälligkeit. Der Vorbau überdauerte bis zum September 1950.

Glas und Eisen konstruierte Tonne über dem Nordwestflügel des Festsaalbaus, etwa 70 Meter lang, 17 Meter breit und mehr als 9 Meter hoch. An der Südseite war noch ein 13 Meter tiefer Querflügel vorgesehen, für den die Architekten – da ja der Dachgarten bereits die ganze Breite des Festsaalbaus überspannte – einen eigenen Unterbau schaffen mußten, der wie ein angesetzter Turm im Kaiserhof stand.

Nachdem das Dach geschlossen war, konnte die Ausstattung beginnen (die durch den 70er Krieg allerdings unterbrochen wurde): An der östlichen und an der westlichen Wand gaben die Bilder einer mit vielen exotischen Attributen gemalten Himalaya-Landschaft den Eindruck größerer Tiefe. Dazwischen aber war ein von gewundenen Wegen durchzogenes urwalddichtes Arrangement von Pflanzen und Blumen, von Dattelbäumen und Palmen angelegt. Einige Zeit hatte der König zwar gewünscht, daß man ihm eine lustig springende Gazelle und einen jungen Elefanten in die Grünanlage bringe. Zuletzt ließ er sich allerdings davon überzeugen, daß dies – zumal im Hinblick auf das Heranwachsen des letzteren – wenig geraten erschien. So war der Wintergarten im März 1871 endgültig fertig. Die Majestät hatte dafür 338 972 Gulden (gleich 580 000 Mark) bezahlt und dem für die Innenausstattung verantwortlichen Carl von Effner das Ritterkreuz verliehen.

Die mißglückte Kahnpartie. In dieses Paradies über den Hofgartenzimmern konnte der König nun einen kleinen, auserwählten Kreis von Verwandten und Bekannten führen. Luise von Kobell, die mit ihrem Mann in königlicher Nachbarschaft, quer übern Kaiserhof wohnte, hat dazugehört, und auch der Kronprinz Rudolf von Österreich, für den Ludwig in seinem Wintergarten im März 1880 ein Fest gab, bei dem sechzehn Musiker des 2. Infanterieregiments ›Kronprinz‹ spielten.

Die kompakt angelegte Sängerin Josefine Scheffzky hatte in dieser exotischen Parklandschaft über den Dächern Münchens eine schlechte Erfahrung gemacht: Sie fuhr mit dem Kahn auf dem kleinen See (dessen Wasser den unterm Wintergarten logierenden Lakaien gelegentlich nasse Betten bescherte) und ließ die Partie mit einem freiwillig-unfreiwilligen Bad enden. Die Hilferufe der aufsehenheischenden Primadonna wurden von der am Ufer sitzenden Majestät allerdings nicht beachtet, und erst als Diener aus der nahegelegenen königlichen Wohnung zu Hilfe eilten, wurde das durchnäßte Fräulein an Land gezogen.

Im Jahre 1883 hat Ludwig II. seinen frischvermählten Vetter Ludwig Ferdinand und dessen spanische Frau Maria de la Paz (die späteren Eltern von Prinz Adalbert und Prinzessin Pilar also) in seinen Garten geladen. Die Prinzessin hat dieses Ereignis ihrem Bruder, dem spanischen König, in einem Brief geschildert. Sie beschreibt, wie sie durch überladene Zimmer geführt wurden und schließlich an eine hinter einem Vorhang versteckte Tür kamen. *Lächelnd hob der König den Vorhang zur Seite. Ich war verblüfft; denn ich sah einen riesigen, auf venezianische Art beleuchteten Garten mit Palmen, einen See, Brücken, Hütten und schloßartigen Bauwerken. »Geh«, sagte der König, und ich folgte ihm fasziniert, wie Dante Vergil ins Paradies. Ein Papagei schaukelte sich in einem goldenen Reif und schrie mir »Guten*

Den Wintergarten zeigte der König nur auserwählten Gästen. Eine dieser Bevorzugten war die Sängerin Josefine Scheffzky: Sie hoffte vergeblich, mit einem gekünstelten Sturz in den künstlichen Teich des Königs Aufmerksamkeit zu erregen.

Die exotische Landschaft, in die der Wintergarten seine Besucher versetzte, wurde von einem Kolossalgemälde des Himalaya überragt, ...

Abend« entgegen, während ein Pfau gravitätisch vorüberstolzierte. Wir gingen auf einer primitiven Holzbrücke über einen beleuchteten See und sahen zwischen Kastanienbäumen vor uns eine indische Stadt. Als eine verdeckte Militärmusik meine ›Marcha de Infantes‹ anstimmte, sagte ich dem König mit Überzeugung, daß dies der Höhepunkt seiner Aufmerksamkeit sei … Wir kamen zu einem blauseidenen, mit Rosen überdeckten Zelt. Darin war ein Stuhl, von zwei geschnitzten Elefanten getragen, und davor lag ein Löwenfell. Der König führte uns weiter auf einem schmalen Pfade zum See, worin sich ein künstlicher Mond spiegelte, Blumen und Wasserpflanzen magisch beleuchtend. An einem Baum war ein Boot gebunden, wie es die Troubadours in alter Zeit benützten. Wir kamen dann zu einer indischen Hütte. Fächer und Waffen dieses Landes hingen von der Decke herab. Mechanisch blieb ich stehen, bis der König wieder zum Weitergehen mahnte. Plötzlich glaubte ich mich in die Alhambra verzaubert. Ein kleines maurisches Zimmer mit einem Brunnen in der Mitte, von Blumen umgeben, versetzte mich in meine Heimat. An den Wänden zwei prächtige Divane. In einem anschließenden runden Pavillon hinter einem maurischen Bogen war das Abendessen gerichtet… Von meinem Platz aus sah ich durch den Bogen hindurch herrliche Pflanzen im Schein verschiedenfarbiger Lichter, während unsichtbare Chöre leise sangen. Plötzlich war ein Regenbogen zu sehen. »Mein Gott«, rief ich unwillkürlich aus, »das ist doch ein Traum!« »Du wirst auch mein Schloß Chiemsee sehen«, sagte der König. Ich träumte also nicht, und der Mann neben mir war der König von Bayern.

Fischerhütte im Wintergarten

Der Traum hatte natürlich seinen Preis – zwischen 1872 und 1885 fielen Kosten von einer knappen Million Mark an.

Doch alle Herrlichkeit, die Palmen und die Blüten, die von Fritz Brandt konstruierte Regenbogenmaschine und der künstliche See, die Häuschen und das kleine Boot verschwanden mit dem Tod des Königs. Die Pflanzen wurden nach Nymphenburg gebracht, das kupferne Seebecken verkauft, und 1897 hat man den ganzen großen Aufbau aus Glas und Eisenträgern, der zu seiner Zeit ein technisches Meisterwerk gewesen war, zerlegt und abmontiert. Als letzte Erinnerung an diesen Traumgarten blieb nur der Vorbau im Kaiserhof übrig. Bei der allgemeinen Trümmerbeseitigung nach dem Krieg wurde er im September 1950 abgebrochen.

… und auf dem künstlichen See vor dem maurischen Kiosk tummelten sich Schwäne, die Lieblingstiere des Königs, während in den Palmen die Papageien kreischten.

Die leeren Gänge der Residenz. Sicher hat der emsige Hofstaat in seinen Livreen die Gänge belebt, Bedienstete haben Staub gewischt und geputzt, sie sind hin und her geeilt in großer Geschäftigkeit, haben getratscht und intrigiert. Doch im Vergleich zu den glanzvollen Zeiten, in denen die bayerischen Kurfürsten hier lebten und prunkvollen Hof hielten, muß die Residenz in den König-Ludwig-Tagen leer und verlassen gewirkt haben. Zeitweise wohnte Verwandtschaft hier, die Familie des Onkels Adalbert beispielsweise in den Kurfürstenzimmern, doch zumeist blieben die festlichen Räume ungenutzt.

Der junge König, der höfisches Zeremoniell (doch auch die Einsamkeit) so sehr liebte, zeigte kein Interesse für das, was seine Vorgänger gebaut hatten. Nicht für die Päpstlichen Zimmer, die Reichen Zimmer, die Trierzimmer, die Gelben Zimmer... Es ist auch nicht bekannt, daß er das Schloß Schleißheim je besucht hätte, und in **Nymphenburg** ließ er Verwandte wohnen; für zwei Jahre den kranken Bruder Otto (ehe er nach Fürstenried kam), dann den Vetter Ludwig Ferdinand mit seiner Frau Maria de la Paz (die er ja in der Nacht vom 11. zum 12. Mai 1883 im Wintergarten so freundlich empfangen hatte). Einmal, etwa ein halbes Jahr vor seinem Tod, ist Ludwig an die Stätte seiner Geburt zurückgekehrt. *An einem Winterabend als es schon dunkel ist... erscheint der König unangesagt, um den kleinen Ferdinand anzusehen,* heißt es in einer Wittelsbacher-Familienchronik.

Daheim in der Residenz verlangten freilich das höfische Zeremoniell und vor allem die Theaterbesuche, daß der Herrscher seinen Wohntrakt gelegentlich verließ. Dann aber mußten ›Gensdarme‹ dafür sorgen, daß dem König auf den Gängen, durch die er ging, keine Menschen begegneten.

Allein bei der du Barry. Der Wunsch, Menschen nicht zu sehen und von ihnen nicht gesehen zu werden, hat dazu geführt, daß in den sogenannten **Separatvorstellungen** nur für den König gespielt wurde. Es hatte zwar schon 1865 und 1868 Wagnerkonzerte gegeben, zu denen kein Publikum geladen war, und einige Male hat die Theaterintendanz wohl auch Wagneraufführungen für diesen einzigen Gast angesetzt, doch man hat sie als Generalproben deklariert.

Am 6. Mai 1872 aber gab es im **Residenztheater** mit dem Lustspiel ›Die Gräfin du Barry‹ die erste Separatvorstellung (die bereits mit dem gleichen Stück vier Tage später wiederholt wurde). Dem Intendanten Ernst von Possart hat der König erklärt: *Ich kann keine Illusion im Theater haben, solange die Leute mich unausgesetzt anstarren und mit ihren Operngläsern jede meiner Mienen verfolgen. Ich will selbst schauen, aber kein Schauobjekt für die Menge sein.*

Den ersten beiden folgten im Herbst 1872 noch zwei weitere Separatvorstellungen; und wieder an beiden Abenden dasselbe Programm: ›Der Graf von Saint-Germain‹ im

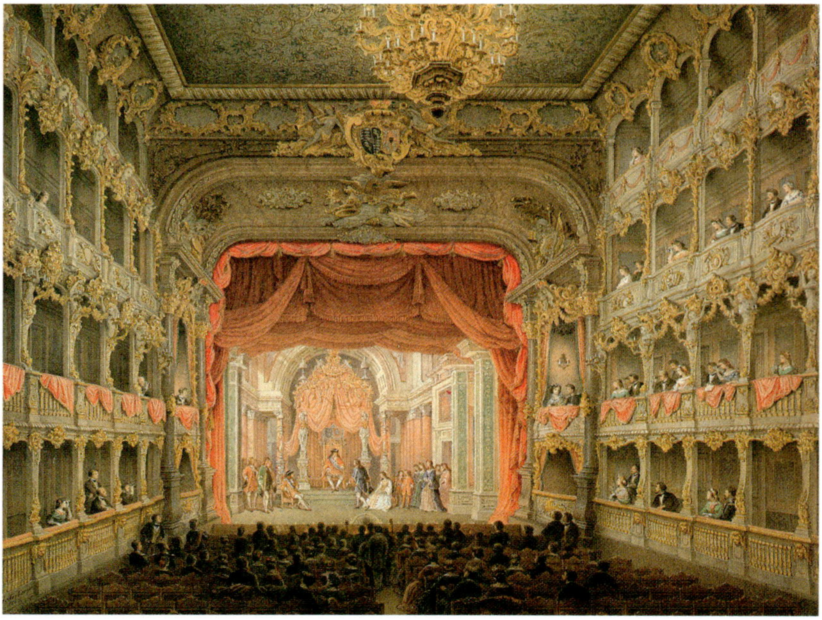

Wie geschaffen für Theaterstücke, die in der Bourbonenzeit spielten, war das Residenztheater (Cuvilliéstheater). Es war ebenso Ort berühmter Separatvorstellungen wie...

... das Nationaltheater, in dem Ludwig auch zum ersten Mal eine Wagner-Oper hörte und in dem zu des Königs Lebzeiten vier Wagner-Uraufführungen stattfanden.

ersten und ›Ein Minister unter Ludwig XV.‹ im zweiten Teil. Im darauffolgenden Jahr 1873 gab es bereits dreizehn Vorstellungen – sieben im März, April und Mai, sechs im Oktober und November –, und bis zum Frühjahr 1885 haben sich diese Separatvorstellungen nun wiederholt, alljährlich in den Frühlingsmonaten und dann wieder im Oktober und November. Die Aufführung des altindischen Spiels ›Urvasi‹ von Kalidasa am 12. Mai 1885 im **Hof- und Nationaltheater** war die 209. und letzte Separatvorstellung für König Ludwig II.

Diese Präsentationen vor einem einzigen, freilich königlichen Zuschauer wurden zwar nicht geheimgehalten, aber so richtig hat die Öffentlichkeit erst durch die Wiener Schauspielerin Charlotte Wolter davon erfahren.

Die hochgefeierte Aktrice war für den 9. Mai 1885 eingeladen worden, in Albert Emil Brachvogels Stück ›Narziß‹, das sich Ludwig II. jedes Jahr am 9. Mai (und insgesamt zwölfmal) vorspielen ließ, die Rolle der Pompadour zu übernehmen. Die Dame kam, spielte und – gefiel nicht. Durch einen Aufsatz in der ›Wiener Neuen Presse‹ hat sie, obwohl zur Verschwiegenheit verpflichtet, über den Abend berichtet: *Um halb zwölf Uhr versammelten sich die Schauspieler auf der Bühne. Es herrschte absolutes Schweigen; die Theater-Arbeiter trugen Filzschuhe. Durch das Guckloch im Vorhange sah man nur das erleuchtete Proszenium; der Zuschauerraum war vollkommen finster. Punkt zwölf ertönte ein Glockenzeichen: der König verläßt seinen Palast und begibt sich durch einen Corridor, der in dämmrigem Halbdunkel bleibt, nach seiner großen Loge. Ein zweites Glockenzeichen kündigt des Königs Eintritt in die Loge an, und sofort rollt der Vorhang in die Höhe... Als gegen vier Uhr morgens der letzte Akt zu Ende und der Vorhang gefallen war, befahl man uns bewegungslos auf der Bühne zu bleiben, damit der König nicht gestört werde. Er pflegt nämlich noch einige Zeit lang in der Loge zu bleiben und über das Geschehene nachzusinnen.*

In den drei folgenden Tagen wurden für den König im Hof- und Nationaltheater noch Separatvorstellungen gegeben, dann fuhr er nach Berg. Zwischen dem 6. Mai 1872 und dem 12. Mai 1885 haben das Residenztheater und, vom Oktober 1873 an, das Hof- und Nationaltheater exklusiv für die Majestät 154 Schauspiel-, 44 Opern- und 11 Ballettaufführungen angesetzt (und dabei etwa 200000 Mark an Einnahmen verloren).

Die wahre Geburt des Königs Ludwig. Wichtiger als diese Aufführungen, über die sogar Mark Twain geschrieben hat (vor allem über einen recht realistischen Bühnenregen), war ein Theaterereignis in Ludwigs Jugend: Am 2. Februar 1861 durfte der fünfzehnjährige Kronprinz zum ersten Mal ins Theater gehen, zu einer Aufführung des ›Lohengrin‹. Die Begegnung mit dem Werk Richard Wagners hat das künftige Leben des Wittelba-

München.

Königl. Hof- und National-Theater.

Samstag den 10. Juni 1865.
Außer Abonnement.
Zum ersten Male:

Tristan und Isolde

von
Richard Wagner.

Personen der Handlung:

Tristan	Herr Schnorr von Carolsfeld.
König Marke	Herr Zottmayer.
Isolde	Frau Schnorr von Carolsfeld.
Kurwenal	Herr Mitterwurzer.
Melot	Herr Heinrich.
Brangäne	Fräulein Deinet.
Ein Hirt	Herr Simons.
Ein Steuermann	Herr Hartmann.

Schiffsvolk. Ritter und Knappen. Isolde's Frauen.

Textbücher sind, das Stück zu 12 kr., an der Kasse zu haben.

Regie: Herr Sigl.

Neue Decorationen:
Im ersten Aufzuge: Zeltartiges Gemach auf dem Verdeck eines Seeschiffes, vom K. Hoftheatermaler Herrn Angelo Quaglio.
Im zweiten Aufzuge: Park vor Isolde's Gemach, vom K. Hoftheatermaler Herrn Döll.
Im dritten Aufzuge: Burg und Burghof, vom K. Hoftheatermaler Herrn Angelo Quaglio.

Neue Costüme
nach Angabe des K. Hoftheater-Costumiers Herrn Seitz.

Der erste Aufzug beginnt um sechs Uhr, der zweite nach halb acht Uhr, der dritte nach neun Uhr.

Preise der Plätze:

Eine Loge im I. und II. Rang 15 fl. — kr.	Eine Loge im IV. Rang 9 fl. — kr.
Ein Vorderplatz 2 fl. 24 kr.	Ein Vorderplatz 1 fl. 24 kr.
Ein Rückplatz 2 fl. — kr.	Ein Rückplatz 1 fl. 12 kr.
Eine Loge im III. Rang 12 fl. — kr.	Ein Galerienoble-Sitz 2 fl. 24 kr.
Ein Vorderplatz 2 fl. — kr.	Ein Parkettsitz 2 fl. — kr.
Ein Rückplatz 1 fl. 36 kr.	Parterre — fl. 48 kr.
	Galerie — fl. 24 kr.

Heute sind alle bereits früher zur ersten Vorstellung von Tristan und Isolde gelösten Billets giltig.

Die Kasse wird um fünf Uhr geöffnet.

Anfang um sechs Uhr, Ende nach zehn Uhr.

Der freie Eintritt ist ohne alle Ausnahme aufgehoben und wird ohne Kassabillet Niemand eingelassen.

Repertoire:
Sonntag den 11. Juni (Im K. Hof- und National-Theater) Martha, Oper von Flotow.
Montag den 12. „ (Im K. Hof- und National-Theater) Elisabeth Charlotte, Schauspiel von Paul Heyse.
Dienstag den 13. „ (Im K. Hof- und National-Theater) Mit aufgehobenem Abonnement: Zum ersten Male wiederholt Tristan und Isolde, von Richard Wagner.
Donnerstag den 15. „ (Im K. Hof- und National-Theater) Lalla Rookh, Oper von Felicien David.

Druck von Dr. C. Wolf & Sohn.

München.

Königl. Hof- und National-Theater.

Sonntag den 21. Juni 1868.
Mit aufgehobenem Abonnement.
Zum ersten Male:

Die Meistersinger von Nürnberg.

Oper in drei Aufzügen von Richard Wagner.

Regie: Herr Dr. Hallwachs.

Personen:

Hans Sachs, Schuster	Meistersinger	Herr Betz.
Veit Pogner, Goldschmied		Herr Bausewein.
Kunz Vogelgesang, Kürschner		Herr Heinrich.
Konrad Nachtigall, Spängler		Herr Sigl.
Sixtus Beckmesser, Schreiber		Herr Hölzel.
Fritz Kothner, Bäcker		Herr Fischer.
Balthasar Zorn, Zinngießer		Herr Weixlstorfer.
Ulrich Eißlinger, Würzkrämer		Herr Hoppe.
Augustin Moser, Schneider		Herr Pöppl.
Hermann Ortel, Seifensieder		Herr Thoms.
Hans Schwarz, Strumpfwirker		Herr Grasser.
Hans Foltz, Kupferschmied		Herr Hayn.
Walther von Stolzing, ein junger Ritter aus Franken		Herr Nachbaur.
David, Sachsen's Lehrbube		Herr Schlosser.
Eva, Pogner's Tochter		Fräulein Mallinger.
Magdalene, Eva's Amme		Frau Diez.
Ein Nachtwächter		Herr Ferdinand Lang.

Bürger und Frauen aller Zünfte. Gesellen. Lehrbuben. Mädchen. Volk.

Nürnberg.
Um die Mitte des 16. Jahrhunderts.

Textbücher sind zu 18 kr. an der Kasse zu haben.

Neue Decorationen:
Im ersten Aufzuge: Das Innere der Katharinenkirche in Nürnberg,
Im zweiten Aufzuge: Straße in Nürnberg,
Im dritten Aufzuge: Erste Dekoration: Werkstätte des Hans Sachs, von den K. Hoftheatermalern Herrn Angelo Quaglio und Christian Jank.
Zweite Dekoration: Freier Wiesenplan bei Nürnberg, vom K. Hoftheatermaler Herrn Heinrich Döll.

Neue Costüme
nach Angabe des k. technischen Direktors Herrn Franz Seitz.

Preise der Plätze:

Eine Loge im I. und II. Rang für 7 Personen 21 fl. — kr.	Ein Galerienoble-Sitz 3 fl. 30 kr.
Ein Logenplatz 3 fl. — kr.	Ein Parketsitz 3 fl. — kr.
Eine Loge im III. Rang für 7 Personen 17 fl. 30 kr.	Parterre 1 fl. — kr.
Ein Logenplatz 2 fl. 30 kr.	Galerie — fl. 30 kr.
Eine Loge im IV. Rang für 7 Personen 14 fl. — kr.	
Ein Logenplatz 2 fl. — kr.	

Die Kasse wird um fünf Uhr geöffnet.

Die Theaterzettel der Wagner-Uraufführungen im Nationaltheater: ›Tristan und Isolde‹ am 10. Juni 1865, dazu unten eine Presse-Karikatur; ›Die Meistersinger von Nürnberg‹ am 21. Juni 1868; im Jahr darauf und gegen den Willen des Komponisten dann …

chers geprägt, hat ihm seine entscheidende Wendung gegeben: Dieser Abend des 2. Februar 1861 ist der wahre Geburtstag König Ludwigs II., des bayerischen Märchenkönigs.

Mit dem Tode von König Max II. gehen am 10. März 1864 die Kronprinzenjahre zu Ende, Ludwig wird König von Bayern, und zu seinen ersten Handlungen gehört es, daß er seinen Hofsekretär Pfistermeister ausschickt, Richard Wagner zu suchen. Am Nachmittag des 4. Mai findet in der Residenz die erste Begegnung statt: *Seien Sie überzeugt,* schrieb der König am darauffolgenden Tag dem Komponisten, *ich will alles tun, was ir-*

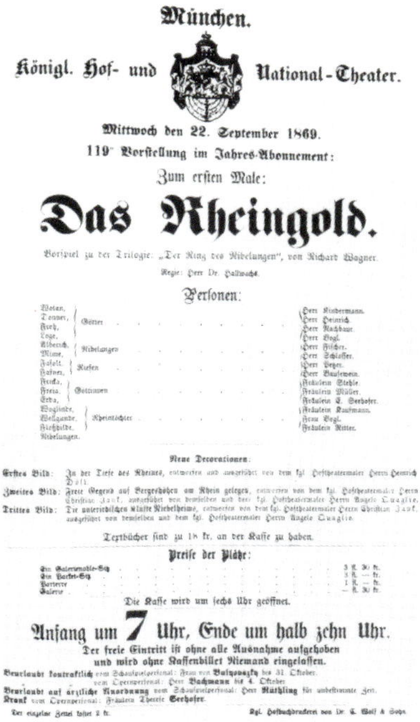

… die Oper ›Rheingold‹ am 22. September 1869 und schließlich ›Die Walküre‹ am 26. Juni 1870 (Bild rechts).

gend in meinen Kräften steht, um Sie für vergangene Leiden zu entschädigen. – Die niedern Sorgen des Alltagslebens will ich von Ihrem Haupte auf immer verscheuchen, die ersehnte Ruhe will ich Ihnen bereiten, damit Sie im reinen Äther Ihrer wonnevollen Kunst die mächtigen Schwingen Ihres Genius ungestört entfalten können! – Unbewußt waren Sie der einzige Quell meiner Freuden von meinem zarten Jünglingsalter an, mein Freund, der mir wie keiner zum Herzen sprach, mein bester Lehrer und Erzieher. – Ich will Ihnen alles nach Kräften vergelten! Unterschrieben: *Ihr Freund Ludwig, König von Bayern.*

Und dieser König hat, gegen viele Widerstände, dem Künstler die Treue gehalten bis zum Tode.

Am 13. Februar 1883 ist Wagner in Venedig gestorben. Als man Ludwig einen Bericht über die Beisetzung im Garten der Villa Wahnfried in Bayreuth erstattete, konnte er zu Recht sagen: *Den Künstler, um welchen jetzt die ganze Welt trauert, habe ich der Welt gerettet.*

Auf der Flucht vor seinen Gläubigern war der Komponist und Kapellmeister Wagner im März 1864 durch München gekommen (und trotz seiner finanziellen Bedrängnis im ›Bayerischen Hof‹ abgestiegen). Später hat er geschrieben: *In einem Seitengäßchen erblickte ich am Fenster eines Bilderladens zum erstenmal das Bild des jugendlichen Nachfolgers des soeben geschiedenen Monarchen. Mich fesselte die unsägliche Anmut dieser unbegreiflich seelenvollen Züge. Ich seufzte. »Wäre er nicht König, den möchtest Du wohl kennenlernen.«*

Die Stadt, durch die der arme Sachse an jenem Karfreitag (25. März) des Jahres 1864 geschlichen ist, wurde die Stätte seiner Triumphe:

am 10. Juni 1865 wurde, nach 21 Orchesterproben, im Nationaltheater die Oper ›Tristan und Isolde‹ uraufgeführt (die Hofkasse zahlte 56 500 Gulden);

am 21. Juni 1868 wurden im Nationaltheater ›Die Meistersinger von Nürnberg‹ unter großem Jubel zum ersten Mal gegeben (Ludwig II. hatte den Komponisten zu sich in die Königsloge eingeladen, dabei aber erlebt, wie der Geehrte – sich für den Beifall beim Publikum bedankend – gegen die Etikette verstieß: er ging an die Brüstung der Loge und wendete dem König den Rücken zu);

am 22. September 1869 ließ der Monarch gegen den Willen des Meisters im National-

Brachte schon 1855 den Münchnern Wagner nahe: Generalmusikdirektor Franz Lachner.

theater das ›Rheingold‹ erstmals aufführen (die Hofkasse zahlte 29 109 Gulden);

am 26. Juni 1870, kurz vor Ausbruch des Krieges, fand »zum Vortheile des Hoftheater-Pensions-Vereines« die Uraufführung der ›Walküre‹ im Nationaltheater statt (und die Hofkasse zahlte 41 500 Gulden).

Applaus für ein Brautpaar. Obwohl der König in jenen Jahren die Sommer in Schloß Berg zu verbringen und Besuche auf den Berghütten zu machen pflegte, hatte er bald Gelegenheit, die ›Walküre‹ ein zweites Mal zu hören. Am Vormittag des 16. Juli war in einem Telegramm von Berg aus die Mobilmachung gegen Frankreich befohlen worden; chiffriert zwar, doch in französischer Sprache: *J'ordonne la mobilisation; informez-en la Ministère de la guerre – Louis.* Widerwillig, von den Ministern gedrängt, fuhr die Majestät in ihre Residenzstadt und besuchte abends die Wagneroper.

Am 27. Juli saß der König wieder im Theater, in einer Aufführung des ›Wallenstein‹, und neben ihm saß seine (preußische) Mutter und der preußische Kronprinz Friedrich, der die süddeutschen (und somit auch die bayerischen) Truppen in diesem Kriege kommandieren sollte. Man umarmte sich mehrmals vor dem in hurrapatriotischer Begeisterung applaudierenden Parterrepublikum, doch Ludwig wird sehr viel anders empfunden haben als der Mime Possart, der Selbstgereimtes vortragen durfte:

Das Land ist einig! Wer will es bezwingen?
Entrollet mutig das Panier zum Krieg,
Denn eh' am Rhein noch die Fanfaren klingen,
Schlug Deutschland schon in sich den größten Sieg ...

Seit dem Jahre 1863 war es dem Kronprinzen gestattet, gegen Entrichtung des Eintrittspreises das Theater zu besuchen. Nicht freilich die Königsloge. Diese und alle Einschränkungen fielen aber schon übers Jahr wieder weg: Ludwig war nun König und er hat die Gelegenheit zum Theaterbesuch gerne genutzt. Beispielsweise bei seiner strapaziösen Frankenreise im Winter 1866, als er jeden Tag, wenn es möglich war, mit einem Schauspiel oder einer Oper ausklingen ließ.

Am 22. Januar wurden die Besucher des Hof- und Nationaltheaters die freudig überraschten Zeugen einer bewegenden Szene: Auf dem Theaterzettel standen ›Das Muttersöhnchen‹, ein Lustspiel von Roderich Benedix sowie ›Nach'm Krieg‹, Ländliche Szene mit Gesang von Anton Seyfried. In der Pause zwischen diesen sicherlich unsäglichen Klamotten – sah sich der König dergleichen tatsächlich an? – gingen Ludwig und seine Mutter in die herzogliche Loge, und am Arm der Majestät wurde die Herzogin Sophie in Bayern in die Königsloge geleitet. Auf diese Weise hat Ludwig II. den Untertanen offiziell ihre künftige Königin vorgestellt, mit der er sich am Morgen dieses Tages verlobt hatte.

Dem Verlöbnis folgte keine Hochzeit, und der König zog sich von nun an nur noch tiefer in seine Einsamkeit zurück. Fünf Jahre nach dieser Zeremonie in der Königsloge fand die erste Separatvorstellung statt.

Allerheiligen-Hofkirche

Ein Gebet für Mary. Die Welt der buntbemalten Kulissen und pathetischen Deklamationen war für den König Wirklichkeit. Sie nahm er wörtlich, die Dichtung wurde ihm zur Realität. So ließ er sich nach einer Aufführung der ›Maria Stuart‹, in der die von ihm sehr hoch geehrte Lila von Bulyowsky die Titelrolle gespielt hatte, mitten in der Nacht die **Allerheiligen-Hofkirche** aufsperren, um für die Königin zu beten.

◁ *In der Allerheiligen-Hofkirche (oben das im Krieg zerstörte Innere, gegenüberliegend das Äußere) fand Ludwig II. bereits in früher Jugend eine weihevolle Stätte zum Gebet – und in späteren Jahren entscheidende Anregungen für seine Raumschöpfungen.*

In die von Klenze gebaute Kirche, für die sein Großvater am Allerheiligentag 1826 den Grundstein gelegt hatte, war Ludwig schon als Kronprinz gerne zum Gebet gegangen, und dieses Gotteshaus, das von der normannischen Palastkapelle in Palermo und von San Marco in Venedig beeinflußt ist, war ihm mit seinen romanischen und byzantinischen Stilelementen Vorbild für manche seiner eigenen Bauten, vor allem in Neuschwanstein.

Einmal, während der Christmette von 1879 oder 1880, wurde die königliche Andacht gestört. Nach einem lauten Krach verließ Ludwig fluchtartig die Kirche, da er glaubte, eine Dynamitbombe sei explodiert.

Obwohl es ruhig war im Bayernland, lebte der König in Angst vor Attentaten, wie sie in Rußland üblich waren (und 1881 wurde Zar Alexander II., den er von den Kissinger Visiten her kannte, von einer Bombe getötet). Vor allem von den Sozialdemokraten, die ein im bayerischen Parlament noch gar nicht vertretenes kleines Häufchen waren, befürchtete er Böses; obwohl sie dem Wittelsbacher wahrscheinlich sehr viel weniger feindlich gegenüberstanden als rechte Gruppierungen. In der Allerheiligen-Hofkirche hatte damals kein Rechter und kein Linker geputscht. Nur einem Gendarm war der Helm zu Boden gefallen.

Immer im Kreise. Klenze baute bereits seit etwa zehn Jahren in München, als er den Auftrag bekam, am Ostende der Residenz die Allerheiligen-Hofkirche zu errichten. Das im Krieg zerstörte und bisher nicht wieder aufgebaute Gotteshaus, in dem am 12. Oktober 1842 die künftigen Eltern König Ludwigs II. getraut wurden, hat jenen Ruf bestätigt, den Klenze sich durch viele klassizistische Bauten erworben hatte. Zu deren frühesten hatte, schräg gegenüber der Allerheiligen-Hofkirche, das **Marstallgebäude** von 1818 gehört. In dieser Hofreitbahn vertrieb sich der König gelegentlich die Nächte durch groteske Reit-Ausflüge. In einem österreichischen Gesandtschaftsbericht aus dem Februar 1868 heißt es: *Der König erfasse den Gedanken, die Reise an einen bestimmten Ort zu Pferde zu machen, berechnet die Distanzen im Verhältnis zum Umfange der Reitbahn und reitet dann mehrere Nächte hintereinander von 8 Uhr abends bis 2, 3 Uhr früh, gefolgt von einem Reitknecht, in der Bahn fort und fort, rund herum, ein jedes Pferd so lang es gehen kann, hält nach einigen Stunden an und läßt sich in die Bahn ein frugales Souper bringen und reitet dann wieder weiter…*
Der Reitknecht, der letztlich mit dem Könige in der Reitbahn ›von München nach Innsbruck‹ geritten war, erhielt für diese Begleitung eine goldene Uhr mit Kette.

Wie ein gefangener Löwe im Käfig unruhig hin und her läuft, so ritt die Majestät immer im Kreise bis zu dem Tag, an dem sie wieder in die Freiheit des Oberlandes entlassen wurde. Dann konnte Ludwig auf dieses Konditionstraining im königlichen Kreisverkehr verzichten und die weiten Ritte wieder in der Wirklichkeit unternehmen. Und er machte diese weiten Ausritte. So war er in seiner frühen Regierungszeit, am 20. Mai 1864, von Berg nach Garmisch geritten, hatte dort in der ›Post‹ übernachtet und war am darauffolgenden 21. Mai wieder auf demselben Weg in sein Schloß zurückgekehrt; um dann schon am 24. Mai nach Steingaden aufzubrechen. Ein andermal, heißt es, sei er von Seeshaupt nach Kochel, sodann weiter zum Walchensee und wieder zurück nach Kochel geritten, wo er zu Mittag aß. Anschließend setzte er sich wieder in den Sattel und kam abends in Partenkirchen an. Am darauffolgenden Tag ging er drei Stunden spazieren, ehe er um zwei Uhr wieder abritt, Richtung Murnau, Seeshaupt, Berg. Ein Bruchleiden hat später solche Gewaltritte unmöglich gemacht – der König war nunmehr vor allem auf seine Karossen angewiesen.

Genau geplante Ritte zu imaginären Zielen unternahm der junge König in der Hofreitschule (unten im Zustand bis 1941).

Der herrschaftliche Fuhrpark. Ein Marstall ist – nach Grimms Wörterbuch (und in Grimms Kleinschreibung) –:der *stall einer herrschaftlichen hofhaltung, der zahlreiche Luxuspferde enthält.* In München lag der Marstall an der Ostseite der Residenz, und Marstallplatz wie Marstallstraße erinnern noch heute daran.

Die herrschaftlichen Luxuspferde gingen ein, die Wagen und die Schlitten, denen sie einst vorgespannt waren, blieben zurück. Der wittelsbachische Fuhrpark, der seit 1923 unter der Obhut des Bayerischen Staates steht, war zunächst in der Hofreitschule untergebracht und 1941 nach Nymphenburg überführt worden, wo er in den früheren Stallungen des Nymphenburger Schlosses aufgestellt wurde. Seit 1952 sind die kurfürstlichen und die königlichen Fahrzeuge hier zu besichtigen, im sogenannten **Marstallmuseum.**

Der Hochzeitswagen eines Junggesellen. Etwa vierzig Nummern nennt der Katalog, und neben Karl Albrechts 6,80 Meter langem und 2,20 Meter breitem, von acht ausgestopften Pferden gezogenen Krönungswagen von 1741 sind die goldenen Karossen und Schlitten Ludwig II. die bewunderten Attraktionen.

Die staunendste Aufmerksamkeit findet dabei ein Wagen, der als *Prunkwagen König Ludwigs II.* registriert ist, der aber für gewöhnlich **Hochzeitswagen** genannt wird.

Im September 1867, so heißt es, sei das prunkvolle Gefährt heimlich erprobt worden, doch einen Monat später habe dann König Ludwig die Verlobung mit der Herzogin Sophie gelöst, das Hochzeitsgefährt sei damit überflüssig geworden...

Der Legende widerspricht freilich eine Inschrift an der Wagentreppe: *Auf allerhöchsten Befehl Seiner Majestät König Ludwig II. von Bayern wurde dieser Wagen nach dem Entwurf des kgl. Direktors Franz Seitz vom kgl. Hofwagenfabrikanten Franz Gmelch erbaut. Die figürlichen Bildhauerarbeiten wurden von Lorenz Gedon, die ornamentalen von Peter Karg ausgeführt. Die Bilder malte Rudolf Seitz, und die Stickereien lieferten die Schwestern Mathilde und Dora und Jos. Jörres; sämtliche Arbeiten wurden in München gefertigt. Begonnen wurde der Wagen den 12. Juni 1870, vollendet Ende Dezember 1871.*

Einmal ist dieser Wagen (mit dessen Bau ja erst nahezu drei Jahre nach der Entlobung begonnen wurde) freilich doch anläßlich einer Hochzeit durch München gefahren: Am 18. April 1873 waren Prinz Leopold von Bayern und seine Frau, die österreichische Kaisertochter Gisela, von den Hochzeitsfeierlichkeiten in der Wiener Hofburg kommend, mit der Eisenbahn in der bayerischen Residenzstadt eingetroffen. Eine Ehrenkompagnie des Infanterie-Leibregiments mit der Regimentsmusik war angetreten, und *vor dem Königssalon stand der große Prachtgalawagen, den der König für sich hatte bauen*

Ein Traum des Königs von 1873 gab Anlaß zu Entwürfen für einen neuen Prunkwagen: Hier das Modell, das zum Teil im Kleinen Galawagen (folgendes Bild) verwirklicht wurde.

lassen, gewiß ein Unikum in seiner Art, nach Versailler Vorbild, ein Kunstwerk mit seinem reichen Schmuck an plastischen, vergoldeten Figuren und Schnitzwerk, seinen kostbaren Bildern an der Außenseite, gestickter Polsterung im Inneren. (So beschrieb der Prinz die goldene Karosse in seinen ›Lebenserinnerungen‹.)

Bei zeitweise sehr dichtem Schneetreiben, das den vielen Münchnern, die den Weg säumten, den Blick auf den Hochzeitswagen trübte, fuhren der Sohn des späteren Prinzregenten Luitpold und die Tochter der Kaiserin Sisi zur Residenz und anschließend in ihr noch nicht fertig eingerichtetes Haus an der Leopoldstraße, das später sogenannte Leopoldischlößchen (damalige Adresse: Schwabinger Straße 6).

Der Puttenschlitten des Königs im Museum – und bei einer winterlichen Nachtfahrt.

◁ *Links: Der 1873 von Johann Michael Mayer nach Entwurf von Franz Seitz gebaute sogenannte Kleine Galawagen.*

Vor und hinter der sechsspännigen Karosse ritt je eine halbe Eskadron von Leopolds 1. Kürassierregiment, ein Wachtmeister des Regiments stand als Ehrenordonanz vor dem Haus. *Den Oberstallmeister Graf Holnstein bemerkte ich, der nicht ohne Besorgnis zusah, ob der Riesenprachtwagen ohne anzustoßen in die Einfahrt meines kleinen Palais gelangen könne. Doch ging alles gut, und hatte damit die Feierlichkeit ein Ende.*

Sechsspännig auf der Zigarrenspitze. Der Erbauer des Prunkwagens, der kgl. Hofwagenlieferant Gmelch hatte sich beim König als Schöpfer eines kleinen, berggängigen Wagens gut eingeführt (auch wenn die Majestät mit dem etwas zu breiten Gefährt dann nicht zu all ihren Berghütten fahren konnte).

Der viersitzige Prachtwagen des Jahres 1871 gefiel dem König so gut, daß er sich ihn, mit sechs Pferden bespannt, vom kgl. Hofdrechsler Julius Zimmermann auf einer 59 Zentimeter langen Zigarrenspitze in Elfenbein schnitzen ließ. Und dieses unhandliche, für einen Raucher wohl unbrauchbare Stück fand nun ebenfalls des Königs Beifall und mußte gleich auch noch in einem zweiten Exemplar angefertigt werden.

Es wären sicherlich nach dem Galawagen noch mancherlei Aufträge in die Gmelchsche Werkstätte vergeben worden – Franz Seitz zeichnete ja etliche Entwürfe für bourbonische Prunkkarossen –, doch der Wagenbauer verstieß gegen ein königliches Gebot: Ihm war aufgetragen, gegen jedermann strengstes Stillschweigen zu wahren. Als er dennoch, diskret und mit der Bitte, nur ja nicht darüber zu sprechen, einigen hochgestellten Persönlichkeiten einen Blick in seine Werkstätte gewährte, war das Geheimnis (das wohl ohnedies weithin bekannt war) gelüftet. Der König erfuhr davon – und den 5,9 Meter langen und 3,68 Meter hohen **Kleinen Galawagen** baute Johann Michael Mayer.

Das goldprunkende Mehrzweckfahrzeug. Im Jahre 1873 war der Kleine Galawagen bestellt und 1879 scheint er endgültig fertig gewesen zu sein, und daß er berühmter wurde als andere König-Ludwig-Karossen verdankt er vor allem Heinrich Breling, der ihn vor Schloß Linderhof aquarelliert hat – einmal als sommerliche Galakarosse, auf dem zweiten Bild als Galaschlitten. Denn je nach der Jahreszeit, konnten Schlittenkufen oder Räder montiert werden.

Das königliche Mehrzweckfahrzeug wurde bei den vor allem nächtlichen Fahrten in der Schlösserwelt von Linderhof und Neuschwanstein verwendet. Voraus galoppierte, in eine blaue Uniform gekleidet, der Marstallfourier, mit einer Fackel in seiner Linken, dann folgte das goldfunkelnde, von sechs Schimmeln und vom Stallmeister eskortierte Gefährt. Nach dem Tod des Königs, noch im Sommer 1886, wurde dieser zweisitzige Galawagen in den Münchner Marstall gebracht, von wo er in den zwanziger Jahren ins Deutsche Museum überführt wurde. Seit 1984 steht er im Marstallmuseum zu Nymphenburg.

Ebenso wie zwei andere Wagen aus Johann Michael Mayers Werkstatt: der blaulackierte **Fronleichnamswagen** aus der Zeit um 1879 (den der Prinzregent und König Ludwig III. noch bis zum Jahre 1918 benutzten, wenn sie zur Eröffnung des Parlaments fuhren) und der 1880 für Ludwig gebaute schnittige, vom Sattel aus zu fahrende **Oktoberfest-Phaeton.**

Franz Seitz, der im Auftrag des Königs immer wieder Prunkwagen, Prunkschlitten und Prunkgeschirre entwarf (und einen Galawagen sogar einmal so zeichnen sollte, wie der König ihn geträumt hatte), mußte streng darauf achten, in allen seinen Entwürfen den Stil der Bourbonen zu kopieren; einen höfischen Stil, der etwa hundert Jahre zuvor modern gewesen war.

Und doch: In den goldenen, von Syrius Eberle und Lorenz Gedon fein geschnitzten **Puttenschlitten** von 1872 ließ sich Ludwig II. 1885 eine technische Neuerung einbauen: Die von Putten getragene Krone wurde elektrisch beleuchtet; der Strom kam aus Batterien, die im Wagenkasten versteckt angebracht waren.

Ludwigs II. Schönheitengalerie. An den Wänden des Marstallmuseums ist auch eine hippologische ›Schönheitengalerie‹ König Ludwigs II. zu besichtigen: Zwischen 1866 und 1878 malte der aus Wolfenbüttel stammende Wilhelm Pfeiffer 25 **Porträts der Lieblingspferde** Seiner Majestät in Öl und vor angemessenem Hintergrund (der freilich in der Literatur gelegentlich unterschiedlich gedeutet wird): ›Hildolf‹ auf dem Weg zum Herzogstand, ›Erda‹ beim Kaiserbrunnen am Plansee, ›Wala‹ vor dem Schweizerhaus in der Bleckenau, ›Thorilde‹ in Altlach, ›Gunloed‹ in Seeshaupt, ›Antigone‹ bei Nymphenburg, ›Ortwina‹ am Kramer bei Garmisch, ›Nikur‹ auf der Füssener Straße, ›Berta‹ in Urfeld, ›Erna‹ auf dem Hochkopf, ›Woluspa‹ vor dem Schloß Berg, ›Gerda‹ im Park zu Berg, ›Luitprand‹ vorm Schluxerwirt in Pinswang in Tirol, ›Eboli‹ bei der Vorderriß, ›Florianda‹ am Brunnkopf, ›Yelva‹ am Pürschling, ›Regina‹ am Tegelberg, ›Lucretia‹ im Vestibül der Münchner Residenz und schließlich die häufig reproduzierte ›Cosa rara‹, wie sie vorm gedeckten Tischchen steht und mit ihrem Lunch offensichtlich nichts anzufangen weiß; eine Szene, die sich vor dem Königshäuschen in Linderhof (S. 93f.) tatsächlich abgespielt haben soll.

Etwa einen Monat nach dem Tod König Ludwigs, am Samstag, dem 17. Juli 1886, vormittags 10 Uhr, wurde in der kgl. Hofreitbahn (S. 146) zu München »eine größere Anzahl Reit- & Wagenpferde gegen sofortige Barzahlung an den Meistbietenden öffentlich versteigert«.

Der neuesten Technik bediente sich Ludwig auch bei seinem Fuhrpark: Batterien unter dem Schlittenkasten brachten die Lampen des Nymphenschlittens zum Leuchten.

Geld am Hals. Die prunkvollen Chaisen standen zur Ausfahrt bereit. Der Befehl, die Pferde anzuspannen, kam aber nicht oft, da sich ja der König dem Volke immer seltener zeigen mochte und einige der ohnedies raren öffentlichen Auftritte in der Residenz stattfanden, wo Fahrzeuge gar nicht gebraucht wurden.

Am Gründonnerstag war es üblich, daß der Landesvater in einer altüberlieferten, einer gutgemeinten, nach heutigem Verständnis aber eher entwürdigenden Zeremonie an zwölf würdigen alten Männern die *Fußwaschung* vornahm.

Aus der Prinzregentenzeit ist eine Schilderung überliefert: *Am Gründonnerstag begibt sich Seine Königliche Hoheit der Prinzregent mit den königlichen Prinzen und dem aus den Herren der drei Hofrangklassen bestehenden großen Cortège aus dem Thronsaal im Königsbaue in die Allerheiligen-Hofkirche. Nach dem Hochamte folgt der Regent in feierlicher Procession mit den königlichen Prinzen und dem Gefolge dem die Monstranz tragenden Stiftsdechant durch den Brunnen- und Kapellenhof in die Residenzkapelle, wo*

Bei der Fußwaschung am Gründonnerstag ließ sich Ludwig II. bald vertreten: hier beispielsweise von Dekan Jakob von Türk im Jahre 1884 im Hartschiersaal der Residenz.

Vesper abgehalten wird. Nach Schluß derselben begeben sich unter Vortritt des großen Cortèges die allerhöchsten und höchsten Herrschaften in den **Herkulessaal.** *Längs der südlichen Eingangsseite dieses Saales sitzen auf einer dunkelrot ausgeschlagenen Estrade die zur Ceremonie der Fußwaschung bestimmten zwölf alten Männer, in schwarzer Gewandung, auf dem Kopfe ein violettes Barett, weiter zurück stehen ihre Anverwandten und zwölf Mädchen, welch letztere wie die zwölf Greise auf Kosten des Hofes neu gekleidet werden.*

Nach einer kurzen geistlichen Feier legt der Prinzregent – und König Ludwig II. hat es nicht anders gehalten – Hut und Säbel ab, sodann überreicht der Obersthofmeister die Kanne mit Wasser, der Subdiakon hält ein Becken unter die Füße. In einer Anweisung des Obersthofmeisteramtes vom 5. April 1865 heißt es: *Der König begießt den entblößten Fuß jedes Mannes und trocknet ihn mit dem Tuch, das der Hofmarschall überreicht, ab.*

Anschließend hängt der König jedem der alten Männer ein weißblaues Beutelchen mit Geld um den Hals.

Das Zeremoniell schreibt darauf weiter vor, daß dieser Beschenkung die ›Ausspeisung‹ folge. Vor den Greisen wird ein Tisch aufgestellt; zwölf Lakaien servieren das Essen, zwölf andere bringen Wein und Brot. Mit einem Dankgebet endet sodann die Feier, und der König begibt sich zurück in sein Appartement.

Freilich hat König Ludwig nur in den allerersten Jahren seiner Regierung die Fußwaschung persönlich vorgenommen, wie beispielsweise am Gründonnerstag, 13. April 1865, wofür die erwähnte Protokollanweisung im Geheimen Hausarchiv überliefert ist. Später wurde die Zeremonie wiederholt in den Hartschiersaal verlegt, und der mehr und mehr öffentlichkeitsscheu werdende König, dem diese Prozedur verständlicherweise peinlich geworden sein dürfte, hat sich vertreten lassen.

Das Schauessen am Georgstag. Der Fußwaschung und ›Ausspeisung‹ der alten Männer folgte am Georgstag, dem 23. April (oder an einem der folgenden Tage), ein Fest, in dem der Hof sich gleichsam selbst feierte. Der König, den nichts so sehr faszinierte, wie das Leben am französischen Hof in den Jahrzehnten vor der großen Revolution, regierte ein Land, in dem es bereits politische Parteien und ein Parlament gab. Das höfische Leben folgte dennoch den strengen, altüberlieferten Regeln, und zu den feierlichsten Ereignissen gehörte zweifellos das – nach den Statuten – alljährlich wiederkehrende **Georgi-Ritter-Fest,** das, wie Abt Hugo Lang schrieb, »in Silber und Himmelsblau eine unbeschreibliche Pracht entfaltete«. Beim Kirchgang waren die in altburgundische Tracht gewandeten Herren zu bewundern, und um die Tafel war ein Gang freigelassen, auf daß man, der Neugier folgend, an den festlich Speisenden vorüberziehen konnte.

Der Orden war 1496 von Herzog Albrecht IV., dem bayerischen Wiedervereiniger, für Hofgesinde, Grafen, Ritter und Freiherrn als ›Bruderschaft vom heiligen Georg‹ begründet und im Frühjahr 1729 durch Kurfürst Karl Albrecht als ›Bayerischer Militärischer Ritter-Orden vom heiligen Georg‹ und wittelsbachischer Hausritter-Orden wiederbegründet worden. Der regierende König oder, in nachmonarchischen Zeiten, das Oberhaupt des Hauses Wittelsbach war und ist jeweils Ordensgroßmeister.

Das erste dieser Feste in der Regierungszeit Ludwigs II. fand (nachdem man das Fest im vorausgegangenen Jahr wegen Unpäßlichkeit Ihrer Majestät kurzfristig abgesagt hatte) am 24. April 1866 statt. Doch der König, dessen Auftreten im kostbaren Ornat allgemein mit großer Neugierde erwartet wurde, ließ sich durch seinen Onkel Luitpold vertreten. Erst am Stiftungstag des Jahres 1867 fanden die Feierlichkeiten unter Anteilnahme des Monarchen statt, der am 17. April 1871 dem Orden neue Statuten gab, die ihm »neue Aufgaben im Sinne der christlichen Charitas« zuwiesen, vor allem durch Errichtung von Krankenhäusern (in München-Nymphenburg und Bad Brückenau).

Im April 1880, sechs Jahre vor seinem Tod, wohnte der Ordensgroßmeister zum letzten Mal einem ›Ordenshauptfest mit Ritterschlag‹ bei. Die für den 24. April angesetzte Feier wurde aber wieder einmal abgesagt, und zwar so spät, daß die Ordensmitglieder die Nachricht erst erhielten, als sie in ihrer prunkvollen burgundischen Tracht bereits zur Residenz unterwegs und die Schaulustigen versammelt waren. *Seine Majestät der König,* hieß es, *hatte sich... in der vergangenen Nacht so unwohl und in so aufgeregtem Zustand befunden, daß Allerhöchstderselbe sich nicht im Stande fühlte das Ordensfest abzuhalten, und in den ersten Vormittagsstunden Befehl gab, dasselbe abzusagen.*

Am Montag, dem 26. April, konnte die Feier dann endlich stattfinden. Sie begann im **Inneren Audienzzimmer** der Reichen Zimmer: *Gegen 11 Uhr versammelten sich die*

Prunkvollste Selbstdarstellung war das Georgiritterfest: Nach der Kapitelsitzung...

... erfolgte in der Hofkapelle während eines drei Stunden dauernden Hochamtes der feierliche Ritterschlag an den neuen Kandidaten in Helm und Harnisch durch den König als Großmeister des Ordens: Hier die Zeremonie am 26. April 1880.

Ordensmitglieder im Ordenssaal, woselbst vorerst Kapitelsitzung stattfand. Um ¾ 12 Uhr setzte sich der Zug durch die Korridore der k. Residenz nach der alten Hofkirche in Bewegung...

Den Zug geleitete eine Abteilung der k. Leibgarde der Hartschiere in Gala...

Um 12 Uhr langte der pompöse Zug in der Kirche an. Diese war zu der Feier auf das Prächtigste geziert, die Wände zierten altertümliche Gobelins, und rechts und links waren die Wappenschilde der Ordensritter aufgehängt, der Fußboden mit Teppichen belegt. Auf der Evangelienseite erhob sich der prachtvolle Thron des Großmeisters. Vor dem Altare befanden sich die Plätze für die Großprioren, welchen sich im Schiffe jene der anderen Ordensgrade anschlossen.

Das Fest in der **Hofkapelle** dauerte bis gegen drei Uhr nachmittags, anschließend zogen die Ritter durch den Kapellen- und Brunnenhof zurück zur Rittertafel, die im **Georgssaal** der Reichen Zimmer stattfand. *Se. Maj. als Großmeister des Ordens welchen das prachtvolle Ordensornat wundervoll kleidete, vollzog mit wahrhaft königlicher Majestät u. Würde, sowie bewundernswerther Schönheit u. Akuratesse die einzelnen, zum Theil sehr anstrengenden Ceremonien.*

Das wundervolle Ordensornat, mit dem der König an der Feier teilnahm, hatte seinen Preis: der Großmeister-Mantel (Schau-Stück der großen Ludwig-II.-Ausstellung von 1968 und von der gebieterisch blickenden Majestät auf dem berühmten Gabriel Schachinger-Gemälde von 1886/87 getragen) bestand aus 68 Metern Seidensamt (3995 Mark) und kostbaren Stickereien (4720 Mark).

Der schweigsame König. Im Jahre seiner letzten Ordensfeier – Bayern feierte gleichzeitg 700 Jahre Wittelsbach – schrieb der König seinem Hofsekretär Ludwig von Bürkel, er halte zwar das Georgi-Ritterfest viel seltener ab als seine Vorgänger, dafür aber sei es dann auch brillanter. Wie wichtig ihm der Orden war, bewies er dadurch, daß er sich von Josef Knabl in einem für die Landshuter Burgkapelle bestimmten Hochrelief und von der Bildhauerin Elisabet Ney in einem großen Standbild als Großmeister des Hausritterordens modellieren ließ.

Die aus Münster stammende Nichte des napoleonischen Marschalls Ney hatte in München studiert und hier den schottischen Medizinstudenten Edmund Montgomery kennengelernt und bald auch, auf Madeira, geheiratet; wobei der Angetraute seine emanzipierte Frau Gemahlin auch weiterhin als ›Fräulein Ney‹ anreden mußte. Nach einem Studienaufenthalt in Berlin kehrte das verheiratete Fräulein 1867 mit ihrem Mann über Italien nach München zurück. Während zu jener Zeit am Eingang zum deutschen Pavillon der Pariser Weltausstellung einige von Elisabet Ney geschaffene Porträtbüsten gezeigt wurden, mietete sich die Künstlerin im Suresnes- oder **Werneck-Schlößchen** ein (in dem gut fünfzig Jahre später auch Paul Klee logieren sollte) und kaufte sich bald danach in der (späteren) Maria-Josepha-Straße 8 ein vom kgl. bayer. Garderobediener Florian Keill bewohntes Häuschen, das sie zur Villa ausbaute. In der Remise aber richtete sie sich in zwei Etagen ihr Atelier ein. Das Gerücht – eines von vielen –, der König habe ihr das Haus geschenkt, wird bisher nirgends und durch nichts belegt.

Nach unermüdlichen Vorstößen – mit eigenen Bittschriften und Empfehlungen von Freunden – gelang es Elisabet Ney schließlich, die Genehmigung zur Anfertigung einer Büste Ludwigs II. (im Bild) zu erhalten. Das Verhältnis zwischen Künstlerin und Modell war anfangs frostig. Erst weibliche List lokkerte die königliche Unnahbarkeit: In antikische Gewänder gehüllt und aus Goethes Iphigenie deklamierend gewann sie allmählich die Sympathie des Monarchen.

Es war die zielstrebig verfolgte Absicht der Bildhauerin Elisabet Ney, alle Großen ihrer Zeit zu porträtieren. Die Bemerkung des Malers Friedrich Kaulbach (der sie hier auch bei der Arbeit im Atelier dargestellt hat), daß es vom Könige von Bayern bislang weder eine Büste (was freilich nicht stimmte!) noch ein Standbild gebe, hat die Künstlerin dann entsprechend motiviert.

Bereits im ersten Jahr nach ihrem Umzug von der Spree an die Isar erhielt die Bildhauerin, die in den Hauskauf-Akten Else Neu genannt wird, einen Auftrag, der ihr immerwährenden, fortdauernden Nachruhm sichert: Sie sollte, wahrscheinlich auf Empfehlung des Chemikers Justus von Liebig, eine Porträtbüste des Königs schaffen. Ein Wunsch der Meisterin, deren Spezialität berühmte Köpfe waren, hatte sich erfüllt. Allerdings unter der Bedingung – sie dürfe während der Sitzungen nicht sprechen und keine Maße am königlichen Körper nehmen. Und diesem in Hohenschwangau aufgestellten

Porträt (»Elisabet Ney fecit Roma 1869«) folgte Großes: ein Standbild König Ludwigs II. von Bayern in Georgirittertracht.

Die Recherchen von Eva-Maria Marquart und Wolfgang Christlieb haben ergeben, daß die vier späteren Sitzungen in einem der durch Georg von Hiltensperger ausgemalten Odyssee-Säle stattfanden. Die im Krieg zerstörte Raumfolge lag etwa an der Stelle, wo sich heute die linke Garderobe des Herkulessaales erstreckt. Dort hatte der König der Künstlerin – der er auch eine Wohnung in der Residenz zur Verfügung gestellt haben soll – den **Dritten Odyssee-Saal** (mit der Darstellung des Odysseus vor Alkinoos) eingeräumt.

Als er der fünfunddreißigjährigen Dame erstmals gegenübersaß, so wird überliefert, sei der König mürrisch gewesen, und erst als das Fräulein Ney sich bei einer weiteren Sitzung à la grecque gekleidet hatte und – mit Erlaubnis des Königs – aus Goethes Iphigenie rezitierte, wurde die Majestät zugänglicher und schließlich sogar ungeduldig. Warum sie denn mit ihrer Arbeit nicht beginne, fragte Ludwig, und erhielt die Antwort: *Ich studiere Eure Majestät.* Ein andermal (man hat sich, entgegen der ursprünglichen Absprache, dann doch unterhalten) wollte der König Juwelen schenken. Die Künstlerin lehnte ab, da sie keine Zeit habe, sich um Preziosen zu kümmern: *Wenn meine Freunde mir Geschenke machen wollen, so geben sie mir Blumen.* Von da an sollten täglich die schönsten und seltensten Blumen in ihre Wohnung gebracht worden sein.

Freilich, als in König Ludwigs Wintergarten die Blumen so richtig zum Blühen kamen, lebte Elisabet Ney nicht mehr in ihrem Schwabinger Haus, das sie später an den Archäologen Adolf Furtwängler verkaufen ließ. Sie selbst war Anfang des Jahres 1871 mit ihrem Mann nach Amerika ausgewandert. Dort wurde sie, offensichtlich kurz nach der Ankunft in New York, von einem Knaben entbunden.

In Texas wollte das Fräulein Ney zusammen mit ihrem Mann ein Farmerleben im alten Kolonialstil führen. Doch die glorreichen Zeiten, die nur durch die Ausbeutung der Sklaven so glorreich geworden waren, hatte der Bürgerkrieg beendet. Sie waren vom Winde verweht. Ein mühevolles, armseliges Leben erwartete die vormals berühmte Bildhauerin. Im Jahre 1907 ist sie, 73jährig, in Texas verstorben. Legenden haben sich gebildet und wurden verbreitet. Am eifrigsten und liebsten erzählte man sich, daß das Kind der Elisabet Ney, das im Alter von zwei, drei Jahren an Diphtherie gestorben ist, ein kgl. bayer. Bastard gewesen und daß die Künstlerin dessentwegen so hastig von München abgereist sei.

Nachdem die Büste 1869 zu allerhöchster Zufriedenheit ausgefallen war, durfte Elisabet Ney den König auch als Vollfigur in Georgirittertracht (Bild auf der folgenden Seite) porträtieren. Ludwig hatte dazu der Künstlerin ein eigenes Atelier in den Odysseesälen der Residenz (und auch eine kleine Wohnung) einrichten lassen. Hier die Bildhauerin vor der Plastik des ›Prometheus‹, die sich wie die meisten der hier erkennbaren Arbeiten heute im Elisabet-Ney-Museum in Austin/Texas befindet. (Die Odysseesäle sind als Vermächtnis König Ludwigs I. auch unter den Nachfolgern Max II. und Ludwig II. nie ganz vollendet und im Zweiten Weltkrieg vernichtet worden. Dieses Foto ist die einzige erhaltene Raumansicht!)

Aber das Volk hat in seiner Sehnsucht nach einem Prinzen dem wittelsbachischen Herrscher nicht nur diesen einen Abkömmling zur linken Hand angedichtet. So meldete sich noch im Februar 1976 in der Münchner ›Abendzeitung‹ ein Leserbriefschreiber, der behauptete, daß Ludwig II. »in meiner Heimatstadt Rosenheim einen weiteren Sohn hatte, den ich noch gut gekannt habe: Er war ein Staatsbankdirektor. Er sah dem dickgewordenen König ähnlich, war etwas absonderlich und hat in fortgeschrittenen Jahren durch Aufschneiden der Kehle mit dem Rasiermesser Selbstmord begangen...

Seine Mutter soll die Wirtin (oder Wirtstochter) von der Wirtschaft auf der Chiemsee-Herreninsel gewesen sein.«

Das in Ton gefertigte, 1870 fertiggestellte Ludwig-II.-Standbild, für das Elisabet Ney angeblich zweitausend Gulden erhalten hat, wurde dem Berliner Bildhauer Friedrich Ochs überlassen, damit er das Denkmal in Marmor ausführe. Die bayerische Regierung meinte freilich, dieser patriotische Auftrag sollte nicht an einen Künstler im hohen deutschen Norden vergeben werden. Die kgl. bayer. Gesandtschaft wurde gebeten, bei Herrn Ochs die Herausgabe des Modells zu erbitten, doch der Meister schüttelte den Kopf. Dazu, meinte er, bräuchte er die Genehmigung von Elisabet Ney. Die aber war irgendwo in Amerika.

Noch anderthalb Jahrzehnte später, in Ludwigs Todesjahr, stand die tönerne Majestät im Berliner Atelier, dem Zerfall preisgegeben, wie Anton von Werner feststellte.

Zuletzt hat der Berliner Bildhauer seinen Auftrag dann doch noch ausgeführt, allen bayerischen Bemühungen zum Trotz, und 1894 konnte das Marmordenkmal des Friedrich Ochs im Münchner Kunstverein gezeigt werden. Anschließend stellte man es im Maximilianeum auf, ab 1895 stand es im Park von Linderhof und seit 1926 gehört es zu den Schaustücken in Schloß Herrenchiemsee. Das von Elisabet Ney wohl im Sommer 1870 (in Gips) gefertigte Original steht, wie Wolfgang Christlieb herausfand, im Elisabet-Ney-Museum von Austin in Texas.

Ursprünglich sollte die Figur des Königs eine Nische in der Aula des Polytechnikums zu München zieren. Nach langen Irrfahrten fand sie – in der Marmor-Ausführung des Berliner Bildhauers Friedrich Ochs – schließlich in Herrenchiemsee Aufstellung. Der Kontrast zwischen feinziselierter Skulptur und rohem Backstein-Mauerwerk des unausgebauten Treppenhauses mag dabei als sinnbildhaft für das unvollendete Werk des feinsinnigen Königs gelten. (Das Gipsmodell befindet sich im Elisabet-Ney-Museum in Austin/Texas.)

Ein Jasminstrauß von Sisi. Franz Lenbach wurde nicht in die Odyssee-Säle gebeten. Da ihn also der König nicht empfing – und es mag ja sein, daß er auch gar nicht um die Gunst nachgesucht hat –, malte er ihn sich so, wie er manche Zelebrität seiner Tage zu malen pflegte: er nahm ein Photo und kopierte es auf seine Weise. So entstand um 1870, 1875 ein Bild Ludwigs II. im spanisch-strengen Kostüm des Hubertusritterordens. Als Brustbild. In der gleichen Gewandung hat 1879 auch Ferdinand Piloty den Wittelsbacher dargestellt. In voller Größe.

Damals konnte niemand ahnen, daß einige Jahre später der König in diesem Kostüm aufgebahrt und beigesetzt würde.

Am Pfingstmontag des Jahres 1886, am 14. Juni abends um acht Uhr wurde der Leichnam des toten Königs in Schloß Berg ausgesegnet. Über Percha und den Forstenrieder Park führte der einfache Trauerkondukt durch die Nacht. Um ein Uhr kam er in Sendling an und eine Stunde später in der Residenz. Nach der Obduktion, an der neben dem berühmten Geheimrat Ziemssen noch zehn weitere Ärzte teilnahmen und die von acht Uhr morgens bis kurz nach Mittag dauerte, wurde der Leichnam einbalsamiert und von abends acht Uhr an in der **Hofkapelle** aufgebahrt. Ein zeitgenössischer Bericht beschreibt die Szene:

Über dem Katafalk, an der Decke der Kapelle befestigt, schwebte die Königskrone, von welcher vier schwarze, mit matten Goldfransen eingesäumte Tücher baldachinartig ausliefen. Die Wände der Kirche waren in mehr als Manneshöhe mit schwarzem Tuch bekleidet. Rechts und links vom Katafalk waren die Wappenschilde des Königs angebracht, rund um jene Betstühle aufgestellt, während zu Häupten des Toten ein einfaches metallenes Kreuz den Sarg hoch überragte und von einer schönen Fächerpalme beschattet wurde, zu Füßen auf einem Postamente ein silberner Weihbrunnenkessel stand. An hundert silberne Leuchter umreihten den mit schwarzem Sammet umkleideten Sarg. Ein Gewinde weißer Rosen umschlangen diesen, die Leuchter und die Kerzen.

Nachdem die Leiche des Königs in Schloß Berg zunächst in Ludwigs eigenem Bett im zweiten Stock niedergelegt und am folgenden Tag dann im ersten Stock aufgebahrt und ausgesegnet worden war, wurde sie – um Aufsehen zu vermeiden – mitten in der Nacht nach München überführt und nach Obduktion und Einbalsamierung in der Hofkapelle der Residenz aufgebahrt,...

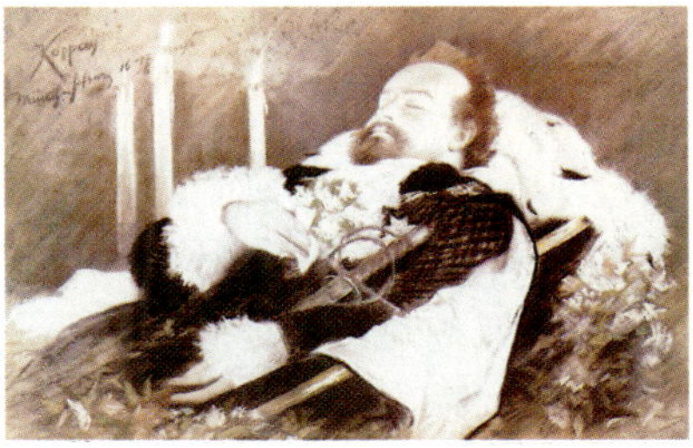

...wo die Münchner drei Tage lang Gelegenheit hatten, von ihrem König – im Bild mit dem Jasminsträußchen der Kaiserin Elisabeth – Abschied zu nehmen – und sich zu wundern, daß das friedliche Gesicht des Entschlafenen so gar keine Zeichen eines Ertrinkungstodes aufwies.

Und im ›Jahrbuch der Haupt- und Residenzstadt München 1886‹, der offiziellen Stadtchronik, heißt es in der Eintragung vom 16. Juni: *Auf jeder Seite halten drei Hartschiere in Gala, die schwere Hellebarde in der Rechten, Generaladjutanten und Georgiritter die Totenwache – und in dem schwarzen Sarge ruht der König aus von dem schweren Leiden, das ihn in den Tod getrieben; ein leichter Schmerzenszug in dem bleichen Gesicht, das allen, die ihn in seiner Jugend schön gesehen, sehr verändert erscheinen muß, ist unverkennbar. Der Leichnam ist angetan mit der schwarzen Tracht des Großmeisters des hohen Hausordens vom heiligen Hubertus und unterbreitet mit dem Ordensmantel, dessen weißes Atlasfutter in schillernden Falten über den Sarg hinausquellend auf den Hermelin fällt. Die linke Hand hält ausgestreckt das altertümliche Schwert, während die Rechte jenen kleinen, von der österreichischen Kaiserin in Feldafing selbst gepflückten und gesandten Strauß weißer Jasminblüten auf die Brust drückt.*

Pompe Funèbre. Am Mittwoch, dem 16. Juni, dem ersten Tag der öffentlichen *Aufbahrung,* drängten sich von morgens ein halb fünf Uhr an die Menschen, die in der kleinen Kapelle, die nur vierzig Personen Platz bot, von ihrem König Abschied nehmen wollten. Die Aufbahrung mußte zuletzt sogar noch verlängert werden, um den vielen Besuchern, die aus dem ganzen Land angereist waren, einen letzten Blick auf den toten Monarchen zu gönnen.

Und am Samstag, dem 19. Juni, die feierliche *Beisetzung.* Sie begann mit einem einstündigen Trauergeläut aller Glocken, ehe um drei viertel ein Uhr »der König unter dem Donner der Kanonen seine fürstliche Behausung verließ, um zu seinen Vätern in die düstere, kalte Gruft hinab zu steigen«. In dem Augenblick, in dem der Totenwagen aus der Residenz fuhr, »brach, ihn hell beleuchtend, die Sonne durch die dunklen Wolken durch, welche bis dahin den Himmel bedeckt hatten, um fortan ungetrübt über den düster prächtigen Zug ihren Glanz zu breiten.«

Ursprünglich sollte der lange, festliche Zug von der Hofkapelle durchs Kapellentor, die Residenz- und Dienerstraße, über den Marienplatz und durch die Kaufinger- und Neuhauser Straße zur Michaelskirche führen. Da der Andrang aber so groß war, wurde ein längerer Weg gewählt: durch die Brienner Straße zum Karolinen- und zum Königsplatz, sodann durch die Arcis- und Sophienstraße zum Karlsplatz und durch das Karlstor zur Begräbnisstätte, der **Michaelskirche,** wo der lange Zug nach knapp zwei Stunden eintraf.

Ein Teilnehmer schrieb später: *Aber als ob die Natur mittrauern wollte über der Gruft des Königs, war, wie wir die Kirche verließen, plötzlich das bisher so hell scheinende Sonnenlicht verschwunden: dunkle schwere Wolken ballten sich zusammen, grelle Blitze durchzuckten die Luft, grollender Donner krachte...*

In den darauffolgenden Tagen zelebrierte jeder der bayerischen Bischöfe ein Requiem. Sechs Wochen lang wurde durch ein Trauergeläut im ganzen Land an den toten König erinnert, und die amtliche Korrespondenz der staatlichen Behörden trug einen breiten Trauerrand.

Am 21. Juni legte Kaiserin Sisi am Sarg des Königs einen Kranz nieder, nachdem sie in der kleinen Dorfkirche zu Feldafing ein feierliches Requiem für den toten Freund und Cousin hatte lesen lassen.

Im Oktober 1886 wurde die Leiche König Ludwigs II. in einen großen Zinnsarg umgebettet. Drunten in der **Krypta** von Sankt Michael, zwischen den Sarkophagen von Wilhelm V. und seiner Frau Renata von Lothringen auf der einen und Kurfürst Maximilian und dessen Gemahlin Elisabeth Renata hat der vom Volk so sehr geliebte Monarch seine letzte Ruhestätte gefunden.

Tausende säumten am Samstag, dem 19. Juni 1886, den wegen des großen Andranges eigens noch erheblich verlängerten Weg, den der Trauerkondukt von der Residenz durch die Stadt zur Michaelskirche (im Bild) nahm. Den unvermuteten Sonnenschein beim Zug deuteten die Münchner ebenso als Zeichen des Himmels...

...wie das Gewitter, das sich nach dem Trauergottesdienst in der Michaelskirche (Bild oben) und der vorläufigen Beisetzung des Sarges in der Krypta mit Blitz und Donner über der Stadt entlud. Vier Monate später wurde der Leichnam umgebettet und in einem neoklassizistischen Sarkophag (Bild unten) endgültig bestattet. ▷

LUDWIG II.
KÖNIG v. BAYERN.
GEBOREN 25. AUGUST 1845
GESTORBEN 13. JUNI 1886.

Es ist nicht viel, was in München noch an König Ludwig II. erinnert. Er hat sich ja die Stätten des Gedenkens im Oberland und im Allgäu gestiftet.

In der *Ahnengalerie* der Münchner **Residenz,** an der Nordseite des Königsbauhofes, hängt Ludwigs Bild unter den von weit mehr als hundert anderen Wittelsbachern und Pseudowittelsbachern (da man, auf bloßen Verdacht und vage Überlieferung hin, selbst den Agilolfinger Theodo I. und auch Karl den Großen der eigenen Familie zuschlug);

im *Saal der Klage* – einem der Nibelungensäle – hat der Maler Julius Schnorr von Carolsfeld seine beiden Auftraggeber Ludwig I. und Ludwig II. in altdeutsche Gewänder gesteckt. Der Dichter des Nibelungenliedes zeigt die Züge Ludwigs I., der junge Sänger in rotem Mantel rechts daneben jene seines Enkels Ludwig II.;

das **Münchner Stadtmuseum,** das in der Regierungszeit Ludwigs II. begründet (allerdings erst nach seinem Tod eröffnet) wurde, besitzt einen *Theaterzylinder* der Majestät und verwahrt in der Graphischen Sammlung zahlreiche *Bilddokumente* zu Leben und Wirken des Königs;

in noch reicherem Maße gilt dies auch für das Fotoarchiv der **Bayerischen Verwaltung der Staatlichen Schlösser, Gärten und Seen** und die Inventarverwaltung des **Wittelsbacher Ausgleichsfonds;**

Erst 16 Jahre nach seinem Tode wurde Ludwig II. in die Ahnengalerie der Residenz aufgenommen: 1902 malte Hans Kohl dieses postume Porträt des Königs.

Ludwig II. im letzten Lebensjahr: Ein populärer Farbdruck aus der Graphischen Sammlung des Münchner Stadtmuseums. Am Hut steckt eine jener…

das Bayerische Nationalmuseum verwahrt in seinen Beständen aus König Ludwigs Besitz zum Beispiel einen Degen mit Griff, ein seidenes Kinderkleid und Kinderstrümpfe, eine Uniformjacke und Uniformhose, Epauletten, einen Schiffhut aus der Kronprinzenzeit, einen Zweispitz, ein von Rudolf Seitz illustriertes, von A. Sinsel geschriebenes Gebetbuch von 1867 sowie einen Entwurf dazu von Hans Fleschütz;

in der **Staatlichen Münzsammlung** werden alle *Münzen* mit dem Porträt des Königs sowie *Schau-* und *Gedenkmünzen* aus seiner Zeit aufbewahrt, darunter auch jene *Medaille,* die zur bevorstehenden Hochzeit des Königs mit der Herzogin Sophie geprägt worden war;

in der **Schatzkammer** der Residenz werden noch neben *Ordensstonen* auch zwei kostbare *Agraffen* Ludwigs II. ausgestellt, die er am Hut zu tragen beliebte,

und das **Deutsche Museum** zeigt eine der Linderhofer *Dynamomaschinen* in der Dauerausstellung, während zwei weitere zerlegt im Depot schlummern.

Dasselbe gilt auch für vier Bogenlampen, die zusammen mit den übrigen Stücken im Jahre 1912 erworben worden waren. Die ursprüngliche Aufstellung der Dynamo-Maschinen im Maschinenhaus von Linderhof kann auf alten Fotodokumenten studiert werden, die im Bildarchiv des Deutschen Museums verwahrt werden.

(Eine dieser historischen Aufnahmen ist im Kapitel ›Linderhof‹ auf Seite 104 wiedergegeben.)

...Agraffen, die der König – nach vielen Berichten der Zeitgenossen – vor allem in späteren Jahren gerne zu tragen pflegte. Sie werden heute neben anderen Preziosen des Monarchen in der Schatzkammer der Münchner Residenz verwahrt und gezeigt. Im Bild rechts zwei Arbeiten aus den Jahren 1874 und 1875, zu denen Steine der Schatzkammer verwendet wurden.

Münzen aus der Regierungszeit Ludwigs II. und mit dem Bildnis des Königs in der Staatlichen Münzsammlung (von oben nach unten, jeweils Avers- und Revers-Seite): Gulden 1869 süddeutscher Währung; Doppelter Vereinstaler 1869; Vereinstaler 1869; Vereinstaler 1869 mit dem Bildnis der Patrona Bavariae, sogenannter Frauentaler; Vereinstaler aus Anlaß des Friedens von Frankfurt am Main 1871, sogenannter Friedenstaler; Fünf-Mark-Stück von 1874 nach Einführung der neuen Reichswährung im Zweiten deutschen Kaiserreich.

Ausgestellt in der ›Halle der elektrischen Energietechnik‹ des Deutschen Museums: Dynamo-elektrische Maschine mit Ringanker vom System Gramme (1877) aus dem Maschinenhaus der Grotte im Park von Schloß Linderhof.

Neuschwanstein

Sechs Millionen und der Thron. Der König kannte Hohenschwangau seit seinen Kindertagen. Als kleiner Erb- und junger Kronprinz hatte er hier mit seinen Eltern die Sommermonate verbracht, und in dem ihm so wohl vertrauten Schloß schlug er auch als König oft sein Hoflager auf.

Ludwig II. war fast auf den Tag genau vier Jahre König von Bayern, als er am 15. März 1868 seinem Freunde Richard Wagner einen Satz schrieb, der ihn sechs Millionen Mark, doch auch, in letzter Konsequenz, seinen Thron und sein Leben kosten sollte: *Ich habe die Absicht, die alte Burgruine Hohenschwangau bei der Pöllatschlucht neu aufbauen zu lassen im echten Styl der alten deutschen Ritterburgen, und muß Ihnen gestehen, daß ich mich sehr darauf freue, dort einst (in 3 Jahren) zu hausen...*

Es hat dann allerdings sehr viel länger gedauert, nämlich mehr als zwölf Jahre, bis Ludwig am 12. Dezember 1880 erstmals (und auch dann nur provisorisch und kurz) in seiner Burg wohnen konnte, und es verging auch dann noch einmal viel Zeit, ehe am 27. Mai 1884 die Räume im dritten Obergeschoß für den Einzug Seiner Majestät bereitstanden. Der Bau war aber auch dann noch nicht fertig, und 1892, sechs Jahre nach dem Tod Ludwigs II., wurde zwar noch die Kemenate errichtet, doch die Ausführung aller anderen Pläne und auch der weitere Innenausbau unterblieben.

Das Burgenbauen war im 19. Jahrhundert wieder in Mode gekommen. Man träumte sich, während in den Städten die ersten großen Fabriken entstanden, mit Zinnen und Zugbrücken zurück in eine vergangene Zeit: Die Hohenzollern aus Berlin erinnerten sich ihrer schwäbischen Herkunft und bauten von 1819 an die verfallene Stammburg wieder auf, ähnlich hielten sie es wenig später mit der Ruine Rheinstein und den Resten der Burg Stolzenfels am Rhein (deren Vollendung im Jahre 1842 die adeligen Herren in altdeutscher Tracht feierten). Aber auch anderswo erinnerten sich Fürsten der fernen Vergangenheit. Die Badener restaurierten Eberstein, die Herren von Sachsen-Coburg ließen den Architekten Karl Heideloff die Veste Coburg wieder wohnbar machen, in Österreich wurde Anif neugotisch zurechtgemacht, und zwischen 1840 und 1842 baute Heideloff im Auftrag des Grafen Wilhelm von Württemberg die Burg Lichtenstein im alten deutschen Stil.

Wo alle restaurierten, wollte der Erbgroßherzog Karl Alexander von Sachsen-Weimar nicht abseits stehen, und wenn sein Land auch nur halb so groß war wie der Regierungsbezirk Oberfranken, so ließ er sich doch von 1842 an die Wartburg bei Eisenach im großen Stil wiederherstellen.

Der König von Bayern hat, als er mit seinem Schlösser-Bau begann, zunächst also nicht anders gehandelt als etliche seiner Kollegen, und so sind Neuschwanstein, Linderhof und Herrenchiemsee nicht unzeitgemäßer als Stolzenfels oder die Burg Hohenzollern. Auch Ludwig II. hat romantisch geträumt. Nur: Er wählte sich für seine Bauten und seine Einrichtungen meist eine andere, eine absolutistische Epoche; und er setzte seine Träume sehr viel konsequenter und auch mit unvergleichlich mehr künstlerischem Verständnis in die Wirklichkeit um.

Lokaltermin an altdeutschen Plätzen. Der König regierte seit drei Jahren, und das bayerische Bauhandwerk hatte bisher noch keine großen Aufträge von ihm bekommen. Man hatte ihm die kleine Wohnung in der Residenz umgebaut und sollte nun Zimmer für die künftige Königin Sophie einrichten. Doch niemand sprach von großen Projekten.

Und Ludwig II. reiste auch vor allem auf den Spuren Richard Wagners, als er am 1. Juni 1867 zusammen mit seinem Bruder Otto eine Eisenbahnreise zur *Wartburg* nach Eisenach unternahm. Er wollte den Platz aufsuchen, wo Tannhäuser gelebt und der Sängerkrieg stattgefunden hatten. Offensichtlich hatten die Aufseher erst aus der Eintragung im Gästebuch erfahren, wer die Besucher waren. Schnell wurde nun Burghauptmann Bernhard von Arnswald herbeigeholt, der wohl annahm, er dürfe den Monarchen und dessen kleines Gefolge nun durch die langgestreckte Burg geleiten. Statt dessen wurde er aber gebeten, den König in den Sängersaal zu führen und dann von außen abzusperren, da die Majestät sich der Betrachtung alleine und ungestört hinzugeben wünsche.

Am darauffolgenden Tag stiegen die beiden jungen Wittelsbacher auf den nahegelegenen Hörselberg. Im April 1842, als er bei der Heimfahrt von Paris nach Dresden an

◁ *Zu den sieben Weltwundern der Neuzeit zählt eine Statistik der beliebtesten Reiseziele das Schloß Neuschwanstein. Jährlich besucht mehr als eine Million Touristen Ludwigs II. Bauschöpfung, die ihn von 1868 bis zu seinem Tode beschäftigt hat.*

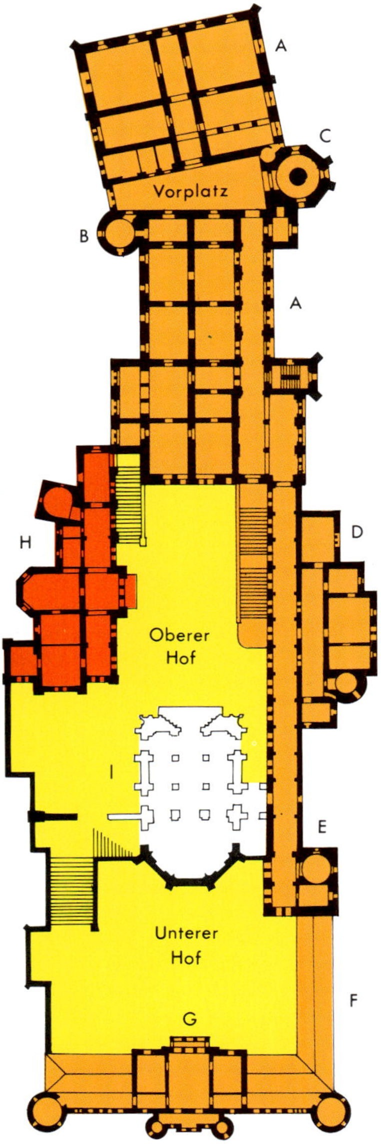

Die Bauentwicklung von Neuschwanstein

Zu Lebzeiten Ludwigs II. vollendet bzw. im Rohbau fertiggestellt

Nach dem Tode des Königs errichtet

Unausgeführt geblieben

A *Palas (1881 eingedacht, 1886 äußerlich vollendet),* **B** *und* **C** *Treppentürme,* **D** *Ritterhaus (Rohbau 1882–86),* **E** *Viereckturm,* **F** *Verbindungsbau (1886 im Rohbau),* **G** *Torbau (1873 vollendet),* **H** *Kemenate (1886 fundamentiert, 1886–92 ausgeführt),* **I** *Bergfried mit Burgkapelle (nur Chorfundament ausgeführt).*

dieser Stelle vorbeigekommen war, hatte Richard Wagner beschlossen, in diesen Berg die Venusgrotte seines ›Tannhäuser‹ zu lokalisieren. Da Ludwig II. die Regieanweisungen immer wörtlich nahm, wollte er jetzt sehen, wo Tannhäuser bei Frau Venus logiert hatte. Nach diesem Lokaltermin an altdeutschen Orten fuhren die beiden Brüder am 3. Juni mit dem Nachtzug wieder südwärts, zurück nach München, das der König allerdings gleich wieder in Richtung Berg verließ.

Aber bald schon plante er eine neue Reise: Er wollte die Weltausstellung in Paris besuchen. Am 22. Juli (während Bayern ungeduldig seine Hochzeit erwartete) traf der König in seinem Salonwagen am Straßburger Bahnhof zu Paris ein. Er bezog die vorbereiteten Räume im ›Hotel du Rhin‹ und erhielt hier für den 24. Juli eine Einladung Napoleons III. zu einem Besuch in *Pierrefonds* bei Compiègne.

Hier war der Architekt Eugène-Emmanuel Viollet-le-Duc seit zehn Jahren mit der Wiederherstellung der nahezu fünfhundert Jahre alten, fast vollständig verfallenen Burg beschäftigt. An der Kirche von Vézelay hatte der Baumeister von 1840 an sein Einfühlungsvermögen und sein Verständnis für die Architektur vergangener Jahrhunderte bewiesen, und hier zu Pierrefonds konnte er nun in kaiserlichem Auftrag und in entsprechend großem Stile wirken.

Den König aus Bayern erinnerte diese neomittelalterliche Burg (die Napoleon bis zur Einstellung der Bauarbeiten im Jahre 1870 etwa 5,3 Millionen Francs kosten sollte) an »Markes Königsschloß, wie es sich am Ende des 1. Aktes von ›Tristan und Isolde‹ zeigt«.

Die beiden Visiten zu restaurierten Burgen haben tiefe Eindrücke hinterlassen, und im folgenden Winter begann Hofbaudirektor Eduard von Riedel gleichsam präludierend für das Projekt Vorderhohenschwangau (so hieß Neuschwanstein damals) verschiedene Pläne zu zeichnen: Aufrisse, Grundrisse, Querschnitte ...

Im Frühjahr 1868 wurden Hofsekretär Düfflipp, Architekt Riedel und Theatermaler Jank zum Lokalaugenschein auf die Wartburg geschickt (und der Burghauptmann meldete es seinem Großherzog mit dem Hinweis, daß Ludwig II. daheim bei Hohenschwangau »ein Stückchen der Wartburg« bauen wolle). Nachdem der Baumeister und der Maler auch noch altdeutschen Stil zu Nürnberg und zu Landshut studiert hatten, konnte das große Werk beginnen.

Die Wandlungen eines Ruinenbaumeisters. Auf dem schmalen Höhenrücken über der Pöllatschlucht standen seit Jahrhunderten die Ruinen von *Hinter-* und von *Vorderhohenschwangau.* Zunächst dachte Ludwig II. daran, sie auf- und ausbauen zu lassen (und ähnlich hatte wohl auch schon Vater Max II. geplant, doch mehr als ein Aussichtspavillon war nicht zustandegekommen). Der Hofsekretär Düfflipp wußte im April 1868 schon sehr genau, was sich der König wünschte, nämlich: 1. Etage – Fremdenzimmer; 2. Etage – großer Bankettsaal mit Laube und Nebengemächern; 3. Etage – Wohnung Seiner Majestät des Königs. In den Akten aber war das alles überschrieben: »Restauration der alten Burgruine«.

Nun wurde nicht mehr lange gezögert. Im Mai und Juni wurde das üppig wuchernde Gestrüpp auf dem Plateau beseitigt und die geologische Beschaffenheit des Untergrundes erforscht. Die ›Allgemeine Zeitung‹ hatte also veraltete Informationen, als sie noch am 27. Juni ihren Lesern mitteilte: *Kürzlich hat die Nachricht von dem Bau eines neuen großen Schlosses in unmittelbarer Nähe von Hohenschwangau die Runde durch die Zeitungen gemacht. Die Sache reducirt sich auf die beabsichtigte Restauration einer Ruine.*

Anfang September war es dann nicht mehr zu leugnen, daß mehr beabsichtigt war, denn täglich gegen zwölf und achtzehn Uhr wurden Sprengungen durchgeführt, und zuletzt lag der Baugrund acht Meter unter Ruinenniveau.

In seinem Atelier hatte Christian Jank inzwischen Riedels Pläne in farbige Burgenbilder umgesetzt, die an Lohengrin (und nicht an König Marke) erinnern sollten. Auf seinem Zeichentisch entstanden Burgen, wie sie nach landläufiger Meinung im 13. Jahrhundert errichtet wurden und wie sie im 20. Jahrhundert Walt Disney nachbaute.

Im Sommer 1868 war die Düfflippsche Baubeschreibung korrigiert worden, alle Bauplanungen hatten nun von diesem Königswunsche auszugehen: Küche und Ritterbad im Erdgeschoß; Räume für die Diener im ersten Stock; Gästeräume im zweiten Stock; Königswohnung im dritten Stock; ein Festsaal im vierten Stock. Damit war die Einteilung vorgegeben, von der – trotz mancherlei Änderungen – hinfort und bis zum Ende ausgegangen wurde.

Grundsteinlegung ohne Bauherr. Zwei Jahre waren seit der Reise zur Wartburg vergangen, seit mehr als einem Jahr wurden Pläne gezeichnet und Pläne verworfen, doch nun, im späten Frühjahr des Jahres 1869, stiegen endlich die Handwerker und die Handlanger auf den Berg. Und da es nun schnell gehen sollte, wurde mit den Bauarbeiten am Tor und am Palas begonnen, obwohl die Straße noch gar nicht fertig trassiert war. Das mußte freilich geschwind nachgeholt werden, da ja gewaltige Fuhren mit Zement, Kalk, Steinen und Holz auf die in 1008 Metern Höhe gelegene Baustelle geschafft werden sollten; zeitweise mußten täglich allein vierzig Zentner Zement transportiert werden.

Es war bereits monatelang gewerkelt worden, ehe endlich am 5. September 1869 der Grundstein aus Untersberger Marmor gelegt wurde. Im Abwesenheit des Königs. Der, so heißt es, saß gelegentlich im Tassilozimmer seines Schlosses von Hohenschwangau und beobachtete mit dem Fernrohr seine Baustelle hoch droben auf dem Berg. Und dort mußte fix gearbeitet werden, denn Ludwig war ein ungeduldiger Mann. Die Zeit zwischen Planung und Fertigstellung war ihm stets zu lang, und so schufteten vor allem die Künstler oft bis zur Erschöpfung. Der dazumal nahezu sechzigjährige Professor Wilhelm Hau-

In einer kühnen Vorwegnahme des floralen Jugendstils hatte Christian Jank geplant, doch diese phantastischen Entwürfe von 1870 für das Ritterhaus blieben unausgeführt.

Als Ausdruck der sakralen Würde des Königtums, wie es Ludwig II. verstanden hat, zeigt der Thronsaal das Erscheinungsbild einer byzantinischen Kirche.

schild zum Beispiel malte, um nur ja bald fertig zu werden, so lange an der Muttergottes und dem Heiligen Georg an der östlichen Giebelwand, bis er ohnmächtig vom Gerüst fiel.

Trotz solchen Eifers zogen sich die Bauarbeiten lange hin (weil ja auch anderwärts kgl. bayer. Baukolonnen beschäftigt waren und Geld kosteten). Aber in der Planung war ohnedies die Fertigstellung von Vorderhohenschwangau erst für 1893 vorgesehen. Und bis dahin sollte Trakt um Trakt hochgezogen werden.

Während der *Torbau* Ende 1873 bezugsfertig war und dem König ein vorläufiges Notquartier bot, verging, ehe der *Palas* – das Hauptgebäude – fertig wurde, noch viel Zeit. Endlich, im Januar 1880, konnte der Dachstuhl gesetzt werden. Der Innenausbau forderte nun große Summen aus der königlichen Privatkasse. Dabei überzog man schon seit etlichen Jahren die Kostenvoranschläge...

Inzwischen baute längst schon ein neuer Mann. Der 61jährige Hofbaudirektor Eduard von Riedel war im Januar 1874 vom 43jährigen Georg Dollmann abgelöst worden, und der hatte nun zu sehen, wie er trotz ständiger Änderungswünsche die Kostenvoranschläge und den Zeitplan einhalten könne (was beides nicht gelang).

Ein Thronsaal ohne Thron. Vor allem der **Thronsaal** hat in den Kassenbüchern alle Vorausberechnungen durcheinandergewirbelt. Er war schon in den frühesten Planungen vorgesehen, doch was zunächst ein Audienzzimmer werden sollte, nahm zuletzt die Formen eines ›Königlichen Thron-Saals in byzantinischem Stil‹ an, und die anfäng-

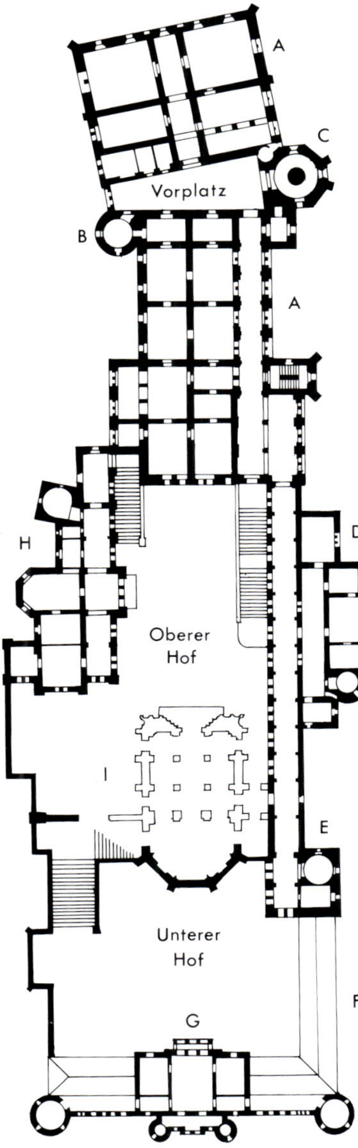

Gesamtanlage

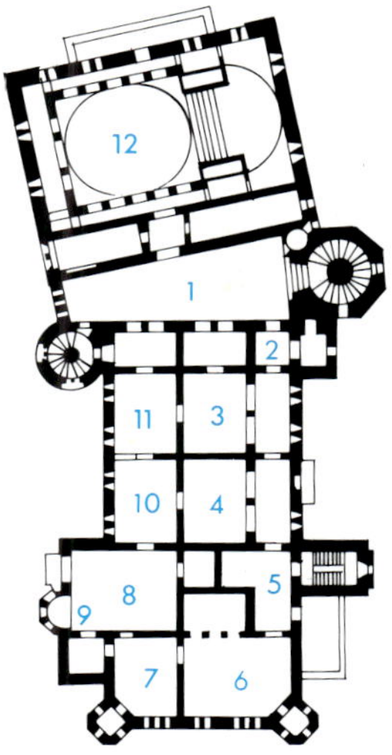

Drittes Obergeschoß

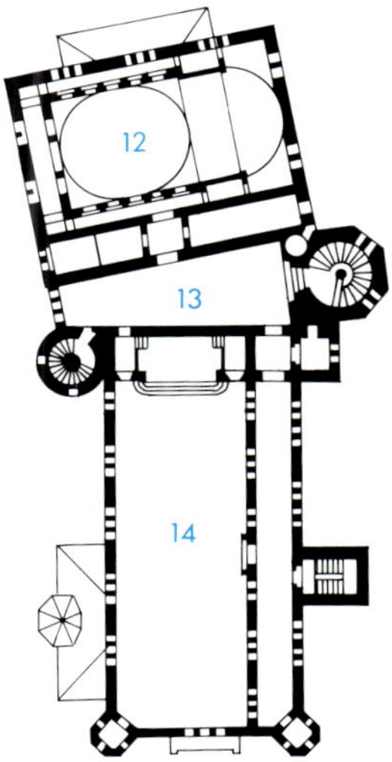

Viertes Obergeschoß

Grundrisse von Neuschwanstein

A Palas
B Südlicher Treppenturm
C Nördlicher Treppenturm
D Ritterhaus
E Viereckturm
F Verbindungsbau
G Torbau
H Kemenate
I Chorfundament der unausgeführten Burgkapelle

1 Vorplatz
2 Durchgangsraum
3 Vorzimmer (Adjutantenzimmer)
4 Arbeitszimmer
5 Grotte und Wintergarten
6 Wohnzimmer
7 Ankleidezimmer
8 Schlafzimmer
9 Hauskapelle
10 Speisezimmer
11 Vorzimmer
12 Thronsaal
13 Vorplatz
14 Sängersaal

G O
*I VE
N R·
A T
R VS

Das Herzstück des Palais wurde – nach des Köngis Willen – der Sängersaal: Hier der Ausführungsentwurf von Christian Jank. Statt der Helden und Heiligen wurden aber...

lich mit 288112 Mark angesetzten Kosten wurden um ein Mehrfaches überschritten.

Und war doch immer noch nicht fertig. Diese an der Südwestseite der Burg über zwei Stockwerke führende, fünfzehn Meter hohe Halle mit Blick auf den Alpsee sollte Zeugnis geben von der großen, der religiösen Würde des königlichen Amtes. Dafür aber schien König Ludwig kein Stil so geeignet wie jener des alten Byzanz. In den Jahren 1876 und 1877 hatte Eduard Ille die Entwürfe geliefert (und sich dabei, um den sakralen Charakter zu betonen, an jene Beschreibung der Gralsburg gehalten, die Albrecht von Scharfenberg sechshundert Jahre früher im ›Jüngeren Titurel‹ gegeben hat). Als dann Julius Hofmann 1884 die endgültigen Pläne vorlegte, hatte der König nur noch zwei Jahre zu leben.

In der Apsis dieser zwanzig Meter langen Halle führen neun Stufen aus Carrara-Marmor zu jener Stelle, an der Ludwigs Thron hätte stehen sollen. Der Platz blieb leer, die Apsis selbst freilich wurde noch nach 1886 von Eugen Drollinger ausgemalt: auf Goldgrund Christus in der Glorie, zu seiner Seite Maria und der Lieblingsjünger Johannes (nach anderer Deutung aber der Heilige Josef), darunter sechs heiliggesprochene Könige (in der Mitte der Namenspatron des Bayernkönigs, Ludwig IX. von Frankreich), und wiederum tiefer, zu beiden Seiten des Thronplatzes, die Zwölf Apostel.

An der gegenüberliegenden Wand, zwischen den Fenstern, ist auf einem Bild der Kampf des heiligen Georg mit dem Drachen dargestellt. Der Künstler hat auf einem Berg im Hintergrund jene Burg Falkenstein dargestellt, die in der Wirklichkeit nicht mehr entstanden ist. Zwischen Apsis und Westwand, unter einem 18 Zentner schweren Leuchter, wurde ein Mosaikfußboden aus mehr als zwei Millionen Steinchen verlegt.

◁ *... Szenen aus der Parzivalsage gewählt, die August Spieß mit zahlreichen Mitarbeitern nach den Enwürfen von Julius Hofmann ausgeführt hat. Besonders reizvoll der Blick aus dem Saal in die Pöllatschlucht.*

Das nachempfundene Bühnenbild. Im vierten Obergeschoß des Haupttraktes, über den Wohnräumen des Königs, entstand jener *Sängersaal,* der die unmittelbarste Verbindung zur Wartburg herstellt und der doch – bezeichnend für Ludwig II. – weniger dem sächsischen Original als dem von Lorenz Quaglio geschaffenen Bühnenbild einer Münchner ›Tannhäuser‹-Aufführung nachgebaut wurde.

Wie in Herrenchiemsee das Schlafzimmer, so war hier der Sängersaal der Mittelpunkt, um den herum das Schloßprojekt entwickelt wurde. Christian Jank hatte schon 1868 die ersten Zeichnungen vorgelegt, aber der König wünschte auch hier immer wieder und bis zuletzt Abänderungen, vor allem verlangte er in den späten siebziger Jahren, die Helden und Heiligen des Eisenacher Vorbildes sollten durch die Gestalten der Parzivalsage ersetzt werden – in seinem ikonographischen Programm wollte er zwischen Sängersaal und Thronsaal einen deutlichen Bezug herstellen.

Das Münchner Kunsthandwerk verdankte nicht zuletzt den Aufträgen des Königs seine Blüte: Hier ›Siegfrieds Kampf mit dem Drachen‹, ein vergoldeter Tafelaufsatz von L. Bierling und E. Wollenweber 1885/86 im Speisezimmer von Schloß Neuschwanstein.

Sänger sind in dieser Halle mit der akustisch besonders wirkungsvollen, trapezförmig gebrochenen Fichtenholzdecke zu Lebzeiten des Königs nie aufgetreten. Ein Sängerwettstreit fand nicht statt. Erst sehr viel später – zum 50. Todestag Richard Wagners am 13. Februar 1933 – wurde hier beim Schein von 600 Kerzen zum ersten Mal ein Konzert veranstaltet. Bis zum Ausbruch des Krieges und nunmehr wieder seit 1969 fanden und finden im Sängersaal zu Neuschwanstein, seiner ursprünglichen Bestimmung entsprechend, Konzerte statt.

Wenn die Besucher den festlichen Raum betreten, können sie über den Türen seitlich der Laube den einzigen Hinweis entdecken, der vom Erbauer dieses Schlosses berichtet: Ludwig, König von Bayern und Pfalzgraf, LVDOVICVS REX. BAVAR. COM.PALAT.

Zweieinhalb Zentner Tischaufsatz. Unter dem Sängersaal, im dritten Stock und gleichsam vor dem Thronsaal, liegen die **Wohnräume** des Monarchen: das *Wohn- und Ankleidezimmer* im Osten (mit Blick auf den Oberen Hof); es schließen sich an: das *Schlafzimmer,* die *Grotte* und der kleine *Wintergarten* (an der Nordwestseite!), das *Arbeits-* und das *Speisezimmer* sowie, in Richtung des Thronsaals, das *Vor-* und das *Dienstzimmer.*

Die Wohnung ist, wie gelegentlich bei Ludwig II., altdeutsch-üppig eingerichtet, mit massiven, dunklen Möbeln (alle Räume, mit Ausnahme des Ankleideraumes, haben eine Holzdecke), mit schweren Draperien und reichlich kunsthandwerklichen Nippes; unter anderem, auf dem Ausziehtisch des Speisezimmers, eine Plastik aus vergoldeter Bronze: Siegfrieds Kampf mit dem Drachen. Dieser Tischaufsatz, ein Meisterwerk von L. Bierling und E. Wollenweber, wiegt zweieinhalb Zentner. Mit Marmorsockel. Es kostete samt Entwurf 17 110 Mark und beweist, wieviel die Münchner Künstler und das Münchner Kunsthandwerk ihrem König verdankten. So gab beispielsweise das Schlafzimmer vierzehn Holzschnitzern viereinhalb Jahre lang Arbeit. So wird zumindest überliefert. Und die Kunstmaler hatten, um alle Wände zu bemalen, lange und reichlich zu tun. Wieder waren die Themen aus beliebten Sagenkreisen und Dichtungen gewählt worden: die *Lohengrinsage* im Wohnzimmer (und viele Schwanenmotive in der Dekoration); das *Leben Walthers von der Vogelweide* im Ankleidezimmer; die *Tannhäusersage* im Arbeitszimmer und eine Darstellung der *Minnesänger am Thüringer Hof* im Speisezimmer.

Dem »Allerhöchsten Willen Seiner Majestät des Königs« folgend, war die Burg im Stil der Spätromanik gebaut worden. Diese Imitation des frühen 13. Jahrhunderts, der staufischen Burgenherrlichkeit, hatte ihre Grenzen. Hofsekretär Lorenz von Düfflipp schrieb dazu im November 1871: *Da wir nun gegenwärtig 1871 schreiben, so sind wir über jene Zeitperiode, welche den romanischen Styl entstehen ließ, um Jahrhunderte hinausgerückt und es kann doch wohl kein Zweifel darüber bestehen, daß die inzwischen gemachten Errungenschaften im Gebiete der Kunst und Wissenschaft uns ... zugute kommen müssen.*

Aber man war ja ohnedies nicht puristisch vorgegangen und hatte, dem Wunsch Ludwigs II. folgend, das Schlafzimmer und eine im anschließenden Erker gelegene kleine Ludwigskapelle (neu-)gotisch ausgestattet.

Gotisch hätte auch die etwa halbwegs zwischen Torbau und Palas geplante *Kapelle* werden sollen. Sie wurde ebensowenig fertiggestellt wie das *Bad* und jener *Maurische Saal*, für den 260000 Mark veranschlagt waren.

Der König war in finanzieller Bedrängnis. Seit langem schon. Es hätte der loyalen Mitarbeit und des aufrichtigen, gewissenhaften Rates der Münchner Regierung bedurft, um hier Hilfe zu schaffen. Doch niemand, so scheint es, wollte den König ernsthaft retten:

Zwischen 1869 und 1886 wurden für das Schloß Neuschwanstein 6180047 Mark aufgewendet, das jährliche Einkommen des Königs betrug 4029580 Mark (wovon freilich auch ein großer Hofstaat zu bezahlen war) – ein gewissenhafter Finanz- und Schuldentilgungsplan hätte den König und seine Bauten sicher retten können. Ehrlichen Willen vorausgesetzt.

In der Zeitung aber schrieb man, am 22. Mai 1886: *Die Frage, ob Se. Maj. der König wegen Privatverbindlichkeiten vor Gericht gezogen werden könne, ist zwar bis jetzt nie durch eine gerichtliche Prozedur entschieden worden; gleichwohl muß sie bejaht werden.*

Ein Fall, der größter Diskretion bedurft hätte, wurde – von wem lanciert? – in der Öffentlichkeit diskutiert. Und der entscheidende Schlag vorbereitet.

Am 29. Mai 1886 schrieben die ›Münchner Neuesten Nachrichten‹: *Die ›Wiener Allgemeine Zeitung‹ enthält folgendes Telegramm aus München. 27. Mai: »Wie ich vernehme, ist der Plan einer Regentschaft des Prinzen Luitpold (Oheim des Königs) vorgestern abend als reif zur Ausführung erklärt worden. Die beiden Parteien sind in Kenntnis gesetzt, der König selbst hat, wie von bester Seite versichert wird, bisher keine Ahnung von dem Schritte, für den schon Alles vorbereitet ist...«*

In der Zeitung vom darauffolgenden 30. Mai, einem Sonntag, wurde zwar von »maßgebender Seite« dementiert, doch die Vorbereitungen liefen weiter. Und am 9. Juni, nach einer Hoftafel bei Prinz Luitpold – neun Couverts, wie in der Zeitung stand –, reiste die »Fangkommission« mittags um zwei in einem Extrazug von München ab. Obersthofmeister Graf zu Castell soll es abgelehnt haben, dieser Kommission anzugehören.

Die Verhaftung. In Oberdorf, südlich von Kempten, verließen den Waggon folgende Herren: der Minister des Äußeren und des kgl. Hauses Freiherr von Crailsheim, die Reichsräte Graf von Holnstein und Toerring-Jettenbach, dann der Geheime Legationsrat Dr. Rumpler und Oberstleutnant Freiherr von Washington. Außerdem Obermedizinalrat Dr. Bernhard von Gudden mit seinem Assistenzarzt Dr. Franz Müller und Pflegepersonal.

Man stieg nun in bereitstehende Hofwagen und kam um Mitternacht in Hohenschwangau an; die Uniformen, in anderen Wagen, trafen – da sie von gemütlichen Postpferden gezogen wurden – erst acht Stunden

Viollet-le-Duc, der berühmte französische Restaurator, stand Pate bei diesem frühen Entwurf von Peter Herwegen aus dem Jahre 1869 zum Schlafzimmer: Es wurde auch in der Ausführung der einzige gotische Raum im sonst romanischen Ensemble.

Obwohl Ludwig die Mutter, deren prosaische Lebensart er wenig schätzte, möglichst auf Distanz hielt, zeigte er ihr doch zu ihrem 60. Geburtstag 1885 das Schloß Neuschwanstein.

später ein. Zu der Zeit war dieses erste Verhaftungskommando bereits gescheitert:

Um ein Uhr nachts trat Graf Holnstein, einstmals der engste Vertraute König Ludwigs, in den Stall von Hohenschwangau und befahl den Bediensteten, die gerade den königlichen Wagen für die nächtliche Ausfahrt vorbereiteten, die Rückkehr nach Berg. Der Lakai Osterholzer, der eben noch einspannen wollte, lief nun hinauf zum Schloß und alarmierte das Personal. Als dann um 4 Uhr die Kommission vor dem Schloßportal vorfuhr, wurde sie von etwa fünfzehn bis zwanzig Gendarmen, von Feuerwehrmännern und etlichen Allgäuern empfangen, die den König schützten. Mit scharf geladenen Gewehren und gezogenen Säbeln.

Die Herren Crailsheim, Holnstein und Toerring wurden verhaftet, später auch Washington, Gudden und Müller. Der König, in heftiger Erregung, wollte ihnen die Augen ausstechen und sie foltern lassen – doch keinem der Männer wurde ein Haar gekrümmt, und nach kurzer Zeit wurden sie wieder freigelassen. Sie fuhren mit einem vierspännigen Jagdwagen nach Peiting, bestiegen dort den Zug und trafen am 10. Juni um 21.30 Uhr wieder in München ein.

Um schon am 11. Juni wieder nach Hohenschwangau zurückzukehren. Inzwischen stand die Übernahme der Regentschaft bereits in den Zeitungen, und nun wußte auch der König, welches Schicksal man ihm bereiten wolle. Man riet ihm zur Flucht. Doch er lehnte ab. Er wollte kein Blutvergießen. Er schickte Telegramme aus. Doch es gab keine Hilfe mehr: Alle umliegenden Postämter waren instruiert, und die Telegramme landeten auf dem Schreibtisch des Ministers. Nur sein Flügeladjutant Graf Dürckheim-Montmartin und die Lakaien Weber und Mayr waren noch beim König. Als die letzten Getreuen.

Um Mitternacht – wieder um Mitternacht – kam die Kommission.

»Wie können Sie mich für geisteskrank erklären...?« Das Speisezimmer von Schloß Neuschwanstein war nach der Überlieferung der letzte Raum, in dem König Ludwig II. sich als freier Mann aufhielt. In der Nacht vom 11. zum 12. Juni 1886, etwa um Mitternacht, verließ er dieses Zimmer mit dem Schlüssel für den Turm. Wollte er sich durch einen Sprung in die Tiefe der Verhaftung entziehen? Er hatte mehrfach davon gesprochen, und der Kammerlakai Mayr war noch kurz zuvor beauftragt worden, die Tiefe der Pöllatschlucht zu messen...

Doch nun trat Medizinalrat Gudden dem König entgegen, und während Pfleger den Monarchen unterm Arm faßten, sprach der Arzt: *Majestät, es ist die traurigste Aufgabe meines Lebens, die ich übernommen habe, Majestät sind von vier Irrenärzten begutachtet worden und nach deren Ausspruch hat Prinz Luitpold die Regentschaft übernommen. Ich habe den Befehl, Majestät nach Schloß Berg zu begleiten, und zwar noch diese Nacht. Wenn Majestät befehlen, wird der Wagen um vier Uhr vorfahren.*

Ludwig II. soll nur ein kurzes, schmerzliches »Ach!« gesagt haben und dann immer wieder: »Ja was wollen Sie denn, ja was soll denn das?«

Im Schlafzimmer, wohin man den Gefangenen führte, wurden Guddens Begleiter vorgestellt, und der Medizinalrat selbst erinnerte den König daran, daß er ja 1874 schon einmal die Ehre gehabt habe, ihm in Audienz vorgestellt zu werden. *Ja, ja, ich erinnere mich genau,* antwortete Ludwig und stellte dann die Frage: *Wie können Sie mich für geisteskrank erklären, Sie haben mich ja vorher gar nicht gesehen und untersucht.* Darauf Gudden: *Majestät, das war nicht notwendig, das Aktenmaterial ist sehr reichhaltig und geradezu erdrückend.*

Der König wollte nun wissen, wie lange die ›Kur‹ wohl dauern werde. *Majestät,* erwiderte Gudden, *in der Verfassung steht: wenn der König länger als ein Jahr durch irgendeinen Grund an der Ausübung der Regierung gehindert ist, dann tritt die Regentschaft ein, also würde ein Jahr vorläufig der kürzeste Termin sein.*

Ludwig: *Nun, es wird wohl rascher gehen, man kann es ja machen wie mit dem Sultan, es ist ja leicht, einen Menschen aus der Welt zu schaffen.*

Gudden: *Majestät, darauf zu antworten verbietet mir meine Ehre.*

Nun wandte sich der König an Dr. Müller und fragte nach dem Zustand seines Bruders Otto. Der Arzt, der jeden Monat einen Bericht über die Behandlung des Prinzen an den König liefern mußte, sah, daß der letzte Bericht vom 15. Mai auf dem Schreibtisch lag.

Gegen 4 Uhr morgens kam Dr. von Gudden, der das Schlafzimmer zeitweise verlassen hatte, zurück und meldete, daß der Wagen jetzt bereitstünde. *Ja, ja,* antwortete Ludwig II. darauf, *dann fahren wir.*

Der König hatte einmal gewünscht, man möge die von ihm gebauten Schlösser nach seinem Tode in die Luft sprengen, damit sie vor dem Zugriff der rohen, unkultivierten Außenwelt bewahrt würden. Am 1. August 1886 wurde – Eintritt 3 Mark – das Schloß – es hieß ab jetzt erst: Neuschwanstein – für Besucher geöffnet.

Im Jahre 1984 wurde es von 1130000 Menschen durchwandert.

So sah Neuschwanstein 1886 aus: Der König hatte also sein Schloß nur als Baustelle erlebt. Nach dem Tode des Monarchen wurden der Viereckturm und das Ritterhaus vereinfacht fertiggestellt und die Kemenate, zu der nur das Fundament gelegt war, noch errichtet.

Nicht mehr ausgeführt wurde das Kernstück der Anlage, der Bergfried mit der Burgkapelle, wie ihn Christian Jank in einem Entwurf von 1871 (unten) als Point de vue des Oberen Burghofes dargestellt hat.

Nürnberg

Die Burg. Die deutschen Könige und Kaiser des Mittelalters übten ein ambulantes Gewerbe aus. Da sie keine Hauptstadt besaßen, reisten sie von Hoftag zu Hoftag, von Pfalz zu Pfalz. Die Burg aber, auf der sie immer wieder einkehrten – wohl um die dreihundert Mal – war die Burg zu Nürnberg.

Begonnen hatte der Burgenbau auf dem Felsen über der Stadt wohl in der Zeit um 1050, als die Salier regierten. Knapp hundert Jahre später ließ sich der staufische König Konrad III. westlich davon eine zweite Burg errichten – sie stand bereits an der Stelle der heutigen **Kaiserburg.** Die alte Anlage aber ging an die Verwalter und Verteidiger der kaiserlichen Rechte, an die Burggrafen von Nürnberg. Die aber kamen seit dem Jahre 1191 aus dem Hause (Hohen-)Zollern. Der Platz war günstig gelegen, und so konnten sie Ländereien in Franken sammeln – sehr zum Mißfallen der wohlhabenden, selbstbewußten Reichsstadt Nürnberg. Zuletzt endete es damit, daß die Hohenzollern ihre Burg verlassen mußten. Sie saßen hinfort vor allem in Ansbach, in Bayreuth und in jenem Brandenburg, das ja einmal wittelsbachisch gewesen war und das nun in einem langen Prozeß zum Mittelpunkt hohenzollernscher Macht, zum Königreich Preußen wurde.

Nürnberg aber wurde im September 1806 bayerisch, die Burg fiel an die Krone. Und die Wittelsbacher kamen. Zuerst sagte sich König Ludwig I. an. Er wollte das militärische Übungslager und das Nürnberger Volksfest besuchen und bei dieser Gelegenheit in der Kaiserburg wohnen. Professor Karl Heideloff

Nürnberg war die letzte Station auf Ludwigs II. Frankenreise 1866: Fast genau vier Monate vor seiner Ankunft war die Stadt von der preußischen Gardelandwehr besetzt worden.

und Bauinspektor Erdinger haben daraufhin um 1834/35 ihr großes Restaurierungswerk durchgeführt und dabei auch die Folge der Kaiserzimmer als **Königswohnung** eingerichtet. Als einige Jahre später der König neuerlich anreiste, wurde auch die Burg (»unter Aufwendung bedeutender Mittel«, wie es hieß) neuerlich instandgesetzt.

Im Jahre 1849 wurde für das Gebäude eine andere Verwendung gefunden, die Kaiserburg wurde in eine Kaserne umgewandelt und nach dem Abzug drei Jahre später neuerlich renoviert. Inzwischen regierte in Bayern ein neuer König, und er – König Max II. – hielt im August 1853 mit seiner Familie (und somit wohl auch mit dem achtjährigen Kronprinzen Ludwig) auf der Nürnberger Burg sein Hoflager. Zwei Jahre später, zwischen dem 1. Juli und 4. August 1855, hat er den Besuch wiederholt, und bei dieser Gelegenheit erhielt er neue Möbel, als ›Hausgeschenke der Bürgerschaft an König Maximilian II.‹.

Wittelsbacher kamen auch später noch hierher, Prinzregent Luitpold zum Beispiel im Jahre 1896. Im September des darauffolgenden Jahres wohnten der Kaiser, die Kaiserin

Ludwig kam in seinem Galazug angereist, der damals freilich noch nicht jenes festliche Aussehen besaß, wie man es heute an zwei Salonwagen bewundern kann (s. S. 180f.). Nach der Ankunft wurde der König zunächst im Königssalon (im Bild) begrüßt, dessen Ausstattung sich im Nürnberger Verkehrsmuseum vollständig erhalten hat.

Vom Bahnhof fuhr der junge Monarch dann durch die Straßen der Stadt, die von 30 000 jubelnden Zuschauern gesäumt waren, hinauf zur ehrwürdigen Kaiserburg (hier im Blick aus dem Dürerhaus). Das seit Anfang des 19. Jahrhunderts für hohe Besuche hergerichtete Königsappartement befand sich in den gotischen Kaiserzimmern.

und der Prinzregent in der Burg. Man hatte ihnen Räume an der Südseite eingerichtet und in einem Zimmer – sicher nicht zufällig – jenen Peter-Candid-Gobelin aufgehängt, der die Belehnung Ottos von Wittelsbach durch Barbarossa zeigt.

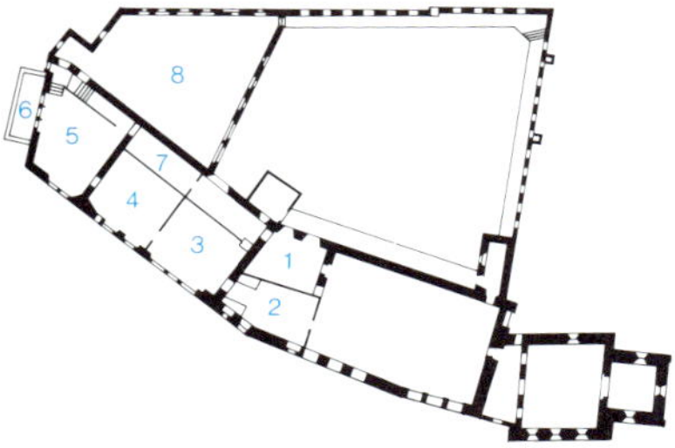

Das ehemalige Appartement der bayerischen Könige im Obergeschoß des Palas der Burg:

1 *Vorzimmer (heute: im Kaisersaal integriert)*
2 *Adjutantenzimmer (heute: im Kaisersaal integriert)*
3 *Audienzzimmer (heute: Empfangszimmer des Kaisers)*
4 *Arbeitszimmer (heute: Wohnzimmer des Kaisers)*
5 *Schlafzimmer (heute: Ecksaal) mit der zum Besuche Ludwigs fertiggestellten Altane*
6 *Altane im Sölleranbau (1866 vollendet)*
7 *Verbindungsgang zum ehemaligen Appartement der Königin*
8 *Appartement der Königin*

Ein Königsbrief. Die Hohenzollern hätten die Burg zu Nürnberg gerne besessen, und es hatte auch ernsthafte Bemühungen gegeben. Am 31. Juli 1866 war das 2. preußische Reservekorps in die Stadt einmarschiert, und es hieß, die Krieger hätten sich besonders zuvorkommend verhalten, da ihr Oberster Kriegsherr damals noch geglaubt hatte, Ansbach-Bayreuth für seine Familie wieder zurückzuerhalten und Nürnberg als Hauptstadt für diese dann südlichste preußische Provinz hinzuzugewinnen.

Der Traum ging nicht in Erfüllung, doch König Ludwig II. von Bayern schrieb gleichsam zum Trost eine Woche nach dem Friedensschluß, unter dem Datum des 29. August 1866, einen Brief an den Kollegen und Onkel in Berlin: *Nachdem der Frieden zwischen uns geschlossen und eine feste und dauernde Freundschaft zwischen unseren Staaten und Häusern begründet ist, drängt es mich, dieser auch einen äußeren symbolischen Ausdruck zu geben, indem ich Euer Majestät anbiete, die ehrwürdige Burg Ihrer Ahnen zu Nürnberg gemeinschaftlich mit mir zu besitzen. Wenn von den Zinnen dieser Ahnburg die Banner der Hohenzollern und Wittelsbacher gemeinsam wehen, so möge darin ein Symbol erblickt werden …*

Über diesen Brief wurde in der Öffentlichkeit nicht gesprochen, er wurde im Archiv deponiert. Als aber Gerüchte umliefen, der bayerische König habe das Eigentum an der Burg zu Nürnberg abgetreten, gab es ein De-

Um das Königsappartement auf der Kaiserburg dem damals modernen Komfort entsprechend auszustatten, hatten die Nürnberger Bürgerschaft und die Geschäftswelt zum Besuch von Ludwigs Vater, König Max II. (der 1855 zu einer Gewerbeausstellung in die Frankenmetropole kam), eine kostspielige neugotische Möblierung gestiftet. Im Bild das Audienzzimmer, wie es auch Ludwig II. bei seinem Aufenthalt vom 30. November bis 10. Dezember 1866 benützt hat.

Wie in allen größeren Städten, die er auf seiner Frankenreise berührt hat, war der König auch in Nürnberg ein fleißiger Theaterbesucher: Hier im alten, im letzten Krieg zerstörten Theater am Lorenzer Platz (im Bild links) sah er am Ankunftstag die ›Afrikanerin‹, am 2. Dezember 1866 den ›Troubadour‹ und zwei Tage später ›Fidelio‹.

menti. (Und Besitz der hohenzollerschen Ahnen war die Kaiserburg ja ohnedies nie gewesen.)

Aufforderung zum Tanz. Der König, dessen Terminplan auf seiner berühmten Frankenreise (S. 210ff.) nach dem verlorenen 66er-Krieg ohnedies lange schon aus den Fugen geraten war, hätte seinen Aufenthalt in Würzburg gerne verlängert. Als man in Nürnberg davon hörte, schickte der Bürgermeister ein Telegramm in die Königliche Residenz zu Würzburg, Seine Majestät möge davon absehen, denn die Nürnbergerinnen freuten sich seit langem auf den Festball, der aber könne – da ja in der Adventszeit nicht getanzt werden darf – keinen Aufschub erleiden.

So bestieg Ludwig II. am 30. November 1866 in Würzburg seinen Hofzug. In Kitzingen überreichte ihm ein Mädchen ein Gedicht:

Als guter Engel durch das Land
Gehst Du zu heilen und zu stillen
Mit rast- und ruheloser Hand,
Wo noch des Kummers Thränen quillen ...

In Fürth empfing er den Bürgermeister in seinem Salonwagen zu einer kurzen Audienz und versprach, bald zurückzukehren.

Das Wetter hatte sich endlich gebessert, es herrschte klarer Winterhimmel, als sich begab, was der Reporter der ›Aschaffenburger Zeitung‹ so beschrieb: *Nürnberg 30. Nov. Nachmittags 3¾ Uhr. So eben brauste der kgl. Extrazug in den Bahnhof ...*

In dem zu Nürnberg erscheinenden ›Fränkischen Kurier‹ aber stand an jenem Tage: *Nach langen Regentagen bringt uns der Ostwind klaren Himmel, und unter seinem Hauch beginnt sich die Stadt mit Fahnenschmuck und Laubgewinden zu beleben. Die Burg wohnlich eingerichtet für den erwarteten hohen Gast* [wobei sogar noch die Loggia eigens hergerichtet wurde], *harrt seiner mit frischen Kränzen an den Wänden des einen Aufgangs und flatternden Fahnen an den Thürmen, bis auf dem Heldenthurm bei Annäherung des Monarchen die eigentliche Flagge aufgehißt wird.*

Am nächsten Tag, am Samstag, dem 1. Dezember, steht in einer Art Leitartikel die Aufforderung, daß jeder, der Gelegenheit habe mit dem König zu sprechen, »Bürgermuth« zeigen und die »ungeschminkte Wahrheit« sagen solle.

Die Artillerie gab ihre 101 Salutschüsse ab, als der König eintraf. Mehr als 30000 Nürnberger standen an der Straße, die vom Bahnhof zur Burg führte, darunter allein tausend Arbeiter der Cramer-Klettschen Fabrik, die salutierten.

Natürlich ging Ludwig auch hier, wie an fast allen Orten, die er besuchte, ins **Theater.** In der Uniform eines Ulanenobersten. Für die Aufführung der ›Afrikanerin‹ waren an je-

Sichtlich wohl fühlte sich der historisch empfindende König in den »trauten gothischen Zimmern in der hehren, altehrwürdigen Burg« von Nürnberg: Hier das Schlafzimmer.

nem Freitagabend sämtliche Logen- und Sperrsitze ausverkauft, nur Stehplätze im Sperrsitzraum gab es noch, für 1 Gulden 45 Kreuzer die Karte.

Schwellender Diwan und Topfpflanzen. Und dann, am darauffolgenden Tag, der Bürgerball in der **Turnhalle.** Zu ihr, stand in der Zeitung, komme man durch »das dem Spittlerthor zur Seite liegende neue Thor, das nun **Ludwigsthor** heißen wird«.

Die Königsloge war wie ein kleiner Salon geschmückt worden, mit »schwellendem Diwan und Topfgewächsen«. Nach acht Uhr eröffnete Ludwig den Tanz mit Frau Bürgermeister Wächter, und er tanzte an diesem Abend »trotz starker Heiserkeit« auch noch mit Frau Bürgermeister Seiler, Freifrau von Tucher, Frau Landwehroberstleutnant Diem, Fräulein von Sternbach und Freifräulein von Haller. Rundtanz und Française wechselten ab, bis die Majestät (die auf dem schwellenden Diwan nie Platz genommen hat, sondern immer gestanden ist) gegen halb ein Uhr früh den Ballsaal verließ.

Das Protokoll dieser Frankenreise kannte wenig Abwechslung. An allen Stationen das (fast) gleiche Programm. In Nürnberg bot es zum Beispiel:

am 1. Dezember ein Morgenständchen der vereinigten Sänger im Burghof. Der König, auf der Galerie, hörte: ›Gott grüß dich‹, ›Sonntagmorgen‹, ›Das ist der Tag des Herrn‹ ... Sodann Empfang des Offizierscorps, des Regierungspräsidenten von Mittelfranken, der Reichsräte und der Bürgermeister;

am 2. Dezember: Audienzen (unter anderem für eine Abordnung der Universität Erlangen), Hoftafel, Rundfahrt durch die festlich beleuchtete Stadt und anschließend, trotz Heiserkeit und Brustkatarrh, Besuch des ›Troubadour‹;

am 3. Dezember: Spaziergang durch die sonntägliche Stadt, Besuch der großen Kirchen, Konzert im Rathaus (wobei die Majestät vor allem dafür dankte, daß das Programm Wagner-Ouvertüren enthielt);

am 4. Dezember: Truppenbesichtigung – der König trotz Erkältung ohne Mantel – mit Schulmanöver, dann Abstecher nach Fürth (S. 65f.), abends in Nürnberg Besuch einer ›Fidelio‹-Aufführung;

am 5. Dezember: um 10.30 Uhr Empfang des Bruders Otto am Bahnhof (Ludwig, von der Stadt begeistert, hatte ihn eingeladen), Firmenbesichtigungen;

am 6. Dezember: Kurzvisite in Erlangen;

am 7. Dezember: Audienzen (unter anderem für den Lehrerverein), Besuch der Lenzschen Eisengießerei, wo gerade das Keppler-Denkmal zusammengesetzt wurde, Besuch der Kunstgewerbeschule und, zusammen mit seinem Bruder, eineinhalb Stunden im Germanischen Nationalmuseum;

am 8. Dezember: Hoftafel und zweites Konzert im Rathaus. Und dann am 10. 12., um 13.30 Uhr, Abfahrt des Hofzuges in Richtung Augsburg und München.

Geld & Uhren. Bei seinen Besuchen in den Fabriken hinterließ der König jeweils Geld, das an die Arbeiter verteilt werden sollte. In der Firma A. W. Faber zu Stein bei Nürnberg, in der er sich eine Stunde aufhielt, waren es – wie in der Zeltnerschen Ultramarinfabrik – dreihundert Gulden, bei Cramer-Klett aber schenkte er siebenhundert Gulden. Und machte den Herrn von Cramer-Klett zum lebenslänglichen Reichsrat Bayerns.

Zu den Nürnbergern, die der bayerische König auf der Kaiserburg empfing, gehörten auch Kaufleute, bei denen er Bestellungen aufgab, zum Beispiel ein Alabasterwarenfabrikant, ein Buchhändler, ein Lebküchnereibesitzer, dessen Firma noch heute in der ganzen Welt berühmt ist, und der Uhrmachermeister Schneider. In der Zeitung stand in jenen Tagen, der König habe in Nürnberg »Geschenke für Tausende« gekauft, vor allem Uhren und Uhrenketten. Sie verschenkte er ja in mindestens ebenso großer Zahl wie sein Nachfolger die legendären ›Prinzregentenzigarren‹.

Eine der Uhren erhielt zu Nürnberg ein Unteroffizier, der sich durch Tapferkeit ausgezeichnet hatte. Auf die Frage des Königs, wie es ihm im Krieg ergangen sei, antwortete der Soldat, daß es am Oberbefehl gefehlt habe, »worauf der Fürst erwiderte, daß es das nächstemal schon besser gehen werde«.

Briefe aus dem ›Gothischen Zimmer.‹ Wenn ihn das offizielle Besuchsprogramm spät abends entließ, zog sich Ludwig II. in sein *Arbeitszimmer* zurück – es war das ehemalige kaiserliche Schlafzimmer – und setzte seine Arbeit fort. Am 5. September konnten die Nürnberger in der Zeitung lesen: *In vorletzter Nacht arbeitete Se. Maj. der König bis gegen 3 Uhr.* Während ringsum alles schlief, schrieb er jede Nacht einen Brief an seine Mutter, den er ihr dann zusammen mit den Blumenbouquets, die man ihm überreicht hatte, nach München schickte.

In diesen stillen Stunden, im »trauten gothischen Zimmer in der hehren, altehrwürdigen Burg« sind auch die Briefe an Wagner geschrieben worden. Am 6. Dezember etwa: *Die Bevölkerung* [Nürnbergs] *ist intelligent und durchaus edel, unterscheidet sich darin so vorteilhaft von dem Münchner Plebs!* Und weiter: *Hier muß dereinst der große Kunsttempel sich erheben. Hier wollen wir die deutsche Kunstschule errichten, hierher Bülow berufen, hierher endlich bitte ich den heißgeliebten Freund nach Vollendung der ›Meistersinger‹ zu ziehen, um stets hier zu bleiben: hierher nach dem ehrwürdigen, heiligen Nürnberg will ich kommen.*

Den Plan, die Residenz »aus dem ultramontanen München in das protestantische Nürnberg« zu verlegen, hatte Wagner schon zu Beginn des Jahres 1866 entwickelt. Dies war eine Reaktion darauf, daß er im Dezember 1865 aus München hatte abreisen müssen. Sei dieser Schritt vollzogen, hieß es in dem Brief an den König, »werden die Raben nicht mehr um den Berg fliegen, der herrliche Kaiser ist erlöst«.

Und am 24. Juli 1866, der Krieg war bereits verloren und der König dachte daran, die Krone niederzulegen – greift Wagner den Gedanken wieder auf: *Dieses Werk* [die ›Meistersinger‹] *war zugleich auf Ihre Befreiung berechnet. Ja! die Meistersinger – ›in Nürnberg‹ – sollen den König von Bayern aus seiner »Münch«-residenz hinaus in das frische, freiathmige Franken entführen.*

Unmittelbar nach der Abreise Ludwigs II. hatte es geheißen: *Dem Vernehmen nach will Se. Maj. der König sich eine Villa am Dutzendteich bauen lassen und ist bereits Befehl zur Anfertigung der Pläne ertheilt.* Aber schon am nächsten Tag kam das Dementi: *Der ›Fränkische Kurier‹ erklärte die Nachricht des ›Münchener Boten‹, daß sich Se. Maj. der König am Dutzendteich bei Nürnberg eine Villa bauen lassen wolle, für eine Mähre.*

Der König hat seine Residenz nicht nach Nürnberg verlegt, und er ist auch, obwohl er sich in der Stadt so wohl gefühlt und in ihr auch den größten Triumph seiner Frankenfahrt erlebt hat, nie mehr wieder nach Nürnberg zurückgekehrt.

Der Ludwig-Denkmal-Verein hat freilich die Erinnerung an den König wachgehalten und im Jahre 1913 im Nürnberger Stadtpark ein imposantes (inzwischen nicht mehr vorhandenes) **Denkmal** errichtet: In der Mitte

Wie in München wurde auch in Nürnberg das 1913 im Stadtpark errichtete Denkmal des – Frieden liebenden und Kriege hassenden – Königs ein Opfer des Zweiten Weltkrieges: Die von Max Heilmaier gestaltete Bronzefigur Ludwigs II. in Hubertusrittertracht wurde eingeschmolzen, die übrige Anlage später abgetragen.

Die zwei schönsten Galawagen des königlichen Salonzuges sind im Nürnberger Verkehrsmuseum zu bewundern: der 1860 gebaute und 1868/69 neuausgestattete Hauptsalonwagen …

einer weitgeschwungenen Steinbank stand, auf einem Sockel aus Muschelkalksandstein, die vier Meter hohe Bronzefigur Ludwigs II. in der Tracht des Hubertusritterordens. Zu beiden Seiten des Monuments, am Ende der Bank, befanden sich Putten, von denen eine das Wappen Bayerns, die andere das der Stadt Nürnberg trug.

Salonzug ›Genre Louis XIV.‹ Aus all den hochfliegenden Plänen Ludwigs war nichts geworden: die Residenz nach Nürnberg zu verlegen, Wagners Festspielhaus in der Meistersingerstadt zu bauen oder die Deutsche Kunstschule hier zu errichten. Die bedeutendste Reminiszenz, die Nürnberg an Ludwigs Wirken heute aufweisen kann, kam erst nach seinem Tod in die Frankenmetropole und steht im **Verkehrsmuseum:** die beiden letzten noch erhaltenen Wagen aus seinem Hofsalonzug.

Das Museum war aus dem 1899 eröffneten Kgl. Bayerischen Eisenbahnmuseum hervorgegangen, wurde 1914 neu gebaut und 1925 eröffnet. Nachdem im Zweiten Weltkrieg Gebäude und Sammlungen stark in Mitleidenschaft gezogen worden waren, wurde das Verkehrsmuseum 1953 wiedereröffnet und seitdem mehrfach umgebaut und erweitert. In der Post-Abteilung des Museums ist übrigens auch die geplante rote *Drei-Kreuzer-Marke* mit der vom Hofmünzgraveur Johann Adam Ries entworfenen Büste Ludwigs II. von 1868 im Probedruck zu sehen. Die Ausgabe kam jedoch nicht zustande, weil man die – noch von Max II. vier Tage vor seinem Tode angeregte! – Wiedergabe des Herrscherporträts auf Briefmarken damals als inzwischen unmodern angesehen hatte.

Die Geschichte des bayerischen *Hofzuges* begann bereits im Jahre 1844 unter König Ludwig I., der Minister von Abel um Auskunft darüber bat, ob die Anfertigung privater Eisenbahnwagen für den König mit der Verfassung vereinbar wäre. Abel bejahte diese Frage; aber erst im Jahre 1850, also in

Im »Genre Louis XIV.« mußte nach des Königs Willen das Innere des Hauptsalonwagens gestaltet sein: Hoftheaterdirektor Franz Seitz hat 1868/69 den Entwurf dazu geliefert.

... und der 1865 auf besonderen Wunsch des Monarchen konstruierte Terrassenwagen, den die Nürnberger Firma Klett & Comp. (Vorläufer der MAN) innerhalb vier Wochen lieferte.

der Regierungszeit Maximilians II., läßt sich die Existenz bayerischer Salonwagen nachweisen. Das erste Bilddokument des bayerischen Hofzuges ist eine historische Photoaufnahme und zeigt den Königszug, bestehend aus drei zweiachsigen Salonwagen und einem Packwagen, im Ludwigshafener Bahnhof mit der 1855 gebauten Lokomotive ›Pölnitz‹. Diese Wagen wurden bei der Königlichen Wagenbauanstalt in Nürnberg gebaut. Nach deren Schließung im Jahre 1859 ließ man weitere Wagen für das Königshaus bei Klett & Comp. (später Cramer-Klett, dann MAN) herstellen. Aus den Bestellbüchern der Firma geht hervor, daß in den Jahren 1855 bis 1862 neun Salonwagen für das Königshaus gebaut worden sind. Fünf der zwischen 1859 und 1862 entstandenen Wagen gehörten zu dem Zug, der heute als ›Hofzug Ludwigs II.‹ bekannt ist und von dem der *Salonwagen* des Königs und der 1865 gebaute *Terrassenwagen* noch existieren. Laut Schild an der Treppe des Salonwagens wurde dieser von Klett & Comp. Nürnberg am 15. Juli 1860 unter der Nr. 9241 fertiggestellt. Am 16. Juli 1865 schrieb König Ludwig II. an das K. Staatsministerium des Handels und der öffentlichen Arbeiten: *Bei Meinem Wagenzug auf den Staatseisenbahnen wünsche Ich einen offenen Wagen zu haben...* Bereits vier Wochen, nachdem der Auftrag an die Firma Klett & Comp. ergangen war, wurde der Wagen geliefert, und der König unternahm eine Probefahrt nach Starnberg. Die Kosten für den Wagen beliefen sich auf insgesamt 5880 Gulden. Im Juli 1868 wurde für 2275 Gulden auf dem Dach des Hauptsalonwagens eine Krone angebracht.

Wohl unter dem Eindruck seiner ersten Parisreise im Juli 1867 schrieb Ludwig II. im November 1868 an Minister von Schloer: *Wenn nicht wesentliche Hindernisse entgegenstehen, sollen die vier Abtheilungen in Meinem Salonwagen, welcher in jüngster Zeit bereits einige Verschönerungen an der Außenseite erhielt, im Renaissancestil, Genre Louis XIV., restauriert und Farbenskizzen hierüber vorgelegt werden...* Mit der Anfertigung der Entwürfe wurde Generaldirektionsrat Bürklein beauftragt. Der König lehnte jedoch dessen Entwürfe mit der Bemerkung, sie seien »nicht streng in dem Stile gehalten, den Ich ... bezeichnet habe« ab, und verlangte ihre Umarbeitung. Hoftheaterdirektor Franz Seitz, dem Bürkleins Skizzen zur Überarbeitung gegeben worden waren, lieferte Anfang Februar neue Skizzen ab, die die Zustimmung des Königs fanden. Gleich darauf wurde mit den Umbauarbeiten begonnen. Die Deckengemälde im Salonwagen fertigte der Piloty- und Anschütz-Schüler Rudolf Seitz, der Sohn von Franz Seitz. Die anderen Arbeiten wurden vom Tapezierer Max Steinmetz und dem Hofvergolder Radspieler ausgeführt. Die Gesamtkosten für den Umbau, der nach etwa einem Jahr beendet war, beliefen sich auf 18 227,45 Gulden.

Nach Ludwigs Tod wurde der gesamte Zug zwischen 1891 und 1893 modernisiert. Der Salonwagen bekam Drehfahrgestelle und eine Westinghouse-Druckluftbremse, und der ganze Zug wurde auf Gasbeleuchtung umgerüstet. Bis zum Ende der Monarchie 1918 wurde der Zug (bestehend aus Salonwagen, Terrassenwagen, zwei Wagen für Reisekommissar und Gefolge, einem Dienerschaftswagen mit Heizkessel, einem Packwagen und zwei Küchenwagen) betriebsbereit gehalten. *(Sabine Fritsche)*

Nicht erschienen ist diese 1868 geplante Briefmarke mit der Büste Ludwigs II.: Die Behörden fanden damals, Herrscherporträts auf Postwertzeichen seien unmodern. (Wiedergabe gegenüber dem Original leicht vergrößert.)

Oberammergau

Das Spiel. Ihrem Versprechen und dem alten Brauche treu, spielten die Oberammergauer im Sommer 1870 das Leiden und Sterben Christi. Nach acht Vorstellungen kam die Saison freilich bereits an ihr frühes Ende, denn viele Mitwirkende mußten die biblischen Gewänder, in denen sie eben noch aufgetreten waren, gegen kgl. bayer. Uniformen vertauschen – der Krieg gegen Frankreich hatte begonnen.

Ein Jahr später, nach dem Sieg und der Gründung des zweiten Deutschen Reiches, nahmen sie das Spiel wieder auf, und zu den Gästen, die Oberammergau begrüßen konnte, gehörte König Ludwig II., der am 25. September 1871, um neun Uhr vormittags, im einfachen Hofwagen und in Begleitung von nur vier Herren (darunter dem jungen Prinzen Ludwig von Hessen) aus dem nahen Linderhof angereist kam. Zu einer **Separatvorstellung,** die nach der letzten Aufführung eigens für ihn angesetzt wurde.

Um seine Dankbarkeit zu zeigen, lud der König vier Tage später die Hauptdarsteller zu einem Essen nach Linderhof (wo er sich allerdings durch seinen Adjutanten, den Freiherrn von Laroche, vertreten ließ). Die Besucher konnten damals nicht ahnen, daß aus dem bescheidenen Königshäuschen, das eben erst um einen kleinen Anbau erweitert worden war, bald schon das glanzvolle Schloß Linderhof werden sollte. Zur Erinnerung erhielten die Spieler an diesem 29. September 1871 silberne Löffelchen. Nur der Darsteller des Judas mußte mit einem Blechlöffel vorliebnehmen. Auf solche Weise sollte ihm gezeigt werden, wie sehr die Majestät seinen Verrat verachte. Diese Mißachtung hatte ihm der König auch gezeigt, als man ihm die Mitwirkenden der Passionsspiele vorstellte. Tief ergriffen, so heißt es, habe er sich vom Christusdarsteller Josef Mayr verabschiedet, freundliche Worte fand er für Johannes Zwinck, den Johannes von 1871, den Judasdarsteller aber, einen Herrn Lechner, sah er an, als ob er ihm auf dem Grund der Seele lesen wollte: Judas! wie war dir, als du den Herrn verrietest? So jedenfalls hat Lechner selbst diese Begegnung beschrieben. Neun Jahre nach dieser Separatvorstellung hatte König Ludwig den Wunsch, wieder eine Aufführung des Passionsspiels zu besuchen. Doch der Schauspieler Josef Kainz, den er mit dieser Bitte nach Oberammergau geschickt hatte, mußte der Majestät berichten, daß die Vorstellung außer der Spielzeit nicht möglich sei, da sich viele Darsteller auf den Almen aufhielten. *Ich habe in diesem Jahr Malheur mit meinen Wünschen,* meinte Ludwig, *denn der schöne Plan, mit Ihnen eine gemeinsame Spanienreise zu machen, ist auch zunichte geworden ...*

Statt nach Spanien, reist der bayerische König am 27. Juli 1881 zusammen mit Kainz an die Schauplätze der Tell-Sage am Vierwaldstätter See.

In einer Separatvorstellung erlebte Ludwig II. 1871 die Oberammergauer Passionsspiele. Als er 1880 nach Beendigung der Spielzeit denselben Wunsch vorbrachte, mußte er allerdings erfahren, daß die Schauspieler sich bereits wieder auf den Almen befänden.

Die eindrucksvollste Königsfeier des Oberlandes: In der Nacht vor dem Geburtstag Ludwigs (25. August) werden auf dem Kofel über Oberammergau Bergfeuer in Form eines L, einer Krone und eines Kreuzes entzündet und ein Feuerwerk abgebrannt.

Das Geschenk. Den Silber- und dem Blechlöffelchen folgte ein sehr viel größerer Dank hinterher, ein Geschenk von geschätzten 1400 Zentnern: eine aus Kelheimer Marmor geschaffene **Kreuzigungsgruppe,** die Ludwig II. am 15. Oktober 1875, dem 50. Geburtstag seiner Mutter, an dem von ihm selbst gewählten Osterbichl, einer Anhöhe überm linken Ammerufer in Oberammergau, aufstellen ließ. Auch bei dieser Festlichkeit wurde der König durch seinen Adjutanten von Laroche vertreten.

Der Münchner Professor Johann Halbig, Schöpfer von mancherlei Walhalla-Figuren und des Lindauer Hafen-Löwen, hatte hier seinen größten Auftrag (und 26000 Gulden, gleich knappe 45000 Mark) erhalten. Monumental war dieser Auftrag und monumental waren die Schwierigkeiten, das im Münchner Atelier geschaffene Standbild – zu seiner Zeit angeblich das größte aus Stein geschaffene Denkmal der Welt – nach Oberammergau zu bringen: Zwölf Meter hoch war die Gruppe, dreihundert Zentner wogen das Kreuz und die Christusfigur, vierzig Zentner jede der beiden Nebenfiguren.

Eine eigene mit Dampf betriebene Zugmaschine mußte entwickelt werden, die mit der schweren Last von München aus über Weilheim bergwärts fauchte; überall, wo sie hinkam, von der Bevölkerung bestaunt und bewundert. Langsam zwar, doch sicher schien alles seinen Weg zu gehen, bis der schwerste Teil des Denkmals, die Christusfigur mit dem Kreuz, an den Ettaler Berg kam. Da aber 140 Oberammergauer und Ettaler kräftig zugriffen, hat die Straßenlokomotive schließlich ihr Ziel erreicht. Am darauffolgenden Tag kam dann der Rest dieses monumentalen Monuments, dabei bildete die von 32 Pferden gezogene Figur des Johannes den Abschluß. Mit ihr war man auf halber Höhe des Berges angekommen, als den ermüdeten Pferden eine Rast gegönnt wurde. Zum allgemeinen und seinem ganz persönlichen Unglück vergaß der Steinmetzmeister Hauser, daß er hinter das linke Vorderrad des Wagens einen Hemmblock gelegt hatte. Als nun das Gefährt losfuhr und das linke Hinterrad über diesen schweren Prügel rollte, kam die Fuhre aus dem Gleichgewicht, die Johannesfigur rutschte nach rückwärts und zerquetschte Hauser die Brust. Der neben ihm gehende Tiroler Arbeiter Koferlenz wurde ebenfalls getötet.

Das Denkmal trägt die Inschrift: *Errichtet im Jahre 1875 – den kunstsinnigen und den Sitten der Väter treuen Oberammergauern – von König Ludwig II. zur Erinnerung an die Passionsspiele.* Wiederholt soll der König am Geburtstag seiner Mutter hierhergekommen sein und sein Gebet verrichtet haben.

Das größte aus Stein gemeißelte Denkmal der Welt soll zu seiner Zeit die 12 m hohe Kreuzigungsgruppe gewesen sein, die Ludwig II. als ergriffener Passionsspiel-Besucher den Oberammergauern stiftete und 1875 auf dem Osterbichl aufstellen ließ. Ebenso spektakulär war auch der schwierige Transport des Monuments, der zwei Steinmetzen sogar das Leben kostete.

Plansee und Elbigenalp

Das letzte Schloß. In München saßen sie heimlich beisammen und berieten die Ablösung des Königs. Der aber saß ahnungslos im Gebirge und plante ein neues Schloß. Herrenchiemsee und Neuschwanstein waren noch nicht fertiggebaut, die Pläne der Burg Falkenstein lagen noch im königlichen Baubüro, als Ludwig II. seinem Architekten Julius Hofmann einen neuen Auftrag gab; und der lieferte ihn im Januar 1886 – den Grund- und Aufriß für einen **Chinesischen Sommerpalast,** der wahrscheinlich am tirolerischen Plansee gebaut werden sollte, nahe der Straße, die von Reutte nach Fernstein führte.

Dort hatte schon Vater Max II. den sogenannten Kaiserbrunnen errichten lassen, eine Gedenkstätte für den wittelsbachischen Kaiser Ludwig den Baiern, der im frühen 14. Jahrhundert bei der Rückkehr von seiner nicht sehr ruhmreichen Krönung in dieser Gegend aus dem Gebirge kam (und aus Dankbarkeit für die Heimkehr, doch sicher auch aus strategischen Gründen, das nahe Kloster Ettal gründete). Die Inschrift auf dem schmalen Brunnenstein aus dem Jahre 1851, der den kaiserlich-österreichischen Doppeladler zusammen mit dem bayerischen Rautenwappen zeigt, behauptet, daß der wittelsbachische Kaiser an dieser Stelle gerne gerastet habe. Heute würde ihm das schwerfallen: der Brunnen, der kein Wasser mehr führt, steht neben einer vielbefahrenen Straße (die übrigens auch König Max hatte ausbauen lassen, von den Gemeinden durch ein kleines Monument dafür bedankt).

Noch exotischer als die orientalischen Bauten in Linderhof hätte sich das Chinesische Schloß (oben Ansicht, unten Plan) inmitten der Tiroler Berge ausgemacht, das Ludwig II. noch kurz vor seinem Tode am Plansee projektieren ließ.

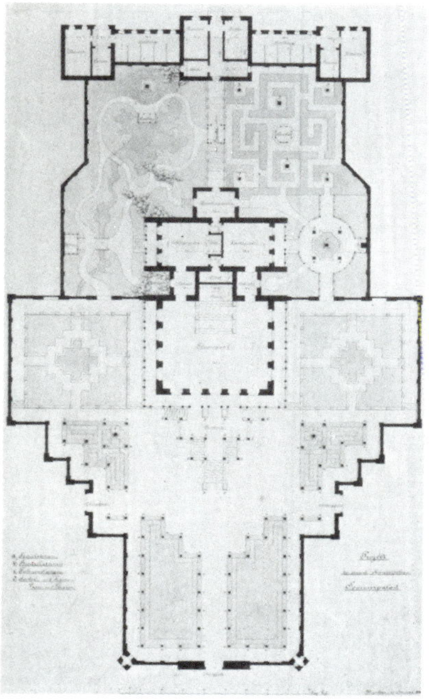

Hier also, in dieser traditionsreichen Landschaft sollte (angeblich) das Chinesische Schloß entstehen.

In einem achtseitigen Manuskript hat Hofmann beschrieben, wie die dem Pekinger Winterpalast nachempfundene Anlage aussehen könnte.

Die Gebäude sollten flach sein und von einer Mauer umgeben werden. Der Palast sollte aus Vorhof, Hauptgebäude mit Thronsaal und königlichem Appartement bestehen. Hinzukommen würden noch ein chinesischer Garten, durch den ein kleiner Fluß fließt, und die notwendigen Wirtschaftsgebäude wie Stallungen, Dienerzimmer usw.

Dem ersten folgte im April 1886, zwei Monate vor dem Tod des Königs, ein sehr detaillierter zweiter Entwurf. Auf sechs Seiten beschrieb der k. Hofbaurat Julius Hofmann den Thronsaal: *Von der Terrasse tritt man unmittelbar in den Thronsaal. Dieser Saal ist viereckig und hat eine Länge von 50 Fuß und eine Breite von 41 Fuß. An den 3 Seiten sind 12 Fenster und die Eingangsthüre, welche bloß von schmalen Pfeilern getrennt sind. An der Rückwand, dem Eingang gegenüber, befindet sich eine Freitreppe mit 9 Stufen, wovon je drei einen Ruheplatz bilden...*

Während in München also die Entmündigung der Majestät bereits beschlossen wurde und das Ende von Ludwigs Königszeit sich abzeichnete, schrieb der Hofbaurat in seinem Januar-Entwurf noch diesen Satz: *An der Nordseite der Einfassungsmauer erhebt sich mit doppelter Bedachung die Eingangspforte (Ehrenpforte) bloß für den Allerhöchsten Herrscher bestimmt...*

Der König, dem hier noch kurz vor seinem tiefen Sturz auf die unterwürfigste, auf die chinesische Weise gehuldigt wurde, hat seine Bauprojekte oft über mehrere Jahre hinweg diskutiert und revidiert. Dazu ist es beim chinesischen Schloß nicht mehr gekommen. So ist nicht einmal bekannt, ob Ludwig II. diese Pavillonanlage zuletzt auch tatsächlich am Plansee errichtet hätte; in dem frühen Stadium war auch der Ammerwald, also die Gegend nördlich des Plansees in Richtung Linderhof, genannt worden.

Wie bei anderen Schloßplanungen, so hat sich der Wittelsbacher auch hier von literarischen Vorlagen anregen lassen. Vornehmlich wohl in englischen Büchern hatte er vom Winterpalast in Peking gelesen, der um 1860 durch Soldaten von James Bruce, dem achten Grafen von Elgin (und Sohn des Käufers der berühmten Elgin Marbles vom Parthenon) zerstört worden ist.

Daß Ludwig das chinesische Hofzeremoniell eingeführt und die darin vorgeschriebene demütigende Unterwerfung der Bediensteten verlangt habe, stand in den zweifelhaften Vernehmungsprotokollen, die den Wahnsinn des Königs beweisen und seine Absetzung rechtfertigen sollten. Luise von Kobell freilich weiß es anders. In ihrem Buch ›König Ludwig II. von Bayern und die Kunst‹ schreibt sie im Jahre 1900: *Das chinesische Zeremonienbuch, das Ludwig II. eingehend studierte, erfüllte seine Dienerschaft mit Schrecken. Sie befürchtete [!] eine allenfallsige Einführung der Ehrfurchtsbezeugungen im chinesischen Stile.* Dazu ist es nicht mehr gekommen. Der König starb, und die beiden Entwürfe für den Pavillon wurden unter den Inventarnummern 541 und 542 abgelegt.

Die Gegend um Reutte und den Plansee war Ludwig von Jugend auf vertraut, besaß doch die Mutter in Elbigenalp ein Schweizerhäuschen, wohin man zur Villeggiatur zog (im Bilde: 1864/65),...

...und der Vater hatte am Plansee zur Erinnerung an den großen Vorfahren Kaiser Ludwig den Bayern 1851 den Kaiserbrunnen (im Bild rechts) errichten lassen.

Possenhofen

Das schmackhafte Obst. Die herzogliche Verwandtschaft wohnte jenseits des Sees, schräg gegenüber von Schloß Berg.

Die wittelsbachischen Pfalzgrafen waren bereits im 12. Jahrhundert Herren in Possenhofen gewesen, doch der Besitz ging verloren und gehörte einige Zeit den Herren von Rosenbusch, von denen es heißt, sie hätten 1536 einen Steinbau errichtet. Mehrfach haben die Eigentümer gewechselt und zeitweise – von 1668 an – besaßen wieder Wittelsbacher das Schloß; und von Ferdinand Maria weiß man, daß er hier einen Tierpark anlegte.

Im Jahre 1834 dann, als Possenhofen wieder einmal zum Verkauf stand, kaufte Herzog Max in Bayern – der im Oberland so beliebte ›Zithermax‹ – den Besitz für seine zuletzt recht zahlreiche Familie (bestehend aus Eltern und zehn Kindern). Er ließ die vier Türme und das Dachsims im neugotischen Stil der Zeit mit Zinnen schmücken und 1838 nebendran ein neues Schloß bauen.

Im Jahre 1784 war Lorenz Westenrieder bei seiner Wanderung am Würmsee auch in Possenhofen vorbeigekommen. Vor allem die Mauer, die das Schloß umgab, hat ihn beeindruckt: »Sie ist«, schrieb er, »so ansehnlich und prächtig an dem Ufer des Sees, daß, so groß einst die Narrheit gewesen seyn mag, sie erbaut zu haben, es doch Schade seyn wird, wenn es einst die Nothwendigkeit fordern soll, sie zu zerstöhren.«

Zwischen der Mauer und dem Gebäude fand der gelehrte Wanderer »ein recht artiges Gärtchen voll Veilchen und Rosen, und Fruchtbäume in der Runde angelegt. Man rühmt allenthalben das saftige und schmackhafte Obst zu Possenhofen.«

Noch viel höher gerühmt wurde etliche Jahrzehnte später die Schönheit der herzoglichen Töchter, von Helene, Sisi, Maria, Mathilde und Sophie. Ihre Mutter Ludovika, eine Schwester König Ludwigs I., hat groß für sie geplant. Helene heiratete einen Thurn und Taxis, Sisi – wie sie sich selber schrieb! – wurde Kaiserin von Österreich, Maria konnte sich Königin beider Sizilien nennen (bald freilich mit dem Zusatz a. D.), Mathilde war nach ihrer Heirat eine Gräfin Trani, und Sophie, zeitweise verlobt mit König Ludwig II. von Bayern, führte nach ihrer Vermählung den Titel einer Gräfin von Alençon.

Possenhofen: Sommerheimat von Sophie…

Die nimmerendenden Handküsse. Vor allem in seinen frühen Regierungsjahren ist König Ludwig von Berg aus häufig übers Wasser nach Possenhofen gefahren, ins Schloß seines Vetters Max. Die Besuche galten vornehmlich den Kindern des Herzogs, dem mit einer sächsischen Königstochter verheirateten Herzog Karl Theodor, genannt ›Gackel‹, sowie seinen Cousinen – eigentlich waren sie ja Cousinen zweiten Grades – Elisabeth und Sophie.

Wenn sich die österreichische Kaiserin in ihrem Elternhaus aufhielt, zog die bayerische Majestät gerne eine österreichische Uniform an. Er kam und ist dann meist viel zu lange geblieben (da er ja die Nacht zum Tage machte). Das waren strapaziöse und sicher auch langweilige Stunden, denn der Monarch zog es vor, der verehrten Base stumm gegenüberzusitzen. Die Situation war um so peinlicher, als Ludwig die Kaiserin gegen alle Regeln des Protokolls alleine sehen wollte, ohne Hofdamen, Geschwister oder Eltern.

Wie das war, wenn sie mit dem um acht Jahre jüngeren König in Possenhofen beisammensaß, hat Elisabeth im März 1865 ihrem Sohn, dem Kronprinzen Rudolf geschrieben: *Gestern hat mir der König eine lange Visite gemacht, und wäre nicht endlich die Großmama dazu gekommen, so wäre er noch da. Er ist ganz versöhnt, ich war sehr artig, er hat mir die Hand so viel geküßt, daß Tante Sofie, die durch die Tür schaute, mich nachher fragte, ob ich sie noch habe! Er war wieder in österreichischer Uniform und ganz mit Chypre parfumirt.*

Diesen Begegnungen waren aber ohnedies natürliche Grenzen gesetzt, da die Kaiserin zwar fast alljährlich, aber dann nur kurz zu Besuchen in die Heimat kam, wobei ihr das Zeremoniell verbot, im Elternhaus zu wohnen. So zog sie mit ihrem Hofstaat von etwa fünfzig Personen zu Feldafing in ein Hotel, das später ›Kaiserin Elisabeth‹ benannt worden ist. Sehr viel häufiger als die Kaiserin konnte König Ludwig daher die Herzogin Sophie besuchen. In ihrer Schwärmerei für Ri-

... und Sisi, späteren Kaiserin von Österreich.

chard Wagner haben sie sich gefunden, und diese gemeinsame Begeisterung führte im Fasching von 1867 zu einer überstürzten Verlobung. Die Brautleute – er noch nicht 22, sie 20 – haben offensichtlich vor allem über Wagner gesprochen. Einmal freilich, zu später Stunde, soll der König in das Elternhaus seiner künftigen Frau gekommen sein, begleitet von einem Diener mit schwarzem Köfferchen. Ohne etwas zu sagen, öffnete Ludwig sein Reisegepäck, entnahm ihm die bayerische Königskrone, setzte sie, immer noch schweigend, der schönen Sophie aufs Haupt, nahm sie, nach wie vor stumm, wieder ab, packte sie und verließ Possenhofen.

Dem Eheversprechen und der Probekrönung folgte im Herbst die Entlobung.

Die Kaiserin zu Wien war tief gekränkt. An die Mutter schrieb sie: *Wie sehr ich über den König empört bin und der Kaiser auch, kannst Du Dir vorstellen. Es gibt keinen Ausdruck für ein solches Benehmen. Ich begreife nur nicht, wie er sich wieder sehen lassen kann in München, nach allem, was vorgefallen ist.* Und noch in den frühen 1870er Jahren steht in einem Brief der Sisi an ihren kaiserlichen Gemahl, sie werde auf der Rückfahrt von einem englischen Reiturlaub nach Possenhofen fahren und hoffe, daß der König von Bayern sie in Ruhe lasse.

Das Feuerwerk. Für die inzwischen 21jährige Sophie, die während ihrer Verlobungszeit mit dem Photographen Edgar Hanfstaengl Briefe einer verzweifelten, da aussichtslosen Liebe wechselte, hatte man sehr schnell einen hochgestellten Bräutigam gefunden. Da dessen Vater, der Herzog von Nemours, plötzlich erkrankte, mußte der Hochzeitstermin ein paarmal verschoben werden, doch am 28. September 1868, vormittags um elf Uhr, konnte Abt Daniel Haneberg in der Schloßkapelle zu Possenhofen die Herzogin Sophie in Bayern und den Prinzen Ferdinand von Orléans, Herzog von Alençon, trauen. Gäste waren die herzogliche Familie, Graf und Gräfin Trani, Erbprinzessin Helene von Thurn und Taxis, Prinz und Prinzessin Adalbert von Bayern, Prinz Carl von Bayern, der Vater des Bräutigams mit seinen beiden Töchtern, der Graf von Paris, der Prinz von Joinville mit Frau und Sohn, der Herzog von Coburg mit Frau und Tochter, Fürst Hohenlohe und Finanzminister Adolph von Pfretzschner. Die Hausverträge verlangten, daß der König bei der Trauung durch zwei Zeugen vertreten sei. Die delikate Aufgabe wurde dem Prinzen Adalbert und dem Herrn von Pfretzschner übertragen. Auf daß dieses Fest noch feierlicher werde, hatte der König einige Wochen vor der Trauung dem Bräutigam und dessen Vater den Hubertus-Ritter-Orden verliehen.

Die Königin Maria hatte ihren Besuch im Elternhaus fünf Tage vor der Vermählung ihrer Schwester beendet und war über Lindau und Lyon nach Rom gereist; die Schwester Sisi wird unter den Hochzeitsgästen nicht genannt. – Einen Tag vor der Hochzeit gab es im herzoglichen Schloß noch zusätzliche Aufregung, da die Zarin von Rußland einen Höflichkeitsbesuch abstattete. Da ihre Visite bei König Ludwig zeitlich ungefähr mit der Vermählung der Herzogstochter mit dem Grafen von Alençon zusammenfiel, illuminierte das im Auftrag des Gastgebers im Schloßpark zu Berg abgebrannte Feuerwerk auch den Polterabend der vormaligen Braut drüben überm See.

Schicksal eines Schlosses. Letzter Erbe von Possenhofen war Herzog Luitpold in Bayern, ein Enkel von Herzog Max in Bayern, des ›Zithermaxl‹. Er mußte im Dritten Reich den Besitz am Starnberger See den Nationalsozialisten überlassen, die hier ein Schulungszentrum einrichten wollten. Nachfolger dieser unseligen Hinterlassenschaft war der Bayerische Staat, der das lange als Soldatenerholungsheim und Flüchtlingsunterkunft dienende und dabei entsprechend heruntergewirtschaftete Schloß 1950/51 an ein Fabrikunternehmen veräußerte. Während ein Großteil des Parks dann von der Stadt München erworben und zu einem weitläufigen Freizeitgelände und Badeplatz umgestaltet worden ist, diente das Schloß zunächst der Rex-Motoren-Fertigung, dann einer Fruchtverarbeitung und stand schließlich lange Jahre leer. Nachdem der Staat das vertraglich eingeräumte Rückkaufsrecht nicht wahrnahm, ging der Komplex Anfang der achtziger Jahre an eine Bauherrengemeinschaft über, die das Alte und Neue Schloß 1983/84 renovieren und in Eigentumswohnungen aufteilen ließ.

Schachen

Das eigene Haus. Obwohl er die Jagd nicht liebte und ihr auch nicht nachging, hat Ludwig II. die im Gebirge gelegenen Pirschhäuser seines Vaters übernommen und die meisten von ihn auch regelmäßig aufgesucht. Sie waren ihm, wie Theodor Hierneis schrieb, »die Ruhepunkte seiner Flucht in die Natur, in die Berge, in die stille Einsamkeit«.

Auch hier zeigte es sich – die Psychologen mögen sich ihren Reim darauf machen –, daß der König nur Plätze aufsuchte, die schon sein Vater für sich erwählt hatte. Nur dreimal ist er von diesem Brauch abgewichen – auf Herrenchiemsee, bei der Planung von Falkenstein und beim Bau des Jagdhauses auf dem 1866 Meter hohen Schachen, fünf Fußstunden südlich von Garmisch.

Der Wunsch, eine Unterkunft im Wettersteingebirge zu bauen, wurde im Frühjahr 1869 gefaßt. Am 5. Oktober jenes Jahres konnte der Hofsekretär Lorenz von Düfflipp berichten, daß der geeignete Platz gefunden sei, und fünf Wochen später, am 20. November, kam die Zustimmung des Königs. Der Hofbauingenieur Josef Röhrer konnte mit den Planung für das **Königshaus** auf dem Schachen beginnen.

Springbrunnen im Hochgebirge. Es sollte ein schlichtes Haus werden: ein Bruchsteinsockel und darüber ein bretterverschalter Ständerbau mit quadratischem Grundriß. Auch die Anordnung der fünf Zimmer war ohne architektonische Raffinesse erfolgt, denn das Haus bestand nur aus einem großen Mittelraum, dazu zwei Zimmer links, zwei Zimmer rechts. Während die Fensterfront des Hauptzimmers etwas vorgezogen war, wurde der Eingang auf der Rückseite (gleichsam zum Ausgleich) eingezogen: im Prinzip also das Grundrißschema der Amalienburg!

Nachdem die Raumeinteilung festgelegt war – *Wohnzimmer, Schlafzimmer, Speisezimmer, Gastzimmer und Lakaienzimmer* (heute aber: Speisezimmer, Arbeitszimmer, Schlafzimmer und Kapelle) –, beschloß der königliche Bauherr, daß der Bau noch um eine Etage aufgestockt werde. Verlangt wurde ein einziges, über dem Mittelraum gelegenes Zimmer – das legendäre *Türkische Zimmer* mit einem großen Springbrunnen in der Mitte; in dieser geographischen Lage zweifellos eine höchst eigenwillige, technisch komplizierte Installation.

Die arabische Architektur und alles Orientalische – das hatte König Ludwig auf der Pariser Weltausstellung von 1867 an vielen Beispielen gesehen – faszinierte Europa. (Auch wenn die Nachahmungen dann bescheiden ausfielen und sich zumeist darauf beschränkten, kleine Kioske zu kopieren.)

Die Welt von Tausendundeiner Nacht (links: der Türkische Saal) entfaltete sich hinter dem unscheinbaren alpinen Holzhaus (oben) auf dem Schachen, das der König 1869–72 errichten ließ und in späteren Jahren regelmäßig zu seinem Geburtstag aufsuchte.

Für seinen türkischen Raum auf dem Schachen hatte sich der Wittelsbacher die Anregungen aus Büchern geholt, und als Georg Schneider die schwelgerische, buntfarbige Innenausstattung entwarf, mußten ihm die Paläste von Beylerbey und Yelditz sowie der Kiosk Gueuk als Vorbilder dienen.

Der eine Raum reichte aus, der Majestät, die sich ja auch im Münchner Wintergarten und in Linderhof mit Orientalischem umgab, inmitten der bayerischen Bergwelt exotischen Zauber vorzugaukeln. Luise von Kobell beschrieb, wie es zuging, wenn der König in diesem Zimmer mit seinem orientalischen Mobiliar, den vielen Sofas, den Kissen und den buntkolorierten Glasfenstern sich in die Welt von Tausendundeiner Nacht hineinträumte:

Hier, zwischen den zwei Fenstern, saß in türkischer Tracht Ludwig II. lesend, während der Troß seiner Dienerschaft, als Moslem gekleidet, auf Teppichen und Kissen herumlagerte, Tabak rauchend und Mokka schlürfend, wie es der königliche Herr befohlen hatte, der dann häufig überlegen lächelnd die Blicke über den Rand des Buches hinweg auf die stilvolle Gruppe schweifen ließ. Dabei dufteten Räucherpfannen, und wurden große Pfauenfächer durch die Luft geschwenkt, um die Illusion täuschender zu machen; eigentlich wurde nur der Tabaksqualm hin und her geweht...

Die einsamen Geburtstage. Im August 1872 war das Königshaus am Schachen endgültig fertig, und ab Mitte der siebziger Jahre war es dann üblich, daß der König für acht Tage hierher kam, um alleine, nur von seinen Dienern begleitet, seinen Geburts- und Namenstag zu feiern. *Zur Feier,* erinnert sich der vormalige Kücheneleve Theodor Hierneis, *ist das ganze Haus ringsum mit kleinen farbigen Gläsern eingefaßt, die auf ihrem Boden Wachslichter enthalten und bei Herannahen des Königs angezündet werden. Da vom Sichtbarwerden des Spitzenreiters mit seiner helleuchtenden Laterne noch viele Serpentinen bis zum Schloß zu überwinden sind, reicht die Zeit gerade noch hiezu. Auch ein großes Feuerwerk muß den König bei seiner Anfahrt begrüßen. Einmal ist es schon früh 5 Uhr geworden, so daß die Raketen statt durch die Nacht zu zischen, lustig in den sonnenhellen Tag fliegen.*

Die dunklen Pläne eines Preußenprinzen. Die Aufenthalte auf dem Schachen verliefen dann wohl weniger spektakulär, und die türkischen Kostümstunden, diese orientalischen Maskeraden, waren sicher nur gelegentliche Zwischenspiele. Der Schriftsteller und Rechtsprofessor Felix Dahn konnte aus eigener Erfahrung berichten, wie intensiv sich

Königlicher Gesprächspartner auf dem Schachen: Der Schriftsteller und Rechtsgelehrte Felix Dahn (bekannt als Autor des seinerzeit vielgelesenen Buches ›Ein Kampf um Rom‹). Die Aussprache des preußisch gesinnten Gastes mit dem König im August 1873 – zwei Jahre nach der Reichsgründung – verlief erstaunlich freimütig.

Ludwig II. auch hier, 1866 Meter über Normalnull, mit politischen Fragen beschäftigte. Im August 1873 (drei Jahre bevor er seinen ›Kampf um Rom‹ schrieb) wurde der Gelehrte im Berghaus empfangen. Sieben Jahre zuvor, bei der Frankenreise König Ludwigs im Jahre 1866, hatte Dahn zur Ankunft in Würzburg einen Festgruß gereimt, der Walther von der Vogelweide beschwor: *Zu Würzburg hart am Dome, da schläft ein Sänger gut,/In dessen Harfe rauschte viel edler Mannesmuth...*

Und nun trat der Sänger Dahn dem besungenen Ludwig gegenüber. Sechs Stunden lang haben sie debattiert, und der preußenfreundliche Professor (Geburtsort Breslau) hatte mit großem Eifer versucht, den bayerischen König zu einer freundlicheren Haltung gegenüber Preußen zu überreden. Doch Ludwig war von zuverlässiger Seite überbracht worden, der Kronprinz von Preußen habe nach der Rückkehr vom Siebziger Krieg am Bahnhof Augsburg zu seinen Offizieren gesagt: *Sehen Sie, meine Herren, ein schönes Land. In ein paar Jahren werde ich das alles annektiert haben.* Dahn wollte es nicht glauben, er hielt die Wilhelms und die Friedrichs solcher Gedanken nicht für fähig (obwohl sie, wie man inzwischen weiß, sehr wohl in Hohenzollernköpfen spukten).

Das Gespräch endete spät am Abend ohne Ergebnis. Der bayerische König, sonst ein entschiedener Gegner von Kriegen, hielt es für möglich, gegen die Vettern im Norden zu marschieren: *Mit allem Grund! Zur Abwehr! Zur Erhaltung Bayerns, meiner Dynastie.*

Felix Dahn schreibt, daß er geglaubt habe, sich durch sein freies Wort den Ärger des Monarchen zugezogen zu haben. Doch Ludwig beendete die Unterhaltung: *Es ist spät geworden. Sie können nicht mehr hinunter. Sie sind mein Gast für die Nacht. So wie Sie hat noch kein Mann zu mir gesprochen. Ich danke Ihnen. Ich werde Ihnen das nie vergessen. Leben Sie glücklich.* Zwei Jahre später lud er den Professor ein, die Herreninsel zu besuchen.

Der Augenaufschlag. Wie bei so vielen, die ihre Erinnerungen an den so früh und so rätselhaft aus dem Leben geschiedenen Monarchen niedergeschrieben haben, ist auch bei Felix Dahn eine kritisch prüfende Lektüre geboten. Denn daß auch er vor Flüchtigkeiten und Irrtümern nicht sicher ist, zeigt ein Beispiel aus seinen ›Erinnerungen‹, in denen er schreibt: *In das Jahr 1864 und 65 fällt der Besuch des gerade 18 oder 19jährigen Königs Ludwig II. auf seiner Rundfahrt durch die bayerischen Kreise in Würzburg; wir Professoren wurden ihm in der Universität vorgestellt: einen schöneren jungen Fürsten konnte man nicht ersinnen: ein Märchenprinz, ein Lohengrin. Nie werde ich den Blick, den schwärmerischen Aufschlag dieses blauen Jünglingsauges vergessen!*

Doch dieser Jünglingsaugenaufschlag hat sich offensichtlich so tief eingeprägt, daß der Professor darüber die Zeit und die Umstände vergaß: Der König, in seinem 23. Jahr, besuchte Würzburg im November 1866, und er bereiste mitnichten die bayerischen Kreise – er beschränkte sich auf den vom Krieg betroffenen fränkischen Kreis.

Ist also Verlaß auf das, was Felix Dahn vom Besuch auf dem Schachen notiert hat? Zweifellos hat der König mit Argwohn und mit Trauer beobachtet, was die hohenzollersche Verwandtschaft vorhatte. Mit seinen Vorstellungen vom Deutschen Reich hatte er sich nicht durchsetzen können, sein Land hat viel von seiner Souveränität verloren. So könnte Ludwig II. also tatsächlich das Streitgespräch mit dem Professor Dahn so geführt haben, wie es uns überliefert ist.

Daß hoch droben auf dem Berg nicht immer Türkenstimmung herrschte, dies ist sicher und das hat auch Friedrich Lampert erfahren. Bei einem Besuch auf dem Schachen sah er im Teppich eines Zimmers nämlich »die hundertfachen Tintenspuren der königlichen Feder«.

Heute heißt es in der Wegbeschreibung, das Schloß sei nur zu Fuß von Elmau oder von Garmisch-Partenkirchen aus durch die Partnachklamm zu erreichen: »Bergausrüstung erforderlich«. König Ludwig, so weiß man, reiste bequemer. Er fuhr in einem niederen, von einem Pony gezogenen zweirädrigen Bergwagen. Das Lieblingspferd Ralph stapfte hinterher und erhielt von seinem Herrn immer wieder ein Zuckerstückchen.

Im Jahre 1900 wurde auf Veranlassung des Botanikprofessors Karl von Goebel in der Nähe des Königshauses ein *Alpengarten* angelegt. Dieses etwa einen Hektar große Alpinum gehört zu den Naturwissenschaftlichen Sammlungen des Landes Bayern und ist dem Botanischen Garten München anvertraut.

Auch im weltentrückten Königshaus auf dem Schachen im Wettersteingebirge umgab sich Ludwig II. mit vertrauten Ansichten seiner Schlösser: Der ›Himalaya‹ aus dem Wintergarten, Linderhof und Hohenschwangau als Supraporten-Motive im Vorraum zum Speisezimmer.

Das letzte Glas. Am 12. Juni 1886, nachts um vier, war der Konvoi in Neuschwanstein abgefahren, und als etwa sechs Stunden später beim **Gasthof zur Post** in Seeshaupt zum dritten und letzten Mal die Pferde gewechselt wurden, bat der in seiner Kutsche eingesperrte König um ein Glas Wasser.

Etliche Stunden zuvor, beim ersten Pferdewechsel in Steingaden, hatte er diesen Wunsch schon einmal ausgesprochen, doch es war dort dem Wirt verboten worden, sich dem Wagen zu nähern. Er, der den König von vielen Besuchen kannte, mußte das Glas einem Begleiter des Monarchen übergeben, der es in den Wagen weiterreichte. In Seeshaupt war man nicht mehr so streng, hier

Nicht mehr erhalten, aber im Bild (unten) überliefert ist das Glas, in dem die Wirtin zur Post in Seeshaupt (folgende Seite: Situation um 1880) dem König den berühmten letzten Trunk Wasser auf der Fahrt am 12. Juni 1886 von Neuschwanstein nach Berg kredenzt hat.

durfte die Posthalterin Anna Vogl das Glas dem König in die Hand geben. Der trank und sprach: »Danke! – Danke! – Danke!«

Dieser dreifach wiederholte Dank wurde später als ein Code gedeutet, als das geheime Zeichen einer Verschwörung. *Man wußte,* heißt es in einer alten Ludwig-Biographie, *daß die fünf Kähne, die sich zur Zeit des Unglücks in der Nähe des Schlosses Berg auf dem See befanden, in irgendeinem Zusammenhang mit dieser Unterredung gebracht werden sollten.*

Nach anderen Berichten soll die Wirtin unmittelbar nach der Abfahrt der Königskutsche und ihrer beiden Begleitfahrzeuge die Nachricht von dieser Begegnung nach Feldafing weitergegeben haben, zu Kaiserin Elisabeth. Das dreimalige ›Danke!‹ war das Kennwort, auf das gewartet wurde. Major Graf von Dürckheim-Montmartin, der Flügeladjutant des abgesetzten Königs, hatte nämlich beim Freiherrn Eugen Beck von Peccoz in Eurasburg vier Wagen bestellt, die in Leoni, Ammerland, Ambach und Seeshaupt postiert wurden. Nach seiner Flucht aus Schloß Berg würde der König, so war verabredet, mit einem Boot zu einer der Kutschen gerudert und mit ihr dann nach Tirol gebracht. Das dreimalige ›Danke!‹ soll das Zeichen gewesen sein, daß Ludwig II. den Plan billigte.

Gerüchte, Spekulationen, Mutmaßungen. Sicher ist: Am frühen Abend des darauffolgenden Pfingstsonntags fand der König unter nicht geklärten Umständen den Tod.

Die Wirtin von Seeshaupt aber hat ›das letzte Glas‹ zeitlebens in hohen Ehren gehalten. Das Volk aber dichtete sich sein Lied, das sogenannte ›Letzte-Glas-Lied‹, in dem es, ungelenk gereimt, unter anderem heißt:

Es kommt so mancher Gast zu mir
Zur Post oft nach Seeshaupt,
Und macht sich ein Vergnügen hier
Wie's Brauch ist überhaupt.
Doch einmal fuhr ein Wagen vor,
Vergeß' mein Leben nicht,
Ein traurig Antlitz schaut hervor
Voll Wehmut zu mir spricht:
Bringt ein Glas Wasser mir heraus,
Das letzte wohl, mein König tranks
hier aus…

In der dritten und letzten Strophe heißt es zwar:

Drum schätz ich dieses Glas so hoch,
Als Kleinod für mein Haus,
Ein Schatz bleibt es dem Enkel noch,
Mein König trank es aus…

Doch mittlerweile ist dieses Kleinod abhandengekommen. Irgendwann beim Ende des letzten Krieges wurde es entwendet.

Ein **Gedenkstein** im Garten der ›Post‹ ist zwar noch vorhanden, doch die Büste, die ihn einst schmückte, ist ebenfalls verschwunden.

Die Erinnerung an die alte Posthalterei ist dennoch nicht verloren: Bei seinen Ausritten war der König oft durch Seeshaupt gekommen, und auf der Fahrt zu seinen Schlössern Linderhof, Neuschwanstein und Hohenschwangau wurden hier die Pferde gewechselt. Der Monarch hat die Wirtsleute gekannt, und er hat sie wohl auch geschätzt. Auf solche Weise kam der Gasthof zur Post zu einer Ehre, die sonst fast nur königlichen Schlössern oder Jagdhütten gewährt wurde. Ludwig II. ließ nämlich Gunloed, eines seiner Lieblingspferde, vor dem Wirtshaus zu Seeshaupt malen (das Bild befindet sich heute im Marstallmuseum zu München).

Starnberger See

Verwandtschaft bei aufgehender und untergehender Sonne. Die herzoglichen Wittelsbacher wohnten im Morgenlicht, das im Sommer über die waldigen Anhöhen bei Aufkirchen und Seeleiten heraufstieg und über den See zu ihnen kam. Den königlichen Verwandten aber schien das Nachmittagslicht in ihr Schloß Berg.

Herzog Max in Bayern war ein etwas weitsichtiger Verwandter der Wittelsbacher am Ostufer des Starnberger Sees – der erste König Max und er hatten einen gemeinsamen Vorfahren im 16./17. Jahrhundert. Durch Heirat mit einer Schwester Ludwigs I. hatte er sich der regierenden Familie ein gutes Stück genähert. Um für seine große Familie ein standesgemäßes Quartier zu schaffen – schließlich heirateten einige Töchter ja auch noch königlich und kaiserlich – ließ er Klenze 1822 in der Ludwigstraße ein Stadtpalais bauen, und 1834 kaufte er, neben etlichen anderen Immobilien, die Schlösser Garatshausen bei Tutzing und Possenhofen bei Feldafing.

Die Nachbarschaft – zwei Kilometer Luftlinie über den See – hat den Kontakt zwischen den Häusern zwar erleichtert, doch König Ludwig II., der die Sommer seiner frühen Regierungsjahre in Schloß **Berg** (S. 50ff.) zu verbringen pflegte, war das, was der fidele Herzog Max »gesprietzt« nennen mochte, und er war auch nicht sonderlich gesellig. Selbst in den kurzen Monaten seiner Verlobung ist er nur alle zwei Wochen mit seinem Schiff ›Tristan‹, diesem kleinen Dampfer mit dem überdimensional hohen Kamin, über den See westwärts gedampft, nach **Possenhofen** (S. 186f.).

Seit Kurfürst Ferdinand Maria (1651–79) nahm der Starnberger See einen besonderen Platz im Hofleben der Wittelsbacher ein. Für Ludwig II. wurde er zum Schicksal.

Die Königssalons in den bayerischen Bahnhöfen gingen zumeist noch auf die Zeit König Max II. zurück. In Possenhofen, wo sich das Schloß der Herzöge in Bayern befand, ließ ihn Ludwig II. einrichten.

Häufiger gekommen ist er vielleicht in den Wochen, die Kaiserin Sisi, seine Cousine zweiten Grades, bei ihren Eltern verbrachte. Doch mit ihr hat er sich dann lieber auf der Roseninsel getroffen.

Die Insel der 15000 Rosen. König Max II. hatte im Oktober 1880 den Kugelmüllers dreitausend Gulden bezahlt und dafür die 5,7 Tagwerk große Insel erhalten, die unmittelbar vor Feldafing im Starnberger See lag. Sie war seit den Stein- und Römerzeiten bewohnt und nun, nach vielfachem Besitzerwechsel, als königliches Eigentum ins Grundbuch eingetragen worden.

Der neue Besitzer hatte größere Pläne. Drei Jahre später kaufte er nämlich an dem nur 164 Meter entfernten Hangufer von Feldafing weitere 370 Tagwerk hinzu und engagierte den berühmten Berliner Landschaftsarchitekten Peter Josef Lenée, der die beiden Grundstücke zu einem großen Park umwandeln sollte. Und mitten darin, auf dem Festland, wünschte sich König Max ein Schloß. Das Fundament war schon gelegt, als der Bauherr starb, und dessen Sohn Ludwig, der sonst so eifrig auf den Spuren seines Vaters wandelte und zeitlebens – Herrenchiemsee und Schachen ausgenommen – nur an Stellen wohnte, die auch schon König Max bewohnt oder gekannt hat: Hier machte er eine Ausnahme und ließ die aufstrebenden Mauern wieder einebnen.

Doch auf der **Roseninsel,** wo sich Max Zwo ein kleines, villenartiges Schlößchen mit fünf Zimmern, Südbalkon und Campanile hatte bauen lassen, ist Ludwig gern und oft gewesen. Hier empfing er seinen Freund Wagner und wenige, sorgfältig ausgewählte Gäste zu Musikveranstaltungen, und hier war im September 1868 die russische Kaiserin Maria Alexandrowna Gast; das Diner auf der Roseninsel, sagte sie später, sei »das poetischste« in ihrem ganzen Leben gewesen.

Nicht so harmonisch verlief ein Besuch im Sommer 1871. Der Krieg in Frankreich war zu Ende, und am 16. Juli zog der preußische Kronprinz mit den bayerischen Truppen, die er kommandiert hatte, in der Residenzstadt München ein. Für den darauffolgenden Tag hatte König Ludwig auf der Roseninsel ein Essen für die königliche Familie, den Prinzen von Hessen und den preußischen Kriegsmann angesetzt. Als Zeichen ganz besonderer Gunst bot der bayerische Monarch seinem norddeutschen Gast ein Chevaulegers-Regiment an. Der Hohenzollernprinz meinte aber, er müsse erst den kaiserlichen Vater in Berlin fragen, und seine nicht sehr schlanke Figur eigne sich wohl ohnedies nicht für die elegante Uniform der bayerischen Reiterei.

Der König war verstimmt und blieb abends dem Sieges-Essen im Glaspalast fern – eines der neunhundert Gedecke war vergebens aufgelegt worden. Am nächsten Morgen, noch ehe die Residenz erwachte, verließ er München und fuhr nach Berg.

Aus der Fischerinsel war schon in den Tagen des König Max eine Roseninsel geworden. Damals wurde östlich des Schlosses ein Rondell mit vier Rundwegen und einer dekorativen Steinsäule angelegt. König Wilhelm IV. von Preußen, ein Neffe von Königin Marie, war davon so entzückt, daß er für die Säule eine kleine Plastik stiftete, ein Kind mit Falken.

Andere Besucher waren weniger begeistert, die königliche Braut Sophie zum Beispiel. Da König Ludwig das Pflanzwerk seines Vaters mit Eifer fortgesetzt hatte, blühten schließlich auf der kleinen Insel 15000 Rosenstöcke, deren schwerer, intensiver Duft der jungen Dame Kopfschmerzen bereiteten. Aber sie ist, im Gegensatz zu ihrer Schwester Elisabeth, ohnedies nur in den ersten Jahren auf die Insel gekommen.

Rund 15 000 Rosenstücke blühten auf der Roseninsel zur Glanzzeit, als König Ludwig das Schlößchen seines Vaters zum persönlichen Refugium machte.

Die Kaiserin von Österreich kam auch in späteren Zeiten und offensichtlich auch alleine, denn im Juni 1885 hinterlegte sie im Schlößchen ein Gedicht, das sie in Holland für König Ludwig verfaßt hatte:

Du Adler, dort hoch auf den Bergen,
Dir schickt die Möve der See
Einen Gruß von schäumenden Wogen
Hinauf zum ewigen Schnee.
Einst sind wir einander begegnet
Vor urgrauer Ewigkeit
Am Spiegel des lieblichsten Sees,
Zur blühenden Rosenzeit…

Im September fand der König die Verse und dichtete zurück:

Der Möve Gruß von fernem Strand
Zu Adlers Horst den Weg wohl fand.
Er trug auf leisem Fittig-Schwung
Der alten Zeit Erinnerung,
Da Rosenduft umwehte Buchten
Möve und Adler zugleich besuchten
Und sich begegnend in stolzem Bogen
Grüßend aneinander vorüberzogen…

In einem Brief, der dem Gedicht beigelegt war, schrieb Ludwig: *Seit Jahren erfolgte meinerseits kein Besuch der Roseninsel, erst vor ein paar Tagen erfuhr ich welche Freude dort meiner harrt. Auf diese Nachricht hin flog ich eilends nach dem idyllischen Eiland und fand dort den theuren Gruß der See-Möve!*

Der König hatte sich damals längst schon in die Bergwelt zurückgezogen. Der Sommer 1881, als Elisabeth von Possenhofen aus zur Roseninsel kam, war eine ferne Erinnerung. Begleitet hatte sie dabei Rustimo, ein verkrüppelter Mohr, den ihr angeblich der Schah von Persien geschenkt hatte. Bei der Rückfahrt saß der königliche Cousin mit im Boot. Als nun Rustimo zur Gitarre Lieder aus seiner Heimat sang, dankte ihm Ludwig dafür mit einem Ring, den er ihm an den Finger steckte.

›Tristan‹ unter Dampf. Richard Wagner hat ja nicht aufgeschrieben, wie das Schiff hieß, mit dem Tristan die Königstochter Isolde von Irland nach Cornwall holte: Ein Seeschiff war's mit einem zeltartigen Gemach auf dem Vorderdeck.

Von König Ludwigs Seedampfer weiß man mehr: Er hieß zunächst ›Maximilian‹, war 18 Meter lang, 2,80 Meter breit und über den Radkästen 5,80 Meter hoch. Gebaut war er 1855 im Auftrag von Max II., und nach dessem Tod kaufte es der königliche Erbe aus dem Staatsbesitz für 1800 Gulden. Er ließ es renovieren und gab ihm am 22. Mai 1865 den Namen ›Tristan‹.

Der Dampfer fuhr damit den Ereignissen ein wenig voraus. Ursprünglich war die Uraufführung der Wagner-Oper für den 15. Mai angesetzt. Aber Isolde, alias Malwine Schnorr von Carolsfeld, war indisponiert, und so fand das vielleicht bedeutendste Ereignis der Münchner Musikgeschichte, die Uraufführung von ›Tristan und Isolde‹, erst am 10. Juni statt – zu jener Zeit stand aber die ›Tristan‹ bereits unter Dampf, bereit für die Fahrten nach Possenhofen oder zur Roseninsel.

Gelegentlich wollte die Majestät freilich auf einem stattlicheren Schiff fahren, dann mietete sie für Vollmondnächte den Salondampfer ›Bavaria‹. Der durfte bei diesen königlichen Exkursionen auch nahe an Schloß Berg vorbeifahren, was nicht immer erlaubt war. Wenn nämlich die Königsflagge auf ›Isolde‹ wehte – so hieß der von Ludwig gebaute Nordturm –, dann mußten die Schiffe das Schloß Berg in weitem Bogen umfahren.

Der Freund nebenan. Seine wohl schönste Zeit am Starnberger See verlebte König Ludwig, als er seinen Freund Richard Wagner in der Nähe von Schloß Berg eingemietet hatte. Am 14. Mai 1864, nur zehn Tage nach der ersten Audienz, war der Komponist in das **Haus Pellet** zu Kempfenhausen eingezogen, und fast täglich kam nun der König zu Besuch. Am 22. Mai, Wagners 51. Geburtstag, brachte er sein Ölporträt mit, für das er eigens gesessen hatte. Der Meister darauf entzückt in einem Brief: *Dieses wunderbare Bild belehrte mich, nun auch Anderen zur Evidenz zu zeigen, daß ich ›Genie‹ habe: da*

Als Nachbar Ludwigs II. auf Schloß Berg lebte Richard Wagner von Mai bis September 1864 in der Villa Pellet (Bild) in Kempfenhausen, die der königliche Freund dem Meister zur Verfügung gestellt hatte.

Wagners Operngestalt des Tristan war auch Anregung, den vom Vater übernommenen Privatdampfer ›Maximilian‹ umzubenennen: Hier König und Komponist vor dem Schiff ›Tristan‹.

blickt hin, hier habt ihr mit Augen meinen ›Genius‹ vor Euch!

In diesem Haus wurden im Sommer 64 mancherlei Besucher empfangen, zum Beispiel der Bildhauer Caspar Zumbusch, der zu Weihnachten 1864 für Ludwig II. eine Wagnerbüste schuf, sodann Franz Liszt und auch Ferdinand Lassalle, ein Urvater der deutschen Sozialdemokratie, der sich unter dem Namen ›Siegfried‹ einführte. Der König hätte seine Anwesenheit in dem von ihm bezahlten Quartier sicher nicht gerne gesehen. Auch wenn er erfahren hätte, daß es hier um eine delikate Liebesangelegenheit mit der Münchner Professorentochter Helene von Dönniges ging, die vierzehn Tage später zu einem für Lassalle tödlichen Duell bei Genf führte.

Vierzehn Monate später geht diese Münchner Zeit unter dramatischen Umständen zu Ende. Das Kabinett, verärgert über den aufwendigen Lebensstil des Compositeurs (den der König finanzierte), besorgt über den politischen Einfluß des Zugereisten, verlangt: Die Majestät müsse sich zwischen dem Volk und Wagner entscheiden, sonst drohen Regierungskrise und Revolution. Und Ludwig II. entscheidet sich: Am 10. Dezember 1865, morgens um fünf, besteigt Wagner zusammen mit Diener und Hund den Zug in die Schweiz.

Im Frühjahr 1867 kehrt er zurück, besuchsweise. Am 16. März trifft er heimlich die Königsbraut, bei einer weiteren Visite wird er, am 5. April, vom König empfangen, und am 30. Mai zieht er in das von Ludwig II. gemietete **Haus Prestele** zu Starnberg. Ein längerer Aufenthalt ist wohl geplant. Überliefert ist, daß der König am 6. Juni spätabends zu Pferd nach Starnberg kam und Ausschnitte aus den ›Meistersingern‹ hörte. Wagner schrieb darauf einen schwärmenden Brief: *In den drei Wochen seit meinem Geburtstag hätten wir uns nicht einmal gesehen, wenn Ihr schöner Enthusiasmus Sie mir nicht bei Nacht und Sturm einmal zu meinem unvergeßlichen Entzücken an das einsame Gestade herübergeführt hätte. Ja, das war wohl schön. Da schwelgten wir in Vertrautheit, in liebevoller Zuneigung. Im Sturm besprachen wir da Vieles, fast Alles, es war uns so leicht, uns über Jedes schnell zu verständigen.*

Doch die Vertrautheit und die Verständigung war schon einige Tage später zerstört. Am 11. Juni, bei der Generalprobe zum neuen ›Lohengrin‹, ist die Majestät entsetzt, daß die Titelrolle der sechzigjährige Tichatschek singen soll, ein ›Ritter von der traurigen Gesalt‹ und ein Mann, dem die Rolle eines Greises in der Fußwaschung am Gründonnerstag besser anstünde. Der König setzte den alten Wagnerfreund ab. Und vier Tage später bezog der Komponist wieder sein Schweizer Quartier. An der **Villa Pellet** aber, dem heutigen Landschulheim Kempfenhausen, erinnert eine Tafel an den berühmten Gast: *In diesem Hause schuf / Richard Wagner / an den / Meistersingern. / Zum Gedenken / Jahr 1864.* Der schlecht formulierte und überdies falsche Text hatte bis 1945 noch eine Fortsetzung: *Zum Gedenken an fünf Jahre der Regierung Adolf Hitlers.*

Mit höchster Genehmigung wurde 1872 ein neues Flaggschiff auf dem Starnberger See nach dem König benannt. Die ›Ludwig‹ tat ihren Dienst bis 1936, war allerdings bezeichnenderweise nach dem Sturz der Monarchie 1919 in ›Tutzing‹ umbenannt worden.

Während Richard Wagner nur Logiergast in einem vom König gemieteten Hause war, hatte der aus Mecklenburg stammende Stallmeister und Privatsekretär Richard Hornig von seinem Dienstherrn in Seeleiten Immobiles zum Geschenk bekommen. Der Spender dieses Besitzes kam oft in die **Villa Hornig,** um im vertrauten Kreise Tee zu trinken. In einem kurz nach dem Tode des Königs erschienen Buche hieß es: *Stallmeister Hornig ist ein feingebildeter Mann von fast zu sagen vornehmen Manieren, und es läßt sich gar nicht Wunder nehmen, daß König Ludwig II. seinerzeit an dem jungen Manne Gefallen fand. – Hornig ist verheirathet und glücklicher Familienvater.*

Das Schicksal eines Königsschiffes. Die Spuren des königlichen Lebens sind zumeist vergangen. Die Rosen auf der Insel sind im strengen Winter von 1914 auf 1915 erfroren, der Besitz wurde hinfort gering geachtet. Im Jahre 1970 hat der Bayerische Staat die knappen sechs Tagwerk für 800000 Mark vom Wittelsbacher Ausgleichsfonds gekauft. Da verschiedentlich Einbrecher in dem öffentlich nicht zugänglichen Schlößchen gehaust hatten, wurde das Mobiliar in ein sicheres Depot genommen, von wo es freilich eines Tages – wenn das Haus in ein Museum verwandelt ist – wieder zurückgebracht wird. Das Königsschiff ›Tristan‹ wurde nach dem Tod des Königs an den Ammersee verkauft, wo es, umgebaut, als Zubringerboot zwischen dem Bahnhof Grafrath und Stegen diente. Später dümpelte ›Tristan‹ als wenig ge- und beachteter Schleppkahn auf dem See herum, ehe er Anno 1945 das bitterste Los erlitt: Er wurde versenkt. Ein paar Jahre später wurde die weiland ›Tristan‹ gehoben und verschrottet.

Das Haus Pellet ist heute eine Schule für Frauenbildung, die Villa Hornig ein hinter dichten Büschen versteckter, unzugänglicher Privatbesitz.

Im Saal des *Undosabades* in **Starnberg** erinnern noch die lebensgroßen Porträts von Ludwig II. und Elisabeth an die Zeit, da Bayerns beliebtester König den Sommer am Starnberger See verbracht hat. Und neben dem Bahnhof, dessen Wartesaal 1. Klasse im einstigen *Königssalon* eingerichtet ist, hält ein neues *Ludwigsdenkmal* mit einer Büste von Claus Nageler seit 1984 das Andenken an Ludwig II. wach. Verschwunden dagegen ist die Rotunde mit Königsstatue auf der *Ludwigshöhe,* heute ist nur der Name des Ortsteils geblieben. Im *Würmgaumuseum* hat sich das Modell zur Ludwigsfigur von Waderé am Neuen Rathaus zu München erhalten, auch einige Graphik zum Leben des Königs ist hier verwahrt, und vielleicht wird eines Tages im geplanten *Schiffahrtsmuseum* auch das Ruder vom Nachen aus des Königs Wintergarten, das sich im Besitz des Münchner Ruderclubs von 1880 befindet, ausgestellt werden.

Verändert hat sich das Aussehen des Gasthofs zur Post in **Seeshaupt,** wo der gefangene König den letzten Erfrischungstrunk gereicht erhielt (S. 192f.), manches andere ist dahingegangen: Was mag etwa aus dem *Liliengarten* geworden sein, den sich die hübsche Frau des Schusters Grünwald in **Ammerland** angelegt hatte? Einmal, in einem kalten Winter, waren ihr alle Blumen erfroren. Der König, der hier oft vorbeikam, hat der Frau neue Blumen gestiftet, auf daß der Ammerlander Liliengarten wieder blühen könne.

Im Jahre 1931 bot sich für die Stadt Luzern eine Möglichkeit, den lauernden Spekulanten zuvorzukommen – das Landgut Tribschen wurde ihr für 350000 Franken zum Kauf angeboten. Die Stadt griff zu. Und hatte damit die zur Verfügung stehenden Mittel aufgebraucht. Sie mußte nun sehen, wie sie die Villa vermieten und doch auch als Wagner-Gedenkstätte bewahren könnte.

Ein Mäzen half. Er legte 25000 Franken auf den Tisch, und nun konnte das Haus in ein **Richard-Wagner-Museum** verwandelt

Im Landgut Tribschen auf einer Halbinsel bei Luzern, das Richard Wagner 1866–72 (auf Kosten Ludwigs II.) bewohnte, ...

werden. Im Erdgeschoß sammelte man die Erinnerungsstücke, das darüber liegende Geschoß aber stellte man den Nachkommen Wagners als Sommerwohnung zur Verfügung.

Mit einem großem Hausstand von zwölf Personen war der Meister 1866 eingezogen. Sechs Jahre ist er geblieben.

Natürlich erzählen die Exponate dieses 1932 eröffneten Museums vornehmlich vom Tribschener Aufenthalt Richard Wagners, von den Kompositionen jener sechs Jahre und von den berühmten Besuchern: Franz Liszt zum Beispiel, Friedrich Nietzsche und Ludwig II., König von Bayern, der zwischen dem 22. und 25. Mai 1866 hier Gast war. (Und der die Miete des Hauses bezahlte.)

Bei der Ausstattung des Museums hat man sich eines Briefes erinnert, in dem Cosima dem König die Einrichtung beschrieb: es gab eine »Büste des Schutzgeistes dieses Heimes« (also Ludwigs II.) und des beschützten Geistes (also Wagners); auf dem Kamin stand die Uhr mit dem Minnesänger, das erste Weihnachtsgeschenk des Königs; in der Bibliothek hing ein Porträt des Gönners und ein Bild Hohenschwangaus. Weitere Ludwig-Gedenkstücke: ein Brief an die »geliebte Freundin« Cosima und ein böhmischer Glaspokal, ein Geschenk zu Wagners 53. Geburtstag (vgl. S. 24).

... wurde 1932 ein Richard-Wagner-Museum eingerichtet, das auch zahlreiche Erinnerungsstücke an den Mäzen bewahrt: Briefe, Photos und Geschenke des Königs an den Meister.

Vorderriß

Der König kommt. Mit sechs Jahren, Anno 1873, mußte Ludwig Thoma sein Kindheitsparadies in der Vorderriß verlassen, weil sich sein Vater (der dann im Jahr darauf schon starb) nach Forstenried bei München versetzen ließ. Viele Jahre später, in seinen ›Erinnerungen‹, hat Thoma aufgeschrieben, wie es war, wenn der Märchenkönig kam:

Er weilte *allsommerlich sechs bis acht Wochen in der Vorder-Riß, und erst nach Erbauung des Schlosses Linderhof hat er darin eine Änderung getroffen. Damals fühlte er sich wohl in dem bescheidenen* **Jagdhause,** *das sein Vater hatte errichten lassen … Seine Freude an der Natur galt in meinem Elternhause wie bei allen Leuten in den Bergen als besonderer Beweis seines edlen Charakters, und niemandem fiel es ein, an krankhafte Erscheinungen zu glauben.* Die Ankunft, heißt es, sei oft unvermutet erfolgt und war erst wenige Stunden vorher durch einen Vorreiter angesagt.

Die Vorbereitungen mußten dann schnell geschehen. Der mit Kies belegte Platz vor dem Königshause wurde gesäubert, Girlanden und Kränze wurden gebunden, alles lief hin und her, war emsig und in Aufregung. Es gab für uns Kinder viel zu schauen, wenn Küchen- und Proviantwägen und Hofequipagen voraus kamen, wenn Reiter, Köche, Lakaien diensteifrig und lärmend herumeilten, Befehle riefen und entgegennahmen, wenn so plötzlich ein fremdartiges Treiben die gewohnte Stille unterbrach … Das Gattertor flog auf, Vorreiter sprengten aus dem Walde heran, und dann kam in rascher Fahrt der Wagen, in dem der König saß, der freundlich grüßte und seine mit Bändern verzierte schottische Mütze abnahm.

Für die Kinder brachte die Ankunft des Königs besondere Freuden, *denn der freundliche Küchenmeister versäumte es nie, uns Zuckerbäckereien und Gefrorenes zu schenken, und das waren so seltene Dinge, daß sie uns lange als die Sinnbilder der königlichen Macht und Herrlichkeit galten. Aus Erzählungen weiß ich, daß Ludwig II. schon damals an Schlaflosigkeit litt und oft die Nacht zum Tage machte.*

Es konnte vorkommen, daß mein Vater aus dem Schlaf geweckt und zum König gerufen wurde, der sich bis in den frühen Morgen hinein mit ihm unterhielt und ihn nach allem Möglichen fragte, vermutlich weniger um sich zu unterrichten, als um die Stunden herumzubringen.

Auf einem der 25 Pferdebilder, die Ludwig II. 1866–78 durch Wilhelm Pfeiffer malen ließ, erscheint auch das Jagdhaus in der Vorderriß (im Bild: oben rechts). Im Forsthause links daneben wohnte in seiner Kindheit Ludwig Thoma, …

... der später sehr lebendig beschrieb, wie es zuging, wenn der König zur Sommerfrische in die Vorderriß kam oder bei nächtlichen Ausfahrten hier rasten und umspannen ließ. Besonders märchenhaft war dieses Ereignis im Winter, wie es hier R. Wenig um 1880 dargestellt hat: Der Name ›Märchenkönig‹ entzündete sich hieran.

Zu denen, die mit dieser Macht und Herrlichkeit tagtäglichen Umgang hatten, gehörte auch der kgl. bayer. Kücheneleve Thomas Hierneis. Er beschreibt einen Besuch Ludwigs II. in der Vorderriß:

So geht es am 14. Mai 1885 von Schloß Berg in die Vorderriß, damals ein einsames Tal an der Isar, inmitten waldiger Berge. Das Forsthaus dort muß für den kurzen Besuch des höchsten Herrn frei gemacht werden, die Förstersfamilie quartiert sich bei Bauern in der Gegend ein und richtet die Wohnzimmer mit Liebe her. Schlimm nur, daß sich die Küche im Nebenbau befindet. So müssen die Speisen mit heißen Glocken umschlossen und in vorgewärmte Tücher eingehüllt zum Forsthaus hinübergetragen werden ...

Der junge Koch, dazumal neunzehn Jahre alt, hat wahrscheinlich nicht ganz genau hingeschaut, denn der König wohnte ja in seinem eigenen Häuschen.

Betend mit Flößern und Jägern. An Sonntagen kam vom Franziskanerkloster in der Hinterriß ein Pater, der für die Flößer, Jäger und Holzknechte in der **Kapelle** eine Messe las. *Da geschah es zuweilen,* erinnerte sich Thoma, *daß vorne auf einem mit Samt ausgeschlagenen Betstuhl ein hochgewachsener Mann kniete, der sein Kreuz schlug und der Zeremonie andächtig folgte ... Wenn der Mann aufstand und die Kapelle verließ, ragte er über alle hinweg, auch über den langen Herrn Oberförster, der doch sechs Schuh und etliche Zoll maß.* Der Oberförster war des Dichters Vater, Max Thoma, der große Mann aber König Ludwig, der die Kapelle 1866 hatte erweitern lassen und der im Jahr darauf einen neugotischen Altar stiftete, der zusammen mit neuen Paramenten in elf Kisten aus München gebracht wurde.

Nach dem Tod König Ludwigs II. wurde das Haus für seine Nachfolger, für Prinzregent Luitpold und König Ludwig III. hergerichtet. Heute wohnen hier Forstbeamte.

Als die kleine Kapelle in der Vorderriß, die sonst nur von einigen Flößern und Jägern aufgesucht wurde, sich bei den Aufenthalten des Königs mit seinem Gefolge als zu klein erwies, ließ sie Ludwig erweitern und neugotisch restaurieren (wie sie in der Ansicht auf der vorhergehenden Seite erscheint). Zur Neuausstattung stiftete der König unter anderem einen Altar, neue Paramente und eine Reihe gemalter Glasfenster, von denen das hier wiedergegebene das bayerische Wappen und die Initiale Ludwigs zeigen.

Würzburg

Wintersturm. In der Nacht vom 23. zum 24. November 1866 war ein Sturm über die Stadt hinweggebraust und hatte die Dekorationen durcheinandergewirbelt. Der Empfang für die bayerische Majestät fiel deswegen an diesem Samstagnachmittag vielleicht nicht ganz so feierlich aus, wie die Würzburger ihn ursprünglich geplant hatten.

Aber möglicherweise war man hier ja ohnedies nicht so enthusiastisch. Die ›Neue Würzburger Zeitung‹ jedenfalls nahm kaum Notiz von der Frankenreise und schon gar nicht vom Aufenthalt des Königs in der Stadt. Obwohl sie im Untertitel den Lesern versprach: ›Treu gegen König und Vaterland/ für Wahrheit und Recht‹, konnten die Würzburger am 10. November 1866, dem Tag, an dem der König aus München abreiste, nichts von der Frankenreise finden. Die erste Meldung an jenem Tage unterrichtete davon, daß die Pfarrei Vierkirchen im k. Bezirksamt Dachau mit einem verfassungsmäßigen Reinertrag von 1779 Gulden und 43⅛ Kreuzern in Erledigung gekommen sei.

Und dann hieß es, daß der französische Schriftsteller Dumas zu einem Feuerwerk auf Subskription einlade, das er auf dem Sinai abbrennen werde. Er wolle nämlich herausfinden, wie Moses aussah, als er »unter Blitz und Donner das Gesetz verkündete«. Aber auch in den folgenden Tagen interessierten andere Nachrichten mehr: daß der Kurfürst von Hessen eine Reise unternommen habe oder für den 14. November ein Haberfeldtreiben in Gotzing, am Fuß des Taubenbergs, angekündigt sei. Am fünften Tag der königlichen Reise dann endlich ein erster Bericht, aber auch nur über den Ball in Bayreuth.

»O Wittelsbachs erlauchter Sproß gedenke«. Auch wenn die ›Neue Würzburger Zeitung‹ seine Anwesenheit verschwieg (und an jenem Tage geschmackloser Weise nur von seiner »demnächstigen Rückkehr« nach München schrieb), auf eines brauchte der König an jenem 24. November nicht verzichten: auf ein Willkommens-Gedicht. Der ›Würzburger Stadt- und Landbote‹ hatte es sich, vier Strophen lang, von einem Herrn von Scharff-Scharffenstein reimen lassen. Und so endete das Poem:

O Wittelsbachs erlauchter Sproß gedenke,
Daß wir Dir stolz und treu zur Seite stehen,
Und wie Du jetzt, so stets Dein Herz uns schenke!
Befiehl daß wir aufs neu' zum Kämpfen gehen:
Wir werden nie in unsrer Treue wanken!
Hoch König Ludwig, Herzog Deiner Franken.

Die Frankenreise Ludwigs II. im Jahre 1866 galt den vom Kriege besonders betroffenen Gebieten: Auch Würzburg war am 27. Juli von den Preußen beschossen worden.

Von Würzburg aus besuchte der König die Schlachtfelder von Helmstadt, Hettstadt, Remlingen, Roßbrunn und Üttingen (im Bild), wo am 26. Juli ein Treffen stattgefunden hatte.

Den König mag dieser martialische, säbelrasselnde Schluß des Gedichtes – wenn er es denn gelesen hat – überrascht haben. Schließlich war er ja gekommen, um ein vom Krieg geschlagenes Land zu trösten.

Der ›Stadt- und Landbote‹ hat den jugendlichen Landesvater zwar mit einem Poem begrüßt, doch er übertrieb auch nicht. Die bayerischen Sieger einer zu Dijon abgehaltenen Hopfen- und Bierausstellung stellte er auf der ersten Seite vor, von der Ankunft des Königs berichtete er dann auf Seite 2: daß die Majestät um 16 Uhr eingetroffen sei, daß es abends um 19 Uhr eine Vorstellung von ›Martha‹ gegeben habe, die der König besuchte, und daß die Illumination »durch das Wetter geschädigt« worden sei. Von der Opernvorstellung wurde noch berichtet:

Mit einer Milde, wie sie nur in dem edelsten Gemüthe sich vorfindet, nahmen auch hier Se. Maj. den wogenden Erguß der wärmsten Gefühle hin.

Cabinetsweine für Kabinettsekretäre a.D.

Die Reise durch Franken hat wenig Abwechslungen gebracht, da überall den König ein zwar volles, doch immer gleiches Programm erwartete: Empfänge, Hoftafeln, Bälle, Theater- und Kirchenbesuche, Militärparaden, Audienzen...

Wie anderswo so nun also auch in Würzburg. Ein vom Bischof in der Hofkapelle gefeierter Gottesdienst am Sonntagvormittag; eine Wachtparade auf dem Residenzplatz, die der König vom Balkon aus beobachtete, und abends – nach einem Empfang für Beamte, Offiziere und Universitätsprofessoren – ein Ball der Gesellschaft ›Harmonie‹, den er durch einen Tanz mit der Frau des ›III. Gesellschaftsvorstandes‹ eröffnete. An diesem Abend schrieb Ludwig II. einer Würzburgerin in ihr – heute im Mainfränkischen Museum gezeigtes – Poesiealbum dieses wahrhaft königliche Motto:

In Anderer Glück sein eigenes finden,
Ist dieses Lebens Seligkeit.
Und anderer Menschen Wohlfahrt gründen,
Schafft göttliche Zufriedenheit.

Am Vormittag des 26. November nahm der Monarch eine Parade ab, erkältete sich dabei neuerlich und mußte das weitere Programm absagen. Da er krank daniederlag, mußte die studierende Jugend jene Festode, die sie in lateinischer und deutscher Sprache gedichtet hatte, dem königlichen Stellvertreter Graf Rechberg überreichen.

In den noch verbleibenden Tagen unternahm Ludwig II. einen Spaziergang, gewährte dem russischen Gesandten eine Audienz, besuchte den Dom und das Juliusspital, gab eine Militärgalatafel, machte Visite im Militärlazarett – goldene Uhren für die Soldaten, Orden für die Ärzte – und ließ sich durch den Hofkeller führen, wo er »eine Anzahl der besten Cabinetsweine für die früheren Secretariatsmitglieder von Pfistermeister, Lutz und Leinfelder auswählen und dieselben absenden ließ«. Hier schlug auch die große Stunde des Büttnermeisters Röhm aus Sommerach, denn er durfte dem Monarchen ein selbstgefertigtes viereimriges Faß ohne Reifen überreichen. Mit einem Fackelzug der Würzburger Bürger zur Residenz endete der Tag.

Am 29. November ritt König Ludwig zu den Schlachtfeldern. Von der Residenz aus besuchte er zunächst **Üttingen,** wo er bei der Gräfin Karoline von Wolfskeel ein Déjeuner nahm und der Schloßherrin, die sich während der Kämpfe um die Versorgung der Verwundeten bemüht hatte, den Verdienstorden der Bayerischen Krone überreichte. Anschließend besuchte er die in der Nähe des Friedhofs gelegenen Soldatengräber. Am Tag von Üttingen, dem 26. Juli 1866, waren sechs Offiziere und siebenunddreißig Mann gefallen sowie vierzehn Pferde getötet worden.

Über verschneite Wege führte ihn sein Ritt sodann nach **Helmstadt,** wo seinem Vetter Ludwig (dem späteren König Ludwig III.) ins Bein geschossen wurde; seither, so hieß es später, hätte er die Preußen nicht mehr leiden mögen.

Auch in **Remlingen** und **Roßbrunn** ließ sich der König die Schauplätze des eben vergangenen Krieges zeigen, und an den **Hettstädter Höfen,** wo eine berühmte Reiterattacke stattgefunden hatte, rekognoszierte er anderthalb Stunden lang das Gelände. Dann ritt er ostwärts, zurück in die Residenz.

Schmerzlich beeindruckt von dem, was er an diesem Tag gesehen hatte, sagte der König das weitere Programm ab. Der letzte Tag in Würzburg endete still und in Zurückgezogenheit.

Am Geburtsort des Nachfolgers. Während seines fünftägigen Aufenthaltes in Würzburg bewohnte ›Ludwig II. König von Bayern, Herzog von Franken‹ (so trug er sich ins Gästebuch der Hofkellerei ein), die ehemalige **Residenz** der Fürstbischöfe (die Napoleon salopp »das schönste Pfarrhaus in Deutschland« genannt hat).

In Würzburg waren für Königsbesuche die Toskana-Zimmer reserviert, die Großherzog Ferdinand von Toskana 1806–13 (hier ein Entwurf von L. D. P. Rumph) gestalten ließ.

Im Jahre 1719 hatte Balthasar Neumann im Auftrag von Johann Philipp Franz von Schönborn mit dem Bau begonnen, und ein Vierteljahrhundert später wurde das eindrucksvolle Barockschloß unter Friedrich Karl von Schönborn vollendet.

Fünf Nachfolger dieses Kirchenfürsten haben hier noch Hof gehalten, dann kam die Säkularisation – Würzburg wurde für vier Jahre bayerisch, fiel dann an Ferdinand von Toskana und kehrte 1814 endgültig an Bayern zurück.

Das Schloß war nun eine wittelsbachische Residenz, und daß sich Kronprinz Ludwig (oder zumindest seine Frau Therese), dem sie zugewiesen war, hier häufig aufhielt, bestätigt das Taufregister – in Würzburg wurden vier seiner Kinder geboren: die im Alter von sechs Monaten verstorbene Theodoline, die spätere Erzherzogin Adelgunde von Modena, die Prinzessin Alexandra und mitten darin, geboren am 12. März 1821 in den Toskana-Zimmern der Residenz: Prinz Luitpold, der als Prinzregent Luitpold das Erbe König Ludwigs II. übernehmen sollte.

Welche Räume die durch Franken reisende Majestät im November 1866 bewohnte, läßt sich nicht mehr genau feststellen. Wahrscheinlich hatte sich Ludwig aber, wie schon sein Großvater und wie auch sein Vater bei gelegentlichen Besuchen, in den **Toskana-Zimmern** eingerichtet. Am 16. März 1945

wurde, zusammen mit der Stadt Würzburg, auch die Residenz durch Bomben zerstört. Nach dem Wiederaufbau ist die Raumaufteilung etwas verändert. Die Wohnräume Ludwigs II., die während seines Aufenthaltes zum Teil mit Möbeln aus München ausstaffiert waren (zumindest läßt dies eine Nachricht aus jener Zeit vermuten), lagen wahrscheinlich östlich des (einzig noch erhaltenen) Toskanasaals, im Südflügel des Schlosses. Das heutige Thronzimmer und die Galerie dürften zu diesen Zimmern gehört haben.

Die Toskana-Zimmer (unten das Arbeitszimmer im Zustand von 1935) befanden sich im ersten Obergeschoß des Süd- und Südostflügels der Residenz, der im Bild oben ganz links erscheint. Sie wurden im Zweiten Weltkrieg zerstört.

Die Reisen des Königs

Der Großvater war noch oft mit der Kutsche nach Italien gereist; der Künste wie der Liebe wegen. Er hat Algerien besucht und ist schließlich in Nizza gestorben. Der Vater fuhr am liebsten zur Jagd ins bayerische Gebirge und machte seine legendäre Fußreise quer durchs Alpenland, aber er hat doch auch eine Reise in die Türkei unternommen (und dann ein Zimmer in Hohenschwangau entsprechend dekoriert).

Inzwischen war das Reisen schneller und komfortabler geworden – am 7. Dezember 1835 dampfte und fauchte die vom englischen Maschinisten William Wilson gesteuerte ›Adler‹ von Nürnberg nach Fürth. Das Zeitalter der Eisenbahn hatte begonnen.

Zehn Jahre später wurde Prinz Ludwig geboren. Als er 1864 seine Regierungszeit begann, führten bereits etliche große Strecken kreuz und quer durchs Land; von München nach Augsburg, Nürnberg, Bamberg, Würzburg und Aschaffenburg, oder von München über Landshut, Regensburg nach Weiden, Mitterteich, Bayreuth, Hof oder von München nach Salzburg mit Stichlinien nach Miesbach und nach Kufstein.

Der König hat freilich sein Land nicht besichtigt. Er unternahm 1866 seine große Frankenreise, ist einmal, im August 1871 Kaiser Wilhelm bis Schwandorf entgegengefahren, hat ihn dann zu Regensburg ins ›Goldene Kreuz‹ zum Essen eingeladen und ist

»Ah, le cousin de Bavière!«, begrüßten Kaiserin Eugènie und der Kaiser der Franzosen, Napoleon III. (Bild), den König der Bayern in Augsburg. Beide hatten sich erst vierzehn Tage zuvor in Paris kennengelernt.

sehr schnell wieder heimgefahren. Er war einmal auch in Landshut (s. S. 89), hat Lindau bei seinen Schweizer Reisen (wahrscheinlich nur vom Zugfenster aus) gesehen und lernte die Stadt Augsburg beinahe kennen:

Am 7. August 1867 machte Kaiser Napoleon III. mit seiner Kaiserin Eugènie auf der Fahrt nach Salzburg zu Kaiser Franz Joseph in **Augsburg** Station. Er wollte das Sankt-Anna-Gymnasium noch einmal sehen, das er bis 1828 besucht hatte. Der König von Bayern wollte dem Kaiser, den er ja eben erst in Paris getroffen hatte, die Reverenz erweisen. So reiste er nach Augsburg. Noch ehe er freilich vom Bahnhof aus zum Treffen in die Stadt fahren konnte, ließ ihn die französische Majestät wissen, sie verlasse die Stadt ohnedies gerade, er werde also Ludwig II. am Bahnhof sehen. So hat der bayerische König seine drittgrößte Stadt nur beinahe kennengelernt.

Auf der Fahrt von Augsburg nach Salzburg am 8. August leistete der Wittelsbacher dem Kaiserpaar Gesellschaft; er stellte ihm bei einem kurzen Aufenthalt am Münchner Bahnhof seine Braut Sophie vor und verließ den Zug zu Prien, wo er sich in den Gasthof ›Zum Chiemsee‹ begab.

In etlichen bayerischen Bahnhöfen waren – zum Teil noch von Vaters Zeiten her – Königssalons oder gar eigene Königspavillons eingerichtet – in Ansbach, München, Nürnberg oder Würzburg, aber zum Beispiel auch in Bießenhofen, Feldafing, Starnberg oder Possenhofen. Die Majestät hat sich jedoch nur selten in ihnen aufgehalten. Abgesehen von drei kurzen Frankreich- und drei Schweizer Reisen sowie Reisen ins Rheinland, zur Wartburg und zu den Bayreuther Festspielen, hat sich Ludwig II. eigentlich nur im Voralpenland aufgehalten. Keine Kavalierstour, wie sie für feine junge Herren damals immer noch üblich war (sein Vater war zu früh gestorben), keine Besuche in Berlin oder Wien, keine Antrittsvisiten bei dem königlichen Kollegen in Stuttgart. Der Monarch aus München hat die Welt vornehmlich in Büchern kennengelernt und in einem Brief an Richard Wagner geschrieben, daß er selbst bei Fahrten durch die schönsten Landschaften die Vorhänge zuziehe, um ungestört lesen zu können.

Dennoch hatte es gelegentlich größere Reisepläne gegeben, die aber nie ernsthaft weiterverfolgt wurden. Einmal dachte er daran, für vier Wochen nach Jerusalem zu reisen. Darüber war im April jenes Jahres 1867 gesprochen worden, in dem auch eine Italienreise geplant wurde. Von der Fahrt ins Heilige Land riet Fürst Hohenlohe wegen eines drohenden Krieges mit Frankreich ab, die Exkursion über die Alpen hat man angeblich aus Angst vor Räubern abgesagt.

Südwärts hatte sich Ludwig II. schon im November des vorangegangenen Jahres begeben wollen. Der knapp zweiwöchige Ausflug von Hohenschwangau nach Nord- und Südtirol sowie den nördlichen Teil des Königreichs Italien war aber schon am 2. November wieder annulliert.

Es ist zuletzt doch fast immer nur bei kurzen Fahrten geblieben. Um die Welt zu erleben, mußte er nicht in die Welt reisen.

Reisen in Deutschland

Kissingen: 18. Juni bis 15. Juli 1864. Am 6. Juni des Jahres 1864, ein knappes Vierteljahr nach seinem Regierungsantritt, schrieb der junge König an sein Gesamtministerium: *Am 14ten dieses Monats gedenke Ich mich auf wenige Tage nach Kissingen zu begeben, um die zu jener Zeit daselbst eintreffenden hohen Herrschaften zu begrüßen. Auf der Reise nach Kissingen und zurück wünsche Ich in Hinsicht auf die Landestrauer nach Vorschrift IV empfangen zu werden und nur bei der Ankunft in Bamberg, woselbst ich zu dinieren gedenke, sowie bei der Ankunft in Kissingen soll No. III der Reisevorschriften in Anwendung treten. Da Ich mich übrigens in Kissingen nur kurz zu verweilen beabsichtige und ohnehin viel in Anspruch genommen sein werde, so wünsche Ich nicht, daß die Beamten der Umgegend von Kissingen sich zur Aufwartung melden …*

Es ist dann anders gekommen. Wie so oft in späteren Zeiten, hat der König auch damals schon den Zeitplan geändert. Am 16. Juni empfing er Kaiser Franz Joseph und Kaiserin Elisabeth am Münchner Bahnhof. Die k. u. k. Majestäten reisten weiter nach Kissingen und Ludwig folgte ihnen zwei Tage später mit einer Entourage von 25 Personen und seinem Bruder Otto.

In dem nordbayerischen Badeort – das letzte Stück Weges dorthin mußte in der Kutsche zurückgelegt werden – traf Ludwig II. auch das württembergische Königspaar sowie Zar Alexander II. (der 1881 bei einem Attentat ums Leben kommen sollte), die aus dem Hause Hessen stammende Zarin Maria und die Zarenkinder.

Ein paar Tage wollte der Monarch bleiben, doch bis er schließlich abreiste, verging beinahe ein Monat. Das mußte natürlich zu Spekulationen und Gerüchten führen. Bald stand es denn auch in den Zeitungen: König Ludwig II. von Bayern werde Maria, die (dazumal noch nicht elf Jahre alte) Tochter des Zaren heiraten. Es blieb beim Gerücht (vgl. auch S. 34).

Bad-Schwalbach- und Rheinreise: 30. Juli bis 11. August 1864. Zwei Wochen nur blieb der Monarch in seinem Schloß Berg, dann brach er am 30. Juli 1864 schon wieder zu einer Reise auf – er besuchte die zur Nachkur in **Bad Schwalbach** weilende Zarin und deren Tochter.

Fürstentreffen im Kurgarten von Bad Kissingen 1864 (von links): Ludwig II. im Gespräch mit Zarin Maria Alexandrowna (links), Zar Alexander II. (Mitte) und Kaiserin Elisabeth von Österreich (rechts), rechts dahinter Herzog Max in Bayern, der Vater der späteren Braut Sophie.

Anregungen für seinen Wintergarten empfing Ludwig II., als er auf seiner Rheinreise 1864 auch die berühmten Gewächshäuser des Herzogs von Nassau in Biebrich besuchte.

Doch der Gruß galt zunächst dem Freunde Wagner im Hause Pellet am Starnberger See: *Die ersten Zeilen, welche ich hier in Schwalbach schreibe, sollen an Sie gerichtet sein. Als ich vor einigen Stunden den Rhein – bei Mainz – zum ersten Male in der Nähe sah und das Gold der Sonne sich so hehr und licht in seinen Wassern spiegelte, – o wie dachte ich da an mein geliebtes ›Rheingold‹ ...*

Doch näher lagen die ›Meistersinger‹. Von Schwalbach aus besuchte er nämlich **Biebrich** bei Wiesbaden, wo Wagner vom Februar bis zum Oktober 1862 im Hause des Architekten Frickhöfer gewohnt und ›Die Meistersinger von Nürnberg‹ begonnen hatte.

Nahe beim ehemaligen Wagner-Quartier lag das Schloß des Herzogs von Nassau, dem der durchreisende Bayernkönig einen Höflichkeitsbesuch abstattete. Die 1846 gebauten Gewächshäuser im Schloßgarten – 100 Meter lang, 50 Meter breit – hatten nicht ihresgleichen in Deutschland. Der königliche Besucher hat sich hier, wie es heißt, entscheidende Anregungen für jenen Wintergarten geholt, den er sich auf dem Dach seiner Residenz bauen ließ. Als die Handwerker in München die kühne Stahl- und Glaskonstruktion aufführten, war die Biebricher Pracht bereits verschwunden. Nach dem Krieg von 1866 hat Preußen das kleine Herzogtum aufgelöst, die Gewächshäuser wurden mitsamt den Pflanzen nach Frankfurt verkauft.

Da er nun schon einmal im sommerlichen Deutschland unterwegs war, reiste Ludwig II. weiter, den Rhein hinab bis **Köln,** vorbei an den Burgen: *Zum erstenmal sah ich den Rhein in der Nähe. Welch ein wundervoller Strom! – Herrlich sind seine Ufer! – An die Vorzeit mahnend erheben sich die hehren Burgen zu beiden Seiten dieses machtvollen Stromes! – Ich hatte ein Buch bei mir, welches die Rheinsagen enthält, und so ward es mir möglich, mich ganz in die Wunder des Mittelalters zu versetzen.* In Köln wurde natürlich auch der Dom besichtigt, zu dessen Ausbau der Großvater 1848 die fünf ›Bayernfenster‹ (Kostenpunkt: 70 000 Gulden) im südlichen Seitenschiff gestiftet hatte.

Auf der Rückreise besuchte der König auch noch das Goethehaus in **Frankfurt,** zu dessen Ankauf übrigens auch sein Vater gestiftet hatte, und am 11. August traf er in Hohenschwangau ein.

Bamberg: 24. und 25. Juni 1866. Es war sicher nicht mehr als eine Geste, daß sich der König am 24. Juni 1866 mit der Eisenbahn ins bayerische Hauptquartier nach Bamberg begab. Er hatte den Krieg verhindern wollen (ohne daß er freilich entschieden und energisch in das politische Getriebe eingegriffen hätte), doch nun, da allüberall die Heere mobilisiert wurden, mußte er zumindest den Eindruck erwecken, daß er im Geiste bei seinen Truppen sei.

Es ist über diese Blitzvisite nicht viel bekanntgeworden. Ohnedies scheint es, daß das Oberkommando bei seiner Ankunft gerade dabei war, die Aufmarschpläne und die Meßtischkarten einzurollen und ein anderes, näher an der Grenze und bei den Truppen gelegenes Quartier zu beziehen. Der König kam, sah und reiste wieder heim.

Er sollte wieder nach Bamberg zurückkehren, keine vier Monate später, dann aber als ein Herrscher, der einen Krieg verloren hatte.

Frankenreise: 10. November bis 10. Dezember 1866. Zum Jubeln war kein Anlaß und so sollte die Reise auch »in strengstem Incognito nach Nro. 4 der allerhöchsten Reisevorschriften erfolgen«. Das Obersthofmeisteramt nahm diese Vorschriften nicht wörtlich und schickte acht Eisenbahnwaggons mit Effekten sowie 93 Pferden und 17 Staatskarossen voraus.

Und am 10. November 1866, morgens um halb acht, folgte der König hinterher. Zusammen mit 119 Herren. Bis zum letzten Tag hatten sich die Meldungen widersprochen. Ludwig II., so hieß es einmal, werde von München aus nach Nürnberg fahren und von dort aus seine Rundreise durch die vom 66er-Krieg heimgesuchten fränkischen Kreise antreten. Doch schon am nächsten Tag las man,

Keine Bildreportagen gibt es auffallenderweise von der großen Frankenreise des Königs im Herbst 1866: Einzig dieses Erinnerungsblatt gedenkt jenes Ereignisses.

die Reise werde mit der Ostbahn über Landshut und Regensburg nach Bayreuth und von dort aus quer durchs Fränkische führen.

Die Franken, so hörte man, seien unzufrieden, der Ausgang des Krieges habe ihre Bereitschaft zum Abfall geweckt. Der König komme nun, um diese nördlichen Provinzen in ihrer Zugehörigkeit zu Bayern zu stärken. An seinen Freund Richard Wagner hatte er freilich am 6. November geschrieben: *Ich will mit einem Mal den Dunstkreis der Gehässigkeit, die Wolken der Bosheit und falschen*

Kunde, welche die Leute geschäftig um meine Person zu verbreiten suchten, auseinanderjagen, daß mein Volk erfährt, wer ich bin.

Allzuviele konnten es freilich nicht erfahren, denn die Majestät hat den Kontakt mit dem Volke nicht gesucht und selbst bei den Bällen, die am ehesten eine Möglichkeit zur Begegnung geboten hätten, war er fast ausschließlich von Honoratioren umgeben. Die einfachen Leute konnten ihn höchstens sehen, wenn er durch ihre Stadt fuhr oder das Theater besuchte. Oder wenn einer wie der Konditormeister Schipp aus **Bamberg** eine Gelegenheit erhielt, dem König das Modell von Hohenschwangau vorzuführen. Die Nachbildung muß stabil und dauerhaft gewesen sein, da sie für die Residenz angekauft wurde.

Während Ludwig II. in seinem Salonzug von einer Stadt zur anderen fuhr (und nicht überall Station machte, wo es gewünscht wurde), bereitete sich in Bayern ein politischer Wandel vor.

Zunächst war der 45jährige Kabinettssekretär Franz Seraph von Pfistermeister – er hatte Wagner in Stuttgart aufgespürt und zum König gebracht – durch den 55jährigen Max von Neumayr abgelöst worden, der gleichsam als Gesellenstück diese erste (und zugleich letzte) große Staatsreise des Monarchen organisierte.

Sehr viel wichtiger war freilich jene Veränderung, die sich währenddessen in der Regierung vorbereitete. Ludwig Freiherr von der Pfordten hatte seit 1864 dem Ministerrat vorgestanden, doch nun, so meinten etliche einflußreiche Männer, brauchte Bayern einen Mann, der preußenfreundlicher agiere, der verlorene Krieg mache dies notwendig.

Der Mann, so sagten vor allem Richard Wagner und Graf Holnstein, sei der Prinz Chlodwig von Hohenlohe-Schillingsfürst. Schon etliche Wochen vor Beginn der Frankenreise waren die vorbereitenden Gespräche geführt worden; im Gebirge, schrieb der ›Würzburger Stadt- und Landbote‹. Und er setzte die Ortsangabe, wohl um sie besonders herauszuheben, in Klammern.

Die Ministerkrise hatte sich schließlich so weit zugespitzt, daß von der Pfordten, nachdem ihm mehrfach eine Audienz verweigert worden war, am 13. Dezember sein Rücktrittsgesuch einreichte. Und zum Ende des Jahres wurde diese Entlassung gewährt.

Wie gespannt die Atmosphäre war, zeigt eine Meldung des ›Fränkischen Kurier‹ vom 4. Dezember, wo von den Vorbereitungen geschrieben wurde, die man für die Rückkehr des Königs in München traf. Die klerikalen Kreise, hieß es, stünden abseits: *So viel ist gewiß, der junge König hat bei der Pfaffenpartei verdorben, das merkt man aus ihrem Tun und Unterlassen ohne Unterlaß.* Dazu paßte es dann, daß Prinz Luitpold, in dem viele einen Repräsentanten dieser klerikalen Partei sahen, genau an jenem 10. Dezember, an dem der König nach München zurückkehrte und festlich empfangen wurde, die Stadt verließ. Er habe sich, so stand hinterher in der Zeitung, nach Unterfranken begeben, um im Spessart einige Jagden abzuhalten.

Von den politischen Querelen unberührt, wie es schien, absolvierte der König pflichtbewußt sein Besuchsprogramm. Daß sich die Franken von dem Monarchen große Hilfe erwarteten, zeigten die vielen Petitionen, die überreicht wurden; an einem einzigen Tag waren es bis an die fünfhundert.

Zu denen, die sich von der Königsvisite einen Vorteil erhofften, gehörte auch ein Mann aus Bamberg, den man wegen Majestätsbeleidigung zu einem Monat Arbeitshaus verurteilt hatte. Der König ist ihm offensichtlich begegnet, denn im ›Bamberger Tagblatt‹ vom 14. Dezember stand, daß Ludwig gesagt habe: *Wenn Sie bereuen, kann ich verzeihen.*

Die Strapazen dieses fränkischen Monats haben Ludwig II. bis an die Grenzen seiner Belastbarkeit in Anspruch genommen, und so konnte es vorkommen, daß er von seinem exzellenten, vielfach gerühmten guten Gedächtnis im Stich gelassen wurde. Felix Dahn hat von einem solchen Vorfall berichtet. In **Würzburg** wurden die Professoren der Universität dem König vorgestellt: *Einer der Professoren hatte sehr viel, ein anderer seit seiner Habilitierung vor dreißig Jahren nichts geschrieben. Der arme junge König, der sich kurz vorher auf einen Zettel, den er nun manchmal hervorzog, die Namen und Verdienste von einem halben Hundert Professoren hatte aufschreiben lassen, verwechselte den Fruchtbaren und den ›Galtling‹(?) und versicherte laut vor uns allen, er habe schon zahlreiche Bände von ihm gelesen.*

Frankreich erklärte Korea den Krieg – dazumal für die Provinzzeitungen eine Meldung von zweieinhalb Zeilen! –, im Münchner Gefängnis in der Au machte der zu dreißig Jahren Zuchthaus verurteilte »berüchtigte Räuber Pascolini« (der 1902 hingerichtete Räuber Kneißl war bekanntlich ein »Zweiglein vom Pascolini-Stamm«) zwei erfolglose ›Entweichungsversuche‹, und in Aschheim sammelten sie sich am 1. Dezember zu einem Haberfeldtreiben – der König von Bayern aber reiste während dessen von Station zu Station, immer wieder konfrontiert mit den Folgen des eben vergangenen Krieges.

In **Kissingen** zum Beispiel waren an vielen Häusern noch die Spuren des Gewehr- und Granatfeuers zu sehen; Ludwig II. wurde zwar mit Beifall empfangen, doch die Stadt war nicht beflaggt. In diesen Kissinger Tagen war auch die offizielle Zahl der bayerischen

1867 reiste Ludwig nach Eisenach (Bild), um die Tannhäuser-Stätten, die Richard Wagner dort angesiedelt hatte, zu besichtigen: den Hörselberg mit der Venusgrotte ...

Verluste veröffentlicht worden: 47 Offiziere sowie 282 Unteroffiziere und Mannschaften waren gefallen, 111 Offiziere und 1858 Mannschaften waren verwundet; von 567 bayerischen Kriegsteilnehmern fehlte jede Spur. Und mit einem Ton der Verbitterung waren diesen Verlusten die preußischen Zahlen gegenübergestellt: Sie waren niedriger. Man sah darin, daß so viele Bayern gefallen und verwundet waren, einen neuerlichen Beweis für das Versagen des Oberkommandos. Das Wort ›Du Hauptquartier‹, so heißt es, sei dazumal ein bayerisches Schimpfwort gewesen.

Die Franken hatten das Gefühl gehabt, daß sich nach dem Kriege, in dem sie die schwersten Opfer getragen hatten, die Regierung in München zu wenig um sie kümmerte. In der ›Neuen Würzburger Zeitung‹ hieß es daher: *Für den unglücklichen Ausgang* [des Krieges] *den Monarchen verantwortlich zu machen – wem möchte dies einfallen? – Aber ein Ruf ertönt überall, wo der König seinen Fuß hinsetzt: »Es muß anders werden!«* Und die ›Aschaffenburger Zeitung‹ schrieb unter der Überschrift ›Eine Stimme aus Franken‹ in ihrem Leitartikel zur Königsreise: *Die fränkischen Provinzen waren ... verstimmt, daß der König ruhig am Starnberger See weilte und sie ihrem herben Schicksal zu überlassen schien. Andererseits schuf das Münchner Philistertum ... eine Menge Gerüchte über die Person und Lebensweise des Königs.*

Doch nun war dieser König gekommen und Franken war versöhnt. Franken jubelte seinem König zu.

Zum einzigen Mal in zweiundzwanzig Regierungsjahren hatte das Volk dazu einen ganzen Monat lang, Tag für Tag, die Gelegenheit. (Vgl. dazu auch die Kapitel Aschaffenburg, Bad Kissingen, Bamberg, Fürth, Hof Nürnberg und Würzburg.)

Eisenach: 1. bis 3. Juni 1867. Karl Alexander von Sachsen-Weimar mußte sein kleines Land noch nicht regieren. Er war Erbgroßherzog und konnte daher unbeschwert (so weit es sein Säckel erlaubte) die Wartburg über Eisenach wieder aufbauen. Im Jahre 1842 hat er das Werk begonnen, und er war mittlerweile seinem Vater nachgefolgt,

... und die Wartburg, die sich seit 1842 in Wiederherstellung befand.

war regierender Großherzog, als der Bau, in dem Luther einst gelebt, fast fertiggestellt war.

König Ludwig II. wollte diese von Sagen umrankte Burg besichtigen. Weil sie mit dem ›Tannhäuser‹ von Richard Wagner verbunden war, und vielleicht auch schon mit der ganz festen Absicht, Anregungen für eigene Baupläne zu empfangen.

Am 1. Juni 1867 reiste er mit seinem Bruder und kleinster Begleitung per Eisenbahn nordwärts. Er besichtigte die langgestreckte Anlage; nur kurze Zeit als Anonymus. Er ließ sich – als seine Identität bekannt war und er Wünsche äußern konnte – in den Sängersaal einsperren, damit er ihn ganz alleine auf sich wirken lassen könne.

Am darauffolgenden Tag bestiegen die wittelsbachischen Brüder noch den Hörselberg, in dem Wagner seinen Tannhäuser bei Frau Venus schmachten ließ. Damit war das Besuchsprogramm abgeschlossen. Mit dem Nachtzug ging es zurück nach Bayern. Am 3. Juni traf die kleine Gesellschaft wieder am Bahnhof zu München ein.

Kissingen: 2. bis 10. August 1868. Vier Jahre nach dem großen Monarchentreffen von 1864 reiste Ludwig II. mit seinem Bruder neuerlich in das Bad am Fuße der Rhön. Und wieder traf man sich in der vertrauten Runde: die Zarenfamilie, die österreichische Kaiserfamilie, das württembergische Königspaar.

Die Stimmung mag getrübt gewesen sein, denn die Österreicher, die Württemberger und die Bayern hatten zwei Jahre zuvor einen Krieg verloren.

Die Leute haben sich aber wahrscheinlich weniger gefragt, ob hier wichtige politische Gespräche geführt und Entscheidungen getroffen werden – Preußen war ja mit seiner Deutschlandpolitik noch nicht ganz am Ziel (ihm freilich sehr nahe) –, das Volk wollte wissen, ob sein König, der sich ein dreiviertel Jahr zuvor entlobt hatte, nun etwa doch die Russin heimführe. Ein Dementi hat ihnen die Hoffnung geraubt. Und nach acht Tagen war die Kissinger Exkursion ohnedies schon wieder zu Ende.

München.

Königl. Hof- und National-Theater.

Mittwoch den 18. Oktober 1865.
184te Vorstellung im Jahres-Abonnement.
Neu einstudirt:

Wilhelm Tell

Schauspiel in fünf Aufzügen von Schiller.
In Scene gesetzt vom K. Regisseur Herrn Jenke.

Personen:

Herrmann Geßler, Reichsvogt in Schwyz und Uri		Herr Possart.
Werner, Freiherr von Attinghausen, Bannerherr		Herr Herz.
Ulrich von Rudenz, sein Neffe		Herr Niemann.
Werner Stauffacher	Landleute aus Schwyz	Herr Richter.
Konrad Hunn		Herr Meyer.
Itel Reding		Herr Jost.
Hans auf der Mauer		Herr Kopp.
Jörg im Hofe		Herr Dellinger.
Ulrich, der Schmied		Herr Correggio.
Jost von Weiler		Herr Schmid.
Walther Fürst	aus Uri	Herr Keller.
Wilhelm Tell		Herr Dahn.
Rösselmann, der Pfarrer		Herr Büttgen.
Petermann, der Sigrist		Herr Jungwirth.
Kuoni, der Hirt		Herr Heinrich.
Werni, der Jäger		Herr Tomschitz.
Ruodi, der Fischer		Herr Leigh.
Arnold von Melchthal	aus Unterwalden	Herr Rohde.
Konrad Baumgarten		Herr Christen.
Meier von Sarnen		Herr Hartmann.
Struth von Winkelried		Herr Fischer.
Klaus von der Flüe		Herr Stöckelmaier.

Preise der Plätze:

Ein Galerienoble-Sitz	1 fl. 12 kr.
Ein Parket-Sitz	1 fl. — kr.
Parterre	— fl. 36 kr.
Galerie	— fl. 15 kr.

Die Kasse wird um fünf Uhr geöffnet.

Anfang um sechs Uhr, Ende gegen elf Uhr.

Der freie Eintritt ist ohne alle Ausnahme aufgehoben und wird ohne Kassabillet Niemand eingelassen.

Der einzelne Zettel kostet 2 kr. Druck von Dr. C. Wolf & Sohn.

Eingestimmt durch die Aufführung des ›Wilhelm Tell‹ am 18. Oktober 1865 …

Die Schweizer Reisen

Auf Tells Spuren in den Urkantonen: 20. Oktober bis 2. November 1865. Der Schweizer Nationalheld war König Ludwig lange schon vertraut. In den Rechnungsbüchern hat man später entdeckt, daß sich der Kronprinz 1860, also mit fünfzehn Jahren, von seinem bescheidenen Taschengeld eine Tell-Statuette gekauft hat, eine sicherlich recht armselige, wertlose Kreation, denn sie kostete nur drei Gulden. Drei Jahre später erwarb der Wittelsbacher, für 54 Kreuzer, ein Büchlein mit der Sage vom Tell.

Als König konnte er großzügiger disponieren und mehr verlangen, zum Beispiel, daß die Schauspieler einen längeren Text als gewöhnlich lernten. Und so ließ er (der das Stück angeblich auswendig kannte) Schillers ›Wilhelm Tell‹ ungekürzt auf seiner Hofbühne aufführen.

Diese Premiere fand am 18. Oktober 1865 statt, und zwei Tage später quartierte sich im Grandhotel ›Schweizerhof‹ in **Luzern** ein Mann ein, der, da nur noch drei Räume frei waren, ein kleines Zimmer im vierten Stock erhielt, während seine Begleitung im dritten Stock untergebracht wurde. Als der Hotelier erfuhr, wer der unbekannte Gast war, wollte er ein Zimmer im ersten Stock freimachen, doch Ludwig lehnte ab – er habe den Ausblick auf den Vierwaldstätter See sehr genossen und reise ohnedies bald wieder ab.

Die nächste Station war **Brunnen** und das Gasthaus ›Rößli‹ (das heute ›Weißes Rössli‹ heißt). Fridolin Faßbind, der Besitzer des Etablissements, hat in seinen Erinnerungen berichtet:

Am 23. & 24. October 1865 logierte bei mir im Rößli zu unserer großen Überraschung der König von Bayern Ludwig II., incognito mit einem Begleiter u. seinem Kammerlaquai Hr. Seits [Seitz]. Sie kamen am Morgen mit erstem Dampfboot früh von Luzern her, wo Er

… begab sich Ludwig II. unmittelbar darauf auf eine Reise zu den Tell-Stätten. In Luzern mietete er sich inkognito im Hotel ›Schweizerhof‹ (links) im vierten Stock ein.

Abends zuvor im Hotel Schweizerhof logierte. Die Königl. Hoheit ruhte zuerst ein paar Stunden im alten Zimmer No. 8 im Rößli aus. Sein Kammerlaquai hatte ein eigens in Seide gestepptes Kopfkissen und großes hirschledernes Tuch, das die Stelle des gewöhnlichen Leintuchs ersetzte, nebst einem rothseidenen Hauptkissen auf das Bett gelegt. Daraus entnahm ich, daß dieses ein vornehmer Herr sein müsse ohne zu wissen wer? – u. woher? – Er stund gegen 10 Uhr auf und fuhr dann nach eingenommenem Frühstück ganz allein nur in Begleitung seines Begleiters mit Schiffmann Eberhard u. zwei andern Schiffleuten ans Rütli. Ich begleitete sie zum Schiff, als gerade zwei Damen ebenfalls von Luzern kommend diese Hr. sahen. Sie sagten mir, ob ich wisse, was für einen Herrn ich soeben zum Schiff begleitet hätte. Auf meine verneinende Antwort bemerkten sie mir, es sei der König von Bayern in höchsteigener Person ...

Er nahm seine Mahlzeiten immer allein im gegenüberliegenden Zimmer Nr. 6 ein. Er wurde von meiner damaligen Kellnerin Jgfr. Maria Traxel, von La Chaux-de-Fond gebürtig, bedient, eine sehr höfliche, gut gebildete, artige Tochter. Am ersten Nachmittag fuhr er mit einem Zweispänner nach Steinen zur Stauffacher Kapelle. Am andern Tag nach Küßnacht zur Tellskapelle u. kam am Abend wieder hierher zurück. Am 3ten Tag fuhr er wieder ans Rütli, ging auf Seelisberg u. am gleichen Tag fuhr er noch mit Halt an der Tellskapelle nach Bürglen, wo er 2 Tage blieb und verschiedene Ausflüge nach Attinghausen u. nochmals zur Tellskapelle machte. Er war ein großer Verehrer von Schillers Wilhelm Tell. Deshalb kam er extra in die Urkantone, um die klassischen Stellen von Schillers Wilhelm Tell hier persönlich zu sehen. Von Bürglen zurückgekehrt speiste er bei mir noch zu Mittag u. fuhr dann noch mit Anton Eberhard u. seinen zwei Begleitern mit Schmidlis Zweispänner ins Berner Oberland, wo seine Königl. Hoheit wieder nach Küßnacht zurückkehrte, dort bei Hr. Ehrler z. Hirschen über Nacht blieb u. am andern Morgen wieder auf sein königl. Schloß nach Hohen Schwangau b. Füssen zurückreiste.

Vor der Abreise aus Brunnen hatte sich der König, der so ungern die Hand gab, mit einem Handschlag bei den Wirtsleuten bedankt und sie zu einem Besuch nach München eingeladen. Eine Woche später kam dann eine der berühmten goldenen Uhren mit Kette (diese allein, meinte der Beschenkte, wiege zehn Napoleon d'Or). Eingraviert in den Uhrendeckel stand: *Zur freundlichen Erinnerung an den 23. und 24. October 1865 von Ludwig II. König von Bayern.*

Zu dieser Erinnerung an den hohen Besucher gehören aber auch noch: ein goldener Knopf, den Ludwig im ›Rößli‹ als Zahlungsmittel gegeben hatte, sowie ein Service, das die Wirtin erhalten hatte. Ludwig II. war vom Apfelkuchen der Frau Faßbind so begeistert gewesen, daß er von Altdorf aus einen Reiter zur ›Rößli‹-Wirtin schickte, damit er diese köstliche Mehlspeise hole. Nichts um drei Uhr kam der Bote an, die Wirtin stand auf, buk zu der ungewohnten Stunde ihren Apfelkuchen, und der königliche Kurier galoppierte mit der noch backfrischen Teigware schnell zu seinem Herrn. Der aber bedankte sich bei der Köchin durch die Übersendung eines dreiteiligen Services.

In Brunnen logierte Ludwig am 23. und 24. Oktober im Hotel ›Rößli‹ (das blaue Gebäude in der Mitte der Ansichtskarte um 1900; im Hintergrund die Mythensteine über Schwyz), wo der Wirt Fridolin Faßbind den König mit weltmännischer Diskretion bediente ...

... und dafür mit einer goldenen Uhr samt eingravierter Widmung beschenkt wurde, die der König gleich nach der Rückkehr übersenden ließ. An der Kette baumelte sinnigerweise ein ›Rößli‹ nach Art einer Schachfigur.

Fridolin Faßbind, der vom König zu einem Besuch in Hohenschwangau eingeladen wurde, erhielt als Dank dafür, daß er auf dem Klavier ein Stück von Wagner spielte, eine wertvolle Karaffe. Alle diese königlichen Geschenke sind noch heute sorgsam gehüteter Familienbesitz der Faßbinds.

Im **Gasthaus ›Rößli‹** hat man das Andenken des königlichen Besuchers ausgiebig gefeiert. Ein Maler, dessen Namen niemand mehr nennen kann, von dem es aber heißt, er sei ein Schüler Ferdinand Wagners gewesen, hat irgendwann um 1891 die linke Längswand des Parterre-Restaurants mit fünf qualitativ bescheidenen, nur in dürftigem Zustand erhaltenen Ölbildern dekoriert: mit zwei Bildern von Hohenschwangau, einem Blick auf Neuschwanstein, dem Hauptbau von Nymphenburg und dem König in schwarzem Pelzmantel – alles bekannte Motive von populären Bilddrucken.

Am Ende des Restauration-Saales gab es eine inzwischen durch Umbau veränderte ›König-Ludwig-Stube‹. Im ersten Stock hat man dann irgendwann einmal eine etwa 50 Zentimeter hohe, weiß glasierte Büste von Ludwig II. aufgestellt. Im anschließenden ›Blauen Salon‹ hat die Hotelverwaltung an der Stirnwand das – zusätzliche mit Gold aufgewertete – bayerische Rautenmuster sowie das bayerische Wappen mit der Umschrift »König Ludwig II. von Bayern 1863-1865« angebracht (wobei die Jahreszahl 1863 freilich irrtümlich an die Wand geraten ist).

Trotz dieser Reminiszenzen ist das königliche Zimmer 8 mit Bestimmtheit nicht mehr zu ermitteln. Wer sich jedoch heute in Zimmer Nr. 7 unterbringen läßt, kann mit großer Wahrscheinlichkeit davon ausgehen, im Ludwigszimmer zu wohnen.

Ludwig II. war nur wenige Tage in Tells Landschaft, er hat die historischen Tell-Stätten besucht: das **Rütli,** jene Wiese, auf der die alten Eidgenossen den berühmten Schwur leisteten, die **Stauffacher-Kapelle** bei Steinen und er ist auch durch die **Hohle Gasse** bei Küßnacht gekommen. Der König wollte aber mehr – er hoffte die Ehrenbürgerschaft der Urkantone zu erhalten. Es hieß, Ludwig II. wolle ein Freilufttheater stiften, dann wieder, er zahle die Restaurierung der arg lädierten Fresken in der Tellskapelle oder er stifte ein Tell-Standbild so groß wie der Koloß von Rhodos ...

Es wurde nach der Rückkehr des Monarchen in seinen Bayernland hin- und hergeschrieben, zuletzt aber haben sich die Pläne zerschlagen. Die Schweizer Gesetze hätten verlangt, daß der König von Bayern auf seine bayerische Staatsangehörigkeit verzichte. Und das war wohl ein Verlangen, dem nachzukommen ihm sein Beruf verbot.

Im Oktober 1865 war der königliche Besucher von Brunnen aus weitergefahren nach **Schwyz,** und in der ›Schwyzer Zeitung‹ vom 24. Oktober stand:

Gestern Abend meldete sich ein fremder Tourist mit einem Begleiter auf dem Rathaus zur Besichtigung der Säle; er betrachtete mit Interesse die Bilder, fragte mit regem Eifer über Land und Leute und verweilte mit sichtlicher Vorliebe bei einem alten Gemälde, das die Tellgeschichte darstellt. Denselben Touristen treffen wir in gleicher Abendstunde in einer hiesigen Buchhandlung; er läßt sich Bücher und Bilder geben, welche auf die Schweiz und insbesondere auf die Helden und klassischen Stellen der Urschweiz Bezug haben; was er spricht, bekundet warmes Interesse. Die äußere Erscheinung, ein ganz

Von Brunnen aus besuchte der königliche Schillerverehrer die Tell-Stätten am Urner See (Bild): Rütli, Tellskapelle, Tellsplatte, Altdorf und den Seelisberg.

junger Mann von hoher, schlanker und edler Gestalt, das vornehme und dennoch leutselige Benehmen und die Haltung seiner Begleitung lassen einen ungewöhnlichen Touristen erkennen. Heute vernimmt man, es sei der junge König Ludwig von Bayern gewesen, der von seinem Großvater Liebe und Sinn für Kunst und klassische Werke geerbt hat. Er kam Montags inkognito von Luzern her, nahm in Brunnen Einkehr, besuchte das Rütli und beabsichtigte auf heute der hohlen Gasse in Küßnacht einen Besuch abzustatten. Das Land des Wilhelm Tell sendet dem jungen, königlichen Freund einen warmen Gruß!

Über diesen Artikel hat sich die Majestät gefreut und am 22. November 1865 schrieb sie mit herzlicher, knapper Anrede:

Herr Redakteur!

Mit inniger Freude las ich den herzlichen Gruß des Landes Wilhelm Tells und erwidere denselben aus ganzem Herzen. Ich grüße ebenfalls meine lieben Freunde aus den Urkantonen, für welche ich schon als Kind eine gewisse Vorliebe hatte. Die Erinnerungen an meinen Besuch der herrlichen Inner-Schweiz und an das biedere freie Volk, welches Gott segnen wolle, wird mir immer teuer sein. Mit wohlwollenden Gesinnungen bin ich Ihr wohlgewogener Ludwig.

Hotel-Werbung um 1910: Die heute veränderte ›König-Ludwig-Stube‹ im ›Rößli‹ zu Brunnen. Im Restaurant weisen noch fünf Wandbilder auf den hohen Gast von 1865 hin.

Tribschen: 22. bis 24. Mai 1866. Die Lage spitzte sich zu, und während Österreich noch Abrüstungsvorschläge machte, mobilisierte Preußen vom 3. bis 10. Mai 1866 seine Truppen. Der König von Bayern blieb trotzdem in seiner Sommerresidenz zu Berg und gab von dort aus am 10. Mai widerwillig – und nur weil man ihn dazu drängte – seinen Soldaten den Befehl, sich für den Krieg bereitzuhalten.

Doch während die Armee nord- und nordostwärts zog und ihre Stellungen bezog, als die Kabinette berieten und die Diplomaten die Fäden spannen, heckte König Ludwig II. seinen eigenen Plan aus.

Am 22. Mai empfing er seinen Sekretär Lutz zur üblichen Besprechung; er ging mit ihm im Park spazieren und schenkte ihm als Zeichen seiner huldvollen Gesinnung eine Zigarre. Doch während Lutz nach München zurückreiste, stahl sich die Majestät aus ihrem Schloß, und um nur ja keinen Verdacht zu erregen, steckte sie sich nur zehn Gulden in die Tasche.

So galoppierte der König von Bayern, akkompaniert von seinem Reitknecht Völkl, zu dem nördlich von Marktoberdorf gelegenen Bahnhof von Bießenhofen. Hierher war er schon oft mit seinem Galazug gekommen, denn dieser Ort war damals die Bahnstation für Hohenschwangau (und er besaß deswegen, wie manch anderer Bahnhof in Bayern, einen eigenen Königssalon).

Die Reise führte zunächst im Schnellzug nach Lindau, dann mit dem Schiff hinüber nach Romanshorn und von dort mit dem Zug weiter nach Luzern; abends traf der Reisende in **Tribschen** ein, wo Richard Wagner fünf Wochen zuvor für eine Jahresmiete von 5000 Franken (die König Ludwig zahlte) eine Villa mit Seeblick gemietet hatte.

Und nun, am 22. Mai 1866, am 53. Geburtstag des Meisters, stand Ludwig II. vor der Tür und ließ sich beim Hausherrn als Walther von Stolzing melden.

Man wird den Gast erwartet haben, da ja drei Tage zuvor, gleichsam als Vorbote, Fürst Paul von Thurn und Taxis unter dem tristanischen Decknamen Melot ins Wagner-Exil gereist war.

Zwei Tage verbrachte Ludwig in der Villa des Freundes – das Schlafzimmer hatte man ihm im Parterre eingerichtet –, ehe er wieder nach Bayern und zu seinen Pflichten zurückkehrte. Diese hatte er ja noch kurz zuvor aufgeben wollen. Am 15. Mai hatte er ein Telegramm in die Villa Tribschen geschickt: *Stets sich steigernde Sehnsucht nach dem Theuern. Immer mehr verfinstert sich der Horizont, der grelle Schein der friedlichen Tage martert unsäglich. Ich bitte den Freund um baldige Antwort auf folgende Fragen: Wenn es des Theuren Wunsch und Wille ist, so verzichte ich mit Freuden auf die Krone und den öden Glanz, komme zu ihm, um nimmer mich von ihm zu trennen...*

Und Pfistermeister schrieb am 22. Mai an den Leibarzt des Königs, den Geheimrat Franz Xaver von Gietl, daß Ludwig »von Abdanken [gesprochen habe] unter dem Vorgeben, daß er geistig nicht ganz gesund sey, um dann in die Schweiz gehen u. dort leben zu können«.

Der Meister, eben mit der Komposition des zweiten ›Meistersinger‹-Aktes beschäftigt, warnte vor diesem Schritt, und so wollte der König nun von seinem politisch recht eifrig dilettierenden Freund erfahren, wer in seinem Bayern ein fortschrittliches Regime herstellen könne. Das sei der Bürgermeister Fischer von Augsburg, meinte Wagner. Telegraphisch wurde der Mann nun zu einem Treffen mit König Ludwig nach Kempten gebeten. Doch Fischer meinte, auf ihn sei nicht zu rechnen, da er in der Kammer ja nur ein

Das Landgut Tribschen im 19. Jahrhundert.

gutes Dutzend Anhänger habe. *Es ist zum Ersticken!*, soll der König gerufen haben und dabei im Zimmer auf- und abgegangen sein. Aber die Majestät solle sich doch an Neumayr wenden, meinte Fischer, das sei ein fortschrittlicher Mann. Und in der Tat: Neumayr (den auch Wagner empfahl) löste Pfistermeister ab.

Heimlich war die Reise angetreten, doch sie ist nicht heimlich geblieben und so gab es an der königlichen Exkursion in kritischer Zeit bald harschen Tadel.

Und zwei Wochen später schreibt Reichsrat Hohenlohe in sein Tagebuch: *Der König sieht jetzt niemand. Er wohnt mit Paul Taxis und Reitknecht Völkl auf der Roseninsel und läßt Feuerwerke abbrennen. Auch die Reichsräte, welche ihm die Adresse überbringen wollten, sind nicht empfangen worden.*

Der Vogel Strauß steckte den Kopf in den Sand. Doch wenig später war Krieg, und zusammen mit seinen Verbündeten wurde Bayern schnell und blamabel geschlagen.

Zwischen 1866 und 1872 hat Richard Wagner in Tribschen gelebt. Zur Erinnerung daran hat die Stadt Luzern 1932 in dem Tribschengut, das sie zwei Jahre zuvor gekauft hatte, ein **Richard-Wagner-Museum** eingerichtet (s. S. 199).

Wie immer inkognito reisen wollte Ludwig, der nichts so sehr haßte wie Publicity, mit dem Schauspieler Kainz in der Schweiz. Aber längst schon war die Bevölkerung von dem Ereignis unterrichtet, als der König auf der ›Italia‹ (Bild) nach Brunnen fuhr.

Die Reise mit Kainz: 27. Juni bis 14. Juli 1881. Mehr als anderthalb Jahrzehnte nach dem Besuch der Tell-Stätten wollte Ludwig II. von Bayern neuerlich an den Vierwaldstätter See reisen. Und begleiten sollte ihn Emil Rohde, der in der ungekürzten ›Tell‹-Aufführung von 1865 den Melchthal gespielt hatte (und dafür vom König mit einem preisenden Billet bedankt worden war). Von Hohenschwangau aus wollte der König nach Reutte kommen und dort Rohde treffen, um mit ihm dann weiterzureisen in die Innerschweiz, an die vertrauten Plätze.

Statt der Fahrkarte erhielt Rohde aber eines Tages von der Intendanz die Mitteilung, daß sich die Angelegenheit erledigt habe. Und am 27. Juni 1881 fuhr König Ludwig II. zusammen mit einem Hofstab von zwölf Personen und dem 23jährigen Schauspieler Josef Kainz in Richtung Luzern.

Das Münchner Theater brauchte einen jungen Liebhaber (denn Rohde, dem dieses Fach anvertraut war, hatte seinen vierzigsten Geburtstag bereits gefeiert). Man fand in Meiningen einen jungen, aus Ungarn stammenden Mimen namens Josef Kainz, der für eine Abendgage von 150 Mark zu Gastspielen eingeladen wurde. Kainz gab am 4. September 1880 sein Debüt am Hoftheater. Er gefiel und sollte nun durch einen Dreijahresvertrag enger an das Haus gebunden werden; mit einer Jahresgage von 5000 Mark.

Der König mußte allerdings der Anstellung zu diesen Konditionen zustimmen, Kainz mußte sich also der Majestät in einem Stück vorstellen, und eine Gelegenheit dazu gab die Premiere von Victor Hugos ›Marion de Lorme‹: Kainz, sagte der König, solle in der Separatvorstellung die Rolle des Didier spielen.

Am 30. April 1881 fand diese Aufführung statt. Ein Saphirring, der dem Schauspieler im Auftrag Ludwigs II. überreicht wurde, bewies, daß die Probe erfolgreich bestanden war. Die befohlenen Wiederholungen vom 4. und 10. Mai haben dies noch zusätzlich bestätigt, als königliche Auszeichnungen kamen eine goldene Kette mit Schwan und eine Uhr mit Diamanten.

Anfang Juni 1881 aber dann die besondere Gunst: der Marstallfourier Karl Hesselschwerdt, ein Vertrauter des Königs, überbrachte eine Einladung nach Schloß Linderhof. Am 8. Juni, nachts um zwei, traf der Mime ein und wurde zur Majestät in die Blaue Grotte geführt. Ludwig war zwar von der Stimme des Josef Kainz, die er auf der Bühne bewundert hatte, ein wenig enttäuscht. Trotzdem blieb der Schauspieler zwölf Tage im Graswangtal. Eine gemeinsame Spanienreise für den Oktober wurde vereinbart, doch der Hofstab winkte ab. Es herrsche große Dürre im Lande, hieß es, und auch ein gefährliches Fieber gehe um. *Es ist jammerschade*, sagte der König, *ich schwärme für Spanien weit mehr als für Italien, das mich nicht reizen kann.*

So kam statt der Einladung zu einer Fahrt auf die iberische Halbinsel am 22. Juni die Anfrage, ob Kainz bereit sei, Ihre Majestät am 27. Juni (fälschlich wird gelegentlich der 27. Juli genannt) in die Schweiz zu begleiten, »an die Ufer des herrlichen Vierwaldstätter Sees«. Statt zu Don Carlos, den Ludwig II. so hoch schätzte, also wieder, wie schon 1865, zu Wilhelm Tell: *Diese Reise, von der ich glaube, daß wir dieselbe in Zukunft kaum bereuen würden, wäre ein kleines Praeambulum zu unserer Reise nach Spanien, welche aufzugeben ich mich noch nicht entschließen konnte.*

Da offensichtlich auch ein König nicht ohne Ausweispapiere von einem Land ins andere wechseln durfte, wurden in München zwei Pässe ausgestellt, einer auf den Namen Marquis de Saverny, der andere auf Monsieur Didier (und beide also auf Figuren aus ›Marion de Lorme‹).

Ohne Tuten und Blasen, nur leise vor sich hinfauchend, rollte der königliche Hofzug am Abend des 27. Juni in den kleinen Bahnhof von Mühltal bei Starnberg. Dem hier wartenden Schauspieler Josef Kainz wurde ein Platz im Adjutantenwagen angewiesen, und ohne, daß der Bahnhofsvorstand dazu das Zeichen gegeben hätte, fuhr der Zug um zehn Uhr ab in Richtung Schweiz. An Bord: Eisenbahndirektionsrat von Schamberger, dazu sechs Hofbeamte, drei Kammerdiener und zwei Mundköche.

In Ebikon, etwa drei, vier Kilometer vor Luzern, verließ die Reisegesellschaft den Zug und begab sich zur abseits gelegenen Dampferstation Kastanienbaum, wo das 236 Tonnen große Dampfschiff ›Italia‹ den bayerischen König abholte. Der Fahrgast hatte sich ein Schiff gewünscht, das nur ihn und seine Begleitung transportiere, doch als sich der Salondampfer näherte, sah er mit Ärger und Entsetzen, daß Leute an der Reeling standen. Man hat den kurzsichtigen Monarchen aber schnell aufgeklärt, daß es sich um keine neugierigen Passagiere, sondern um die zur Begrüßung in Galauniform angetretene Besatzung handle.

Die Begegnung mit Schaulustigen erwartete den Bayernkönig noch. In **Brunnen,** wo er an Land gehen wollte, war beflaggt und die Leute drängten sich an der Pier. Als Ludwig das sah, lehnte er es ab, sich als ›Ovationsopfer‹ darzubieten und befahl abzudrehen in Richtung **Tellskapelle.** Statt um 12 Uhr in Brunnen, ging der König um 14 Uhr sechs Kilometer weiter südlich an Land; über einen improvisierten, wackeligen Landungssteg.

Im Jahre 1865 hatte er vorgeschlagen, daß die Bilder der Kapelle auf seine Kosten restauriert werden sollten. Gegen einen eidgenössischen Bürgerschein. Dazu ist es nicht gekommen. Inzwischen hatten aber die Schweizer selbst einen Maler engagiert, der 1880 an der linken Kapellenwand den Apfelschuß gemalt und ›E. Stückelberg Pictor Basil.‹ signiert hat.

Der Basler Meister, der gerade am ›Tellsprung‹ arbeitete, als der königliche Gast zu seiner überraschenden Visite eintraf, war noch nicht vom Essen zurück, als die ›Italia‹ anlegte. Schnell holte man ihn und den Schlüssel, doch nun hatte der reisende Regent keine Lust mehr, über den schwankenden Steg an Land zu gehen. Er schickte Josef Kainz – und den hielt Ernst Stückelberg (angeblich) für den König von Bayern.

Sehr viel später, ein paar Jahrzehnte nach dem Tode Ludwigs II., hat es über dieses Verwechslungsspiel eine Debatte gegeben: Kainz hatte in einem Brief an seine Mutter ausführlich erzählt, wie der Maler ihm die Entwürfe unterbreitete und für die große Ehre des Besuches dankte; in Schweizer Zeitungen wurde aber argumentiert, der hochverehrte Meister Stückelberg hätte mit seinem geschulten Malerauge natürlich sofort erkannt, daß er nicht den König von Bayern vor sich habe, der wäre »nie auf eine solche Theaterfarce hereingefallen und hätte die an sich unschönen Züge des verschminkten Schauspielergesichts eines Joseph Kainz mit ausgesprochenem semitischen Typus niemals mit den edlen Zügen des unglücklichen Bayernkönigs verwechselt«.

Tag und Nacht unter Dampf stand das Schiff ›Waldstätter‹ (unten; oben die Besatzung von 1881), das Ludwig für seine Rundfahrten auf dem Vierwaldstätter See benutzte.

Die ›Italia‹ kehrte nach diesem unfreiwilligen Abstecher wieder nach Brunnen zurück und steuerte diesmal, um den vielen Wartenden auszuweichen, den etwas abseits gelegenen Föhnhafen an. Aber kaum hatten die Leute gemerkt, was hier vorging, stürmten sie zum Jubeln und zum Gaffen an die neue Landestelle. Der König, heißt es, habe sich dann doch sehr gefreut.

Den königlichen Reisenden erwartete freilich eine neue unangenehme Überraschung: Von München aus hatte er seinen aus der Schweiz stammenden Silberverwalter Adolf Ledermann an den Vierwaldstätter See geschickt, damit er einen Teil von **Schloß Axenstein** anmiete. Doch nun, da er einzog, mußte Ludwig II. entdecken, daß das Schloß in Wirklichkeit ein Grand Hotel war. Eines der vornehmsten in der Schweiz – doch ein Hotel mit vielen, vielen neugierigen Gästen. Und die königliche Reaktion: *Überall Polizei! Fremde! Dann die Hotelwirtschaft! Hier werde ich nicht bleiben.*

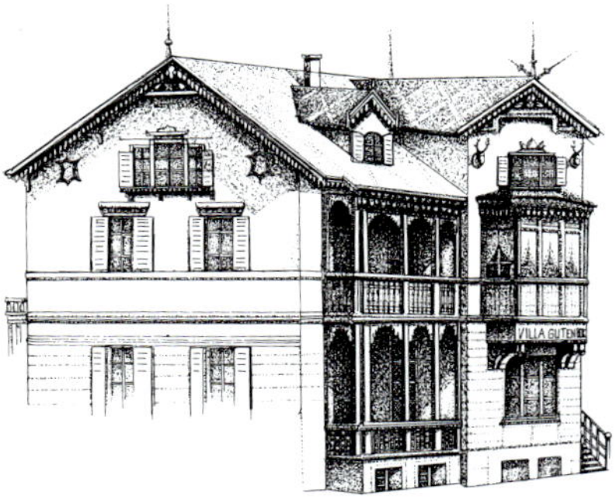

Mit der Miete der Villa Gutenburg (oben) hatte der König einen guten Griff getan: Sie bot die rechte Abschirmung von der Öffentlichkeit, die unmittelbare Nähe zu den Besuchszielen – und vor allem einen grandiosen Ausblick (unten) auf Urirotstock, Rütli, Seelisberg und den Schillerstein.

Nun wurde versucht, die idyllisch gelegene **Villa Gutenberg** zu mieten. Ihr Besitzer, der Verleger Adelrich Benziger aus Einsiedeln, weigerte sich, seine Sommerresidenz einem ihm unbekannten Marquis de Saverny zu überlassen. Als er freilich erfuhr, wer sich hinter diesem Namen verbarg, räumte er sein nach dem Erfinder der Buchdruckerkunst benanntes Domizil und zog mit seiner Familie ins Gartenhaus. Allerdings knüpfte er daran eine Bedingung: Der Mieter dürfe nichts bezahlen!

In den folgenden beiden Wochen bereiste der König das umliegende Tellsland. Häufig war er mit einem zweispännigen Landauer unterwegs, doch unten im Hafen lag Tag und Nacht die vierzig Meter lange ›Waldstätter‹ unter Dampf, und mit ihr ließ er sich vor allem auch nachts über den See fahren. Denn zu Bett ging der König nie vor zwei Uhr früh. (Jeden dritten Tag brachte ja ein Kurier aus München Arbeit und täglich kamen Akten, die zu bearbeiten waren, gelegentlich mehr als einhundertfünfzig!)

Zu den Schauplätzen, die der Marquis mit seinem Didier mehrfach aufsuchte, meist freilich erst abends, wenn die vielen Besucher längst weg waren, gehörte das **Rütlihaus.** Dem Verwalter dieser eidgenössischen Gedenkstätte, dem Förster Michael Aschwanden, der die Majestät mit nobler Diskretion auf den Wanderungen zur Bundeswiese begleitete, ließ Ludwig II. nach der Rückkehr ein Trinkhorn übersenden. Auch wenn Aschwanden einen Wunsch nicht hatte erfüllen können – der König wollte gerne in den beiden Zimmern des Rütlihauses wohnen. Er konnte ihm auch die Bilder an den Wänden nicht verkaufen, doch er wußte, wo sein Besucher sie in Luzern erwerben könnte. (Bei Nacht noch mußte ein Bote nach Luzern, denn auf dem schnellsten Weg wollte der Monarch die Bilder und die originalgetreuen Rahmen. Und er erhielt sie.)

Begeistert war der König vom Rütlihaus (Bild), das der gastfreundliche Förster Michael Aschwanden betreute: Am liebsten hätte Ludwig das Schweizer Nationaldenkmal gekauft oder gemietet. Als sich das als unmöglich erwies, trug er sich mit dem Gedanken, an anderer Stelle des Sees ein eigenes Schweizerhaus zu errichten (s. S. 222).

Die so beglückende Schweizer Reise endete zuletzt dann doch mit einer Disharmonie. Der König, der Dichtung ja sehr realistisch auffaßte und sie auch auf dem Theater möglichst wirklichkeitsgetreu aufgeführt wissen wollte, hatte sich in den Kopf gesetzt, daß Kainz die Erzählung des Melchthal von seiner Gebirgsüberquerung aus dem zweiten Akt des ›Tell‹ möglichst effektvoll und naturnah rezitiere. Das aber konnte nach des Königs Ansicht letztlich nur dann möglich sein, wenn Melchthal alias Kainz den zu schildernden mühevollen Weg über die Alpenpässe auch wirklich unter Aufbietung aller seiner Kräfte überwunden hätte. So schickte er also eines Tages den Schauspieler aus, damit dieser über Altdorf und die Ruine Attinghausen den Surenenpaß erklimme, in Engelberg übernachte und am folgenden Tag über den Jochpaß nach Melchtal wandere. Dort wollte ihn der König erwarten, um in der richtigen Emphase aus dem Munde des Erschöpften die Verse vernehmen zu können:

Durch der Surennen furchtbares Gebirg,
Auf weit verbreitet öden Eisesfeldern,
Wo nur der heisre Lämmergeier krächzt,
Gelangt ich zu der Alpentrift, wo sich
Aus Uri und vom Engelberg die Hirten
Anrufend grüßen und gemeinsam weiden.

Doch die so gut geplante Szene kam nicht zustande. Mit wunden Füßen und lahmen Beinen brach der bergunerfahrene Mime die Tour in Engelberg ab, ließ sich und seine Begleiter im Fuhrwerk nach Buochs bringen, wo er dann mit dem enttäuschten König zusammentraf, der vergeblich in Melchtal auf den großen Auftritt gewartet hatte.

Von äußerster Freigebigkeit zeigte sich Ludwig II. in der Schweiz: so ließ er dem Förster des Rütlihauses dieses skurrile Trinkhorn aus purem Silber übersenden und der Gemeinde Ingenbohl machte er eine Armen-Stiftung von 1000 Gulden, deren Zinsen heute noch ausbezahlt werden.

Als aber dann Ludwig einige Tage später hoffte, die geliebte Bühnenszene nachts um zwei auf dem Rütli doch noch nachgeliefert zu bekommen, berief sich der arme Kainz auf seine Müdigkeit und verweigerte seinem Theaterfürsten erneut die Gefolgschaft: Er legte sich ins Gras und schlief ein.

Die Verstimmung ist auf den Gesichtern zu lesen: Vor der Heimreise ließ sich der König mit Kainz noch im Atelier von Synnberg in Luzern photographieren.

Nun war der Bruch endgültig. Trotzdem überwand sich der König, die äußere Form zu wahren und die Reise nicht in voller Verstimmung ausklingen zu lassen. Am Schluß ließ er sich noch mit seinem Reisegefährten photographieren – wie ein Göd mit seinem Firmling. Dann reiste man nach Hause: Auch der letzte Versuch des Königs, einen treuen Seelenfreund zu gewinnen, war fehlgeschlagen.

Unerfüllt wie so viele Wünsche des Königs blieb auch der Traum von einem Schweizerhaus: Hier der Entwurf von Dollmann.

Zuvor aber hatte Ludwig noch großzügig Geschenke verteilt. Dem ›Rößli‹-Wirt in Brunnen, der um Erlaubnis gebeten hatte, für seinen ehemaligen Gast von 1865 ein Feuerwerk abzubrennen, übersandte er einen großen Lapislazuli, umgeben von 50 Diamanten. Adelrich Benziger, der sich Geld verbeten hatte, erhielt einen Orden für Kunst und Wissenschaft, seine Frau ein Kreuz mit 150 Diamanten; die drei Söhne wurden mit je einer goldenen Uhr und die zwei Töchter mit goldenen, perlenbesetzten Medaillons beschenkt. Der Keller der Villa Gutenberg aber war vom hohen Gast nicht geleert, sondern von den königlichen Begleitern wohl gefüllt worden: mit zwei Fässern Münchner Hofbräuhausbier, etwa tausend Flaschen Wein, mit Cognacs, Likören und einem Depot von Zigarren. Adelrich Benziger war auf lange Zeit versorgt.

Dem nach seiner Meinung so leicht ermüdbaren Josef Kainz hat der König bald schon verziehen und ihm sogar für eine Reise zur Großmutter in Klosterneuburg einen Salonwagen zur Verfügung gestellt, doch der alte vertrauliche Ton stellte sich nicht mehr ein, und im September 1883 trat der inzwischen verheiratete Schauspieler sein Engagement in Berlin an. Er war nun auf dem Weg zu seinem großen Ruhm.

Die aus der Zeit um 1860 stammende Villa Gutenberg steht heute noch. Sie wurde allerdings etwas verändert und liegt jetzt beinahe versteckt hinter einem Grand Hotel, das der in Amerika zu Ansehen und (vermögender) Ehefrau gekommene Porträtist August Benziger 1903 hatte bauen lassen. August war, damals vierzehn Jahre alt, einer der drei Buben, die mit einer goldenen Königsuhr beschenkt wurden. Nach dem Tod des Malers ging der Besitz an die Familie seiner Tochter Helen Margrit Willimann über, die 1961 an Armin Wyssmann verkaufte. Das bis 1985 an eine belgische Krankenkasse verpachtete Hotel wird durch einen Neubau ersetzt. An den König erinnert in der Villa ein großes ovales Photo mit massivem Goldrahmen. Außerdem trägt die unterhalb der Villa gelegene Aussichtsplattform, auf der die bayerische Majestät den wundervollen Blick auf den Urner See, den Urirotstock und das Rütli genossen hat, heute noch den Namen ›Ludwigsterrasse‹.

Zur Pariser Weltausstellung: 20. bis 29. Juli 1867. Der Zeitpunkt für diese Frankreichreise war nicht günstig gewählt: Bayern hatte einen Krieg verloren und das siegreiche, mächtige Preußen, das die deutschen Staaten unter seiner Pickelhaube einen wollte, sah diese Exkursion zweifellos mit Unbehagen und Mißtrauen. Was würde der bayerische König mit dem französischen Kaiser bereden? Wie könnte Preußen auf eine bayerisch-französische Annäherung reagieren? Welche politischen Folgen waren zu befürchten? Die französische Zeitung ›La Situation‹ jedenfalls meinte, dieser Besuch sei »ein Ereignis von unberechenbarer politischer Tragweite«. Der König selbst war offensichtlich der gleichen Ansicht. Er wolle reisen, so ließ er wissen, »um nur nichts zu versäumen, was der Stellung Bayerns förderlich sein könnte«. Und die große Weltausstellung auf dem Pariser Marsfeld böte einen guten Anlaß.

Die Hochzeit stand bevor, mit Eifer wurden die Vorbereitungen für das Fest getroffen, als der Bräutigam am Abend des 20. Juli von Berg über Fürstenried nach Gauting ritt, wo er den Extrazug bestieg, der ihn nach Frankreich brachte. In seiner Begleitung reisten Generaladjutant von der Tann, Adjutant Sauer, Geheimsekretär Brochier, Kabinettskassier Grünwald, natürlich auch der Kabinettssekretär sowie drei Diener und ein Friseur.

Am 21. Juli, abends um dreiviertel neun, kam die Majestät unter dem Pseudonym eines Grafen von Berg am Straßburger Bahnhof in **Paris** an und begab sich von dort zum ›Hôtel du Rhin‹, wo ihn sein königlicher Großvater Ludwig I. bereits erwartete. Er war am 12. Juli unter dem Pseudonym eines Baron von Spessart von Salzburg aus in die französische Hauptstadt gereist. Am Morgen nach der Ankunft seines Enkel hat er die französische Hauptstadt wieder verlassen. Ludwig II. aber besichtigte an diesem 22. Juli die Tuilerien und machte eine Visite bei Napoleon III., dem er vier Wochen später in Augsburg wieder begegnen sollte. Der schönen Kaiserin Eugènie ist der König in Paris nicht begegnet; sie weilte gerade zu Besuch bei Queen Victoria.

Der König von Bayern machte keine Sensation, schließlich waren zur Weltausstellung ein Dutzend Kaiser und Könige, sechs regierende Fürsten und neun Thronfolger an die Seine gekommen, doch der französische Souverän ehrte seinen Münchner Gast dadurch, daß er ihn und den König von Portugal zum landwirtschaftlichen Teil der Weltausstellung begleitete.

Seine Abende verbrachte Ludwig II. im Theater. Er sah den ›Don Carlos‹ in der **Grand Opéra** (die Verdi-Oper war vier Monate zuvor hier uraufgeführt worden), er besuchte außerdem Vorstellungen der ›Afrikanerin‹, von ›Mignon‹ sowie ›Romeo und Julia‹. Am 24. Juli aber lud der Kaiser ein zum Ausflug nach **Compiègne** und dem ein gutes Dutzend Kilometer nördlich davon gelegenen, durch Napoleon mit großem finanziellen Aufwand wiederaufgebauten Schloß **Pierrefonds** mit seinen acht Türmen und den vielen Schießscharten. Anschließend gab es noch die Parade eines Husarenregiments in jenem Compiègne, wo der unglückliche Bayernherzog Tassilo III. im Jahre 757 durch unzählige Eide dem fränkischen Herrscher seine Vasallentreue schwören mußte.

Natürlich hat sich der Wittelsbacher auch auf der **Weltausstellung** umgeschaut. Er hat die Porträtbüsten gesehen, mit denen die Bildhauerin Elisabet Ney (s. S. 20 und 154) bedeutende Deutsche ehrte und den Maurischen Kiosk, der ihm gleich ins Auge stach, den er aber erst 1876 für Linderhof erwerben konnte (s. S. 106). Er wird sicher auch erfahren haben, daß sich am Tag seiner Abreise aus Bayern die Musiker seines 1. Bayerischen Infanterieregiments unter der Leitung von Wilhelm Siebenkäs – sie hatten für ihn einst in Hohenschwangau Musik von Wagner gespielt – mit dem Vorspiel zum dritten Akt und mit dem Brautchor aus ›Lohengrin‹ im Saal des Pariser Industriepalastes einen zweiten Preis erspielt hatten. Und der König könnte

An dem 1848–70 rekonstruierten Schloß Pierrefonds – oben die Ruine, unten der Ausbau – entzündete sich auch die Phantasie König Ludwigs II.

Die Pariser Weltausstellung von 1867: Preußen lieferte dazu als eigenen Beitrag einen Maurischen Pavillon, der auf Umwegen 1876 im Park von Linderhof landete.

den Schauplatz des Triumphs der bayerischen Blasmusik auch besucht haben, da die Münchner Brauherren Brey (Löwenbräu) und Sedlmayr (Brauerei zum Spaten) für die Restauration in eigenen Spezialwagen das Bier anlieferten.

An Cosima von Bülow (die drei Jahre später Frau Wagner werden wird) schreibt der König über seine Pariser Erlebnisse: *O welch wohlthuende Ruhe nach den Tagen der Hast, des Weltgeräusches, wie ich sie jüngst im modernen Babylon erlebte; und doch bereue ich nicht die dort zugebrachte Zeit; denn unter manchem Unangenehmen, ja höchst Zuwideren, habe ich doch viel Interessantes und Schönes gesehen ... Ohne Ermüdung war ich 6,7 Stunden en suite in der Ausstellung, die ich sehr gerne mir besah; doch welche Wohltat als ich neulich wieder die deutschen Eichen sah.*

Der Frankreichbesuch hatte ein unerwartetes, abruptes Ende gefunden. Noch ehe er das Schloß in Versailles besuchen konnte, mußte König Ludwig nach Bayern zurückreisen. Sein Onkel Otto, der in Bamberg lebende Griechenkönig a. D., den er noch im November des vorangegangenen Jahres während seiner Frankenreise besucht hatte, war am 26. Juli verstorben.

Am Abend des 29. Juli traf Ludwig II. wieder in seiner Sommerresidenz Berg ein.

Nochmals Paris: 21. bis 28. August 1874. Der bayerische Gesandte in Paris riet ab und einige der Minister in München drohten mit ihrem Rücktritt. Die Franzosen, sagten sie, hätten die Niederlage von 1870/71 noch nicht vergessen, und außerdem sei in der Stadt die Cholera aufgetreten. Aber König Ludwig ließ sich von seinem Plan nicht abbringen. Zwar reiste er nicht mehr im Herbst 1873, wie es ursprünglich vorgesehen war, doch am 22. August 1874, abends gegen neun, traf der Graf von Berg, alias Ludwig II. von Bayern, mit seiner Begleitung – darunter dem für die königlichen Reisen zuständigen Oberstallmeister Graf Holnstein und dem für die bayerischen Eisenbahnen verantwortlichen Generaldirektionsrat Schamberger – am Straßburger Bahnhof in Paris ein.

Die Majestät bezog Quartier in der Deutschen Botschaft, bei ihrem ehemaligen Ministerratsvorsitzenden, dem Fürsten Hohenlohe. Daß der sonst so sehr auf seine föderativen Rechte bedachte König ausgerechnet hier abstieg, mochte eine Geste sein, schließlich war es ja Bismarck gewesen, der dieser Reise zugestimmt hatte; mit der Begründung, man solle Ludwig II. den Spaß gönnen und im übrigen sei er von diesem Plan ohnedies nicht abzubringen. (So weit war es also mit der bayerischen Souveränität gekommen, daß Berlin um das Placet für eine Königsreise nach Paris gebeten wurde!) Der kgl. bayer. Gesandte von Rudhardt, der im Jahr zuvor so energisch vor der Fahrt gewarnt hatte, durfte das alles nicht miterleben. Ihm war für die königliche Besuchszeit ein Urlaub anempfohlen worden.

Der Gast aus Bayern besichtigte die Stadt, er ging – natürlich – ins Theater und fuhr, schließlich war dies ja der Anlaß seiner Reise, nach **Versailles.** Dort feierte Ludwig am 25. August seinen 29. Geburts- und zugleich seinen Namenstag. Frankreich zeigte sich dabei spendabel und ließ zur besonderen Freude des Königs von Bayern um 11 Uhr die Großen Wasser springen. Zum Preis von 50 000 Francs, zahlbar aus der französischen Staatskasse. Die Leute schauten sich den hochgewachsenen schönen Roi de Bavière ruhig an, ein paar Buben, die hinter dem König herliefen und seinen seltsamen gestelzten ›Hahnenschritt‹ nachahmten, wurden arretiert. Die Zeitungen fragten freilich, ob man die kostspieligen Wasserspiele tatsächlich andrehen mußte: Wir sind guterzogene Kinder, schrieb eine der Zeitungen, aber Herr Bismarck hat doch viel Geld von uns bekommen, könnte sich der Bayernkönig da nicht ein paar Scheine nehmen, um die Spritzbrunnen zu bezahlen? Aber nein, hieß es, wir haben unseren Feinden nicht zu verweigern, »der Roi Louis wird sein Großes Wasser bekommen, auf Kosten unserer armen Kasse«.

Zwei Tage und eine Nacht verbrachte der König in Versailles. Er besuchte auch noch **Fontainebleau** und beschloß den Frankreichbesuch mit einer Besichtigung des **Louvre** und einem Besuch am Sarkophage Napoleons (dem seine Familie die Königswürde verdankte) im **Invalidendom.**

Am 28. August, abends um acht, war der Monarch wieder daheim in Schloß Berg. Den Präsidenten MacMahon hatte er in den sechs Pariser Tagen nicht gesehen. Die Reise hatte keine politischen Folgen. Doch in jenen Augusttagen des Jahres 1874, durch die Visite bei Louis XIV., hat Ludwig II. wichtige Anregungen für seine Bauten empfangen.

Reims: 24. bis 27. August 1875. Der 25. August nahte, und wie im Vorjahr wollte König Ludwig auch diesmal den Geburtstag – seinen 30. – in Frankreich begehen. Paris hatte er gesehen, in Versailles war er gewesen, nun wollte er **Reims** besuchen, die Stadt, in der die Jungfrau von Orleans ihren König Karl VII. zur Krönung geführt hatte.

Unter Geheimhaltung waren die Vorbereitungen getroffen worden, und am 24. August reiste der König ab, akkompagniert von seinem Oberstallmeister Graf Holnstein und von dem Eisenbahn-Generaldirektionsrat Schamberger. In Avricourt bei Lunéville, dazumal die deutsch-französische Grenzstation, standen drei Wagen bereit, die von der Regierung in Paris zur Verfügung gestellt waren.

Abends um sieben Uhr traf die kleine Reisegesellschaft in der ehemaligen Krönungsstadt ein, der König bezog seine Zimmer im ersten Stock des ›Hôtel au Lion d'Or‹ und machte noch einen abendlichen Stadtrundgang.

Am nächsten Morgen, beim Besuch der **Kathedrale,** mußte Ludwig II. entdecken, daß sein Inkognito gelüftet war. Die Leute drängelten sich, den hohen Gast aus München zu sehen. Nicht anders war es, als der König den alten **Krönungssaal** und die Kirche **Saint-Remi** besichtigte. Da ihm also ein ruhiger, ungestörter Aufenthalt nicht gegönnt war, kehrte er ins Hotel zurück, ließ packen und fuhr zurück in seine Sommerresidenz. Am 27. August ist er dort eingetroffen. Seiner Mutter schrieb er: »... ich bin ... in hohem Grade von meiner Reise nach dem altehrwürdigen geliebten Reims befriedigt wieder in den Bergen« eingetroffen.

Seinen 29. Geburtstag feierte Ludwig II. am 25. August 1874 in Versailles. Die französische Republik zeigte sich generös und ließ für den Bourbonenschwärmer aus Bayern die Wasserspiele (hier im Bild: um 1890) extra in Gang setzen.

Denkmäler und Gedenktafeln für Ludwig II.

Bestehende Denkmäler

Bamberg: Denkmal von Fritz Christ (Anlage) und Philipp Kittler (Figur) im Theresienhain, 1910 (s. S. 38).

Bayreuth: Denkmal mit Büste von Caspar Zumbusch vor der Villa Wahnfried, 1875.

Berg: Brunnendenkmal; Enthüllung 15. 6. 86.

Füssen: Büste im Kurhaus, Abguß nach einer anonymen Galvanoplastik von etwa 1890; Enthüllung am 15. Juni 1986.

Garmisch-Partenkirchen: Denkmal in den Sankt-Anton-Anlagen, 1895; die ursprüngliche Büste in Galvanoplastik 1906 durch eine Ausführung in Marmor (von March in München) ersetzt.

Grassau: Denkmal von einem unbekannten Künstler am Friedhof, 1911.

Horn bei Hohenschwangau: Büstendenkmal in einer Gartenanlage.

Kolbermoor: Denkmal von Anton Kaindl und H. Kiene an der Haßlerstraße, 1909.

Kempten: Denkmal-Kapelle, 1933.

Krün: Denkmal mit Abguß einer Büste eines unbekannten Künstlers in Lesesaal des Gemeindehauses, 1968.

München: Ludwigsfigur an der Königslaube des Neuen Rathauses von Heinrich Waderé, 1907 (s. S. 122 f.); Kopf der im Krieg eingeschmolzenen Figur von der Corneliusbrücke auf einer Marmorstele im Durchgang des Nationaltheaters, 1963; Denkmal von Toni Rückel in den Maximiliansanlagen, 1967 (s. S. 124); Abguß des Originalkopfes im Nationaltheater vom ehemaligen Denkmal auf der Corneliusbrücke, am ursprünglichen Ort aufgestellt 1973; Abguß einer Büste von Johann Hautmann von 1864 im Palmenhaus im Park von Schloß Nymphenburg, 1985.

Ganz unkonventionell im Gehrock zeigt das Denkmal in Kolbermoor seit 1909 den König.

Murnau: Denkmal von Johann Hautmann, 1894.

Prien am Chiemsee: Denkmal mit einem Abguß der Büste von Caspar Zumbusch auf den Schären, 1973.

Rottenbuch: Farbig gefaßtes Hochrelief eines unbekannten Künstlers über einer Tordurchfahrt, 1906.

Schachen: Gedenktafel am Königshaus, 1967.

Starnberg: Denkmal von Claus Nageler am Bahnhof, 1984.

Zorneding: Denkmal an der Hauptstraße, 1903.

Weitere Gedenkstätten u. a.: Bronzereliefs an Kriegerdenkmälern in Ansbach (1906) und Amerdingen (1910), Bronzebüsten in Schloß Linderhof (1982), in Schloß Neuschwanstein (1985), am Walchensee (1986), am Rathausplatz Schwangau (1986), auf dem Pürschling bei Unterammergau (1986) sowie auf dem Falkenstein bei Pfronten (1986).

Einweihung des König-Ludwig-Denkmals bei Prien am Chiemsee im Jahre 1973.

Zerstörte oder abgebrochene Denkmäler

Berchtesgaden: Gedenktafel in der Stiftskirche, 1911, 1964/66 entfernt und im Schloß reponiert (s. S. 49).

Fürth: Ludwigsbrunnen mit Bronzerelief von Josef Köpf, 1908; größtenteils abgebrochen 1938 (s. S. 65).

Herzogenaurach: Denkmal von Hans Gast (Anlage) mit Relief nach Johann Hautmann an der Bamberger Straße, 1911; 1922 Relief gestohlen, Anlage später abgebrochen.

München: Denkmal von Hans Grässel (Anlage) und Ferdinand von Miller (Figur) auf der Corneliusbrücke, 1910; Figur 1943 eingeschmolzen bis auf den Kopf (heute im Durchgang zum Nationaltheater). Anlage 1970 abgebrochen (s. S. 123).

Nürnberg: Denkmal von Max Heilmaier am Stadtpark, 1913; Figur im Zweiten Weltkrieg eingeschmolzen, Anlage abgetragen (s. S. 179).

Palling (Landkreis Rosenheim): Denkmal eines unbekannten Künstlers, 1906, noch vor dem Kriege entfernt.

Rosenheim: Gedenktafel von Max Lutz (Tafel) und Bildhauer Hauser (Relief) im Vestibül des Rathauses, 1897; 1939 entfernt und ins Heimatmuseum überstellt, dort nicht mehr auffindbar.

Seeshaupt: Büstendenkmal im Garten des Gasthofs zur Post; Büste entfernt.

Starnberg: Statue im einstigen Theatersaal, 1909.

Das geplante Denkmal am Friedensengel.

Projektierte Denkmäler

Görlitz: 1899 Aufstellung eines Büstendenkmals im Stadtmuseum geplant; Ausführung unbekannt.

München: Denkmal von Fritz Behn in der Mittelnische der Luitpoldterrasse; 1959 Gipsmodell probeweise aufgestellt, Ausführung unterblieben; der Kopf des Modells im Fritz-Behn-Museum in Bad Dürrheim im Schwarzwald.

Würzburg: 1912 geplant, nicht ausgeführt.

König Ludwig II. *(links) neben Prinzregent (Mitte) und Kaiser Wilhelm* I. *(rechts) in der 1897 errichteten und 1939 entfernten Gedenkstätte im Vestibül des Rathauses in Rosenheim.*

Nachleben

Kunst, Kitsch, Kommerz

Das Säkulum hat einen König bekommen, in dem sich seine Träume, seine Wünsche und Phantasien trafen: Ludwig II. von Bayern war eine Herrscherfigur des 19. Jahrhunderts und er ist das Produkt von Projektionen und Träumen.

Der junge, schlanke, hochgewachsene König mit den leuchtenden Augen, der melancholische, einsame Herrscher mit den prunkvollen Schlössern und den nächtlichen Ausfahrten, und zuletzt dann der rätselhafte Tod im See – schon zu Lebzeiten haben sich Legenden und Gerüchte um ihn gebildet. Die Zeitungen spekulierten öffentlich darüber, ob der König wahnsinnig sei, und die **Literatur,** vor allem die triviale, rankte um seine Figur ihre banalen, vulgären Geschichten. So wurde 1878 ein Ermittlungsverfahren gegen einen Roman ›König Null‹ von Schmidt-Weissenfels eingeleitet. Das Titelblatt zeigte einen bärtigen Mann mit türkischem Käppi, der sich vor einem Sofa einer Dame handgreiflich und schmachtend bemächtigt. Die Trivialität, erschienen als Nr. 102 in der Reihe ›Eisenbahn-Unterhaltungen‹, enthielt offensichtlich mancherlei Anspielungen auf kgl. bayer. Verhältnisse, doch zuletzt wurden die Untersuchungen eingestellt, da, wie es hieß, der Münchner Hof namentlich nicht genannt wurde.

Ein französischer Roman aus der Zeit um 1881 – also dem Jahr von Ludwigs großer Schweizer Reise – hatte weniger Glück: ›Le Roi Vièrge‹, ›Der jungfräuliche König‹, von Catulle Mendès (auch in deutscher Übersetzung erschienen) wurde wegen der in ihm enthaltenen obszönen Stellen beschlagnahmt.

Es ist am Münchner Hof noch etliche Male geprüft worden, ob man gegen derartige Ludwig-Trivialitäten einschreiten solle. Zum Beispiel 1887, als in der ›Wiener Allgemeinen Zeitung‹ ein Fortsetzungsroman ›Weltfreund‹ von Clarissa Lohde erscheinen sollte. Man hat sich mit dem Herausgeber der Zeitung gütlich geeinigt und den Abbruch des Fortsetzungsromans erreicht.

Es wurde freilich weitergeschrieben. **Literatur** auf höherem Niveau. Karl von Heigel legte 1893 ›König Ludwig II. von Bayern‹ vor, Luise von Kobell folgte 1894 mit ›Unter den vier ersten Königen Bayerns‹ (wobei die Nr. 4 Ludwig II. war) sowie 1900 mit ›König Ludwig II. und die Kunst‹. Im selben Jahr legte Jacques Bainville seinen ›Louis II de Bavière‹ vor, Ferdinand Bac folgte 1910 mit ›Le Voyage romantique. Chez Louis II roi de Bavière‹. Ferdinand Bonn hatte drei Jahre zuvor eine fünfaktige Tragödie ›Ludwig II.‹ geschrieben und Karl May den bereits 1886 erschienenen Roman ›Der Weg zum Glück. Roman aus dem Leben Ludwig des Zweiten . . .‹.

Die Ludwig-Literatur füllt mittlerweile sicher etliche große Bücherregale. Zu ihr zählen unter vielen anderen: Gottfried Böhms grundlegende Biographie aus dem Jahre 1922, Anton Memmingers drei Jahre früher erschienene Darstellung ›Der Bayernkönig Ludwig II.‹, ›Louis II de Bavière ou Hamlet-Roi‹ aus dem Jahre 1928 von Guy de Pourtalès (deutsche Übersetzung 1929), Klaus Manns ›Vergitterte Fenster‹ und Annette Kolbs ›Ludwig II. und Richard Wagner‹, Anton Sailers ›Bayerns Märchenkönig‹, Wolfgang Christliebs Stück ›Gewitter am See‹, Wilfried Blunts ›The Dream King‹ (deutsch 1970), Rupert Hackers ›Ludwig II. in Augenzeugenberichten‹, Michael Petzets und Werner Neumeisters ›Die Welt des Bayerischen Märchenkönigs‹, Kurt Hommels ›Die Separatvorstellungen vor König Ludwig II. von Bayern‹, Ludwig Hollwecks Anthologie ›Er war ein König‹, Georg Baumgartners ›Königliche Träume‹, Horst Krügers ›Ludwig, lieber Ludwig‹, Dieter Kühns ›Der Himalaya im Wintergarten‹ und und und . . .

Dann neben den Büchern die **Filme.** In den Akten des Geheimen Hausarchivs wird bereits im Jahre 1918 ein kinemathographisches Projekt über Ludwig II. erwähnt. Der Film hat – wenn er denn überhaupt gedreht wurde – keine Filmgeschichte gemacht. Wohl aber jener andere, für den deutschen Film der fünfziger Jahre so typische ›Ludwig II. – Glanz und Elend eines Königs‹ von Helmut Käutner. Niemand hat für die Popularität König Ludwigs II. mehr getan als O. W. Fischer in diesem 1955 uraufgeführten, liebevoll gestalteten Color-Melodram.

In Luchino Viscontis manieristischem, historisch vielfach ungenauem ›Ludwig II.‹ spielte 1972 Helmut Berger den bayerischen Monarchen.

Die bildende **Kunst** hat den König eigentlich (noch) nicht entdeckt, abgesehen etwa von Malern wie György Stefula (S. 234) oder Michael Mathias Prechtl. Aber die Kunstgeschichte führte 1968, spät zwar, doch immerhin, eine (gewisse) Rehabilitierung der so lange scheel angesehenen Ludwigs-Kunst in einer von Michael Petzet konzipierten und von Paolo Nestler märchenhaft inszenierten

Ausstellung (in der Münchner Residenz, vgl. S. 2) durch, die dann nach London weiterwanderte. Bereits 1966 aber gab es einen beachtenswerten Vorläufer in Brüssel.

Seine treuesten Anhänger hat der König freilich noch immer im Oberland, unter anderem in (angeblich) rund siebzig **Trachtenvereinen,** die seinen Namen tragen. (Und zwei von ihnen besitzen eine überdimensionale, auf hoher Stange montierte und auf Kurbeldrehung entfaltbare Seerose mit einem holzgeschnitzten Ludwigkopf mittendrin, vgl. S. 232.)

In den Bergen wird auch jetzt noch alljährlich an Ludwigs Geburts- und Namenstag, dem 25. August, des »Märchenkönigs ehrend gedacht«. Nach Einbruch der Dunkelheit werden Feuer abgebrannt und in Oberammergau zum Beispiel entzündet man am Vorabend des Geburtstags an der Kofelwand eine riesige Krone sowie ein Kreuz aus Holzscheiten und ein geschwungenes ›L‹.

Natürlich wollen die Fremdenverkehrsdirektoren und Strategen des **Tourismus** den König nicht allein ihren Oberammergauer Kollegen überlassen – die Majestät gehört allen. So haben sie sich zusammengetan und 1977 einen 120 Kilometer langen Wanderweg kreiert, den mit Krönchen beschilderten ›König-Ludwig-Weg‹. Er führt von Berg nach Neuschwanstein, und hat der König einige der ausgewiesenen Passagen nicht durchfahren, so schlängelt sich der Weg doch immerhin durchs König-Ludwig-Oberland und gilt als »einer der schönsten Wanderwege in Bayern«. Und nicht genug mit der realen Phantastik von Neuschwanstein: Im Land der unbegrenzten Möglichkeiten sorgen in Disneyland und DisneyWorld Phantasmagorien eines Super-Neuschwanstein für märchenhafte Unterhaltung der Besucher und ebenso märchenhafte Füllung der Kassen.

Ludwigs-Verehrung und **Kommerz** sind ja schon lange eine innige Verbindung eingegangen. Das begann bereits im Jahre 1856, als der findige Blumenzüchter Wilhelm Neubert in Stuttgart sich nach München wandte, um die allerhöchste Genehmigung zu erwirken, seine neuesten Nelken-Kreationen ›Max‹, ›Marie‹ und ›Ludwig‹ taufen zu dürfen. Und warum sollte der eigenen Familie nicht recht sein, was anderen so billig erscheint (und von ihnen um so teurer verkauft wird): Da wird etwa von einem Wittelsbacher (einem Urenkel des Ludwig-Cousins Ludwig III.) ein König-Ludwig-Bier gebraut. Man sah den König aber auch schon auf der Verpakkung von Malzkaffee (der auch seinen Namen trägt) und Pralinen, auf T-Shirts oder auf Reklamewänden. In Nürnberg stand der Salonwagen Ludwigs Pate bei einer Bar-Einrichtung, und selbst in London, so weit man weiß, gibt es ein ›King Louis Pub‹.

Zur Vermarktung des Königs liefern aber seit den frühesten Zeiten auch die Ansichtskartenfabrikanten und die Souvenirproduzenten ihren reichen Beitrag: Aschenbecher und Bierkrüge mit Ludwigs-Porträt, Ludwig in Gips, Ludwig in Bronze, Schwäne aus Keramik...

Doch nicht alles ist Kitsch. So brachte zum Beispiel eine Zinngießerei eine originelle Kreation heraus – das zwölf Zentimeter lange Königsschiff ›Tristan‹. Ein populäres ›Ratespiel für Bayernkenner‹ im Dritten Programm des Bayerischen Fernsehens hat man zwar nur ›Bayern-Kini‹ genannt, doch jedermann ist klar, wer damit gemeint ist: the one and only Ludwig II.

Schon wenige Jahre nach des Königs Tod begannen sich allenthalben Vereine zu formieren, um **Denkmäler** zu errichten und so das Andenken des Königs wachzuhalten. Diese bestehenden, verschwundenen oder geplanten Zeugnisse der Anhänglichkeit sind auf den Seiten 226 und 227 verzeichnet.

Gedenktafeln mögen verschwinden, Denkmäler können eingeschmolzen werden – der König aber bleibt. Er lebt im Herzen seiner Anhänger und im berühmten Lied:

Auf den Bergen wohnt die Freiheit,
Auf den Bergen ist es schön
Wo des Königs Ludwigs Zweiten
Alle seine Schlösser stehn.

Allzu früh mußt er sich trennen,
fort von seinem Lieblingsplatz:
Ja, Neuschwanstein, stolze Feste,
Warst des Königs liebster Schatz!

Allzufrüh mußt er von dannen,
Man nahm ihn fort mit der Gewalt,
Gleich wie Barbarn hams dich behandelt
Und fortgeführet durch den Wald.

Mit Bandarsch und Kloriformen
traten sie behendig auf.
Und dein Schloß mußt du verlassen
Und kommst nimmermehr hinauf!

Nach Schloß Berg hams dich gefahren
In der letzten Lebensnacht,
Da wurdest du zum Tod verurteilt,
Noch in derselben grauen Nacht.

Und geheime Meuchelmörder,
Deren Namen man nicht kennt,
Haben ihn in' See neingsteßen,
Indem sie ihn von hintn angerennt.

Lebe wohl, du guter König,
In dem kühlen Erdenschoß,
Von dort droben kannst du nicht mehr
Runter in dein stolzes Schloß!

Ja, du bautest deine Schlösser
Zu des Volkes Wohlergehn.
Neuschwanstein, das allerschönste,
Kann man noch in Bayern sehn!

Anhang

Verzeichnis und Nachweis der Abbildungen

Die halbfetten Zahlen am linken Rand verweisen auf Seitenzahlen. Die Abbildungen sind in der Reihenfolge ihrer Anordnung auf der Seite nachgewiesen: oben vor unten, links vor rechts. Besitzer und Leihgeber von Fotos und sonstigen Reproduktionsvorlagen erscheinen in eckigen Klammern. Museen und Sammmlungen, die zugleich auch Fotos zur Verfügung gestellt haben, sind hier nicht mehr eigens ausgewiesen. Häufig vorkommende Besitzer und Leihgeber von Druckvorlagen sind wie folgt abgekürzt:

GHA	Bayerisches Hauptstaatsarchiv, Abt. Geheimes Hausarchiv, Wittelsbacher Bildersammlung
L-II-M	Archiv des König-Ludwig-II.-Museums
MSM	Münchner Stadtmuseum
PA	Archiv des Prestel-Verlags
RWM	Bayreuth, Richard-Wagner-Museum
SV	Bayerische Verwaltung der Staatlichen Schlösser, Gärten und Seen
WAF	Wittelsbacher Ausgleichsfonds

1 Einband – Vorderseite: *Schloß Neuschwanstein* [Bildkunstverlag Gerhard und Waltraut Klammet, Germering].

2 *Statue Ludwigs II.* von Friedrich Ochs nach Elisabet Ney und *Thron* aus dem Audienzzimmer der Königswohnung in der Residenz; Arrangement aus der Ausstellung ›König Ludwig II. und die Kunst‹ in der Residenz München 1968 [Sessner, Dachau].

8 *Putto mit Porträt-Medaillon des Königs;* Ausschnitt aus einem Porzellangemälde mit der Allegorie von ›Astronomie und Geschichte‹ an einer Flügeltüre zum Porzellankabinett in Schloß Herrenchiemsee, 1887; Foto: [Privatbesitz].

9 E. Rietschel: *Prinz Ludwig mit Kinderbuch,* Aquarell, 1847 [SV]. – Th. Driendl: *Königin Marie mit Kronprinz Ludwig und Prinz Otto,* Lithographie, um 1848; GHA.

10 E. Rietschel: *Prinz Ludwig mit Trommel und Baukasten,* Aquarell, 1850 [SV]. – J. Halbig: *Büste von Kronprinz Ludwig,* Marmor, 1855 [SV].

11 *König Max II. und Königin Marie mit den Prinzen Ludwig und Otto,* anonyme Lithographie, um 1863; GHA. – *Kronprinz Ludwig,* Fotografie, um 1863; SV.

12 *König Ludwig II.,* kolorierte Fotografie, 1864, Geschenk des Königs an Richard Wagner; RWM [W. Rauh].

13 *Erster Brief R. Wagners an König Ludwig* vom 3. Mai 1864; GHA.

14 C. Zumbusch: *Büste von König Ludwig II.,* Marmor, 1864, Replik; RWM [W. Rauh]. – F. Pecht: *Richard Wagner,* Öl, 1864/65; New York, Metropolitan Museum of Art [PA].

15 M. Lang: *Brustbild Ludwig und Sophie,* Lithographie, 1867; GHA.

16 *Kaiserin Elisabeth von Österreich,* Lithographie; [Privatsammlung].

17 *Ludwig II. in den ersten Regierungsjahren,* Fotografie; SV.

18 *»Ludwig II. König von Bayern«,* kolorierte Lithographie, um 1864; MSM.

19 F. v. Lenbach: *Otto Fürst Bismarck,* Öl (Ausschnitt), 1890; München, Städt. Galerie im Lenbachhaus [PA]. – L. K. Behringer: *»Einzug der bayerischen Truppen in München«,* Öl, 1887; Ingolstadt, Bayerisches Armeemuseum, [Foto Scheuerer].

20 F. Kaulbach: *Elisabet Ney im Atelier* (Ausschnitt, vgl. S. 154), Öl; Niedersächsisches Landesmuseum, Landesgalerie Hannover.

21 E. Ney: *Cosima von Bülow,* Relief; RWM [W. Rauh]. – F. v. Lenbach: *Hans von Bülow,* Pastell; Privatbesitz [Zaubzer].

22 F. A. v. Kaulbach: *Ludwig II.,* Pastell, um 1884; Privatbesitz [Zaubzer].

23 J. Frank und F. Eibner: *Festbankett des Georgiritterordens,* Gouache, 1868; WAF. – F. Eibner und Wiedmann: *Festbankett im Ballsaal der Residenz anläßlich der Hochzeit der Erzherzogin Gisela mit Prinz Leopold,* Aquarell, 1873; WAF.

24 *König Ludwig II. als oberster Kriegsherr,* Fotografie, um 1880 [Privatbesitz]. – Unterschrift Ludwigs II. um 1886 [Privatbesitz]. – Geschliffener bömischer *Glaspokal,* Geschenk des Königs zu R. Wagners 53. Geburtstag; Tribschen, Richard-Wagner-Museum.

25 *Chatelaine mit zwei Uhren und einem Porträtmedaillon,* München, um 1880; Privatbesitz [A. v. Solodkoff, London]. – *Zigarettenspitze aus Meerschaum,* Geschenk des Königs an Johann Stocker in Elperting für 25jährige Bürgermeistertätigkeit in der Gemeinde Wildenwart; Privatbesitz.

26 *Schloß Neuschwanstein und Figur Ludwigs II. von E. Ney.* Fotomontage von E. Sporer [PA].

28 Lorenz II Quaglio: *König Maximilian II. füttert die Schwäne auf dem Alpsee,* im Hintergrund das Schloß Hohenschwangau, Öl, 1841; Hohenschwangau, WAF [PA]. – E. Rietschel: *Königin Marie mit den Prinzen Ludwig und Otto beim Füttern der Schwäne,* kolorierte Fotografie nach einem Aquarell von 1850; L-II.-M [PA]. – *Erbprinz Ludwig bei der Rückkehr vom Fischen,* Fotografie, um 1860 [PA].

29 Lorenz II Quaglio: *Alpsee mit Hohenschwangau,* Aquarell, 1858; MSM.

30 P. Herwegen: *Kapellenplatz in Altötting,* Lithographie (Ausschnitt); MSM. – *Herzurne* in der Gnadenkapelle in Altötting, Holzstich, um 1890 [PA].

31 Ph. Baumann: *»Stadtansicht von Aschaffenburg«,* Lithographie, um 1850; Museum der Stadt Aschaffenburg.

32 K. Hilgers: *»Gefecht von Aschaffenburg, 14. 7. 1866«,* Bleistift, um 1866; Museum der Stadt Aschaffenburg. – J. J. Tanner nach F. Bamberger: *Panorama von Aschaffenburg,* Stahlstich, (Ausschnitt); Privatsammlung.

33 J. Maar: *Zusammenkunft mit dem österreichischen und russischen Kaiserpaar in Bad Kissingen,* Aquarell, 1864; L-II.-M [WAF].

34 A. Kraus: *»Bayer. Chevauxlégers im Trefen bei Kissingen am 4. 8. 1866«,* Lithographie; MSM.

35 C. Schweitzer: *»Im Curgarten zu Kissingen, den 12. 8. 1866«,* Lithographie, MSM. – Döpler: *Auf der Promenade von Kissingen,* Holzstich, 1868; Privatbesitz.

36 *Blick über das heutige Bamberg,* Farbfoto [Fremdenverkehrsamt Bamberg].

37 *Residenz zu Bamberg,* Foto; SV.

38 *Haus Concordia* in Bamberg [Ruelius]. – *»Innenansicht des Bamberger Stadttheaters im Jahre 1908«* aus: Karl Schmidt, ›Hundert Jahre Bamberger Theater‹. – *Ludwig-II.-Denkmal* (Ausschnitt) im Theresienhain in Bamberg [Ruelius].

40 S. Schinkel: *Blick über das Festspielhaus auf Bayreuth,* Aquarell, 1876; RWM [W. Rauh]. – *Modell des Festspielhauses;* RWM [PA].

41 A. E. Kirchner: *Neue Eremitage in Bayreuth,* Aquarell, 1880; WAF [PA].

42 L. Bechstein: *Zuschauerraum während einer Rheingold-Aufführung 1876,* Xylographie [PA].

43 A. Menzel: *Wagner leitet die Vorproben auf der Bühne des Festspielhauses 1875,* Kohle; RWM [W. Rauh].

44 G. Papperitz: *Empfang im Saal des Hauses Wahnfried,* Gemälde, 1882; RWM [W. Rauh].

45 *Haus Wahnfried, Bayreuth;* RWM [W. Rauh]. – *Widmungsgedicht Wagners für Ludwig II. zur Vollendung des Siegfried,* 1871; RWM [W. Rauh].

46 *Blick in das ›Blaue Zimmer‹ des Richard-Wagner-Museums in Bayreuth;* RWM [W. Rauh].

47 C. Zumbusch: *Statuette des Lohengrin,* Marmor; RWM [W. Rauh]. – *Schloß Hohenschwangau,* goldbronziertes Hohlgußmodell; RWM [W. Rauh].

48 B. Weinmann: *Blick auf Berchtesgaden,* kolorierte Aquatinta, um 1855; Privatbesitz.

49 B. Weinmann: *Königliche Villa in Berchtesgaden,* kolorierte Aquatinta, um 1855; Privatbesitz. – *St. Bartholomä am Königssee* [Ruelius]. – J. Schlotterbeck: *Ludwig II.,* Lithographie; MSM.

50 A. Jacob: *»Schloß Berg am Starnberger See«* Aquarell (Ausschnitt) [PA].

51 E. Correns: *»König Ludwig vor dem Dampfer Tristan«*, Aquarell, 1867; WAF.

52 J. Watter: *Feuerwerk anläßlich des Besuchs der Zarin Maria Alexandrowna in Berg am 26. September 1868*, Aquarell [PA].

53 E. Ille: *Parzival*, Gemälde, 1869; WAF.

54 C. Zumbusch: *Statuette des Tannhäuser*, Marmor; RWM [W. Rauh]. – H. Breling: *Ludwig II. im Arbeitszimmer auf Schloß Berg*, Aquarell, 1887 [Privatsammlung].

55 B. A. Gudden, Holzstich, um 1890 [PA]. – *Aufbahrung des Königs in Schloß Berg*, Holzstich, 1886 [PA].

56 Der aus dem Park von Schloß Berg stammende *Maurische Kiosk* in der Orangerie zu Straßburg, Postkarte, um 1910; Straßburg, Archives de la ville de Strasbourg. – J. A. Horst: *Totenleuchte im Park von Schloß Berg*, Holzstich, um 1890 [PA].

57 *Enthüllung des vierten Gedenkkreuzes*, 1961 [Privatsammlung]. – E. Bachrach-Bourée: *Grundsteinlegung zur Votivkapelle* bei Berg 1896, Zeichnung [Privatsammlung].

58 W. Pfeiffer: *Leibreitpferd Erna auf dem Hochkopf*, Gemälde, 1868; München, Marstallmuseum [Privatsammlung].

59 W. Pfeiffer: *Leibreitpferd Thorilde vor dem Forsthaus in Altlach*, Gemälde, 1880; München, Marstallmuseum [Privatsammlung].

61 C. Jank: *Erster Entwurf für die Burg Falkenstein*, Gouache, 1883; L-II-M – *Modell von Schloß Falkenstein*; L-II-M [Archiv der Gemeinde Pfronten].

62 M. Schultze und A. Spieß: *Entwurf zum Schlafzimmer für Falkenstein*, Aquarell, 1885; WAF.

63 M. Kuhn: *Ansicht der Burg Fernstein von Osten*, Aquarell (Ausschnitt), 1872; WAF.

64 Porträt *Anton Memminger*, aus: Jahrbuch des Bayerischen Landtags. – *Blaues Zimmer* auf Burg Fernstein, Foto; Privatbesitz.

65 *Ehemaliger Ludwigsbrunnen in Fürth* und sein heutiger Zustand; Stadtarchiv Fürth [R. Thielsch].

66 *»Dr. Isaak Löwi, Stadt- und Districts-Rabbiner in Fürth«*, Kupferstich, Stadtarchiv Fürth [R. Thielsch]. – G. C. Wilder: *Die jüdische Hauptsynagoge*, kolorierter Kupferstich; Stadtarchiv Fürth.

67 *Frl. Mailhaus, Erzieherin des Königs*, Foto; L-II-M [SV]. – *Kalvarienberg in Füssen*, Fotografie um 1880; Privatbesitz.

68 *Schloß Herrenchiemsee im Bau*, kolorierte Xylografie nach Zeichnung von J. Wopfner, 1880; Privatbesitz.

69 *Schloß Herrenchiemsee mit dem 1907 abgebrochenen Schloßtrakt*, Fotografie um 1900; Privatbesitz. – *Brunnenfigur mit Neuem Schloß* [Ruelius].

70 *Königspavillon bei Rimsting*, Aufriß und Grundriß; Planei der Deutschen Bundesbahn.

71 *Die provisorischen Heckenkulissen des Parks von Herrenchiemsee*, Zeitschriftenillustration, 1886 [PA].

72 K. v. Effner: *Plan der projektierten Gesamtanlage von Schloß und Park Herrenchiemsee*, 1880; SV. – *Lampe im Schlafzimmer* von Herrenchiemsee [W. Neumeister].

74 *Spiegelgalerie von Schloß Herrenchiemsee* [W. Neumeister].

75 *Kutschenfahrt im Park von Herrenchiemsee* [Ruelius].

76 *Hebemechanismus des ›Tischleindeckdich‹* [PA] – *Latonabrunnen mit Wasserspielen* [W. Neumeister].

77 *Arbeitszimmer im Appartement des Königs mit ›Bureau du Roi‹* [W. Neumeister].

78 *Architektursaal im ehemaligen König-Ludwig-I.-Museum*; SV.

79 *Totenmaske des Königs und Abguß der rechten Hand*; L-II-M [PA und Privatbesitz]. – F. Seitz: *Entwurf zu einer Prunkbarke*, Gouache, um 1873; WAF.

80 *Gasthof zum Goldenen Hirsch in Hof*, Foto, um 1890; Stadtarchiv Hof.

81 *Hohenschwangau im Winter* [W. Neumeister].

82 E. Correns: *Königin Marie und König Max II. mit den Söhnen Ludwig und Otto*, Lithographie, um 1850 [PA]. – W. Scheuchzer: *Aussicht vom Burggarten über den Alpsee*, Aquarell, um 1860; WAF.

83 Holbach: *Ludwig II. und Prinz Otto in Hohenschwangau*, Aquarell, 1854 [Foto: Privatbesitz]. – *Tafelklavier*, Hohenschwangau, WAF. – R. Wagner: *Motive des Morgengrußes* [PA].

85 J. Watter: *»Des deutschen Kaisers Besuch«*, Xylographie; MSM.

86 G. Seeberger: *Schlafgemach Ludwigs II. in Hohenschwangau*, Aquarell; RWM, Leihgabe der Familie Wagner. – *Seite aus dem Kaiserbrief*, München, Bayerisches Hauptstaatsarchiv [PA].

87 M. Neher und L. Quaglio nach C. Ruben: *Szene aus der Lohengrin-Sage*, Hohenschwangau, Speisezimmer; WAF.

88 *Tschapka zur Uniform des 2. Ulanenregiments*; Bayerisches Armeemuseum, Ingolstadt. – *Ludwig II. in der Uniform eines Oberstinhabers des 2. Ulanenregiments* [Privatbesitz].

90 *Schlafzimmer auf Burg Trausnitz* [Privatsammlung].

91 *Arbeitszimmer und Audienzsaal* auf Burg Trausnitz [Privatsammlung].

92 K. Knabl: *Muttergottes mit Ludwig II. als Stifter*, Relief 1871 [SV].

93 L. Rottmann: *Schloß Linderhof*, (Aquarell (Ausschnitt), 1871; Ettal, Benediktinerabtei.

95 H. Breling: *Schloß Linderhof mit dem kleinen Galawagen*, Aquarell, um 1881; WAF.

96 Angelo II Quaglio: *Ansicht des Schlafzimmers des Königs in Linderhof vor der Umgestaltung*, Aquarell, 1871; WAF.

97 H. Breling: *König Ludwig II. in seinem Arbeitszimmer in Schloß Linderhof*, Aquarell, 1887 [Privatbesitz].

98 *Blick in das Speisezimmer von Linderhof* [W. Neumeister].

100 *Schloß und Park Linderhof* [W. Neumeister].

101 *Königslinde*, Holzstich aus der Zeitschrift ›Über Land und Meer‹, 1887.

102 G. Dollmann: *Entwurf zu einer Barock-Kapelle für Schloß Linderhof*, Aquarell, 1875; WAF.

103 R. Aßmus: *Die Blaue Grotte in Linderhof*, Xylographie [SV].

104 *Ehem. Maschinenhaus der Grotte* [Deutsches Museum, München].

105 H. Breling: *Ansichten der Venusgrotte in blauer und roter Beleuchtung*, Aquarelle, 1881; L-II-M [PA].

106 H. Breling: *Der maurische Kiosk im Park von Schloß Linderhof*, Aquarell (Ausschnitt), 1881; WAF.

107 *Pfauenthron im Maurischen Kiosk* [W. Neumeister].

109 H. Breling: *Außen- und Innenansicht der Hundinghütte bei Linderhof*, Aquarelle, 1882; L-II-M [PA].

110 H. Breling: *Die Einsiedelei des Gurnemanz*, Aquarell, 1882; L-II-M [PA].

111 H. Breling: *Ansicht des marokkanischen Hauses bei Schloß Linderhof*, Aquarell, 1881; WAF.

112 J. Hofmann: *Eingangsfassade des Hubertuspavillons*, lavierte Federzeichnung, 1885; WAF.

113 F. Knab: *Ansicht des geplanten Theaters in Linderhof*, Aquarell, 1874; WAF.

114 G. Dollmann: *Projekt zu einem byzantinischen Palast*, Aquarell, 1869; WAF

115 J. Hofmann: *Projekt eines byzantinischen Schlosses*, Grundriß und Aufriß, Aquarelle, 1885; L-II-M [PA].

Ludwigverehrung in Berg seit 1961: Der König in der (aufklappbaren) Seerose.

116 S. Eberle: *Nereide mit Königskrone* vom Schlittengestell des Kleinen Galawagens, 1873, München, Marstallmuseum [W. Neumeister].

117 »*Das Brunnenspringen der Metzger in München*«, kolorierte Lithographie nach Albrecht Adam aus ›National-Costüme des Königsreichs Bayern‹ von Felix Joseph Freiherr von Lipowsky, München, um 1820; Privatbesitz.

118 *Oktoberfest-Preisfahne zu Ehren der Herzogin Sophie in Bayern*, Gestickter Seidentaft, 1867; MSM.

119 F. Eibner: *Prozession im Dom*, Aquarell (Ausschnitt), 1868; MSM.

120 Amtskette des Rektors der Technischen Universität [Privatbesitz].

121 H. Adam: *Die Universität zu München*, Randansicht aus dem Sammelgemälde ›Das neue München‹, 1839; MSM.

122 *Die Könige Max II. und Ludwig II. an der Königslaube des Neuen Rathauses zu München* [Ruelius]. – *Theater am Gärtnerplatz* [Intendanz des Staatstheaters, Foto: Steinmetz].

123 *Ludwig II. vor dem Thron stehend*, kleine Bronzefigur nach dem Denkmal von Ferdinand von Miller auf der Corneliusbrücke; Privatbesitz. – Hans Grässel: *Modell des ehemaligen König-Ludwig-Denkmals an der Corneliusbrücke*, 1910; MSM.

124 *König-Ludwig-Denkmal in den Maximiliansanlagen in München* [Ruelius].

125 *Modell des Festhauses von Gottfried Semper*, L-II-M [SV].

127 *Südlicher Pavillon von Schloß Nymphenburg* [Ruelius]. – F. Ziebland: *Schlafzimmer der Königin Caroline im Südlichen Pavillon von Nymphenburg*, Aquarell, 1820, aus dem Wittelsbacher Album; WAF [PA].

128 F. X. Nachtmann: *Der Steinerne Saal in Nymphenburg*, Aquarell, 1844; WAF [PA]. – *Taufkleid des Prinzen Ludwig*, L-II-M [SV].

129 *Huldigung vor Ludwig II.*, 1870, anonyme Bleistiftzeichnung; MSM.

132 F. Heigel: *Raub des Goldes durch Alberich*, Szene aus Rheingold I/1, Kopie nach dem zerstörten Fresko von M. Echter im ehem. Nibelungengang der Residenz, Aquarell, 1867/70; RWM [PA]. – (Vorlage: PA). – *Schreibzimmer der Zarin in den Hofgartenzimmern der Residenz München beim Besuch 1868*, anonyme Illustrierten-Xylographie; MSM.

133 F. Eibner: *Schlafzimmer Ludwigs II. in der Residenz*, Gouache 1870; WAF.

134 *Ludwig II. im Krönungsornat*, anonymes Gemälde, 1864, SV. – *Thronsaal im Festsaalbau der Residenz*, anonymes Aquarell aus dem ›Wittelsbacher Album‹; WAF [PA].

135 *Audienzsaal der Staatsratszimmer in der Residenz*, Foto [SV].

136 C. Hoff: *Audienzzimmer Ludwigs II. in der Privatwohnung in der Residenz*, Aquarell, 1867/68; WAF.

137 *E. Riedel: Blick auf die Kaiserhof-Seite des Wintergartens*, lavierte Federzeichnung, 1869/70; SV. – *Abbruch des Wintergartens*, Foto, 1897; MSM.

138 A. Weger: *Josefine Scheffzky*, Stahlstich; MSM. – *Ostflügel des Wintergartens*, Foto, um 1880 [PA].

139 *Fischerhütte im Wintergarten*, Foto, um 1880 [PA]. – *Westflügel des Wintergartens mit Maurischem Kiosk*, Foto, um 1881 [PA].

140 G. Seeberger: *Aufführung im Residenztheater zu München*, Gouache, 1867; Deutsches Theatermuseum [PA].

141 H. Adam: Max-Joseph-Platz mit Residenz- und Nationaltheater, Hauptansicht aus dem Sammelgemälde ›Das neue München‹, Öl, 1839; MSM.

142/143 *Theaterzettel* zu den Uraufführungen ›Tristan und Isolde‹, ›Die Meistersinger von Nürnberg‹, ›Das Rheingold‹ und ›Die Walküre‹ [PA]. – J. Resch: *Karikatur zur vierten Aufführung von ›Tristan und Isolde‹ im Nationaltheater*, lavierte Federzeichnung, 1865 [PA].

144 *Franz Lachner*, Foto [SV]. – H. Adam: *Allerheiligen-Hofkirche*, Randansicht aus dem unter S. 141 aufgeführten Gemälde; MSM.

145 F. X. Nachtmann: *Inneres der Allerheiligen-Hofkirche*, Aquarell, 1839, MSM.

146 T. Dietz: *Ludwig II. zu Pferd*, Gemälde, 1864 [GHA]. – *Marstallmuseum in der ehem. Hofreitschule*, Foto, SV.

147 S. Eberle: *Modell der Staatskarosse Ludwigs II.*, um 1870, Marstallmuseum [SV].

148 *Kleiner Galawagen*, 1873, Marstallmuseum [W. Neumeister].

149 *Puttenschlitten*, 1872-80; Marstallmuseum [W. Neumeister]. – R. Wenig: *Nächtliche Schlittenfahrt Ludwigs II.*, Öl (Ausschnitt), um 1880; Marstallmuseum [PA].

150 *Nymphenschlitten*, 1872-80; Marstallmuseum [C.v.d. Mülbe].

151 *Fußwaschung am Gründonnerstag im Hartschiersaal der Residenz*, Xylographie nach Zeichnung von G. Knapp, 1884; MSM.

152 J. Frank und F. Eibner: *Kapitelsitzung beim Georgiritterfest*, Gouache 1869; WAF.

153 J. C. Herterich: *Ritterschlag in der Hofkapelle*, Gouache 1880; WAF.

154 F. Kaulbach: *Elisabet Ney im Atelier* (bei der Arbeit an der Büste des blinden Königs Georg V. von Hannover), Öl; Niedersächsisches Landesmuseum, Landesgalerie Hannover. – E. Ney: *Porträtbüste Ludwigs II.*, Marmor, 1869; L-II-M (Leihgabe des Bayer. Nationalmuseums), [SV].

155 *E. Ney in ihrem Atelier in der Residenz*, Foto, 1869/70 [Privatbesitz].

156 F. Ochs nach E. Ney: *Ludwig II. in Georgirittertracht*, Marmor 1883/85 nach Modell 1870; Schloß Herrenchiemsee [W. Neumeister].

157 *Aufbahrung König Ludwigs in der Hofkapelle*, Foto, 1886 [SV]. – L. Koppay: *Ludwig II. auf dem Paradebett in der Hofkapelle*, 16./17. Juni 1886, Aquarell; SV.

158 C. Rickelt: *Trauerzug Ludwigs II. vor St. Michael*, Gouache, 1886; MSM.

159 E. Thiel: *Beisetzung Ludwigs II. nach dem Trauergottesdienst in St. Michael*, lavierte Federzeichnung, 1886 [Privatsammlung]. – *Sarkophag Ludwigs II. in der Fürstengruft von St. Michael.* [WAF].

160 H. Kohl: *Ludwig II.*, Öl, 1902; Ahnengalerie der Residenz [Privatbesitz]. – *Ludwig II. im letzten Lebensjahr*, Chromolithographie; MSM.

161 G. Merk: *Zwei Hutagraffen König Ludwigs II.*, 1874 und 1875; Schatzkammer der Residenz [C.v.d. Mülbe]. – *Münzen aus der Zeit Ludwigs II.*, Bayerische Vereinsbank. – *Dynamomaschine aus Schloß Linderhof*, 1877; Deutsches Museum.

162 *Neuschwanstein*, Bildkunstverlag Gerhard und Waltraut Klammet, Germering].

165 C. Jank: *Entwürfe zu den Tribünenarkaden des Ritterhauses von Neuschwanstein*, lavierte Federzeichnungen 1870 L-II-M [PA].

166 *Thronsaal auf Neuschwanstein* [W. Neumeister].

168 *Ausblick vom Sängersaal in Neuschwanstein auf die Pöllatschlucht* [W. Neumeister].

169 C. Jank: *Entwurf zum Sängersaal in Neuschwanstein*, Gouache, 1878; L-II-M [PA].

170 E. Wollenweber nach L. Bierling: *Siegfried im Kampf mit dem Drachen*, vergoldete Bronze, 1885/86, Speisezimmer auf Neuschwanstein [W. Neumeister].

171 P. Herwegen: *Entwurf zum Schlafzimmer von Neuschwanstein*, Aquarell, 1869; L-II-M [PA].

172 H. Breling: *Ludwig II. zeigt seiner Mutter das Schloß Neuschwanstein*, Aquarell (Ausschnitt) für das 1887 erschienene ›König-Ludwig-Album‹ [Privatbesitz].

173 *Neuschwanstein im Bauzustand beim Tod des Königs*, Xylographie aus der ›Gartenlaube‹ 1886 nach Vorlage von R. Aßmus [PA]. – C. Jank: *Entwurf zum oberen Burghof von Neuschwanstein*, Gouache, 1871; WAF.

174 L. Braun: *Einzug der preußischen Gardelandwehr in Nürnberg 1866*, Öl, 1867; Nürnberg, Stadtgeschichtliche Museen [R. Krause].

175 *Interieur des Königssalons aus dem Nürnberger Bahnhof*; Nürnberg, Verkehrsmuseum [Lichtbildstelle der Bundesbahndirektion Nürnberg: Schwenold]. – G. C. Wilder: *Blick aus dem Dürerhaus auf die Kaiserburg*, Kupferstich [PA].

176 *Audienzsaal der Kaiserzimmer auf der Burg Nürnberg im Zustand von 1941*; SV.

177 »*Der Theaterplatz in Nürnberg*«, Radierung von Deifel, um 1835; Nürnberg, Stadtgeschichtliche Museen [R. Krause].

178 *Schlafzimmer der Kaiserzimmer auf der Burg Nürnberg im Zustand von 1941*; SV.

179 *Das ehemalige Ludwig-Denkmal im Stadtpark Nürnberg* [PA].

180 *Salonwagen Ludwigs II. im Verkehrsmuseum, Nürnberg*, Aquarell [Privatbesitz]. – *Das Innere des Salonwagens* [M.A.N.-Werkfoto].

181 *Terrassenwagen aus dem Hofzug König Ludwigs II. im Verkehrsmuseum Nürnberg,* Aquarell [Privatbesitz]. – *Geplante Drei-Kreuzer-Marke von 1868* [Privatbesitz].
182 *Passionsspiele in Oberammergau 1870/71,* Xylographie aus einer zeitgenössischen Illustrierten [Privatbesitz].
183 *Feuerwerk bei der Ludwigsfeier 1982 in Oberammergau* [E. Haag, Oberammergau]. – *Kreuzigungsgruppe auf dem Osterbichl,* Autotypie des späten 19. Jahrhunderts [Privatbesitz].
184 J. Hofmann: *Aufriß und Grundriß des geplanten Chinesischen Sommerpalastes,* lavierte Federzeichnungen, 1886; L-II-M [PA].
185 *Königinmutter Marie mit König Ludwig II. und Prinz Otto in Elbigenalp,* Foto von 1864/65 [Privatbesitz]. – W. Pfeiffer: *Leibreitpferd Erda vor dem Kaiserbrunnen am Plansee,* Ölgemälde aus der 1866–78 entstandenen Serie von 25 Leibreitpferden Ludwigs II.; München, Marstallmuseum [Privatbesitz].
186 M. Kuhn: *Schloß Possenhofen,* Gouache (Ausschnitt) 1864; MSM.
187 C. Piloty und F. Adam: *Kaiserin Elisabeth von Österreich als Prinzessin-Braut zu Possenhofen 1853,* Ölgemälde; Regensburg, Schloß des Fürsten Thurn und Taxis [PA].
188 *Türkischer Saal im Königshaus auf dem Schachen* [W. Neumeister]. – *Königshaus auf dem Schachen,* Zeitschriften-Illustration des 19. Jh. [Privatbesitz].
190 W. Rohr: *Felix Dahn,* Radierung; MSM.
191 *Vorraum zum Speisezimmer,* Schachen; SV.
192 »*König Ludwig's letztes Glas*«, Titelseite einer Liedausgabe um 1900 [Privatbesitz].
193 W. Pfeiffer: *Leibreitpferd Gunloed vor dem Gasthof zur Post in Seeshaupt,* Ölgemälde, 1868; München, Marstallmuseum [Privatbesitz].
194 *Heckfigur vom Dampfer Bavaria am Ufer des Starnberger Sees* [Ruelius]. – *Königssalon im Bahnhof Possenhofen,* Ausschnitt der Innenraumgestaltung [Privatbesitz].
195 *Schlößchen auf der Roseninsel* [Privatbesitz].
196 *Villa Pellet bei Kempfenhausen,* anonyme Zeichnung, um 1865 [PA].
197 J. Watter: *Ludwig II. und Richard Wagner vor dem Dampfer ›Tristan‹,* lavierte Federzeichnung, 1867; Starnberg, Heimatmuseum.
198 *Dampfer Ludwig auf dem Starnberger See;* Ansichtskarte des 19. Jh. [Privatbesitz].
199 Richard-Wagner-Museum Tribschen: Äußeres und Blick in eine Vitrine [Museum].
200 W. Pfeiffer: *Leibreitpferd Eboli in der Vorderriß,* Ölgemälde, 1869; München, Marstallmuseum [Privatbesitz].
201 R. Wenig: *Nächtliche Schlittenfahrt Ludwigs II. von Neuschwanstein über den Schützensteig nach Linderhof,* Öl, um 1880; München, Marstallmuseum [PA]. – *Glasfenster in der Kapelle Vorderriß, 1866* [Privatbesitz].
202 A. Kraus: *»Beschießung der Würzburger Festung am 27. Juli 1866«.* Lithographie MSM.
203 A. Kraus: *Gefecht bei Üttingen am 26. Juli 1866,* kolorierte Lithographie [Privatbesitz].
204 L. D. P. Rumpf: *Entwurf zu einem der Toskanazimmer,* Aquarell, um 1810 [SV].
205 *Blick auf die Ostseite der Residenz Würzburg* [Ruelius]. – *Arbeitszimmer in der Flucht der Toskanazimmer,* Zustand von 1906 [Gundermann, Würzburg].
207 *Napoleon III., Kaiser der Franzosen,* anonyme Lithographie; MSM.
208 *Kurpromenade in Bad Kissingen,* Zeitschriften-Xylographie, 1864; Wien, Österreichische Nationalbibliothek, Porträtsammlung [Lichtbildwerkstätte Alpenland].
209 *Gewächshäuser im Schloßgarten Biebrich,* Lithographie (Ausschnitt), 1854 [PA].
210 »*Erinnerung an die Rundreise in den 3 fränkischen Kreisen 1866*«, anonymer Stahlstich, Privatbesitz.
212 *Eisenach in Thüringen,* Stahlstich (Ausschnitt), um 1860, nach Alwens in ›Mayers Universum‹ [Bildarchiv Preußischer Kulturbesitz]. – H. v. Ritgen: *»Die Wartburg in Thüringen. Nach ihrer Wiederherstellung«,* Tonlithographie; MSM.
213 *Theaterzettel der Tell-Aufführung am 18. Oktober 1865 im Nationaltheater;* Archiv der Theaterintendanz. – *Uferpromenade in Luzern,* kolorierte Aquatinta, um 1860; Luzern, Zentralbibliothek.
214 *Dorfplatz in Brunnen,* Farbansichtskarte, um 1900, Privatbesitz.

Der Märchenkönig in der Kunst: Ölgemälde ›König Ludwig II.‹ von György Stefula, 1965.

215 *Taschenuhr mit eingravierter Widmung König Ludwigs II. von 1865;* Privatbesitz [Schälchli, Zürich].
216 *Urner See gegen Süden* [Ruelius]. – *König-Ludwigs-Stube,* Werbeansichtskarte, um 1910; Brunnen, Hotel Weisses Rössli.
217 *Landgut Tribschen,* Foto des 19. Jh.; Tribschen, Richard-Wagner-Museum.
218 *Dampfer ›Italia‹ vor Luzern,* Foto, um 1890 [J. Gwerder, Meggen].
219 *Mannschaft des Dampfers ›Waldstätter‹,* 1881, und *Dampfer ›Waldstätter‹ im Zustand 1879–91,* Fotografien, um 1880/81 [J. Gwerder, Meggen].
220 *Villa Gutenberg im Zustand von 1881,* Zeichnung von F. J. Horst, Brunnen, 1985, nach einem Gemälde von J. J. Spring, 1889, in Privatbesitz. – *Blick von der Villa Gutenberg auf den Vierwaldstätter und Urner See,* Zeichnung von F. J. Horst, Brunnen, 1985.
221 *Rütlihaus* [Ruelius]. – E. Wollenweber: *Trinkhorn* in Form eines Steinbock-Kopfes, Silber, 1881; Rütlihaus (Schweizer Rütli-Kommission, Zürich), [G. Sidler, Schwyz].
222 *Ludwig II. und Josef Kainz,* Fotos aus dem Atelier Synnberg, Luzern, 1881 [Privatbesitz]. – G. Dollmann (?): *Entwurf eines Schweizerhauses,* Aquarell, 1881; WAF.
223 *Burg Pierrefonds im Zustand 1617-1848,* Xylographie aus Adolphe Joanne: ›Les environs de Paris‹, Paris 1863. – *Pierrefonds nach der Restaurierung,* Foto, um 1860 [Bildarchiv Preußischer Kulturbesitz].
224 *Weltausstellung 1867 auf dem Marsfeld in Paris,* Lithographie, 1867; [Privatbesitz].
225 *Wasserspiele im Park von Versailles,* Foto, um 1890 [Bildarchiv Preußischer Kulturbesitz].
226 *Ludwigsdenkmal in Kolbermoor* [Ruelius].
Einweihung des König-Ludwig-Denkmals auf den Schären bei Prien, 1977 [Privatbesitz].
227 Das von F. Behn geplante *Ludwigsdenkmal* in der Grotte der Prinzregententerrasse, Probeaufstellung 1959 [Privatbesitz]. – *Die ehem. Gedenkstätte für Ludwig II., Prinzregent Luitpold und Kaiser Wilhelm I.* im Vestibül des Rathauses von Rosenheim (1897–1939), [Stadtverwaltung Rosenheim; Trux].
232 *Trachtengruppe mit König-Ludwig-Seerose* bei der Gedenkfeier zum 75. Todestags des Königs am 13. Juni 1961 vor der Votivkapelle in Berg [Privatbesitz].
234 György Stefula: *König Ludwig II.,* Öl, 1965, Privatbesitz [Foto des Künstlers].

Die Karten, Grundrisse und Pläne auf den Seiten 53, 60, 71, 73, 84, 92, 94, 95, 96, 108, 126, 130, 131, 136, 164, 167, 176 zeichnete Peter Langemann, München; die Übersichtskarte am Ende des Buches Alfred Beron, München.

Namen- und Sachregister

Dieses Register umfaßt nur wesentliche Erwähnungen von Namen und Sachbegriffen im Textteil (Seite 9 bis 229), nicht jedoch im Anhang.
Ein * hinter den Seitenzahlen verweist auf Seiten mit Abbildungen.

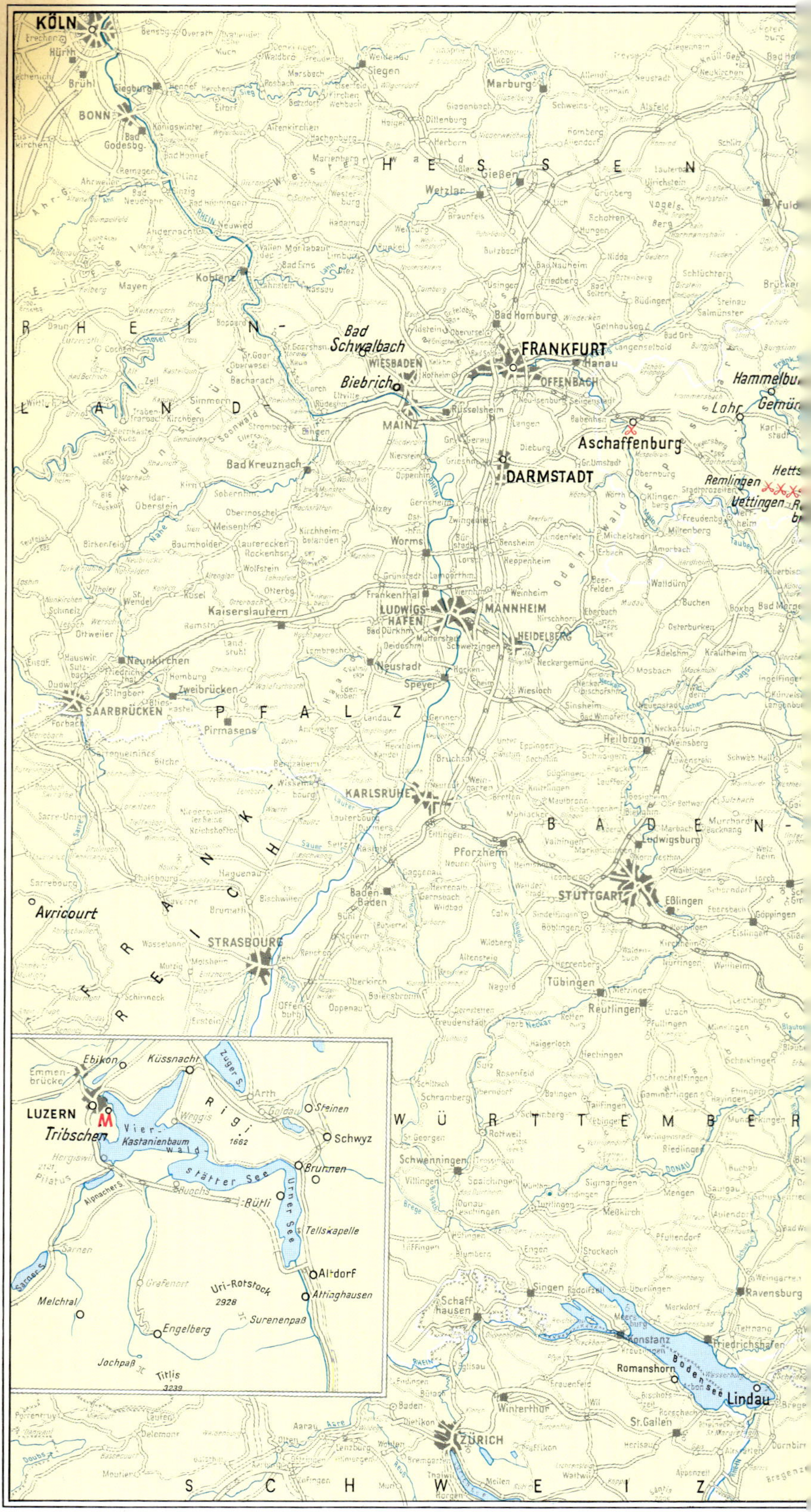

KÖLN
Bonn
Siegburg
Siegen
Marburg
Koblenz
Gießen
Wetzlar
H E S S E N
R H E I N -
L A N D
Bad Schwalbach
Wiesbaden
Biebrich
Mainz
FRANKFURT
Hanau
Offenbach
Hammelburg
Lohr
Gemünden
Aschaffenburg
DARMSTADT
Remlingen
Uettingen
Bad Kreuznach
Kaiserslautern
Worms
LUDWIGSHAFEN
MANNHEIM
HEIDELBERG
Speyer
Neustadt
SAARBRÜCKEN
P F A L Z
Pirmasens
KARLSRUHE
Heilbronn
Pforzheim
Ludwigsburg
B A D E N -
STUTTGART
Eßlingen
Baden-Baden
Avricourt
STRASBOURG
Tübingen
Reutlingen
W Ü R T T E M B E R
Schwenningen
Singen
Schaffhausen
Konstanz
Friedrichshafen
Ravensburg
Bodensee
Romanshorn
Lindau
Winterthur
St. Gallen
ZÜRICH
S C H W E I Z
LUZERN
M
Tribschen
Ebikon
Küssnacht
Emmenbrücke
Zuger S.
Arth
Steinen
Rigi
1662
Schwyz
Vierwaldstätter See
Kastanienbaum
Weggis
Brunnen
Urner See
Rütli
Tellskapelle
Pilatus
2121
Alpnacher S.
Sarnen
Sarner S.
Altdorf
Attinghausen
Uri-Rotstock
2928
Surenenpaß
Melchtal
Engelberg
Jochpaß
Titlis
3239

Zeichenerklärung
Schlösser
Geplante Schlösser
Museen
Schlachtfelder und Gefechtsorte
Denkmäler
Verschwundene Denkmäler
Wohnungen und Absteigen des Königs
König Ludwig-Weg
0
10
20 km
T H Ü R I N G E N
B A Y E R N
Ö S T E R R E I C H
ERFURT
Weimar
Gotha
Jena
GERA
CHEMNITZ
ZWICKAU
Plauen
HOF
Kaltennordheim
Coburg
Kissingen
Schweinfurt
BAMBERG
BAYREUTH
RZBURG
ERLANGEN
FÜRTH
NÜRNBERG
Ansbach
Schwabach
Amberg
Schwandorf
REGENSBURG
Straubing
INGOLSTADT
LANDSHUT
Freising
AUGSBURG
Pasing
MÜNCHEN
Starnberg
Berg
Zorneding
Altötting
Palling
ROSEN-HEIM
Kolbermoor
Prien
Herrenchiemsee
Grassau
SALZ-BURG
Berchtesgaden
Kaufbeuren
Bießenhofen
KEMPTEN
Peißenberg
Steingaden
Rotten-buch
Murnau
Schlehdorf
Linder-hof
Herzogstand
Falkenstein
Schwangau
Füssen
Pfronten
Neuschwanstein
Ettal
Vorderriß
Reutte
Garmisch-Partenkirchen
Krün
Hohen-schwangau
Schachen
Fernstein
Elbigenalp

Zeittafel

Im Interesse der raschen Übersicht sind hier nur die wesentlichen Daten aus dem Leben Ludwigs II aufgeführt.

1845 25. August: geboren in Schloß Nymphenburg vor München
1848 21. März: Regierungsantritt des Vaters, König Max II.: Erbprinz Ludwig wird Kronprinz
1861 2. Februar: Ludwig erlebt erstmals ›Lohengrin‹ und
1862 22. Dezember: erstmals ›Tannhäuser‹
1863 20. September: Volljährigkeit und Verfassungseid in Berchtesgaden
1864 10. März: Eidesleistung in der Münchner Residenz. Ludwig König – 14. März: Beisetzung des Vaters König Max II. – 4. Mai: Erste Begegnung mit Richard Wagner in der Residenz – 3. Juni: Ludwigs erste Baumaßnahme: Befehl zur Anlage des Nibelungenganges in der Residenz – 18. Juni-14. Juli: Reise nach Kissingen
1865 26. Februar: Neureuther legt Entwurf für Polytechnikum, heute Technische Universität, vor – 10. Juni: Uraufführung ›Tristan und Isolde‹ – 18. Oktober: Ungekürzte Aufführung von ›Wilhelm Tell‹, anschließend Schweizreise – 10. 12.: Wagner verläßt München
1866 10. Mai: Bayern macht mobil – 22. Mai: Ludwig reist zu Wagner nach Tribschen – 27. Mai: Landtagseröffnung – 25. Juni: Reise ins Hauptquartier nach Bamberg – 3. Juli: Österreichs Niederlage bei Königgrätz – 22. August: Bayern schließt Friedensvertrag – 10. November-10. Dezember: Frankenreise – 31. Dezember: Hohenlohe berufen
1867 22. Januar: Verlobung mit Herzogin Sophie in Bayern – Mai: Befehl zur Anlage des ersten Wintergartens – 1. Juni: Reise nach Eisenach zur Wartburg – Juni: Befehl zur Neuausstattung der Königswohnung – 20.-27. Juli: Parisreise – 10. Oktober: Verlobung gelöst
1868 29. Februar: Großvater Ludwig I. stirbt in Nizza – 21. März: Zweiter Plan für Wintergarten – 21. Juni: Uraufführung ›Die Meistersinger von Nürnberg‹ – 2.-10. August: Reise nach Kissingen – 26. September: Zarin kommt nach Berg – Ende des Jahres: Teilweise Neuausstattung der Königswohnung
1869 27. August: Grundsteinlegung zum Königshaus auf dem Schachen – 5. September: Grundsteinlegung zu Schloß Neuschwanstein – 22. September: Uraufführung ›Rheingold‹ – 5. Oktober: Befehl zum Ausbau des endgültigen dritten Wintergartens
1870 26. Juni: Uraufführung ›Walküre‹ – 16. Juli: Mobilmachung gegen Frankreich – 30. September: Auftrag zum Anbau des Königshäuschens, damit Baubeginn von Schloß Linderhof – 20. Oktober: Die bevollmächtigten Minister reisen nach Versailles – 30. November: Kaiserbrief
1871 18. Januar: Kaiserproklamation in Versailles – 16. Juli: Einzug der siegreichen bayerischen Armee in München
1872 19. März: Der König kauft das Gärtnerplatztheater – 5. Mai: Erste Separatvorstellung – 22. Mai: Grundsteinlegung zum Festspielhaus in Bayreuth – August: Das Königshaus auf dem Schachen fertiggestellt
1873 26. September: Kauf der Herreninsel
1874 21. Januar: Der König befiehlt den Abbruch des Königshäuschens in Linderhof – 20.-28. August: Parisreise – 12. Oktober: Die Mutter tritt in Waltenhofen zur katholischen Kirche über
1875 27. Mai: Ausbruch der Geisteskrankheit beim Bruder Otto – 22. August: Der König letztmals bei einer Truppenparade und letztmals in der Öffentlichkeit – 24.-27. August: Reise nach Reims
1876 6.-9. und 27.-31. August: Reise zu den Bayreuther Festspielen
1877 25. August: Grotte in Linderhof vollendet
1878 21. Mai: Grundsteinlegung zum Schloß Herrenchiemsee – 27. Juni: Der König mit Kronprinz Rudolf, Sohn der Kaiserin Sisi, auf der Roseninsel
1881 27. Juni-14. Juli: Schweizreise mit Josef Kainz
1883 13. Februar: Wagner stirbt in Venedig
1884 16. Mai: Der König kauft die Ruine Falkenstein – 1. September: Architekt Dollmann abgesetzt – 27. Mai-8. Juni: Der König wohnt erstmals im Schloß Neuschwanstein – 16. Oktober: Architekt Hofmann übernimmt Bauleitung
1885 14. Oktober: König trifft zum letzten Mal seine Mutter
1886 8. Juni: Gutachten der Ärzte – 9. Juni: Entmündigung des Königs – 10. Juni: Prinz Luitpold übernimmt Regentschaft. Erste Kommission – 12. Juni: Die Zweite Kommission bringt den König von Neuschwanstein nach Berg – 13. Juni: Der König stirbt unter nicht genau geklärten Umständen im Starnberger See.